国家自然科学基金重点项目
"空间组织与空间效率的基础理论研究"成果

基础设施与经济社会空间组织

金凤君　著

科学出版社

北 京

内 容 简 介

　　本书系统阐述了基础设施在经济社会空间系统构建中所扮演的角色以及其在发展中所遵循的规律；从集成角度探索了基础设施体系发展的机理，总结了高效利用国土理念下基础设施对功效空间构建的影响。全书分三部分，第一章到第四章为基础设施建设的理论部分，重点阐述基础设施的基本范畴、规律及其在经济社会中的空间建构功能；第五章到第七章为专题部分，重点讨论基础设施建设的基本依据、对城市发展的影响，及其空间效应的评价方法；第八章到第十章为实践部分，以交通基础设施为对象，重点讨论其建设在我国经济社会空间组织与结构演化中的作用及作用机制。

　　本书可供相关领域的研究学者和规划工作者以及相关部门的管理者参考。

图书在版编目（CIP）数据

基础设施与经济社会空间组织 / 金凤君著 . —北京：科学出版社，2012
经济社会空间组织与效率
ISBN 978-7-03-033084-0

Ⅰ. 基…　Ⅱ. 金…　Ⅲ. 基础设施 – 研究 – 中国　Ⅳ. F299.249

中国版本图书馆 CIP 数据核字（2011）第 269369 号

责任编辑：李　敏　王晓光 / 责任校对：张怡君
责任印制：徐晓晨 / 封面设计：耕者设计

科 学 出 版 社 出版
北京东黄城根北街 16 号
邮政编码：100717
http://www.sciencep.com

北京京华虎彩印刷有限公司印刷
科学出版社发行　各地新华书店经销

*

2012 年 1 月第　一　版　开本：B5（720×1000）
2017 年 4 月第二次印刷　印张：22
字数：440 000
定价：128.00 元
（如有印装质量问题，我社负责调换）

金凤君

　　中国科学院地理科学与资源研究所研究员，享受国务院政府特殊津贴专家，中国科学院杰出科技成就奖突出贡献者称号获得者，博士生导师。目前任中国科学院地理科学与资源研究所经济地理与区域发展研究室主任，中国地理学会经济地理专业委员会副主任，全国经济地理研究会常务理事，国土经济研究会理事，中国区域科学学会国土规划专业委员会副主任，中国交通系统工程协会会员。

　　长期从事经济地理学与区域经济研究工作。在基础设施发展理论与规划、区域发展规划、社会经济发展战略等领域有丰厚的学术积累和丰富经验。先后组织了 30 多项科研课题的研究工作，主持完成了一系列重大规划的研制任务，包括 21 世纪国务院颁布实施的第一个区域规划——"东北地区振兴规划"的研究与编制工作，发表论文上百篇，出版著作十多部。

前　言

一

本书是国家自然科学基金重点项目"空间组织与空间效率的基础理论研究"（批准号：40635026）的研究成果。2006 年获取此项目资助时，欣喜之余，决心加倍努力完成项目所设计的内容和任务，在"理论"上向前迈进一小步。在项目的执行过程中，始终苦苦思索，孜孜以求，期望早日完成所承诺的"专著"。但由于才智有限，所撰之稿始终无法达到自己的期望，到 2011 年年初项目结题评审时，也没能送到出版社编辑的手中。

著书是为了立说，但"书"好著，"说"却极其难立，没有"说"的书仅仅是美丽封面下的一堆文字。每每有好的发现，就高兴地反复求证，期望上升为理论或模式，但往往都不成功。反反复复，求真证伪，不断探索，才形成今天的拙作。虽然能脱稿出版，但仍惶恐书中存在差错，甚至谬误，至于理论或模式，更需要不断验证。

二

以先进交通、能源与信息为代表的现代基础设施技术出现以来，就深刻地影响着人类的经济社会活动和空间行为，在建构空间方面发挥着越来越重要的作用。基础设施的不断建设引致的是"集聚"和"扩散"两种力量。集聚的力量导致了城市的增长、城市连绵区的形成、人口与产业的空间集中等，形成了一系列效力不同的功效空间；扩散的力量导致了全球化、空间相互作用、经济社会活动空间分异等一系列现象，促进了空间组织中网络模式的形成与发展。这些正在改变着我们的行为和价值观，由此产生的时空关系变革和经济社会空间组织模式变革已经成为我们这个时代最显著的表征之一。

基础设施作为区域发展和城市化的支撑体系，其建设都是相应政治、经济、社会进步的一个主要方面，并遵循着特有的自然规律和经济社会规律。对这一规律的探究，可以从一个侧面透视人－自然关系的演化过程，揭示空间关联的演进和相互作用机制，以及空间流（物流、人流、能量流、信息流等）的生成规律及其经济意义和作用。

学界对基础设施的研究有长久的历史，始终是相应学科的重点之一，其建设也是政府的重点任务。例如，发达国家在经济高速增长时期和城市化快速发展时期，都将交通、能源、水利、环境基础设施等作为研究和规划的重点。近年来，随着可持续发展理念和研究的兴起，关于重大基础设施建设的空间经济效应分析、战略环境评价及其对可持续发展的作用等成为研究的热点。

我国正处在经济高速发展和快速城市化的阶段，基础设施的建设突飞猛进，正在对我国的经济社会结构、资源－环境系统产生深刻而久远的影响。例如，高速公路、城际快速铁路和客运专线、南水北调工程、西电东送工程、西气东输工程等，均在建设之中，城市基础设施的建设更是如火如荼。这些基础设施的建设，将如何改变我们的生存环境以及我国的"社会－自然"关系？这值得深入探索，需要从理论与实践层面进行深入的科学观察与模拟分析，其空间经济效应和环境影响也值得精准甄别与评判。本书的目的就是要探讨基础设施在经济社会空间系统构建中所扮演的角色以及其在发展中所遵循的规则；从集成的角度探索基础设施体系发展的机理，规范基础设施的科学范畴，认识其空间效应与效率；总结高效利用国土理念下基础设施对功效空间构建的影响。

三

本专著分三部分，第一章到第四章为基础设施建设的理论部分，重点阐述基础设施的基本范畴、规律及其在经济社会中的空间建构功能，包括基础设施类型与建设历程（第一章），基础设施与人类生存环境（第二章），基础设施与经济发展环境（第三章），基础设施与功效空间（第四章）。第五章到第七章为专题部分，重点讨论基础设施建设的基本依据、对城市发展的影响，及其空间效应的评价方法，包括基础设施与城市发展（第五章），需求环境与基础设施建设（第六章），基础设施空间服务评价方法（第七章）。第八章到第十章为实践部分，以交通基础设施为对象，重点讨论其建设在我国经济社会空间组织与结构演化中的作用，以及作用机制，包括我国交通网络的空间效应（第八章），我国交通枢纽的空间组织（第九章），我国交通基础设施建设转型（第十章）。

第一章以系统总结为主线，阐述了基础设施的内涵、类型、特性与职能。"基础设施"是指以保证国家或地区经济社会活动正常进行、改善人类自身生存环境、克服自然障碍等为目的而建立的公共服务系统，是国民经济各项事业发展的基础和人类活动的依托。其内容包括交通运输、信息、给排水、输变电、商业服务、科研技术服务、园林绿化、环境保护、文化教育、卫生事业等公用工程设施和公共生活服务设施。在此定义的前提下，从理论上探讨了基础设施系统的基础性、服务性、系统性、从属性、专业性和长效性，以及层次性、多样性和复杂性，分析评价了人类在建设基础设施过程中的矛盾性，包括投入与产出间的矛盾、供给与需求间的矛盾、长期效益与短期服务之间的矛盾；总结了交通、输变电、信息、给排水、生态等基础设施类型的作用与职能。

第二章重点分析阐述了基础设施与人类生存环境之间的相互关系。人类生存环境是指在一定空间范围内人类赖以生存与发展的物质和精神条件的总和。在人类生存环境不断演化过程中，基础设施主要起基础服务作用，是物质条件的基本内容，是其他物质条件相互联系与作用的纽带，是共同形成人类赖以生存的物质环境的有机组成部分。基础设施体系的发展在推动人类文明进步过程中起三大作用。第一，在拓展人类认识世界的广度、扩大其活动的空间、削弱一个地区乃至整个世界封闭性中的支撑作用。第二，在提高人类共享资源能力中的工具作用，包括对自然资源、经济资源、文化资源、技术资源和信息资源等的共享能力提升，是最主要的依托工具。第三，在保护或优化人类生存环境中的保障作用。

第三章分析了基础设施与经济发展环境的关系。二者关系始终是一个具有实际意义和理论意义的题目，发达国家和发展中国家一直对其给予相当的重视，同时也是争议较大的研究领域。基础设施是经济发展区位、空间经济形态和空间经济发展模式的主要营造者。基于基础设施在区域经济发展过程中的双重功能理论，即从属功能和引导功能理论，重点分析了基础设施与区域经济增长、基础设施与区域经济竞争能力、基础设施与区域经济的空间形态、基础设施短缺与区域经济发展等方面的关系，并进行了相应的理论模式总结和机制分析。

第四章重点阐述了基础设施与功效空间构建的关系，以及基础设施建设在地表空间范围内形成功效空间体系、空间级联系统、轴－辐空间组织模式中的作用。功效空间是指经济社会活动规模适度、结构稳定有序、要素比例适当、物质实体布局疏密有致、符合自然和社会发展规律的有特定界限的地表（地域）空间，即有明显效力特征的符合"文明准则"的"空间"。构建功效空间和功效空间体系是人类对地表空间实施开发和进行经济社会空间组织的基本内容之一。基础设施是各类功效空间具备功能属性和发挥期望效力的重要支撑，也是各类功效空间彼此间相互依存、联系与作用并形成级序有致网络体系的重要纽带，更是各类功效空间具备生产资料、消费对象、政治工具和社会管理等功能和效力的基本保障。

第五章重点阐述了基础设施与城市发展的关系。城市是地区或国家发展的核心,其实力的强弱、竞争力的高低、发展潜力的大小是一个地区或国家发展状态和态势的重要标志。而一个城市上述三方面的水平如何,与其拥有或能够利用的基础设施体系有密切关系。城市基础设施是一个庞杂的系统,在建设中需要遵循供需均衡原理、系统原理和空间统筹原理。供需均衡集中在功能供给与专业需求或特色需求的均衡、空间上的均衡、时间上的均衡、城市内部与外部的均衡四个方面。各类基础设施建设所遵循的系统原理主要体现在衔接、匹配、有序、网络、调控五方面。空间统筹体现在以最小的空间占有支撑最大的城市发展空间、以最合理的布局提供最优的空间服务范围、以最佳的结合构建最有效率的空间利用方式三方面。基础设施对城市发展环境、城市形态、城市土地利用、城市空间扩展有重要影响。其规模和管理水平的高低反映城市经营水平的高低和发展潜力的大小。以重大基础设施建设为核心促进城市空间的开发,可以促进城市土地的利用和高效经营系统的形成。未来城市基础设施体系的发展趋势将以系统化、综合化、高级化为主要方向,包括复合式基础设施的建设、高质量和高速度设备与设施建设、大容量与大承载力设施设备的建设、扩展生存空间或开发新资源的基础设施建设等方面。

第六章重点讨论了经济社会需求环境与基础设施建设的关系。区域的最优基础设施能力问题——基础设施的经济供给与经济需求问题,是一个复杂且具有相当弹性的问题。基础设施服务需求及其增长潜力是基础设施发展的基本动力,基础设施在需求增长的驱动下,不断扩展与升级,适应着需求的变化和要求。但基础设施并不是被动地适应于需求的发展,其在一定环境下可以刺激社会需求的增长。满足特定人类群体各种需求的基础设施体系,是社会发展积极追求的目标。时间发展上不能满足需要的基础设施体系,可能对经济发展产生严重的影响,成为经济发展的瓶颈,制约经济的增长(导致生产能力的浪费)。反之,预先投入大量的资金建设还没有需求的基础设施,即过分的资本物质化也是不适宜的(导致社会公共资本的沉淀和浪费)。因此,均衡发展才是科学的。上述观点是本章重点讨论的内容。此外,本章还重点讨论了需求判断失真对基础设施建设产生的严重后果,包括需求预测偏颇、盈利基础判断失真、缺乏系统统筹、突发事件冲击等都可能导致基础设施建成后失去使用价值,造成社会资源和资金的浪费。基于上述讨论,推演出基础设施建设是一个长远复杂的工程,需要慎之又慎。

第七章重点从定量模型应用角度,介绍了评价基础设施与空间经济发展关系的方法,主要从基础设施与空间服务范围、基础设施与区域发展环境、基础设施与经济社会发展区位、基础设施投资与区域经济发展、基础设施与区域间作用潜力等方面对相关方法进行了介绍。同时基于一些成熟的方法，分析了我国主要基础设施对区域发展环境营造和空间结构形成的影响。

第八章从实证研究出发，分析评价了我国交通基础设施体系发展与我国经济社会空间系统演进的关系。交通基础设施建设是我国产业布局和城市发展的重要支撑，交通网络的扩展和升级，对塑造国土开发结构、提高国土开发效率、改变区域差异、优化生产力布局和推动城镇体系发展等发挥着重要的作用。总体来看，经过100多年的历程，无论是交通基础设施的建设，还是技术水平和能力的提高，或是运输组织的优化等方面，均具备了走向复兴的基础，相对于国民经济的发展而言逐渐从滞后型转向适应型到超前型发展时期。未来应遵循"效率国土"的发展模式，强化其对经济社会空间组织的引导作用，促进国土资源高效率、节约集约开发利用，营造出多样的城市、繁荣的经济、丰富的生活和宜居的环境。

第九章系统分析与模拟了我国交通枢纽的空间组织问题。交通枢纽是构建高效综合运输体系的重要组成部分之一，也是构建功效空间体系和经济社会空间网络的基础。然而，当前有关交通枢纽布局的研究多局限于同一种交通运输方式，存在条块分割、重复建设乃至互相矛盾的问题。本章以区域综合交通枢纽为对象，系统总结了其形成的条件和空间演化规律；利用定量方法，评价了我国国土空间范围内构建综合交通枢纽的区位条件和特点；基于国土空间的整体性和有效统筹，利用最大化覆盖模型，在80公里、120公里、160公里和200公里四组服务半径约束下模拟了我国综合交通枢纽的最佳布局数量及其空间配置方案，结合最优性和现实性，优选出了适合我国国情的综合交通枢纽体系，并进行了空间效应评估。

第十章探讨了我国交通基础设施的转型问题。建设符合国情的交通运输体系，支撑经济社会的可持续发展是关系到我国全面建设小康社会、实现中等发达国家目标的关键战略性问题。作为经济社会发展最基础的支撑，交通基础设施建设的"过"和"不及"都会造成社会财富的巨大浪费，科学的建设才能促进整个经济社会的健康发展。新中国成立以来，尤其是改革开放30多年来，我国交通运输发展取得了巨大成就，设施规模迅速扩大，水平显著提升，形成了能力强大的交通运输体系。从对经济社会发展的保障能力方面看，交通基础设施建设经历了20世纪的滞后发展阶段与近十多年的基本适应阶段，解决了供给能力方面的"不及"问题。多方面的数据显示，目前我国的交通基础设施建设开始进入超前发展和质量提升的阶段，快速发展的势头非常强劲。但是这种趋势有脱离我国基本国情的过度发展倾向，如果不加强引导，会产生影响经济社会健康发展的隐患。因此，未来五到十年，应在推进我国经济社会发展模式战略转型、促进经济增长方式转变的大前提下，重点预防交通基础设施建设过度超前、方式间过度竞争、空间上过度发展，目标上过度奢侈等倾向，促进我国交通运输体系的科学发展，实现全社会物质文明与生态文明建设的有机统一。同时，还必须清醒地认识到，我国是世界上人多地少、资源环境压力最大的典型国家，将长期面临土地、能源和环境三大"瓶颈"的约束，这也要求我们必须坚定不移地落实科学发展观，走资源节约、空间集约的科学发展之路。在全面建设小康社会的进程中，交通运输体系的发展必须承担提升经济社会发展效率和建立资源节约型国民经济体系的双重任务，二者不能偏废，如此才能实现增长方式转变、经济社会长期可持续发展的愿景。

金凤君

2011 年 9 月于北京

目　　录

基础设施与经济社会空间组织

第一章

基础设施类型与建设历程

　　基础设施作为区域发展和城市化的支撑体系，其建设与发展是相应政治、经济、社会进步的一个主要方面，并遵循着特有的自然规律和经济规律。本章系统总结归纳了基础设施的内涵、类型、特性与职能。从理论上探讨了基础设施体系的基础性、服务性、系统性、从属性、专业性和长效性，以及层次性、多样性和复杂性，阐述了人类在发展基础设施过程中的矛盾性，包括投入与产出间的矛盾、供给与需求间的矛盾、长期效益与短期服务之间的矛盾。简述了交通、输变电、信息、给排水、生态等基础设施类型的作用与职能。

第一节　基础设施的内涵及特性

一、基础设施的内涵

（一）基础设施的概念

　　基础设施是指以保证国家或地区经济社会活动正常进行、改善人类自身生存环境、克服自然障碍等为目的而建立的公共服务系统，是国民经济各项事业发展的基础和人类活动的基础。其内容包括交通运输、信息、输变电、给排水、科研技术服务、园林绿化、环境保护、文化教育、卫生事业等公用工程设施和公共生活服务设施。

　　狭义而言，基础设施由固定设施、移动设备和管理利用系统构成。固定设施是指道路、站场、给排水管网、通信线网等，其一经建立，位置也就确定下来，不随外部环境的改变而改变其空间区位。固定设施是基础设施体系中的基础。移动设施是指依靠固定设施而能产生区位变化的设施，如车辆、飞机、船舶、站场中的机械设备等。管理利用系统是指依据一定的规则和技术措施维持固定设施与移动设备协同运转的管理利用机制和手段。一个完善的基础设施体系，上述三要素是缺一不可的。只有三者之间建立起紧密合理的联系，才能使基础设施体系发挥良好的经济社会效益，一定规模的高质量、高技术固定设施和移动设备是一个国家或地区发展或发达的重要标志，也是一个国家或地区能力大小的体现。现代化的管理利用系统是设施和设备高效合理利用的关键，同时也是一个国家或地区管理水平高低的具体体现。因此，缺乏或不重视管理利用系统的建立，即使再先进的设施，也不能发挥良好的效益。

广义而言，基础设施是一个具有层次性和多样性的复杂系统，是人类与自然协调发展的有机组成部分，内容广泛，涉及人类生产与生活诸方面。在这个系统中，包含着各种职能明确的子系统，如交通基础设施体系、信息基础设施系统等。一方面，每个子系统具有独特的固定设施、移动设备和管理利用系统，在经济社会活动中发挥着相应的作用；另一方面，每一个子系统有明显的层次性或主次之分，是一个主次分明的系统网络。

（二）基础设施与经济社会发展

基础设施的建设与经济社会的发展具有密切关系，经济社会发展需求是基础设施建设的依据，而基础设施的建设又对经济社会发展具有较强的影响力。社会越进步，经济越发展，对基础设施的要求也越高。自然资源的大规模开发、工业的规模化生产、城市的集聚与扩散、社会信息化的发展，都需要相应规模的基础设施作保障，并促使基础设施不断朝着高级化、规模化、系统化方向发展。随着基础设施的不断完善与发展，其对经济社会发展的影响力也在逐步加大，一定程度上会加速经济社会活动及其空间结构的演变，提高人类利用与改造自然的能力。例如，随着交通基础设施的建设，提高了人类克服空间阻力的能力，改变了人类的时空观念，使得地表空间相对于时间而言正在逐步缩小。

（三）基础设施的作用

基础设施在促进人类经济社会发展的过程中，主要起三方面的积极作用。第一是拓展人类认识世界的广度，扩大其活动的空间，削弱一个地区、一个国家乃至整个世界的封闭性。第二是提高人类共享资源的能力，包括对自然资源、经济资源、文化资源、技术资源和信息资源等的共享能力。通过基础设施所建立的流通网络，使一个地区或国家可以利用其他国家的资源或向其他国家输出优势产品或剩余资源。第三是保护或优化人类的生存环境。通过给排水、输变电、环卫等设施的建立，可以改善一定地区人类生存的环境。保护方面的作用主要表现在保护原始自然环境、防灾等；另一个重要方面是人类通过利用基础设施而产生的对生活安全性和舒适性的感知。

经济发展水平与技术进步是决定基础设施建设的两个最主要因素。经济发展水平决定着经济实力的大小，而经济实力是基础设施建设的保障。一般情况下，基础设施建设需要大量的资金，而这些资金只能来自于地区或国家的经济活动。技术水平决定着基础设施的建设模式、结构和系统规模，尤其是移动设备技术水平的提高，对整体基础设施水平的提高起着关键作用，如高速铁路列车、汽车、大型客机的发明，促进了相应基础设施的建设和技术等级的提高。

二、基础设施的基本特性

作为人类经济社会活动支持系统的基础设施，具有基础性、服务性、系统性、从属性、专业性和长效性等特点。认识这些特性，对于确定各类基础设施的建设目标、方向和建设规则是非常必要的，乃至对基础设施项目的建设标准和运营标准的制定也是必要的。

（一）基础性

基础性是基础设施最主要的特性之一。其基础性主要表现在以下几方面：第一，基础设施是人类利用自然的基础。人类在利用自然的过程中，如开发自然资源等，都离不开基础设施的支持。第二，基础设施是人类活动的载体，离开基础设施，人类将寸步难行。第三，基础设施是人类生产和生活活动的先期投入。一个工厂、一个企业的建设，首先是从基础设施建设开始的。第四，基础设施是一个区域或城市赖以生存发展的基础。第五，基础设施是一个国家存在与发展最基础的支撑。

（二）服务性

基础设施的服务性主要表现在其非直接生产性，即基础设施是服务系统，而不是生产系统，是生产的间接投入而非直接投入。在基础设施庞大的家族中，绝大多数基础设施，如交通基础设施、信息基础设施、文教卫生基础设施，供水供电基础设施等，虽然其自身是一个完整的系统，具有自身的运行规律，但自一个系统过程的开始到终结，均不产生新的有形产品，也不改变初始产品的使用性质，只是通过输送过程使运输的产品或信息发生位置转移等。基础设施系统与工业生产系统的区别在于，后者产生有形产品，而前者则不能产生有形产品。

具体而言，基础设施的服务性主要体现在以下几方面：第一是产品位移的服务，即把一地的产品运送到另一地，削弱或强化空间经济势能。第二是信息文化传输服务，如通过信息设施、文教设施等使信息、文化得到传播。第三是能量传输服务，主要体现在供电、供热基础设施等方面。第四是消费性服务，如购物等。第五是休闲性服务。第六是安全性保障。

基础设施的基础性和服务性决定了基础设施具有从属性特征，即社会需求决定着基础设施的建设。由于基础设施不能直接产生有形产品，人类只能"消费"其提供的服务。基础设施的存在与发展必须依赖于人类经济社会的发展，没有生产和生活的需求，基础设施也就失去了存在的意义。因此，人类在建设基础设施时，通常先要对社会需求进行一番预测分析研究，然后才根据所得依据对基础设施进行建设。

（三）系统性

基础设施的系统性在交通基础设施、信息基础设施、输电设施，给排水基础设施上表现较为突出，呈现出"点"、"线"联系密切的网络形式，具体表现在空间关联系统性和内部结构协同性两个方面。

以"网络"为特征的基础设施，其主要目的是沟通不同空间中的点，加强或削弱这些点上由于人类活动所引起的"势能"。因此，连接空间上各点的基础设施就形成了一个空间关联系统，并表现出较强的规律性，如干线与支线能力的协同，线网与枢纽的协同等，形成内部不同部分相互协同的关联关系。一地区基础设施的建设，可能会直接影响到遥远地方的经济社会活动。这种空间基础设施网络的完善与否，标志着人类利用自然和保护自然能力的大小。基础设施系统性的另一个表现形式是不同类型基础设施体系之间的协同，如交通基础设施体系需要信息基础设施体系、供电基础设施体系的密切配合等。

（四）专业性

基础设施的专业性是指每一类基础设施具有明确的职能，相互可代替性较差。交通基础设施的职能主要是服务于人与货物的空间流动，输电网络主要职能是输送能量，信息基础设施的职能是传输信息等。基础设施专业性所表现的另一个方面是不同基础设施的专业技术性较强，并具有相应的管理利用手段。

（五）长效性

基础设施的长效性是指基础设施对经济社会活动具有较长远的影响力。有些基础设施的影响力可延续数百年乃至上千年，尤其是重大基础设施的建设与布局，对人类活动的空间范围、聚散能力具有深远影响。例如，一条重要交通线的建设，将直接影响产业和城镇的布局与发展，且由于其空间区位的不可更改性而产生长久的影响，这一影响有积极方面的作用也有消极方面的作用，有成功的范例也有失败的范例。因此，对于一个地区或一个国家基础设施的建设与布局，必须统筹规划，具有科学的预见性，切不可以单一因素来决策，要考虑社会发展的连续性而不是阶段性。

三、基础设施建设的矛盾性

（一）投入与产出间的矛盾

经济社会发展对基础设施的需求表现出明显的矛盾性，即总希望用最少的基础设施投入，换取最大的效益或最大的服务，使得基础设施在少投入多产出中徘徊发展。因此，基础设施的合理投入与高效利用是具有挑战性的研究课题，也是具有重大现实意义的研究课题。

基础设施建设中的"投入 - 产出"矛盾是由基础设施本身的特性所决定的。如前所述，基础设施是人类经济社会活动的服务系统或辅助系统，其自身不能产生人类可以直接消费的有形产品，对其建设上的投入仅是生产过程中的间接投入，而非直接投入。例如，人类总希望用尽量少的交通投入满足其对出行或商品流通的需求。所以，人类在发展经济的过程中总希望在基础设施上的投入越少越好，但提供的服务越充分越好。

然而，实际发展中，这种投入 - 产出之间的关系总是得不到明确的答案，虽然许多研究利用模拟方法、相关分析方法、时间系列统计方法等去追求二者之间的定量关系。多数情况下，对基础设施的投入总是得不到所希望的服务。这是因为，多数基础设施是一种各部分相互关联的空间网络，一部分的发展必然受到其他部分的制约，而一个地区一个企业对基础设施的投入，总是从局部最大利益来考虑的，而这种局部利益的极大化由于受到其他部分的制约总是难于实现。另外，基础设施的完善是投入逐步积累的过程，特定阶段的基础设施总存在不完善之处，因而也限制着服务极大化的实现。

基础设施建设是高投入的行业，经济实力是基础建设的关键因素。发展中国家或落后地区，一方面期望建立完善的基础设施促进其经济发展，但"捉襟见肘"的经济实力又不可能对基础设施建设提供足够资金，形成了较为突出的矛盾。由于资金有限，多数发展中国家的基础设施建设滞后于其经济发展的需求。

虽然我国在某些基础设施建设方面已经取得了举世瞩目的成就，但仍面临着不完善等一系列问题，这将长期困扰着我国经济社会的发展和生存环境的改善。

（二）供给与需求间的矛盾

基础设施供给与基础设施需求是其发展中的另一对矛盾。主要集中在四个方面。

第一，空间供给与需求的不平衡矛盾，主要表现在基础设施供给与基础设施需求在空间上的不匹配引起的供需矛盾。人类的经济社会活动在空间上具有较强的集聚性，而基础设施是一种空间网络系统，具有扩散性，这使得需求与供给在空间上存在差异。这种差异会引起一地区基础设施的过剩而另一地区基础设施短缺并存的现象。

第二，局部与整体的供给–需求矛盾。主要表现在局部供给与整体需求、整体供给与局部需求等方面的矛盾。整体需求的满足可能会引起局部基础设施供给能力的过剩，整体供给能力的适合也有可能引起局部需求的不满足等，产生匹配上的矛盾。这是因为基础设施服务能力的增加是跳跃性的，而不是连续线性的。例如，高速公路通行能力的增加是随行车道的数量增加呈跳跃性增长的，显而易见，我们不可能修半幅行车道而去适应理论上的需求。

第三，均衡供给与非均衡需求之间的矛盾。基础设施作为服务系统，一经建立，在相应的管理利用系统中，其供给能力是固定均衡的，不随时间而变化。而人类的经济社会活动则相反，其时间的波动性较强，对基础设施的需求随时间的变动而变动，如人的出行具有季节性，有淡季和旺季之分；一天的出行有高峰期和非高峰期之分；用电有峰谷之分；通信有昼夜需求之差异，等等。因而不同时间段对基础设施的需求量差异很大，货物运输需求、通信需求、休闲需求等均具有非常强的时间变化特性。这一对矛盾对基础设施的建设与利用的影响非常之大，涉及基础设施建设的标准和原则：是以最大需求为建设依据，还是以最小需求为建设依据？如何追求基础设施的利用效率？这又是一个难以两全的难题。一般情况下，一项具体基础设施的设计与建设，多以平均情况的需求为依据。

第四，非优质供给与追求优质服务需求之间的矛盾。追求基础设施系统提供优质服务是人类经济社会活动的客观需求，但由于基础设施的技术和管理利用水平不同，不同地点的基础设施、不同类型的基础设施所提供的服务差异较大，导致部分或局部基础设施不能提供优质服务，因而就会引起需求向能提供优质基础设施服务的地方集聚，产生需求与供给矛盾。例如，居民总愿意前往有声望的医院看病就医。非优质供给与优质服务需求矛盾的另一个表现形式是服务价格的竞争，能提供优质价廉服务的基础设施，其利用率相对较高，往往会产生优质服务供给与需求不协调的矛盾。

综上所述，供给与需求矛盾是影响基础设施建设与发展的主要矛盾之一。过剩的供给会引起基础设施的浪费，而短缺的供给，又会制约经济社会的合理发展。因此，处理好基础设施供给与需求之间的关系，对于一个地区或一个国家经济社会的协调发展，具有重要意义。

（三）长期效益与短期服务之间的矛盾

长期效益与短期服务之间的矛盾也是基础设施建设中面临的主要矛盾之一。基础设施建设对经济社会发展具有长期的影响力，但其建设的目的又是为了服务短期的需求。这一矛盾所引起的结果是，如果仅以目前的需求建设基础设施，则可能引起未来基础设施的短缺或不适应，而以长期效益为目标建设基础设施，又可能引起基础设施利用上的浪费，或由于不可预见性因素的干扰使预想的长远效益失去意义而导致基础设施失去利用价值。所以，处理好长效与短效之间的关系，对基础设施的建设与布局也是十分重要的。

经济发展与技术进步是决定基础设施长效的关键因素。经济的发展及空间布局决定着未来对基础设施的需求程度，而技术进步则决定着未来对基础设施的利用方式。因此，把握住上述两个因素，才能处理好基础设施建设过程中的短期效益与长期效益之间的关系。

第二节　基础设施的类型与职能

一、基础设施的分类

基础设施是一个庞大的家族，包括多种类型，但由于所观察或研究的角度不同，对基础设施的分类也不同。

（一）专业职能分类

一般情况下，基础设施是按其专业职能来分类的，而且这种分类已被公众所认可，并被广泛采用。按这种分类方法，基础设施包含十种类型：①交通运输基础设施；②信息基础设施；③输变电基础设施；④给排水基础设施；⑤商业服务基础设施；⑥科研技术服务基础设施；⑦城市园林绿化基础设施；⑧环保基础设施；⑨文教卫生基础设施；⑩其他基础设施。

前四种基础设施所呈现的特征是一种有形的空间网络，是其使用对象的载体，不同的空间用有形的物质设施实体联结在一起，即各部分之间存在实体联系，后六种基础设施是各自具有确定职能的基础设施体系，多数是以点或面的形式存在于地表空间中，每一个体系内部的各个部分多具有同一功能，但无有形直接的网络相联系，呈现出一种松散的但专业职能相同的体系，如分布于不同地区的医院、学校、公园等。

（二）服务对象分类

按基础设施服务的"空间流"来分，基础设施大体上可分为四类：①服务于有形物质或人流动的基础设施。这类基础设施包括交通运输基础设施、给排水基础设施等，主要服务于人们的出行和商品的流通等。②服务于能量输送的基础设施。主要包括供电、供热、变电设施等。③服务于信息交流的基础设施。主要包括信息基础设施、文化教育基础设施等。④优化、保护生存环境或增长生存能力的基础设施。包括环保基础设施，园林绿化基础设施、科研技术基础设施等。这一分类比较笼统。

（三）服务空间范围分类

从服务的空间范围分类，基础设施可以分为城市基础设施和区域基础设施，虽然这一分类不太规范，但在实际应用上却较广泛。尤其是城市基础设施，作为一个笼统的概念，已被广泛采用，包括城市交通、输变电、给排水、信息等，即现有的基础设施都可以装入城市基础设施这个概念库中，只要其存在于所界定的城市范围内，就可以收入囊中。区域基础设施是相对于城市基础设施而言的，主要是指服务于城市间或较大区域的交通、信息等主要基础设施，其主要功能是服务于城市体系或宏观区域经济社会发展的需求。

（四）服务经济社会活动分类

按服务于经济社会活动的功能来分类，基础设施可分为生产性基础设施、生活性基础设施、生态类基础设施和综合性基础设施四大类。生产性基础设施主要服务于生产活动，如一个生产企业内部的基础设施等；生活性基础设施的主要功能是服务人类的生活需求，包括城市中一系列市政基础设施、环保等基础设施；生态类基础设施主要是保护或维持生态系统的服务功能；综合性基础设施具有服务于生产与生活两大功能，这类基础设施涵盖面较广，包括交通信息等基础设施。

（五）空间形态分类

按基础设施的空间形态分，其可分为实体网络基础设施和虚体网络基础设施。前者包括交通基础设施、信息基础设施、输变电基础设施、给排水基础设施。这些基础设施在空间上是以实体相联结的，任何站点或线路都是这个实体网络中的有机组成部分。虚体网络基础设施是以"点"状形式存在的，点与点之间没有专门的实体线网相联结，如学校在城市中的分布等。因此，虽然点与点之间存在着间接或直接的相互作用，如相互竞争、资源共享等，但虚体网络体系内部各部分是松散的联系，是无形虚体性的。

以上从不同侧面对基础设施进行了概略的分类。可以看出，不同的分类，基础设施所反映的特征也不同，同时也反映了基础设施在协同人类社会与自然的关系的过程中，表现出多功能的基本特征。

二、主要基础设施类型的职能

对人类经济社会发展影响较大的基础设施主要有以下五类：①交通基础设施；②输变电基础设施；③信息基础设施；④给排水基础设施；⑤生态基础设施。前四类基本上呈有形、点线相连的实体空间网络，最后一类基础设施是点状或线状发散的，各部分不存在或较少存在实体连接。从发展观点看，信息基础设施和生态基础设施的全球意义重于其区域意义，而其他基础设施则相反，其区域服务功能强于全球服务功能。另外，前四类基础设施具有克服空间阻力的能力较强的特征。从需求和建设的主观愿望方面来看，对前四类基础设施建设的"积极性"较强，而对最后一类基础设施建设的"被迫性"较强。

（一）交通基础设施

交通基础设施是人类社会发展所依托的重要设施，也是协调社会与自然的关系的主要基础设施，主要包括铁路、公路、水运、航空、管道五种常规运输设施或方式，其职能是克服由于自然障碍所产生的空间阻隔，实现一定空间范围内资源的共享或经济社会活动的一体化、协同化。

交通基础设施是具有明显特征的有形空间网络体系，是人类活动必不可少的基础设施。随着人类文明的进步，交通基础设施在协调社会与自然关系中所起的作用越来越重要。这是因为，第一，人类对自然资源的需求规模和对不同空间中资源的共享需求不断增大；第二，扩展活动空间的要求越来越强烈；第三，对运动速度增长的强烈追求。上述三大需求的实现过程是人类克服空间阻力的过程，且三大需求的增长与交通基础设施的完善与否、能力大小、质量高低具有密切关系。因此，在这三大需求不断增长的刺激下，交通基础设施不断朝着综合化、系统化、高级化和高速化方向发展，导致人类时空观念的变革。

交通基础设施的建设引起两种截然相反的作用——即引起人类活动的空间集聚又引起人类活动的空间扩散，二者同时并存，改变着社会与自然的关系。随着交通基础设施的不断完善，为人类活动提供的服务能力不断增强，如大规模的自然资源、产品的流通量增加，使得人类活动集聚于一点或几点成为可能，出现了规模巨大的生产企业、绵延不断的城市群等，在改变自然环境和自然景观的同时，也改变了人类与自然界的关系。另外，交通基础设施质量的不断提高，大大增强了人类克服空间阻力的能力，尤其是交通基础设施高级化引起运动速度的大幅度提高，其提供的服务受空间的限制程度在逐渐变弱，使得人类活动向外扩展能力大大加强，表现出空间扩散趋势，如大城市的郊区化、乡村城市化、全球经济社会活动的一体化、商品生产的国际化和区域化等，这些都与交通基础设施的建设有密切关系。

交通基础设施对社会与自然的关系的另一种影响是通过影响人类活动的空间形态来实现的，主要表现在宏观空间范围上，如沿主要交通干线形成人口稠密的集聚带、集聚的城市带或集聚的产业带等，引起人类活动空间差异的增大。

虽然交通基础设施在人类与自然的关系中主要是服务于人类克服空间阻隔、利用自然的需求，起积极良性作用。但是，交通基础设施的建设对人类与自然的关系的发展也存在负效应，主要表现在对人类生存的原始自然环境的破坏等方面，包括对动物生存环境的破坏、自然景观的永久性改变、对特定生存空间的人为阻隔、噪声及空气污染等。

（二）输变电基础设施

输变电基础设施也是一种实体有形的空间基础设施网络，其在协调社会与自然关系中的主要职能是不同空间的能量传输，目的是削弱空间势能以满足不同空间人类活动对能量的需求，实质上与交通基础设施的功能一样——克服空间阻隔对人类活动的影响。

输变电基础设施在服务于人类经济社会活动的过程中，具有两个突出特征，即职能的单一性和服务方向的单向性。职能的单一性是其仅仅输送能量而无其他功能；服务方面的单一性是指能量运输方向的单向性，即只能自能源地点向能量消费地点或消费用户输送能量，单向不可逆。

由于输变电基础设施一端为能量产地，另一端为消费地或消费者，所以，其网络的规模和空间形态受控于生产者和消费者，并具有一定的地域性，不同地区的输变电基础设施可以形成一个封闭的系统，而不与外界发生能量交流。因此，输变电基础设施的另一个特点是不同的系统具有明确的地域服务范围。

输变电基础设施的建设是与现代化能源技术的发展密切相关的。随着技术的进步，电能日益广泛地应用于生产和生活的各个方面，使得输变电基础设施所起的作用越来越重要，其空间体系不断扩展，能量输送方式朝着大容量、远距离方向发展，使得多区域、远距离共享资源变得越来越容易。我国的输变电基础设施目前处于大发展时期，其空间网络不断扩大，整体容量也大幅度增长。例如，1949 年全国发电总装机容量只有 185 万千瓦，仅分布于几个主要城市，如东北、华北和华东的主要工业城市，其输变电基础设施也是非常落后的。新中国成立后经过发展，尤其是 20 世纪 80 年代以来的发展，使电力工业的总装机容量迅速扩大，1995 年达 21 722 万千瓦，2005 年已达 5 亿千瓦，输变电基础设施也飞速发展，形成了几个相对独立的大电网，如东北电网、华北电网、华东电网、华中电网、西南电网、陕甘青电网等，促进了所覆盖区域的经济社会发展。到 2010 年，全国电力装机容量已达 9 亿千瓦，仅次于美国，居世界第二位。

（三）信息基础设施

信息基础设施作为一种现代化的基础设施和空间网络，在协调人类与自然的关系中，其主要职能是不同空间的信息传输，实现人类对信息资源的共享，同样是削弱空间阻隔对人类活动的影响。

信息基础设施依据其空间形态可分为两大类，一类是由点、线连接的实体空间网络，即有线通信基础设施，如互联网，有线电视网等；另一类是以点状形式存在的信息基础设施，如微波通信、卫星通信等，属于无线通信基础设施。虽然形式不同，但两类基础设施的作用是相同的，即传输信息。

信息基础设施作为信息传输的载体，可以双向或多向传输信息。其双向服务特性是因为信息基础设施网络所联结的终端或用户，既是信息的接受者也是信息的发布者；其多向服务特性是指可从一地同时向多地传输同一条信息，实现多区域或多用户同时共享同一条信息，这是由信息资源本身的特性所决定的。而交通基础设施、输变电基础设施、给排水基础设施则不能使同一个商品、同一单位能量、同一吨水资源实现多区域或多用户共享。

信息基础设施的建设对人类时空观念的影响，远比其他基础设施重要和深远。一定程度上，其可以实现人类活动的同步化，包括决策和行动，忽略空间范畴，实现时间效益的极大化，由此而引起人类与自然的关系的改变。而其他基础设施，相比之下，这方面的影响要弱得多。因此，可以断言，未来信息基础设施的建设，在改变人类的自然观和时空观方面，将起至关重要的作用。

信息基础设施网络具有明显的层次性，不同层次的设施所起作用不同，低层次网络或中心受控于高层次网络，且容量、能力也不同，因此在服务于信息传输过程中，是集聚－扩散的过程。

信息基础设施除直接服务于信息传输或交流外，其发展的更深层或深远影响是对海洋、极地、外层空间以及可及的星际资源的开发与利用的影响，就现实所存在的人类社会结构而言，一个国家有完善发达的信息基础设施，对于开发上述资源将具有战略优势。同时，完善的信息基础设施也有利于一个国家或地区快速反应能力的增强和安全保障体系的建立。从这一观点出发，我国信息基础设施的建设与发展，要有全球观点和战略观点，而不能仅视其为一种简单的服务设施或手段。

（四）给排水基础设施

给排水基础设施也是协调人类与自然的关系的一类重要基础设施，其职能是实现不同空间的人类对其必须的资源——水资源的共享，即水资源的输送。

水是人类生存必不可少的资源，但其在空间上的分布是不平衡的，虽然从广义上讲其是一种遍在资源。另外，人类对水资源的需求在空间上也是不平衡的。上述两点决定了给排水基础设施存在的必要性。

给排水基础设施分为给水基础设施和排水基础设施网络，但二者存在密切关系，是相辅相成的。给水基础设施的功能是自水源地向消费地或消费者供应水资源，方向上为单向不可逆的；排水基础设施的功能是处理疏导人类活动所利用过的水物质，使其在一定质量标准控制下进入自然界循环系统。

给排水基础设施的建设地域性较强，多以城市或大的耗水区域为中心，形成相对独立的网络系统。完善的给排水基础设施可以提高对水资源的利用率和循环利用能力。

给排水基础设施的建设对原始自然环境的影响较大，既影响水源地的生态环境又影响水资源利用区域的生存环境。尤其是宏观范围的跨流域调水基础设施的建设，虽可以实现多区域或多用户对水资源的共享，但是也会引起宏观区域原始自然环境的改变。所以，水利基础设施的建设既有积极意义方面的改变，也有消极方面的改变，具体情况需具体评价。因此，从协调人类与自然的关系的观点出发，给排水基础设施的建设，在考虑其经济效益的同时，必须把生态效益放到突出地位，忽视生态效益的水资源利用方式可能会造成无法弥补的消极后果。

相比之下，由于水是自然界循环中的关键要素，因此，给排水基础设施的建设与发展，对原始自然环境和自然景观的影响力，远大于其他基础设施。

（五）生态基础设施

生态基础设施作为协调人类与自然的关系的一类重要基础设施，其主要职能是消除、减缓、抑制、防止人类活动对自然环境的破坏，或消除、减轻、抵御自然灾害对人类生存环境的影响。

简言之，生态基础设施既保护自然，又改造自然，这也是其协调人类与自然的关系的两大功能。因此，狭义的理解生态基础设施仅仅是处理人类活动产生的污染物的环境设施是不完善的，它是一类内涵广泛、类型多样、对人类生存具有深远影响的基础设施。随着人类文明的进步，生态基础设施的全球意义越来越大，主要表现在其服务功能全球协同化、标准化、同一化和指标化，即多区域按同一标准，同一指标对某一活动同时采取措施，并建立相应的设施，如保护或利用海洋，保护人类赖以生存的大气圈、生物圈等。另外，生态基础设施的服务功能又具有明显的地域性，是从服务微观区域而影响宏观区域的，一个区域生态设施的建设只能为本区域提供服务，而不能直接为其他区域提供服务。

在保护或改造自然的大前提下，生态基础设施具有多种类型，且专业功能也不同。主要生态基础设施有："三废"处理设施，原始自然环境保护设施，灾害防御设施，生物圈保护措施等。

人是自然界发展的产物，是自然界中的一个要素，人类活动也是自然界大循环中的有机组成部分，从宏观时间尺度看也是一种必然的自然现象。所以，把人类活动与纯自然循环隔离开来或对立起来是不科学的，也有失偏颇。过分强调人类自身需求而不考虑人与自然的协同关系，会毁灭或破坏人类赖以生存的环境；而过分强调保护原始自然环境而抑制人类的合理再生产需求，也会产生不利影响。因此，生态基础设施建设必须兼顾自然规律和人类活动需求，从动态观点把人类活动纳入自然环境循环中，确定正确的作用与引导职能。

生态基础设施建设是一种"被迫"或"无奈"的人类活动，无论是保护环境还是改造环境。因而也决定了其发展过程的突出矛盾性，即总希望不投入或少投入，但又怕受到可怕的报复而又不得不投入，这种报复可能是长远的或无现实意义的，但人类又不得不正视。这是生态基础设施建设区别于其他基础设施建设的关键所在。

第三节　基础设施建设的历程与趋势

一、基础设施的建设历程

（一）建设历程

基础设施的建设经历了从简单向复杂、从单一向多样、从低级向高级、从微观向宏观、从临时性向永久性发展的过程。在这一发展过程中，人类经济社会活动的增长需求是其发展的客观动因。

工业革命以前，人类活动的空间较为有限，农业生产是其主要经济活动方式，规模小，一方面集聚能力有限，另一方面人类改造自然的能力也有限。因此，这一时期的基础设施类型较单一，服务空间范围较小，多依据江河等自然基础来发展基础设施，水平相对较低。

现代工业的出现与发展，为人类活动所依赖的基础设施的建设提供了客观基础。例如，1825 年世界上出现第一条铁路，19 世纪末开始出现现代公路，20 世纪初开始出现航空运输，20 世纪 30 年代出现了有线电信网，20 世纪 70 年代光纤通信开始迅速发展。到目前，全世界有 120 多万公里铁路，2000 万公里左右的公路，以及覆盖全球的信息网络。这些基础设施的建设，大大促进了人类文明的发展，并改变了人类与自然的发展关系。

（二）发展特点

现代基础设施在其发展过程中，表现出以下几个特点。

第一，复杂性和系统性增强，服务功能从单一化向多样化发展。随着人类社会需求的增长和生产活动的多样化，基础设施作为一个服务系统，其复杂性和系统性强于历史上的任何一个时期。尤其是交通、信息、输变电等基础设施的建设，其系统性和复杂性越来越强。这种系统性和复杂性主要表现在两个方面。一是各类基础设施体系内部的系统性增强，管理和利用的技术难度增大；二是空间系统性增强，追求多区域的协调，系统的空间覆盖范围和系统容量不断增大。

第二，由区域性向全球化发展。随着基础设施的建设和逐步完善，其服务功能也产生了较大变化，从服务于微观区域向宏观区域、从服务于一个地区向全球

基础设施与经济社会空间组织

化方向转变，主要表现在交通基础设施、信息基础设施、生态基础设施的建设上。例如，港口、铁路的建设多以全球通用的标准为依据，信息基础设施的全球化趋势则更强。

第三，从低级向高级发展，从低速向高速发展。现代基础设施建设初期，由于相应的技术和社会需求还未达到一定水平，因而决定了基础设施的技术等级和速度较低。例如，铁路基础设施只能满足每小时几十公里的运行速度，而目前，高速列车的运行速度已达到每小时 300 公里以上，试验速度已达每小时 500 公里以上。更有甚者，大型喷气客机的发展及相应基础设施的建设，使人类跨洲全球旅行已成较普遍的现象。因此，在扩展人类的活动空间，提高人类活动速度等方面，现代基础设施发挥了不可忽视的作用。

第四，从小容量向大容量发展。基础设施作为人类活动的载体，其承载容量越来越大是其发展过程中的重要特点，如大能力交通干线、大容量通信干线的建设等。这一发展特点是由大规模工业化生产和城市化的发展引起的。一条高速公路或一条高速铁路的能力是一条普通公路或铁路能力的数倍乃至十几倍。

第五，协同化能力不断增强。主要表现在基础设施之间的相互协作等方面，以某种服务职能为核心。以运输为例，集装箱运输的发展增强了铁路、公路、海运运输之间的协同能力。随着技术的发展，交通、信息、输变电、给排水等基础设施的协同能力也在逐步增强，形成复合功能的基础设施体系。

二、基础设施的建设趋势

（一）需求趋势

随着人类文明的不断进步，人类活动对基础设施的依赖程度将越来越强，并对基础设施的建设提出新的要求。从发展角度分析，人类发展对基础设施建设的要求将集中在以下几个方面：第一，提高克服空间阻隔能力或速度的要求；第二，保护和改善区域或全球生存环境的要求；第三，拓展生存空间的需求；第四，服务及时化和多样化的要求。这些要求，将直接影响基础设施的能力、质量及服务水平的发展方向。

（二）基础设施建设趋势

未来基础设施的建设趋势将以系统化、综合化、高级化为主要方向。主要集中在以下几个方面。第一，复合式基础设施的建设，即多种基础设施一体化设计，一体化建设，形成整体协同能力。各种基础设施在一个系统中或一个特定状态中相互关联、匹配并相互制约，如服务于一个城市或区域的交通、信息、供水、供电一体化系统等。第二，高质量和高速度的交通、信息基础设施，如大容量通信网、高速铁路、高速公路、大型民航机场或空港等。第三，大承载力设备的制造，如巨型飞机、巨型船舶及相应固定基础设施等。第四，扩展生存空间或开发新资源的基础设施建设，如开发海洋资源的基础设施建设，开发利用外层空间的基础设施建设等。第五，全球化基础设施体系的建立，如信息、交通等基础设施的建设，全球化趋势越来越强。

总之，基础设施在协调人类与自然的关系方面，所发挥的作用将越来越强，人类赖以生存的环境中，纯自然的东西将越来越少，而人为的东西将越来越多，在自然界中形成新的景观，而基础设施将占有重要地位。

参 考 文 献

曹小曙，阎小培．2003．经济发达地区交通网络演化对通达性空间格局的影响——以广东省东莞市为例．地理研究，22（3）：305-312.

陈航，张文尝，金凤君，等．1993．中国交通运输地理．北京：科学出版社.

陈耀邦．1996．可持续发展战略读本．北京：中国统计出版社.

城市基础设施投融资体制改革课题组．2001．国外城市基础设施投融资比较研究报告．建设部报告.

邓淑莲．2003．中国基础设施的公共政策．上海：上海财经大学出版社.

恭定勇，蒋爱民．2004．基础设施建设与城市经济增长的关系．城市问题，117（1）：46-50.

韩增林，杨荫凯，张文尝．2000．交通经济带的基础理论及其生命周期模式研究．地理科学，20（4），295-300.

金凤君．1995．运输联系与经济联系共存发展研究．经济地理，13（1）：76-80.

金凤君．1998．区域可持续发展的基础设施环境研究//秦大河．1998．可持续发展战略探索．北京：中国环境科学出版社.

金凤君．2001．基础设施与人类生存环境关系之研究．地理科学进展，20（3）：276-285.

金凤君．2004．基础设施与区域经济发展环境．中国人口·资源与环境，14（4）：70-74.

娄洪．2003．公共基础设施投资与长期经济增长．北京：中国财政经济出版社.

陆大道．1988．区位论及区域研究方法．北京：科学出版社.

陆大道．1995．区域发展及其空间结构．北京：科学出版社：137-165.

陆大道，薛凤旋．1998．1997中国区域发展报告．北京：商务印书馆.

陆大道，等．2003．中国区域发展的理论与实践．北京：科学出版社.

全永燊．2002．路在何方——纵论城市交通．北京：中国城市出版社.

荣超和．1994．论运输化．北京：中国铁道出版社.

基础设施与经济社会空间组织

荣朝和 . 1995. 论交通运输在经济时空推移和结构演变中的宏观作用 . 地理学报，50（5）：394-400.

魏后凯 . 2006. 现代区域经济学 . 北京：经济管理出版社 .

肖云 . 2003. 制度变革中的城市基础设施建设——理论分析与模式创新 . 博士后出站报告，40-47.

杨吾扬，张国伍，等 . 1986. 交通运输地理学 . 北京：商务印书馆 .

杨荫凯，金凤君 . 1999. 交通技术创新与城市空间形态的相应演变 . 地理学与国土研究，15（1）：44-47.

詹克斯 M. 2004. 紧缩城市——一种可持续发展的城市形态 . 周玉鹏译 . 北京：中国建筑工业出版社 .

张文尝，金凤君，樊杰 . 2002. 交通经济带 . 北京：科学出版社 .

张允宽，等 . 2002. 中国城市基础设施投融资改革研究报告 . 北京：中国建筑工业出版社 .

周起业 . 1989. 区域经济学 . 北京：中国人民大学出版社 .

Hansen W G. 1959. How accessibility shapes land use. Journal of the American Institute of Planners, 25（1）：73-76.

Taaffe E J, Gauthier H L, O'kelly M E. 1996. Geography of Transportation. Paramus：Prentice Hall.

Wilson A G. 1981. Geography and The Environment：Systems Analytical Method. N. Y. ：John Wiley & Sons Ltd.

第一章

基础设施类型与建设历程

第二章
基础设施与人类生存环境

人类生存环境是指一定空间范围内人类赖以生存与发展的物质和精神条件的总和。在人类生存环境不断演化过程中，基础设施主要起基础服务作用，是物质条件的基本内容，是其他物质条件相互联系与作用的纽带，是共同形成人类赖以生存的物质环境的有机组成部分。本章重点分析了基础设施体系的发展在推动人类文明进步过程中的三大作用，即在拓展人类认识世界的广度、扩大其活动的空间、削弱一个地区乃至整个世界封闭性中的支撑作用；在提高人类共享资源能力中的工具作用，包括在提升自然资源、经济资源、文化资源、技术资源和信息资源等共享能力中的作用；在保护或优化人类生存环境中的保障作用。

第一节 生存环境演化中的基础设施

一、人类生存环境的基本构成

（一）生存环境

人类生存环境是指一定空间范围内人类赖以生存与发展的物质和精神条件的总和，是一个广泛而抽象的概念。从哲学角度看，人类的生存环境由物质条件和精神条件两部分构成，基础设施无疑是物质条件的重要内容，而其营造的可感知的安全性和舒适性又属于精神范畴。从人类发展和社会生产关系的角度看，人类生存环境可分为人类生存的自然环境和社会环境两大部分，基础设施是联系自然环境与社会环境的纽带。

严格讲，并非所有自然环境都是人类的生存环境。例如，人类现阶段还未达到的海底世界，其演化过程无疑是自然环境演化的有机组成部分，但还不能认为是人类生存环境的组成部分；岩石的自然风化过程是自然环境演化的内容，但并不能完全归纳为人类的生存环境，等等。但是，人类创造的一切物质条件及经济社会关系都是人类生存环境的组成部分。

人类生存的自然环境即人类赖以生存的自然界，包括作为生产资料和劳动对象的各种自然条件的总和，是人类生活、社会生存与发展的自然基础。一般认为，狭义的自然环境其上界从地表起到其上50～100米，下界在陆地上深约25～30米，海洋中深约100～200米。自然环境是一个开放系统，是有机界与无机界相互转化的中心场所和人类生存与活动空间范围内的社会物质、精神条件的总和。广义的社会环境包括整个经济社会文化体系，如生产力、生产关系、社会制度、社会意识和社会文化等。

综上所述，人类的生存环境应包括三部分内容：一是以物质形态存在的物质基础，包括自然界中一切为人类利用的物质和人类自身创造的一切物质条件，如人类可以利用的矿产资源、土地资源、水资源、植物资源、动物资源等，以及人类自身创造的各种工具、设备、产品等。二是人类赖以存在的精神与文化基础，如意识形态、社会制度、文化积累、技术积累等。三是由于物质存在而产生的能为人类利用或决定人类发展的相互作用关系。上述三者存在于一定的空间范围内，就构成了人类生存与发展的基本环境。

自然环境与社会环境是相互影响、密切联系的，自然环境对社会发展无决定性作用（学界也存在自然环境决定论的观点），可加速或延缓其进程，一定程度上影响着人类社会活动的特征；人类活动也影响和改变着自然环境，并随着生产力的发展，其影响日益广泛而深刻。

（二）生存环境特性

人类生存环境随时间和空间的变化而变化，具有区域性、动态性、历史性等特点。随着人类文明的进步，其生存环境所包含的内容越来越广泛，人类自我营造生存环境的能力大大加强。但是，由于工业化的发展，人类自身也为其生存环境带来了许多难题，如环境污染、生态破坏、资源枯竭等。因此，我们应该用历史的、辩证的、综合动态的观点去看待自身的生存环境，客观评价人类活动与人类生存环境之间的关系。

区域性是人类生存环境最显著的特征，虽然整个地球表层即人类的生存环境是一个有机的统一体，但是由于不同区域在自然、社会、经济等方面存在明显差异，由此也决定了生存环境的区域差异。这种区域性特点，对基础设施的建设具有重要影响。显然，生活在干旱荒漠地区的人群对基础设施的需求与生活在海洋岛屿上的人群对基础设施的需求是明显不同的，虽然享受到的基础设施体系所提供的服务是相同的。

动态性是生存环境的另一特点。由于构成生存环境的自然环境和经济社会环境均在不断变化之中，因而由其构成的生存环境也是不断变化的，呈现出非常显著的动态性。但由于某些关键要素演化速率的不同，以及彼此间相互作用的强度不同，其动态演化的程度和速度是不同的。相对于自然环境部分，生存环境中经济社会环境部分的变化要快得多，有时可能是剧烈的。另外，空间尺度不同，生存环境所体现的动态性也不同。

二、基础设施对人类生存环境的作用

基础设施是人类生存环境的重要组成部分，影响着其演化和空间特征的形成。前苏联地理学家阿努钦认为，"自从人类社会成为物质世界特殊性质的范畴以后，在地球上就有三种主要过程：一是不依赖于人的纯自然过程，即景观壳的自然过程（如太阳辐射的作用、火山活动等）；二是人类社会内部发展的纯社会过程（生产关系）；三是同时具有社会和自然性的生产过程，因为它们受社会发展规律作用，同时又建立在主要条件、地理环境自然发展规律的基础之上，并且还依赖于它们的相互关系"（阿努钦，1994）。显然，基础设施属于后者。

（一）支撑人类活动的基础

基础设施是人类活动的基础，是支撑人类活动得以实现和延续的必要条件，其自身的发展变化就是生态环境演化最显著的标志。由多种基础设施构筑的人类生存所依赖的基础设施环境，是人类自己营造的基础物质环境之一。例如，人们的居住需要房子，出行离不开路，建房子需要有门，而门又需要相应的路；水资源的利用需要修建相应的集水库坝设施、输水管道与沟渠；为了利用遥远地区的能源而建造相应的铁路、电网、输油管线；为了达到信息的及时传输而建造相应的光缆线路、卫星地面站等。这些都是人类自身建造的基础设施。人类社会在其发展过程中，不断发展与完善所需的基础设施，发明并建造新的基础设施，逐渐改善自己的生产与生活环境。另外，随着人类文明的发展和技术的进步，人类对基础设施的建设，从依附依赖自然条件向"征服"自然条件转变，从暂时性向长久性发展，即人类自身的意志或意愿成分在增加，而自然环境的控制成分在减弱。例如，人类通过修建桥梁、隧道大大减低了山川河流、海洋对人类活动的阻隔，通过修建坚固的堤坝大大减低了水患对人类生存环境的破坏。

（二）联系人与自然的纽带

人类作为自然界的一部分，离不开自然，需要从自然界中获取所需的物质条件，而这种获取必须以基础设施的存在为依靠，大部分现代基础设施是人类利用自然的先导。例如，大规模的自然资源开发与利用必须配置交通线以及相应的基础设施，城市的发展需要建设相应的基础设施体系作为支撑，开发海洋和外层空间也要建立相应的基础设施等。基础设施作为纽带的另一个重要原因是自然环境所提供的物质条件与人类需求在空间上的分离，这是客观存在的事实，要想使供给与需求在空间上统一，必须以基础设施来沟通。因此，基础设施的完善与否，直接影响着人类对自然的利用，以及自然环境与社会环境协调发展的关系。

基础设施的建设同时受自然条件和社会条件两方面的控制。自然条件是决定基础设施建设的基本条件，如地貌、地质、气候、自然资源分布状况等，直接影响着基础设施建设的技术措施、等级规模以及建设的难易程度等。社会条件决定着人类活动对基础设施需求的大小，以及类型的选择等，即从需求方面直接影响着基础设施的建设规模、技术类型、空间分布状态以及与其他人为物质条件的相互关系。简言之，自然条件是基础设施赖以存在的基础，社会条件是基础设施赖以发展的导向器，人类活动的需求增长是基础设施得以发展的客观动因，三者缺一不可。

（三）优化生存环境的主要手段

基础设施建设是推动人类生存环境不断扩展和优化的主要手段之一。作为人类生存环境的重要组成部分，基础设施对人类生存环境发展的影响，随着科学技术的进步越来越强。从空间范围看，基础设施对微观生存环境的影响强于对宏观生存环境的影响，基础设施的建设与布局可以完全改变某一微观区域的自然景观和自然条件，形成一种纯人为的景观环境；相反，基础设施的建设对大区域宏观环境的影响要弱得多。另外，基础设施可以通过影响其他人为物质条件的空间集聚与扩散来改变人类的生存环境，如线状基础设施束（铁路、公路、通信线、其他供应线等组成的综合基础设施走廊）可以导致工厂、企业、城市的集聚，形成城市集聚带、产业集聚带等，演变为一种物质条件高度集聚的生存环境。

基础设施对人类生存环境影响的另一方面是对人类生存和活动空间扩张的影响。由于基础设施的建设与完善，人类克服空间阻力的能力大大加强，生存环境所含的空间范围得以扩大，直接的影响一方面是一地点的居民可以方便地到达一定距离内的其他地点，但同一时间内所度量的空间距离，过去远不如现在长远。

直接影响的另一方面是异地共享资源能力的提高,如一地区的居民或企业可以大规模地利用相距遥远的另一地的自然资源,形成大规模的远距离物质(或商品)流动。间接的影响是一地区的居民可以通过基础设施遥感、遥知或利用遥远的另一地的不可转移的资源与条件,而不必亲自前往,这一影响以信息基础设施的建设最具代表性。

(四) 影响生存环境的长远性

基础设施建设对人类生存环境的影响具有长远性。一个完善的基础设施体系一经建立,其所营造的生存环境在短时间内无法改变,将长期直接影响着人类群体的生产与生活。因此,从社会学角度出发,我们在建设基础设施时,必须充分考虑其对生存环境的深远影响,尤其是重大基础设施的建设,必须从多方面进行综合评估。

三、自然环境对基础设施建设的影响

任何基础设施都要建在一定的自然环境中,以相应的自然条件为依据。第一,自然环境中的固相系统如地表土壤、岩石表层等是基础设施赖以存在的物质基础。第二,各类基础设施需要相应的自然条件,如港口基础设施离不开相应的水域、水文地质条件,内河水运基础设施离不开河流岸线以及相应的水文地质条件;公路、铁路等陆上交通基础设施建设必须以自然资源的分布为依据,并受地形、地貌、地质等自然要素的影响;供水设施建设则更离不开水资源的分布状况等。生态类基础设施建设,是防护性基础设施建设,则是与相应的自然条件——对人类活动有破坏性影响的自然现象的存在密切相关的。

自然环境直接影响着基础设施的建设,是决定基础设施建设类型、规模、技术等级、空间形态和分布特征的主要因素。概括起来,对基础设施建设影响较大的自然条件有地形、地貌、气象、水文、工程地质、自然区位等,以及人类可利用的自然资源的分布状况等。主要自然条件对基础设施建设的影响集中体现在以下几个方面。

(一) 对基础设施建设费用的影响

由于基础设施是人类利用不同自然环境建设的人为物质条件,因而不同的自然条件对基础设施建设费用的影响是显然的。一般情况下,在地形相对平坦的地区建设基础设施,所需费用要比在地形起伏较大地区建设少得多。例如,山岳地

基础设施与经济社会空间组织

区 1 公里铁路的造价为平原地区的 2.0 倍以上，公路为 1.9 倍，索道为 1.7 倍。表 2-1 是不同地形条件下铁路、公路基础设施的相对费用。除了基础设施的建设费用外，不同的自然条件如气候、工程地质条件对基础设施投入运营后维护费用的影响也是显然的。沙漠地区、山区基础设施的维护费用要远高于平原地区。所以，在建设基础设施时，充分利用有利的自然条件，不但节约建设费用，而且还能减少大量的维护费用。当然，由于基础设施多是空间网络型的，建设费用的浪费与节约必须从总体上衡量，而不能仅从局部来衡量。

表 2-1　不同地形条件下每公里交通线路综合建设费（以平原为 1）

地形区	铁路（准轨Ⅲ级）	公路（路面宽 7 米）	索道	
			单线	双线
平原地区	1	1	1	1
丘陵地区	1.69	1.33	1	1
山岳地区	2.15	1.92	1.67	1.60
困难地区	3.54	2.81	1.67	1.60

资料来源：陈航等，1993

（二）对基础设施技术等级的影响

自然条件如地形、地质等因素的空间差异，直接影响着基础设施的技术等级。多数情况下，人们根据不同的自然条件采取不同的技术标准建设基础设施，以便减少造价，同时也反映了人类适应自然的客观规律。例如，在山区建设铁路和高速公路的最大限制坡度为 30‰ 和 50‰，最小曲线半径为 350 米和 125 米；而在平原地区则不同，铁路的最大限坡为 6‰，公路为 3‰，以便提高其服务能力。其他基础设施的技术标准也有相似情况。表 2-2 是我国根据不同地形条件规定的公路基础设施的建设标准。表 2-3 是世界主要国家高速公路的技术标准。

表 2-2　我国公路建设规定的主要技术指标

公路等级	高速公路		一		二		三		四	
地形	平原微丘	山岭重丘	平原微丘	山岭重丘	平原微丘	山岭重丘	平原微丘	山岭重丘	平原微丘	山岭重丘
计算行车速度（公路/小时）	120	80	100	60	80	40	60	30	40	20
行车道宽度（米）	2×7.5	2×7.0	2×7.5	2×7.0	9	7	7	6	3.5	
路基宽度（米）	26	23	23	19	12	8.5	8.5	7.5	6.5	

公路等级	高速公路		一		二		三		四	
地形	平原微丘	山岭重丘	平原微丘	山岭重丘	平原微丘	山岭重丘	平原微丘	山岭重丘	平原微丘	山岭重丘
极限最小平曲线半径（米）	650	250	400	125	250	60	125	30	60	15
停车视距（米）	210	110	160	75	110	40	75	30	40	20
最大纵坡（%）	3	5	4	6	5	7	6	8	6	
桥涵设计车辆荷载	汽车-超20级 挂车-120		汽车-超20级 挂车-120		汽车-20级 挂车-100		汽车-20级 挂车-100		汽车-10级 履带-50	
桥面车道数	4		4		2		2		2或1	

资料来源：国家发展和改革委员会，综合运输研究所，1990

表2-3 发达国家高速公路的几何设计标准

项目		意大利	法国	前联邦德国	英国	美国	日本
设计速度（公里/小时）	平坦地区	160(1958年) 120(1964年)	140	140	平原112 丘陵96		120
	山区	80~100	100	100	山区80		80~100
车道宽(米)	运行车道	3.75	3.5	三车道内侧	3.65	3.65	3.5~3.75
	超越车道	3.5~3.75	3.5	3~3.75 3.75	3.65	3.65	3.5
路面横坡（%）		1.5~2.0	2.0	1.5	2.5	1~2	2
路肩宽度（米）	有铺装	3.0	2.8	2.50	3.0		2.5
	导带	0.2	0.2	0.75			
	边缘	1.0	1.0	1.50	3.0		1.0
	总宽	4.2	4.0	4.75	6.0	3.6	3.5
最大纵坡（%）	正常情况	平原4，山区5	4	4	3	3	2、3、4 5、6、7
	特殊情况	平原5.5，山区6	6	6	4	4	

基础设施与经济社会空间组织

项目		意大利	法国	前联邦德国	英国	美国	日本
竖曲线最小半径（米）	凸形	8 000	10 000（车速140）5 000（车速100）	12 000（车速140）4 000～6 000（车速100）	18 000（60 000 英尺*）	以曲线长度控制	17 000（车速120）11 000（车速100）4 500（车速80）
	凹形	5 000	5 000（车速140）3 000（车速100）	8 000（车速140）5 000～8 000（车速100）	90 000（30 000 英尺）		6 000（车速120）4 500（车速100）3 000（车速80）
平曲线最小半径（米）	设计车速 正常的 特殊情况	120 100 80 630 440 215 475 385 －	140　　100 1200　　650 650　　400	140 120 100 1200 800 500 600 400 250	850	120 1820 1360	120 100 80 570 380 230
中央分隔带	总宽度 形式	1.1～4.0(米) 高出路面	5.0 低于路面	5.5 低于路面	4.0 低于路面	1.3～20 小于1.3米 高出地面 大于1.3米 低于地面	3 低于地面
	铺面措施	绿化或铺面		绿化	绿化	绿化或铺面	绿化
安全护栏		有	有	有	有障碍物处设置	有	有特殊情况设置

＊1 英尺 ＝0.3048 米

资料来源：《中国大百科全书》编委会，1986

　　铁路作为人类经济社会活动的最主要基础设施之一，其建设标准受自然条件的影响较大，主要表现在线路的曲线半径和限制坡度两个方面，在规定的标准内选择适合的自然地理条件或去改变自然条件，但不同的地区或国家所采用的标准有所差异（表2-4，表2-5）。

第二章　基础设施与人类生存环境

表 2-4　部分国家铁路建设规定的限制坡度或最大坡度（单位:‰）

中国	铁路等级		I	II	III
	限制坡度最大值	一般地段	6	12	15
		困难地段	12		

俄罗斯	铁路等级	I	II	III	IV
	限制坡度最大值	15	15	20	30
	最大坡度	30	30	40	40

美国	最大坡度	58.9（一般不超过 2‰）

德国	铁路等级		干线	支线
	最大坡度	一般情况	12.5	40
		特殊情况	25	

资料来源:《中国大百科全书》编委会，1986

表 2-5　部分国家铁路建设规定的最小曲线半径

中国	铁路等级		I	II	III
	最小曲线半径(米)	一般地段	800	800	600
		困难地段	400	400	350
		特殊困难经部批准	300	300	250

俄罗斯	铁路等级		I		II	III	IV
			υ > 120 公里/小时	υ < 120 公里/小时			
	最小曲线半径(米)	推荐标准	4000～2055	4000～1500	4000～1200	2000～1200	2000～1000
		困难条件允许标准	2000	1200	1000	800	500
		特殊困难经部批准	800	600	600	400	250

德国	铁路等级	干线	支线
	最小曲线半径（米）	300	180

资料来源:《中国大百科全书》编委会，1986

　　此外，自然条件对港口、机场、管道、内河航运基础设施的技术等级均具有较强影响。气候条件和地形条件对机场的布局和技术等级影响较大；内河航道则完全决定于水文、河道的落差等自然条件。我国内河航道等级与河道水深、河道弯曲半径等自然条件的关系见表 2-6。水利设施的建设与自然条件也有密切关系。

表 2-6　我国内河航道通航的分类标准

航道等级（级）		一	二	三	四	五	六	七
船舶吨位（吨）		3000	2000	1000	500	300	100	50
船型尺度（米）	总长	75.0	67.5～75	67.5	45	35	26～32	21～23
	型宽	16.2	10.8～14	10.8	10.8～10.6	9.2	5.2～7	4.5～6.2
	设计吃水	3.5	3.4～2.6	2.0	1.6	1.3	1.0～1.8	0.7～1.7
船队尺度（米）	长	192～350	175～316	160～270	109～160	87～125	74～361	60～273
	宽	64.8（63.6） 48.6（47.7） 32.4（31.8）	32.4（31.8） 21.6（21.2） 14	32.4（31.8） 21.6（21.2） 21.6（21.2） 10.8（10.6）	21.6（21.2） 21.6（21.2） 10.8（10.6）	18.4 18.4 9.2	5.5 14.6 6.5 6.4（7.5）	4.8 5.4 6.5
	吃水	3.5	2.6～3.4	2.0	1.6	1.3	1.0～2.0	0.7～1.75
航道尺度（米）	天然河流　浅滩水深	3.5～4.0	3.4～3.8 2.6～3.0	2.0～2.4	1.6～1.9	1.3～1.6	1.0～1.2	0.7～1.0
	天然河流　单线宽度	70～120	35～80	30～80	30～45	40～75	15～25	10～13
	天然河流　双线宽度	130～245	70～150	60～150	50～90	40～75	30～45	20～25
	受限航道　水深	5.5	4.0	3.2	2.5	2.0～2.5	1.5～2.5	1.2～2.2
	受限航道　底宽	120	55	45～80	40～75	30～70	20～25	15～23
	弯曲半径	580～1050	540～950	480～810	330～480	260～380	105～220	85～180
船闸尺度（米）	长	280	195	180～260	120～180	100～140	80～190	70～140
	宽	34	16	23	23	23	12	12
	门槛水深	5.5	4.0	3～3.5	2.5～3.0	2～2.5	2.5～3.0	1.2～2.5
水上跨河建筑物	净宽（米）　天然河道	85～160	50～105	40～100	35～60	40～50	20～30	15～20
	净宽（米）　限制性		65	55～85	45～80	40～75	22～288	17～26
	净高（米）	24.0 18.0	18.0 10.0	18.0 10.0	8.0	8.0 5.0	6.0 4.0	4.5 3.5

资料来源：综合运输研究所，1990

（三）对基础设施类型和空间分布的影响

　　自然条件是影响基础设施类型和地区分布的关键因素之一。河网发达地区也是内河水运基础设施最发达的地区，陆地与海洋的交界面是港口布局的场所，岛屿多以港口为主要基础设施，内陆干旱地区多以公路、铁路等为主要基础设施，等等，这些类型均与自然条件有密切关系。地形平坦且其他自然条件较好的平原地区多是人类活动集聚的地方，基础设施分布相对集中，密度较高，而山区、沙漠戈壁地区的基础设施数量相对较少，密度较低。以我国四川省为例，上述特征反映的非常明显（表2-7）。

表 2-7　四川省不同地形条件下交通线相对密度（以全省平均密度为 1）

项目	地形类型	交通线相对密度
城市化程度较高地区	平原	13.6
	丘陵	4.7 ~ 8.3
	山区	3.7
城市化程度较低和一般农牧业地区	平原	1.9 ~ 2.6
	丘陵	1.5 ~ 1.7
	丘陵与山地	1.0 ~ 1.5
	山地与高原	0.2 ~ 0.5
全省平均		1

注：①交通线只包括铁路、通航机动船的内河航道和可晴雨通车的公路；②引自《中国交通运输地理》，第 9 页

不同自然条件转变的地区，如陆地与海洋的交界地区，山区与平原的过渡地带等，多是基础设施的集聚地区，也是多种基础设施交汇的地区，形成基础设施"富集带"。陆地与海洋交界的地区，是海洋基础设施与其他陆上基础设施的结合部，形成较为有利的生存环境。在我国沿海地区，分布着 100 多个港口、112个城市，近 20 条重要交通线以这些港口和城市为起讫点。美国的东、西海岸是港口、铁路、公路、城市市政设施等基础设施密集区，世界著名的城市如纽约、波士顿、洛杉矶、旧金山以及相应的重要基础设施均分布在这一地区。

第二节　基础设施与人类活动空间

扩展人类活动空间、克服空间阻力、削弱空间阻隔、合理利用空间及其所包含的物质条件是人类建设基础设施的主要目的之一，人类的发展历史就是一部利用自然、改造自然，克服空间阻隔的历史。基础设施在其中发挥了不可替代的支撑作用。

一、空间资源利用的支撑作用

（一）利用空间的支撑体系

空间，尤其是人类一般活动可及的地表空间范围，是人类赖以生存与发展的

有限资源，人类作为空间范畴中的物质存在，对空间的合理利用是非常必要的，这直接关系到一个城市、一个区域、一个国家乃至整个人类社会的可持续发展。人类对空间的利用受多种因素的影响，并遵循相应的技术经济原则。

基础设施是人类利用空间及其所包含的物质条件的支撑体系，没有基础设施，人类就无法利用其居住的有效空间，也很难利用其居住空间中的各种资源。因此，多数基础设施是人类利用空间的前提和先导条件，其发展建设直接影响着人类对有限的地表空间的合理利用，包括利用方式、方法、途径等。

总体上看，基础设施的建设服务于人类社会的发展并以经济社会的需求和空间布局为依据。但是，具体而言，人类在处理基础设施建设与经济社会发展间的空间关系时，主要采取两种相反的方式：一是以经济社会其他活动的空间布局为依据，以一定的技术经济原则决定基础设施的建设与布局，即基础设施在整个经济社会活动中体现的是被动适应关系；二是以基础设施的空间布局为依据，根据相应的技术经济准则，在基础设施可及的空间范围内配置其他经济社会活动，即基础设施的建设在先，其他经济活动受其左右被动适应或主动利用，基础设施起积极引导作用。在后一种发展关系中，基础设施的建设直接影响到人类对空间的利用，也影响到经济社会的空间结构和地域景观形态。无论采取何种发展关系，基础设施所起的作用都是基础支撑作用。

虽然基础设施建设与其他经济社会活动在发展时序上存在上述关系，但就某一空间范畴而言，一般情况下基础设施的建设是在经济社会的总体规划、计划指导下发展建设的，与经济社会的发展需求基本是协同的，虽然在供给与需求间存在时滞或不平衡。例如，一个城市的基础设施体系即市政设施网络是根据城市的总体设计而建设，虽然其在空间布局上有一定的随机性，但却是在考虑到与其他人类活动空间关系的基础上建造的。

（二）建构区位

基础设施占据一定的空间，这种位置占据具有独占性，即基础设施一经建成，其将占据一定的空间区位，使得其占据的空间区位难以被其他人类活动再利用，只能通过利用此基础设施才能达到利用此空间的目的。人类建设的许多基础设施具有上述特性，如交通线、港口、水库等。在人类赖以生存的地表空间中，适合建设基础设施的空间区位是非常有限的，这是由自然条件和人类自身发展要求所决定的。例如，在大江大河上适于建设大型水利设施（如水电站、水库等）的空间区位是寥寥无几的，陆地与海洋交界处适合建设大型港口的优良港址资源是有限的，陆地上适合建设综合基础设施束又有利于人类其他经济社会活动发展的空间走廊是不多的，即使在外层空间，可利用的空间区位（如卫星轨道等）也是极其有限的。因此，合理布局基础设施对人类利用空间是非常重要的。随着社会的进步，以及越来越局促的地表空间，建立一套机制和技术准则引导人类高效利用地表空间就显得越来越重要。

另外，基础设施建成后的空间区位稳定性，又直接影响着其他经济社会活动对空间以及物质资源的利用，一定程度上影响着人类经济社会活动对空间的有效利用程度，特别是对微观与中观空间的利用方式和途径有比较突出的影响。交通运输线路、站场等基础设施建成后可以被持续利用相当长时间，且空间区位不易被改变，服务的空间范围也具有一定的规律，从而影响着经济社会活动的空间特征。

尤其值得指出的是，"点状"基础设施的建设与布局，直接左右着相关人类群体对其周围空间的利用。这类"点状"基础设施包括机场、港口、车站、仓储场所、库坝、大型公共建筑等。

二、活动空间扩展的激发作用

（一）人类扩展活动空间的基本条件

扩展活动空间是人类始终不懈追求的目标，不管是古代的人类还是现代的人类，从没有放弃这种追求，无时无刻不在努力扩展其活动空间。小到每个人，大到一个国家、整个人类世界，都在为扩展其活动空间而奋斗着。人类在其进化过程中，除了不断扩展陆地地表活动空间外，还不断向海洋、外层空间扩展，从"平面式"扩展朝"立体式"扩展方向发展。基础设施在其进程中发挥了积极作用。

基础设施是人类扩展其活动空间的基本条件，这是因为：第一，人类要想探求未知或寻求可利用的空间，必须有相应的基础设施做前提保障。历史的发展充分证明了这一点。例如，人类要想向外层空间扩展，就必须先建设相应的空间探测器发射基地和必要的通信设施；人类在向不具备自身正常生存条件的极地、沙漠挺进时，也必须建立相应的基地和基础设施等。第二，基础设施是提高人类空间活动能力的重要支撑条件。这主要体现在单位时间内活动距离的扩大和对特定空间的高效利用等方面。形象地讲，由于基础设施的不断发展以及与之相关的服务系统的建立，延长了人类的双臂，扩大了人类双腿的步伐间距，加快了人类双腿的活动频率，使得现代人单位时间内所及的空间范围远远超过历史上任何一个时期的人类，这一进步大大扩展了人类的生存空间。第三，基础设施建设扩展了人类活动空间的范畴。人类可以通过建设基础设施向海洋、沙漠、沼泽等地扩张自己的活动空间。此外，人类还可以通过建设基础设施规范大江大河的水文特征以争取生存空间。第四，提高空间利用效率也是扩展活动空间的主要途径，基础设施在这方面发挥了重要作用。在城市化地区，人类可以通过建设发达的基础设施体系提高其居住空间的利用效率。

（二）扩展人类活动空间的贡献

从历史发展角度分析，基础设施在不断发展完善过程中对人类扩展活动空间的贡献主要表现在五方面。

（1）基础设施的建设加速了人类对地表生存空间的扩张，尤其是对有效活动空间的扩展。历史上的人类由于利用自然、改造自然的能力有限，多集聚在自然条件较好的有限区域内，基础设施的建设也主要受自然条件的控制。随着现代基础设施的出现并不断发展，现代人类在现代化的基础设施支持下，大大削减了自然条件的限制，导致活动空间的急速扩张。在地球表层，人类至今未到达的地区已经寥寥无几，虽然有些地区还不具备大量人类群体生存的条件，但由于基础设施的建设，人类可以很容易地光顾这些地区，如目前人类可以有条件地生活在极地地区与极度干旱的沙漠地区。

（2）基础设施的建设正在加速人类向外层空间的扩张。在现代化基础设施体系支撑下，目前人类可以探求遥远的宇宙世界，正在向利用外层空间大步迈进。

（3）基础设施的建设提高了此区域居住的人群与彼区域居住的人群间的相互交往能力，即扩展了特定区域居住的人群的活动空间。加强不同区域间的联系是某些基础设施建设的主要目的，这种关联实质上扩展了相关人群的活动空间。

（4）基础设施的建设加快了人类对海洋空间的利用速度。由于基础设施的不断建设，海洋空间成为人类后备生存空间的可能性越来越大。目前，海洋已经成为人类可利用的自然资源的后备库。由于技术的限制，人类目前还不能生活在海洋中，但人类正在从海洋中攫取大量的矿产资源和生物资源，这与某些基础设施的建设是分不开的。

（5）基础设施的建设扩大了个体居民的日常空间活动范围。在以畜力、马车为交通工具的时代，居民日常活动的空间距离只有数公里，甚至更小，最远的日常活动距离也只有几十公里，即使用最快的驿站网络传递信息，日行距离也只有几百公里。而现在，由于服务于快速交通运输的基础设施不断建设，居民日常活动的空间范围大大地增加了。在发达国家的城市化地区，居民就业地与居住地间的距离可达几十公里乃至上百公里，居民可以在早晚穿梭于这些地点之间，而不用花费太多的时间，这得益于现代化基础设施的建设。如果乘喷气式飞机远行，一日之内可达数万公里以外的地方，这种空间活动范围的扩大是古代人类无法比拟的。如果利用现代化的通信工具，则空间距离可以达到忽略不计的地步，极大地扩展了人类活动的空间范围。因此，现代化基础设施及以其为基础的服务体系的发展，对人类日常活动空间的影响是日新月异的。如果把马车时代城市居民日常活动的空间范围看做 1 个距离单位的话，则现代汽车时代的城市居民的日常空间活动范围可以达到 8 ~ 20 个距离单位（图 2-1）（金凤君，2001）。

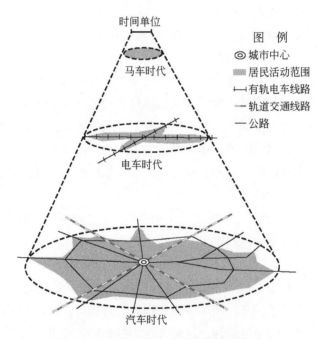

图 2-1 人类日常活动空间范围的演进

（三）技术水平与活动空间扩展

值得指出的是，人类活动空间的扩展是通过利用基础设施得以实现的。因此，对基础设施利用水平的高低和技术手段的优劣，是人类活动空间扩展的关键。如果有基础设施而不去利用它，则基础设施扩展活动空间的作用是显现不出来的。以飞机场为例，如果仅仅有飞机场而没有相应的民航运输网络定期与其他地区联络，则机场扩展相关居民群体活动空间的作用是不存在的，虽然机场基础设施的存在有这种潜在作用。

即使对于同样的基础设施，对其利用的水平不同或采取的技术手段不同，也可能引起其扩展活动空间作用的差异。以我国的铁路基础设施为例，20世纪90年代末的基础设施水平与20世纪90年代初的水平并无明显质的差别，但却在扩展居民活动空间的作用上存在较大差别，前者单位时间内旅客乘铁路特别快车旅行的距离比后者提高了20%以上，以不同城市间列车旅行时间的变化可以充分说明这一点（表2-8）。北京与上海间铁路旅客列车的旅行时间1998年比1995年减少3.4小时，在相同时间内旅客的旅行距离比1995年扩展24.3%；北京与广州间的旅行时间缩短8.3小时，同时间内旅行距离可延伸34.6%。这一结果大部分是由于管理利用水平的提高所致。此例子充分说明，在加强基础设施建设、完善其网络体系的同时，还必须充分重视利用水平和技术手段的提高，这对提高区域基础设施的利用效率是非常有意义的。在建设资金短缺的地区，处理好基础设施建设与管理利用水平间的关系，可以用尽量少的投入获得最佳的效益。

表2-8　主要城市间铁路旅行时间与联系范围扩展（20世纪90年代）

旅行区间	旅行时间（小时）			1995年比1991年缩短旅行时间数（小时）	1998年比1995年缩短旅行时间数（小时）	虚拟旅行距离扩展幅度（%）
	1991年	1995年	1998年			
北京－上海	17.4	17.4	14.0	0.0	3.4	24.3
北京－广州	33.9	32.3	24.0	1.6	8.3	34.6
北京－西安	19.9	19.6	14.5	0.3	5.1	35.2
北京－沈阳	9.4	9.4	9.2	0.0	0.2	2.2
北京－武汉	16.7	16.7	12.1	0.0	5.6	38.0
北京－成都	31.6	32.0	31.4	-0.4	0.6	1.9
北京－重庆	34.1	33.5	33.1	0.6	0.4	1.2
北京－天津	1.9	1.9	1.3	0.0	0.6	46.0
上海－广州	33.2	30.8	25.0	2.4	5.8	23.2
上海－西安	25.3	25.2	23.7	0.1	1.5	6.3
上海－沈阳	28.8	29.7	29.1	-0.9	0.6	2.1
西安－广州	38.2	33.1	23.3	5.1	9.8	39.7

资料来源：根据《全国铁路旅客列车时刻表》（1991，1995，1998年）整理

（四）扩展人类活动空间的负面作用

基础设施在扩展人类活动空间中也有负面作用。基础设施在扩展人类活动空间中的作用总体上是有益的，产生的影响是积极的，否则人类也不会孜孜不倦地去建设基础设施。但是，基础设施的建设在扩展人类活动空间的过程中也有负面

作用,尤其是盲目建设基础设施还会对人类已经占据的活动空间产生威胁。例如,盲目地围湖造田或占据大江大河的行洪区域建设相应的基础设施,其直接后果是可能对沿岸地区或相关地区居民的生存空间造成威胁,这方面的例子不胜枚举。另一个值得指出的负面影响是基础设施在向生态脆弱地区扩展延伸中(除保护生态的基础设施外),如果处理不当,会直接或间接破坏本已脆弱的环境,所产生的负面影响可能直接威胁着相关区域人类的生存安全。这类负面作用在一个流域内部的上中下游区域间容易发生。"尼泊尔砍树淹死孟加拉的牛"的现象就是最好的例证,这不得不承认与区域开发性基础设施建设有关。

三、时空观念的变革作用

现代基础设施出现与不断发展,大大削减了空间阻隔对人类活动的影响,改变了物质运动过程中时间与空间的相对关系,尤其是人类活动中空间与时间的相对关系发生了非常大的变化,因而导致人类时空观念的改变。

(一)人类时空观念的变革

具体而言,基础设施建设与完善对人类时空观念变化的影响主要体现在下列五个方面。

(1)改变了人类度量空间距离的时间尺度。随着现代基础设施的不断发展,在人们的意识中,空间距离相对时间而言,在逐渐"变短",或单位时间内可以感知的空间距离在延长。在现代交通运输体系的支撑下,现代人意识中单位时间可感知的空间距离远远超过马车时代的人类,两者相差数倍乃至数百倍。而且向外层空间扩展的信心也是无法比拟的。

(2)空间障碍即自然障碍的阻隔在人类的意识中逐渐淡化。现代基础设施的出现与逐步网络化,山川河谷对人类活动的限制程度在逐渐减弱,人类可以相对容易地跨越险山深壑,穿越戈壁沙漠。更为重要的是,由于现代海洋运输技术的发展,海洋对人类活动的阻隔被大大地削弱了,可以很容易地涉越辽阔的大海大洋,海洋已经不再被视为难以跨越的空间障碍。

(3)"开放式"的空间意识代替了"封闭式"的空间意识(图2-2)。随着现代基础设施的逐步完善,人们的生存空间意识已不再拘泥于某一个城堡、某一个部落,或某一个地区或国家,而是把自己的生存空间与其他空间有机地联系在一起,与整个人类的生存空间联系在一起,以特定群体聚居的疆界意识在逐步淡化。虽然这种空间意识的改变是人类文明总体作用的结果,但基础设施的建设在其中发挥了不容忽视的作用。同时，人类对自己生存空间危机意识的增强，正在敦促人类自己采取统一的行动保护自己的生存空间，这也对生态基础设施建设等提出了强烈要求，如采取一致措施建立相应的设施与机制控制二氧化碳的排放等。

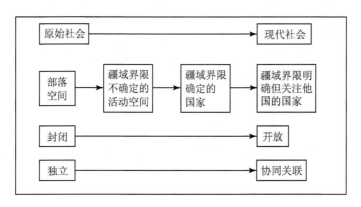

图 2-2　人类生存空间意识的演变（以群体为例）

（4）资源利用的空间意识发生了质的变化，从"自足型"的空间意识转变为"互惠型"的空间意识。某一区域聚集的人类群体在进行经济活动时，不再局限于自己所控制的资源上，而是越来越多地考虑其他地区的资源供给能力，通过互惠交换达到对资源的利用。关于区域的资源共享与基础设施建设的关系将在下一节进行详细讨论。

（5）时间价值观念增强。时间观念的变化直接影响到人类的生活观念和生产观念。随着基础设施的进步，人类追求时间效益的意识逐步增强，"时间就是金钱"的观点应该说与现代基础设施的建设有很大关系。人类在从事经济社会活动的过程中，越来越希望通过基础设施提供优质便捷的服务，用尽量少的时间获得尽量多的收益，即尽量提高时间的利用率。现代企业间"及时送达（just in time delivery）"的协作方式与"零库存"生产方式就是生产观念转变的具体体现，是在发达的基础设施体系支撑下，利用合理及时的运输网络所提供的服务实现的。

（二）时空收敛

关于时间与空间关系变化的例子举不胜举，国内外许多学者进行过大量的实证研究，如欧美学者从"费用 – 空间收敛（cost-space convergence）"和"时间 – 空间收敛（time-space convergence）"等方面进行了大量研究。

英国学者研究了 1658 ~ 1966 年 300 多年间爱丁堡与伦敦之间旅行时间的变化，以此实证了空间距离与时间关系的变化。由于交通运输基础设施的建设变化和新的交通运输方式的出现，旅行时间在过去 300 年中大幅度缩短：现在铁路列车的旅行时间约是 17 世纪马车的旅行时间的 1/55，汽车的旅行时间约是马车的旅行时间的 1/50；飞机的旅行时间约是马车的旅行时间的 1/110。图 2-3 是不同交通方式出现所导致的伦敦与爱丁堡之间旅行时间变化的曲线（Manheim，1979）。

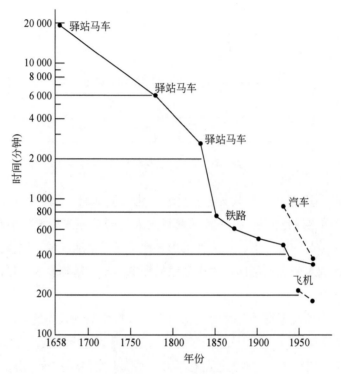

图 2-3　伦敦与爱丁堡之间旅行时间的变化
资料来源：Manheim，1979

"缩小的美国"是另一个反映时间与空间关系变化的例子。美国学者从理论上研究了 1912~1970 年周游美国所需要的时间，从此折射出了时间与空间的变化关系。结果发现，由于现代交通运输技术的进步，周游美国变得越来越容易，美国正在不断"缩小"！图 2-4 是通过空间与时间关系转变描绘的美国国土的相对示意图。

过去 200 年，我国北京与上海间旅行时间的变化也可以反映我国国土范围内由基础设施建设所引起的空间与时间的变化关系。在 19 世纪末以前，两地间的交通运输工具主要依靠水运和马车，所需要的旅行时间在 150 小时左右，昼行夜宿需要两个星期左右，即使最快的驿站传递速度也需要 3~4 天。到了 20 世纪 30 年代，由于铁路的修建，旅行时间缩短至 45 小时左右，只需要 2 天时间，按天

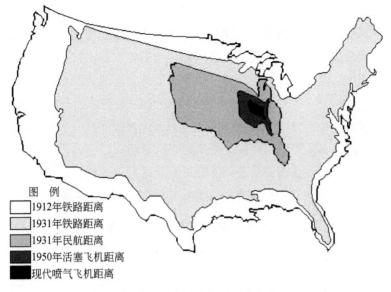

图 例
☐ 1912年铁路距离
▨ 1931年铁路距离
▨ 1931年民航距离
▨ 1950年活塞飞机距离
■ 现代喷气飞机距离

图 2-4　交通技术进步与"缩小"的美国

资料来源：Manheim，1979

计算旅行时间显著缩短，到 20 世纪末的 90 年代，由于铁路运输技术的进步和民用航空的发展，两地间的铁路列车旅行时间缩短为 14 小时，飞机的旅行时间只有 1 小时 55 分钟，空间距离与时间的关系发生了巨大变化（图 2-5）。目前京沪两地乘高铁的旅行时间为 4 小时 55 分钟。

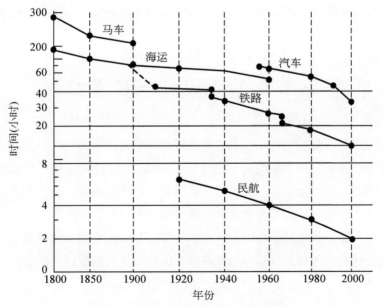

图 2-5　北京与上海之间旅行时间的变化

随着我国高速公路建设的飞速发展，以其为基础逐步形成的公路运输网正在对我国居民从事经济社会活动的空间与时间关系产生深远影响。可以预见，高速公路作为最重要的区域基础设施，将得到充分利用并在经济社会空间结构的演变中发挥重要作用。沈大高速公路的建设使得沈阳与大连间的汽车旅行时间由原来的 10 小时缩短至 4 小时；沪宁高速公路的建成使两地间的旅行时间从 8 小时减至 4 小时，成渝高速公路建成后使成都与重庆间的旅行时间从 10 小时缩短到 4 小时。表 2-9 是我国主要城市间高速公路的旅行时间。高速公路建设引起的空间与时间关系的变化，是由高质量公路基础设施的建设引起的，这与 20 世纪 90 年代铁路的情况有一定差异，后者的主导因素是提高管理组织水平。

表 2-9   高速公路与普通公路时间效益对比（单位：小时）

城市	北京	天津	石家庄	太原	济南	青岛	郑州	西安
北京	—	3	7	12	11	18	18	30
天津	1	—	8	13	9	16	19	26
石家庄	3	3	—	6	10	18	11	22
太原	5	5	2	—	15	23	16	18
济南	4	3	4	6	—	8	13	19
青岛	7	6	7	9	3	—	21	37
郑州	7	8	4	6	5	8	—	16
西安	12	10	9	7	12	15	6	—

注：①左下部分数据是高速公路旅行时间，右上部分为一般公路旅行时间；②根据高速公路的技术标准和资料整理

第三节   基础设施与资源共享

提高资源利用强度和利用效率以及多区域共享资源能力是许多基础设施建设的首要目的。基础设施体系的逐步完善与区域网络化，逐渐削弱了空间阻隔对人类活动的限制，极大地提高了人类对自然资源、经济资源和社会文化资源的共享能力，使得大规模利用资源和大范围资源交流成为可能，改变了人类经济活动的空间结构与形态。从生产活动上看，自然资源的开采企业使自然资源从自然优势转变成经济优势，而以基础设施为支撑建立的流通体系则使经济优势转变成商品优势。

一、自然资源共享强度与规模

（一）对自然资源利用的作用

自然资源泛指存在于自然界、能为人类利用的自然条件（自然环境要素）。自然资源按其实体属性被划分为土地、水、矿产、生物、海洋和气候六大类，其中土地、水、矿产是当今社会的三大核心资源，大多数基础设施的建设与上述三类资源的开发利用有密切关系。自然资源按其自身生产特征可分为可再生资源和不可再生资源，太阳辐射、风、水力、潮汐、地表径流、地热与温泉等属于可再生自然资源；煤炭、石油、金属矿产、非金属矿产等属于不可再生资源。绝大多数矿产资源属于不可再生资源。自然资源按其功能可分为能源、原材料资源等。人类社会的进化史在一定程度上就是开发利用资源的历史（图2-6）。

以上是自然资源的传统分类方法。如果按其空间分布的稳定性分类，则自然资源可分为可移动资源和不可移动资源，可移动资源又可分为自然可移动资源和被动可移动资源。自然可移动资源包括地表径流、风、动物资源等，被动可移动资源包括矿产资源等，主要是通过人为开发改变其空间区位。基础设施的建设在上述两类资源的利用过程中所起的作用是不同的。

无论对自然资源如何分类，在其被开发利用的过程中，基础设施在其中所起的作用是非常重要的，其建设与进步直接影响着自然资源的开发强度、开发规模、利用效率和资源共享的空间范围。

自然资源在地域空间中分布的不平衡性是自然界中的客观事实，即自然资源在地域空间中的分布表现为稀缺性，而人类对某些重要资源的需求愿望是共同的，即在地域空间上呈现出普遍需求特征。赋存与需求在地域空间中的分离是人类利用自然资源面临的重要难题，要解决此难题，只有通过一定的人为活动才能实现，而这类人类活动又必须以建设相应的基础设施为支撑。因此，打破资源的区域垄断性、获取异地资源为己所用就对基础设施建设提出了客观要求。资源共享也是人类社会进步所追求的共同目标。

（二）对自然资源开发强度与规模的作用

基础设施建设促进了自然资源的开发强度和规模。基础设施的不断建设和进步，大大促进了人类对自然资源的开发利用强度，提高了人类对自然资源的共享水平。一是提高了那些占据自然资源赋存地区的人类群体利用此资源的能力与规

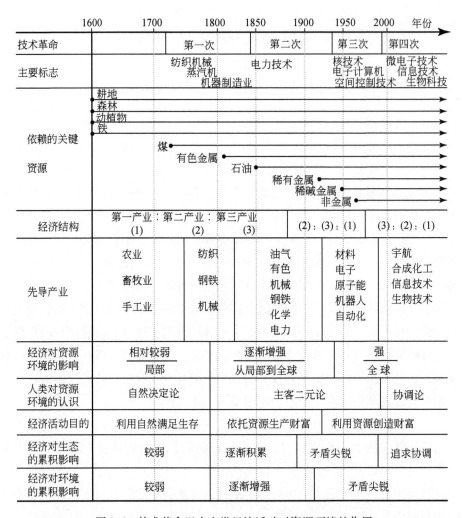

图 2-6　技术革命以来人类经济活动对资源环境的作用

模，并影响着整个经济社会结构的发展特征。例如，随着人类技术的进步和相应基础设施的建设，人类对土地、能源、铁矿等资源的利用技术与水平不断提高，可以大规模开发利用这些资源，并成为其经济社会活动的支柱资源而左右着区域经济社会的结构特征和区域发展特征。二是通过促进新的自然资源的开发扩大了人类可利用自然资源的种类。例如，通过建设潮汐发电站和风力发电场等扩大了人类利用能源的种类。

工业技术革命以前，人类对铁矿、石油、煤炭、森林等自然资源的利用强度与规模是非常有限的，仅仅局限于小范围作坊式的利用方式，资源的消耗量相对于赋存量是微乎其微的，因此在当时的人类意识中自然界提供给人类的资源是无

基础设施与经济社会空间组织

限的。但工业革命以来，由于开发利用技术的进步以及铁路、水运等基础设施的建设，人类大规模利用自然资源的能力迅速增强，开采量飞速增长；如世界煤炭产量在过去200年中增长了60倍左右，2005年总产量达57亿吨（图2-7）。自然资源赋存与消耗间的关系发生了质的变化，资源的稀缺性逐渐加强，人为的资源流动量增加。这反过来又促进了基础设施的建设，促使某一地区人们能够进一步利用遥远地区的资源。目前人类在发达的基础设施体系支撑下，人类建设年产上千万吨的规模企业开采铁矿和煤矿已经是比较容易的事情。

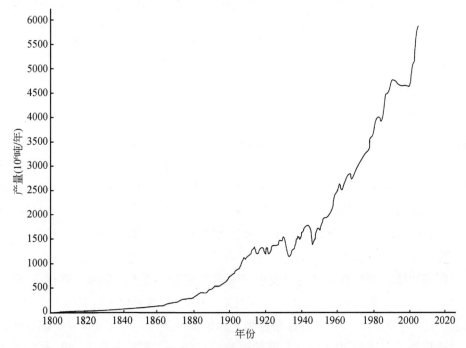

图 2-7　世界煤炭产量的历史变化

资料来源：戴利 H E，2001

（三）对自然资源利用效率的作用

基础设施体系通过提高资源效率促进了人类对自然资源的共享能力。目前人类对那些不可移动资源的利用，主要是通过建设相对完善发达的基础设施体系，提高其利用效率以达到对其共享的目的。第一，对土地资源的利用，尤其是在城市化地区，人类通过建设完善的基础设施体系，如道路体系、给排水网络、能源供应网络等促使建筑物向高空发展或提高其建筑密度，以此提高对土地资源的利用效率和对土地资源的共享水平。目前，在大城市地区，城市建成区单位面积容

第二章　基础设施与人类生存环境

纳的人口较过去有了显著提高，这得益于基础设施的建设。例如，20世纪末北京城市建成区平均每平方公里居住的人口为1.3万人，上海为2.0万人，天津为1.3万人，香港高达3.0万人以上。目前城市化的最主要标志是高耸入云、密如丛林的建筑物，最高的居住建筑物高度已达800米以上，导致单位土地利用效率的大幅度提高，实际上也提高了人类对土地资源的共享水平。在农村地区，农民通过建设保温、水利基础设施而延长土地的耕作时间也是提高土地利用效率的主要方面。第二，对水域资源的利用。人类通过一定的基础设施，在一定水域空间范围内，对水资源分层利用，以达到对资源的高效使用目的。第三，对一定空间范围的高效利用实际上也间接提高了人类共享资源的能力。

（四）对自然资源输送的作用

自然资源分布不平衡是世界范围的地理现象，尤其是人类经济活动必不可少且需求量较大的资源。全世界石油探明储量的60%左右分布在中东地区；木材蓄积量的60%以上集中在俄罗斯、巴西、加拿大、美国、中国；而澳大利亚、加拿大、巴西等是世界上铁矿资源较富足的国家。这种资源分布状况，对国际贸易和国际的交通基础设施建设有着重要影响。在我国国土范围内，自然资源的分布差异非常大，尤其是能源分布的不平衡对我国宏观区域运输联系具有举足轻重的影响。以省级区域分析，煤炭探明储量集中在北方，占80%以上，其中山西、内蒙古、陕西三省就占60%以上；铁矿石集中在河北、辽宁、四川三省，储量占全国探明储量的52%；具有开发意义的磷矿基本上集中在云南、贵州、四川、湖北、湖南，占全国的80%以上，石油储量的绝大部分集中在黑龙江、新疆、山东、辽宁、河北；森林资源分布在我国的东北地区（辽宁除外）和西南地区，木材蓄积量占全国的70%以上。这种资源分布特征，在其开发利用并参与全国整体经济活动中，必然引起大范围长途调运，从而影响我国宏观区域，尤其是省级区域间的运输干线的建设。

基础设施通过提高人类转移自然资源空间区位的能力，实现了人类对自然资源的共享。如前所述，自然资源赋存与人类需求在空间上的分离导致了社会 - 自然关系复合系统中存在明显的供给与消费间的"空间势能"，削弱这种自然势能是基础设施建设的重要动力，是交通、能源、水利设施建设的主要目的。实际上，现代基础设施促进了以实物形态存在的自然资源的大范围、大规模流动，同时也促进了非实物形态自然资源的区际流动。在现代基础设施体系中，有两类重要的基础设施体系，即交通运输和水利基础设施体系，其发展与完善极大地促进了人类共享自然资源的能力，尤其是对以实物形态存在的自然资源的共享能力。

现代交通运输基础设施的出现与建设,且由于运输成本的大幅度减低,导致远距离共享自然资源能力的迅猛增长。自铁路出现以来,在不到 200 年的时间内,全世界已经建成 130 多万公里的铁路,分布在世界各地,除了国家内部不同地区间有铁路连通外,国家间和洲际交通运输联系中铁路也发挥着重要作用,以此建立的运输网络使得被连通的国家或地区间可以互通有无,大量的资源在区域间、国家间流动。以我国为例,煤炭资源地域分布的不平衡导致了能源运输基础设施的持续长久建设,铁路运输在其中占有重要地位。2008 年我国铁路承担的煤炭运输量达 13.5 亿吨,其中省区间的煤炭交流达 9.1 亿吨,如果没有铁路基础设施作保障,如此大规模的区际资源流动是不可能的。全世界海洋运输体系的发展,促进了世界范围内的资源共享。例如,大型船舶的建造和大型港口泊位的建设,减低了海运的运输成本,使得远距离运输低值资源成为可能,加大了石油资源和铁矿石资源的远距离流动。目前全世界年产石油 40 亿吨左右(图 2-8),其中有 50% 以上在国家间流动。

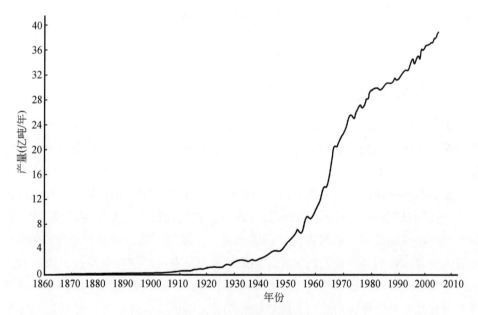

图 2-8 世界石油产量的变化

资料来源:根据《世界能源统计年鉴》整理

水利设施的发展虽然没有像交通运输基础设施那样引起全世界范围的资源流动,但在水资源区域共享方面却发挥着越来越重要的作用(表 2-10)。水利基础设施在资源共享方面的作用主要有两方面,一是水资源的长距离输送设施,使水资源匮乏地区但却是需水地区能够利用到水资源富集地区的水资源。长距离或跨流域调水基础设施就属于这一类，从发展趋势上看这类基础设施正在朝网络化方向发展，覆盖的地域范围越来越广，输送距离也越来越长。二是水能转换与输送的基础设施，这提高了水能资源的区域共享（金凤君，2000）。

表 2-10　水利基础设施与地区工业发展的关系

项目	工业化初期	工业化中期	工业化后期
工业发展特征	规模小，布局分散	规模扩大，布局集中	规模与结构达到一定水平
水资源地位	支撑条件	保障条件	引导条件
需水特征	规模小，就地取用	规模大，增长快	规模大，增长缓慢
水利基础设施及水资源利用特征	规模小，非网络化利用率低，地点平衡	供水规模大，网络化利用率提高，地区平衡	供水规模大，网络化利用率提高，区际平衡
水资源供应成本与距离	低，输送距离近	中，输送距离延长	高，输送距离长
水资源进一步利用的因素	资源量，基础设施投资	资源可利用量，基础设施，成本	资源可利用量，基础设施，成本，环境因素

（五）对自然资源保护的作用

服务于资源的保护与有效管理的基础设施是建设的重要目的之一，如防止水污染、空气污染的基础设施，保护人类文化遗产与特殊生态的基础设施等。基础设施通过保护或延长资源的使用时间达到对资源共享的目的。水是自然环境中至关重要的自然要素，也是人类赖以生存的最重要资源，被联合国有关研究机构列为 21 世纪的战略资源范畴（联合国，1994）。水利设施对人类生存环境的作用，远早于其他基础设施，我国古代修建的灵渠、都江堰、大运河就是极好的例证。随着人类对水资源利用强度的加大，加之水资源自身的时空变化特征，以水为核心的一类基础设施建设越来越重要，从收集、储存、输送到利用、保护等一系列基础设施在朝系统化方向发展，除直接影响着人类的生存环境外，还通过改变小区域气候条件、景观、地貌、地质条件等间接影响着人类的生存环境。

以上简要归纳了基础设施在人类共享自然资源中的基本作用。毋庸置疑，基础设施建设对自然资源共享发挥了积极作用。但是，值得指出的是，基础设施建设在提高人类对自然资源共享能力的同时，也应遵循自然规律，否则，对自然资源的掠夺式开发，最终会招致自然界的严厉报复。

基础设施促进了人类对自然资源的共享，但特定区域内人类对其他区域自然资源的共享能力具有明显的距离衰减现象，即在目前的技术条件下，人类对遥远地区的自然资源的利用是有限的。

二、经济资源共享效率与网络

所谓经济资源是指人类经济活动的有效成果及其技术条件与设备，是人类开发利用自然过程中创造出的可被人类自身利用的经济成果。经济资源是一个界限模糊的概念范畴，但却是一个被广泛应用并具有特定含义的概念。自然资源经过人类的开发活动成为可利用的产品后就转化为经济资源。本节利用经济资源的概念，目的是简略阐述人类经济活动所产出的产品在空间流动过程中与基础设施建设的关系。

（一）对经济资源共享的作用

基础设施体系的空间网络化加强了经济活动的空间关联，互通有无、互惠互利的经济资源共享已经成为世界经济活动的有机组成部分。经济的区域化、全球化是当今世界经济发展的重要趋势，这种发展趋势引起的最明显现象是世界范围内商品或产品交流，即多区域社会人类群体对经济资源的共享。这种资源共享在很大程度上是基于现代基础设施不断发展与完善基础之上的。经济全球化是基础设施建设的动力，但全球化又必须有基础设施体系作保障。

（二）产品的交换与共享

众所周知，由于自然条件、资源、技术条件等因素的差异，不同地域的经济活动方式、产品类型不同，且随着技术的进步生产规模不断扩大，自身消费与生产间有时存在很大差距，这就为交换提供了条件。以实体网络形式存在的基础设施，在其不断完善与扩展中，空间的连通性不断增加，相应地连接的空间范围也会不断扩大，联系的人类群体也会逐步增多。这就为不同人类群体间联系提供了机会，除了人员的相互交往外，在互惠基础上产品交流的增长将是重要方面，在一定程度上提高了不同地域居民共享异地产品的能力。

以基础设施为支撑建立的流动网络，由于技术进步和管理水平的提高，其在建设与完善过程中，大大降低了产品在流通过程中的费用成本，使得区际交换的可能性不断增强，产品的运送距离在不断增长，实际上增加了不同人类群体消费异地产品的规模。从生产－消费系统看，基础设施提供的服务作为区域生产活动的间接投入，其单位服务成本的不断降低，使得产品流通成本的限制作用降低，

第二章　基础设施与人类生存环境

因此引起生产－消费过程中的成本降低，在相同的利润指标下，产品的价格会降低，或者在同利润同价格的情况下产品可以输送得更远，扩大产品的共享范围。

在现代交通运输体系的支持下，全世界国家或地区间的贸易发展迅速，近30年来贸易额从1985年的2万亿美元增长到2008年的16万亿美元。每年有上百亿吨的矿产资源和工业产品，包括原材料和制成品在全球国家间流动。从产品数上看，产品的种类多达上千种。

虽然基础设施的建设促进了产品和旅客在地域空间上的人为有目的地流动，但产品的地域共享却具有显著的空间距离衰减特征，衰减速度的快慢与产品的使用价值高低和流通成本的大小有直接关系。有关研究（戴特奇等，2005）分析了城市间铁路货流的距离衰减现象（图2-9），可以看出，产品的共享距离衰减趋势非常明显。在我国城际货物运输体系中，主要集中在彼此相距1200公里以内的城市间，累计占城际货物交流的80%，2000公里以内的占92%。从中可以得出初步结论：在我国国土范围内，组织好近中距离城市间的合作是最具经济社会意义的。由于铁路货流在我国长距离客货交流中具有代表性，所以，区域间的经济社会合作与交流是有空间距离衰减规律的，任何一个区域，其与其他区域的经济社会交流，即产生的相互作用，基本上发生在2000公里范围内，这对组织区域合作具有指导意义。不遵循经济规律的产品，尤其是自然资源的长距离调运，是不可持续的，是对资源和财富的浪费。

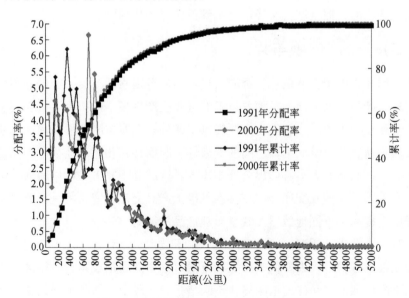

图 2-9　我国城市间货物交流与距离的关系

（三）地区经济专业化

基础设施建设促进了不同层次地区经济生产活动的专业化，从效率和效益方面促进了经济资源的共享。基础设施网络化的发展，与自然条件和其他社会条件在地域空间上的组合差异，使得不同空间区位拥有不同的经济活动优势，这种经济优势的不断增强则促进了彼此间生产的专业化趋势，而通过交换"扬优补缺"则是其发展的关键。因此，以基础设施为支撑形成的流通网络，提供的服务成本的高低则是不容忽视的因素。一般情况下，在竞争中生产和流通成本或运输成本低的区位或地区，有利于经济专业化的发展，使经济优势转化为商业优势，同时使不同地区获得相应利益并提高资源的利用效率。这种资源的共享是建立在经济利益基础上的，与基础设施体系的建设有密切关系。

（四）经济活动协同

基础设施促进区域或区际经济活动的协同或协调主要体现在三个方面：一是通过保障相互关联企业生产环节上的时序协调实现对经济资源和生产手段的共享，如上面提到的地区经济专业化就是具体体现。二是生产与消费间的协同，如"零库存"生产就是在以基础设施作保障的前提下建立的一种生产方式，通过产品的利用效率提高了资源共享水平。三是通过空间经济制衡关系限制生产的浪费，达到资源共享的目的。基础设施是一体化经济的保障，企业在生产活动中享受的基础设施服务是相同的。因此，市场竞争可以淘汰生产成本高的企业，既制止了资源的浪费又保证了对优势产品的共享。基础设施在这方面具有重要的引导作用，但这种潜在意义往往被忽视了。

三、文化信息资源共享速度与泛空化

文化信息资源是人类经济社会活动所依赖的一类重要资源，随着人类社会的进步，其所起的作用越来越重要。材料、能源和信息是现代工业的基础，是现代科学技术和现代文明的三大支柱。现代基础设施的出现与不断建设，使得人类共享文化信息资源的能力和速度不断提升。

（一）对文化信息资源共享速度和质量的作用

文化信息资源的共享是人类文明共同进步的重要标志，其传播方式和共享与基础设施建设有直接关系。从传播载体上看，文化信息的传播主要有三种方式：

一是以人为载体的文化信息传播方式，通过人员的交流和交往达到信息传播的目的，实现对资源的共享；二是以物质为载体的文化信息传播方式，如通过出版的图书、发行报刊、张贴的广告等物质形式传播信息，达到信息和文化资源共享；三是以特定设备与设施为载体的文化信息传播方式，如通过互联网、卫星、通信设备、电视发射与接收设备等传播文化信息资源，达到资源共享的目的，这一传播方式在文化资源传播中具有突出地位。

虽然交通运输基础设施在文化信息资源共享方面也发挥着重要作用，但信息基础设施对文化信息资源共享方面的贡献是其他基础设施无法比拟的。目前人类可以共享的文化与信息、技术资源，大部分与信息基础设施的发展有关。信息基础设施建设就是以传播信息为目的，这类基础设施的建设对文化信息资源的共享是非常重要的。

（二）人员流动与文化资源传播

交通运输基础设施的建设促进了人员的空间流动，直接或间接地促进了文化资源的空间流动与传播。交通运输基础设施建设的目的之一就是服务于人的出行，不同地区人的相互交往促进了文化信息的交流。因此可以说，一定程度上文化信息共享是交通运输的"副产品"。基础设施建设在促进人员流动的同时，也促进了信息的交流，这种信息交流是以人为媒介的。通过人员交往而产生的信息交流主要体现在以下几个方面：第一，商业信息的交流。人员通过交往洽谈，互传商业信息，满足彼此间的贸易需求。第二，文化信息交流。第三，技术信息交流。第四，政治与情感信息交流。

（三）信息资源共享

信息基础设施建设促使信息资源共享迅猛发展。19世纪30年代有线电报通信实验成功后，信息基础设施便迅速发展起来，逐渐渗入人类生活的各个方面，并连通了人类居住与活动的大部分地区。信息基础设施建设到今天，大致经历了电报的发明与应用、电话的发明与应用、大容量自动化通信网的发展与应用、数字通信的诞生与发展四个阶段。

电报的发明把人类远距离快速传送文字信息的努力变成了现实，实现了相关区域对信息资源的快速共享，即使是相距遥远的地方也可以彼此获取信息，但当时由于信息基础设施建设条件和技术水平的限制，空间共享范围是非常有限的，信息基础设施的传输能力也是非常有限的。直到1866年英吉利海峡电缆的铺通才实现了越洋电报传送，之后才逐步建立了全球范围的电报网。当时的信息共享仅仅是文字的传输而已。

电话的发明与应用使人类共享信息资源又向前迈进了一大步,实现了信息资源声、讯的同步共享。19世纪80年代出现了商用电话局,到20世纪初实现了长距离电话通信。到目前为止,电话通信已经是人类日常生活中的平常事,并且互联网等设施的出现使信息资源的共享日新月异。

20世纪后半叶大容量自动化通信网络的发展更进一步增强了人类共享信息与文化资源的能力,尤其是声讯传输技术进一步发展和视频传输技术的发明,进一步增强了人类共享文化与信息资源的能力。1941年同轴电缆的使用,使信息基础设施的通信能力大大提高。20世纪50年代以来采用微波传输技术以及其设施的迅猛发展,又使人类共享资源的能力向前迈进了一步;之后卫星通信和海底电缆的发展,奠定了全球快速共享文化与信息资源的物质基础。数字传输技术的发展更进一步提高了信息基础设施如光纤电缆的利用效率,相应地提高了文化与信息资源的共享能力。

在现代化信息基础设施体系的保障下,人类的发展名副其实地进入了信息化时代。被信息基础设施覆盖的地域,可以不受空间距离的限制同时共享同一条信息资源,或根据同一条信息采取一致的行动。从发展趋势看,信息资源将是改变人类生活方式的主要因素。但也应看到,现代人类在共享信息资源的同时,有时在大量的信息面前也显得无所适从,形成"信息爆炸"现象。

人类共享信息资源的距离衰减现象是不明显的,这与自然资源共享和经济资源共享有很大差别。因为信息资源克服空间距离所支付的成本要远远低于自然资源和有形经济资源。

四、非均衡共享环境营造与演化

(一) 非均衡空间分布

基础设施体系营造的共享环境,在空间分布上是非均衡的,这是基础设施本身的特性所决定的。普遍存在于经济社会空间结构中的"点-轴"模式,集聚发展的经济地带模式等,运输产业中存在的"轴-辐"空间组织模式等,都与基础设施营造的非均衡共享环境密切相关。共享环境的非均衡性使得经济社会联系的空间收敛呈现非均衡收敛特征,即空间相互作用中追求的距离衰减规律会由于基础设施服务环境的差异而在不同方向上有不同的收敛速度。与自然距离相比,由于共享环境的不同,空间经济的联系与收敛存在三种显著的模式(图2-

10)，即渐密收敛、渐疏收敛和均衡收敛。某些区域间虽然距离较远，但由于优越的相互共享条件而产生密切的联系，意想中的距离可能比实际距离短；而另一些区域间的联系可能恰恰相反。

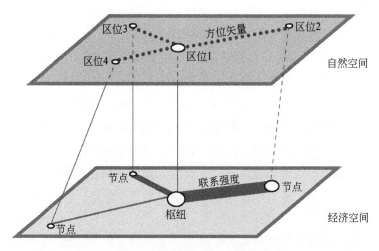

图 2-10　基础设施与空间经济收敛

（二）渐变 - 突变规律

基础设施提供的共享环境在历史长河的演进过程中，遵循"渐变 - 突变"的演变规律。这种演变规律体现两方面：一是一种基础设施技术的出现，会引起共享环境的飞跃，从一种渐变的过程转化为突变过程，然后随其体系的完善而呈渐变过程；二是空间的"渐变 - 突变"过程，即基础设施提供的共享环境首先从许多局部区域开始，并在内部建立基础设施网络，形成多个相互独立的共享环境，围绕着这一初级网络，逐步扩展，共享空间也随之扩大，体现为一个渐变的过程。当某一区域的基础设施网络与另一区域的基础设施网络连通时，基础设施提供的共享环境就会发生突变，共享环境跳跃式升级，共享能力和共享范围突发式增长，当其他网络依次介入时，共享环境也会逐次升级。如此发展，演进为渐变 - 突变规律。这一规律表明，多区域基础设施网络体系的建立，会引起多区域共享环境的连带效应。

随着基础设施的网络化，其所营造的资源共享环境存在两种分离的倾向，即交换式的共享环境和制衡式的共享环境，前者是基于互补基础之上的，后者是基于竞争基础之上的。因此，一地区的基础设施开放式跃进并不一定会带来理想的共享环境，并不一定对所有地区都有益。

第四节　基础设施与生存环境优化

一、优化生存环境的基本作用

（一）生存环境优化

这里所指的生存环境优化，具有两方面含义：一是通过一系列手段与措施使有利于人类生存的环境变得更加有利于人类社会发展的需求，或使其更有效地被利用，即通过人为行动使既有的生存环境变得更好；二是通过防范、抵御、消除不利于人类生存的事件的发生，从而使生产与生活环境更适合于人类社会的发展要求。

人类生存环境的变化与改善受多种因素的影响，基础设施仅在其中发挥一定作用。基础设施主要通过软硬两个方面优化人类的生存环境，即通过促进物质生产环境优化和生活环境质量改善达到优化环境的目的。这种环境质量的变化与发展的关系非常密切。如何度量基础设施在促进生存环境改善方面的作用是一个复杂的问题，既有定量的指标也有非定量的指标，而且，有些只能通过人类自身感知来评判，甚至无法用确切的语言来描述。上述难点直接关系到基础设施的规划设计与建设。一般情况下，一方面，可以用定量的指标评价基础设施对环境优化的作用，如用人均拥有水平、地域分布疏密、抗拒灾害的最大能力等定量指标度量基础设施改善环境的能力。另一方面，可以用非定量指标如好坏、便捷与否、可感知的愉悦程度等对基础设施优化环境的程度做出定性判定。另外，也可以用历史的观点笼统判定环境的变化。

总体上看，大部分基础设施的建设与完善具有优化人类生存环境的间接作用，但是，专门以优化环境为目的的基础设施具有显著特征，即其建设与发展从经济意义上看或从投入产出效益上看，属于一种社会纯投入，无直接的经济产出，只有通过相关人类群体的感知达到实现其价值的目的，即通过社会效益体现其价值与意义。因此这类基础设施的建设，完全决定于相关人类群体对所谓的既抽象又实在的环境的理解与要求。虽然如此，基础设施的建设，无论从何种角度或从何种意义上评价，对人类生存环境的安全性与舒适性的提高都具有积极意义。

（二）推动人类生存环境优化的贡献

基础设施在推动人类生存环境优化中的作用主要体现在四个方面：一是导致人类生存和活动空间的扩张，提高克服空间阻力或阻隔的能力；二是增强人类对所居住的有效空间的利用效率；三是提高人类共享资源的能力和空间范围；四是优化生存环境。人类通过建设基础设施改善生存环境，实现对自然界中各种条件的利用，或规避、预防、抵御自然界中发生的有害现象。

基础设施的建设与布局可以完全改变微观区域的自然景观和自然条件，形成一种纯人为的景观环境。基础设施还可以通过影响其他人为物质条件的空间集聚与扩散来改变人类的生存环境，如线状基础设施束会促进一种物质条件高度集聚的生存环境的形成。

二、优化生存环境的基本功能

（一）改善景观环境的功能

基础设施具有改善景观环境的积极作用，这是毋庸置疑的客观事实。有形的固相基础设施，无论是单体还是网络，以一定的形态存在于人类生存的自然界中，与其他自然或人为景物共同构成人类生存的景观环境。基础设施一经建成，其所产生的景观效益也就自然形成，无论是美感的还是非美感的，这种景观效应将保持相当长的时间。

一般情况下，基础设施多以特有的形态存在于自然界中，其外观、大小、规模是人可以直接感知到的，直接影响着人对其所及的景观环境的感知与评价。从宏观空间层面上看，基础设施体系的建设对宏观景观环境的影响只起"点缀"作用，即是大的景观环境的一个组成部分。从微观层面上看，基础设施的建设则对景观的影响是非常强烈的，有时可以完全改变某一地点的景观特征。例如，水库的建设使库区的自然景观发生了质的变化，优美的桥梁建设有可能成为某一地点的主导景观，等等。

基础设施对景观环境的影响主要有以下几方面：第一，基础设施可以增加相关地区或地点景观环境的层次感，丰富景观的内容，提高景观环境的质量。一般情况下，按特定需求设计建设的基础设施，融入特定的自然环境，可以大大增加其景观的层次，提高人对整体景观的感知效果，即增强人对其周围环境的愉悦感。第二，基础设施对微观景观具有"点缀"和强化作用。在自然界中，有许多优美的自然景观，但有时过于单调，适当建设与之相协调的基础设施，如桥梁、亭台楼阁等，可以加强景观的美感效果。第三，基础设施建设可以削减那些非美感景物对整体景观的消极影响。第四，基础设施具有协调其他人为景观的功效。

不同地域的人类群体或不同的民族对景观的愉悦感知与评价存在差异，因此，位于不同地区的基础设施，其规划设计与建设，一般带有地方民族特色，形成景色各异的人文景观环境。这在休闲性基础设施建设方面体现得最为明显。例如，公园、博物馆与纪念场馆的建设多体现一个地区或民族的文化和宗教特色。

以娱乐为目的建造的基础设施，其经济价值是显而易见的。但是，那些非娱乐基础设施的建设与发展，也具有景观经济价值，成为旅游和休闲的资源。尤其是大型的基础设施建设，如果布局适当，造型美观，会成为具有巨大经济潜力的旅游景点。因此，在建设单体基础设施时，应积极考虑其可能产生的旅游经济价值。特定地区的固相基础设施与自然环境以及其他人为景物的有机结合，可以提高整体景观的经济价值。

并非所有的基础设施建设对景观环境的良性发展都有积极作用，有时会对景观环境产生破坏作用，这取决于人们在建设基础设施时对景观环境的利用水平及意识。不遵循自然规律和科学规律盲目地建设基础设施会对景观造成无法弥补的后果。

（二）抗御灾害之功能

由自然环境与社会人文环境构成的人类生存环境，其许多现象和要素并非是人类生存所需要的，或者其对人类的发展并不是有利的因素。因此，人类为了使自己的生存环境更符合自己的生存愿望，就必须与那些不利的环境因素进行抗争，减轻它们对生存环境的不利影响。

以抗御灾害为目的建设的基础设施体系，对人类生存环境改善的作用具体体现在以下几方面：第一，基础设施通过抵御、减缓、消除自然灾害对人类生存环境的破坏达到优化生存环境的目的，如防洪设施、防震设施、防潮设施等。这类基础设施的建设对提高人类生存的安全性具有重要意义。第二，基础设施通过规范某些自然要素的运动规律和运动方向达到对生产与生活环境优化的目的，如某些水利设施、港口的防潮、防淤设施等。这些设施的建设在一定程度上可以改善特定区域人类的生存环境。第三，基础设施通过消除诱发灾害发生的因子，达到保护和优化生存环境的目的。第四，预防或应对某些灾害事件的发生，如消防基础设施就具有这一作用。

这类基础设施除了部分具有潜在的旅游经济价值外，无显著和必然的直接经济效益，只有通过提高人类生存环境的安全性产生间接的经济效益。而且这种效益并不一定真的能够实现，因为其所抗御的灾害并不一定会发生。如果在基础设施寿命期限内所预测的灾害没有发生，则其经济社会效益就没有实现。

（三）创造愉悦的感知环境之功效

基础设施直接影响着人们对其生存环境的感知程度，这种感知可以从直接享受基础设施提供的服务中获得，也可以从对其潜在能力的意识评价中获得。这种感知直接影响着人类的精神世界和行为，此行为反过来又影响着人类对基础设施规划、设计、建设的决策与实施。例如，如果居住在某一地点的居民在心理上总觉得时刻受到某种灾害的威胁，那么他们就会建设相应的防护性基础设施，以消除这种威胁，增强心理上的安全感。因此，在某些时候，决策者或使用者的精神感知对基础设施的建设具有非常重要的影响，并不一定取决于经济能力和实际的客观需要。明显的例子是某些国家为消除战争威胁而建造的一系列军事设施。

基础设施对人类感知生存环境的影响可归纳为：第一，安全感。基础设施的建设可以增强相关人类群体生存环境的安全性，尤其是那些经常受到某些灾害威胁的人类群体，多通过建设相应的基础设施以提高生存环境的安全感。第二，舒适感。追求生活的舒适感和愉悦感是人类生存的基本愿望，基础设施的建设在其中起了重要作用。人类通过享受某些基础设施提供的服务，可以大大增加精神上的愉悦感。人类的愿望与享受"同步"实现也是基础设施对人们生活舒适感影响的重要方面。例如，生活在基础设施比较完善的地区的人们，可以"随时"享受清洁的供水服务、良好的卫生保障，便捷的出行环境等。第三，便捷性。这主要通过享受基础设施提供的服务而有所感知。交通与信息等基础设施通过减缓或消除自然阻隔改善人类的便捷性，尤其在促进活动空间扩大、生活质量提高等方面发挥着积极促进作用。第四，可靠性与稳定性。优良的基础设施服务可以为人类的正常活动提供保障，增强人类对基础设施服务的可靠性和稳定性的感知。例如，连续稳定的供水、供电服务可以提高人们对基础设施依赖的信心。第五，美感。基础设施的外观、特质，可以增强人们对环境和景观的美感感知。

（四）抑制人为有害行为之职能

作为自然界中的一分子，人类活动并不都是无害的。有些行为会对自然界造成严重破坏，直接威胁着自身的生存环境。尤其是人类生产与生活的副产品，如垃圾、废气、污水等，对环境的危害是非常严重的。因此人类为了减少自身活动对自然界的危害，必须建设相应的基础设施，通过处理人类活动产生的有害物质达到保护生存或优化生存环境的目的，如污水处理设施、垃圾处理场所等均具有这类作用。

基础设施这方面的职能主要有两个方面：一是防范人文要素对生存环境的破坏，以达到保护和优化环境的目的。二是处理人类活动产生的"副产品"。人类自身发展的能力越来越强，对自然界，即自身生存环境破坏性威胁越来越大。如果人类不约束自己的行为，就会招致自然界的严厉报复，威胁人类的生存安全。因此，通过建设基础设施约束人类的有害行为是时刻不能忽视的。这也是可持续发展理念或意识深入人心的原因所在。

参 考 文 献

阿努钦. 1994. 地理学的理论问题. 李德美译. 北京：商务印书馆.

陈航，张文尝，金凤君，等. 1993. 中国交通运输地理，北京：科学出版社.

陈耀邦. 1996. 可持续发展战略读本. 北京：中国统计出版社.

戴利 H E. 2001. 珍惜地球：经济学、生态学、伦理学. 马杰，钟斌，牛又江译. 北京：商务印书馆.

戴特奇，金凤君，王姣娥. 2005. 空间相互作用与城市关联网络演进——以我国 20 世纪 90 年代城际铁路客流为例. 地理科学进展，24（2）：80-89.

德伯里 H J. 1988. 人文地理——文化、社会与空间. 王民等译. 北京：北京师范大学出版社.

方子云. 1993. 水利建设的环境效应分析与量化. 北京：中国环境科学出版社.

国家发展和改革委员会，综合运输研究所. 1990. 全国综合运输网现状图资料汇编.

胡兆量. 1987. 经济地理学导论. 北京：商务印书馆.

金凤君. 1997-9-25. 基础设施与区域可持续发展. 中国科学报（海外版），第5页.

金凤君. 1998. 区域可持续发展的基础设施环境研究//秦大河. 1998. 可持续发展战略探索. 北京：中国环境科学出版社.

金凤君. 2000. 京津冀适水型产业结构调整研究. 自然资源学报，15（3）：265-269.

金凤君. 2001. 基础设施与人类生存环境关系之研究. 地理科学进展，20（3）：276-285.

金凤君. 2004. 基础设施与区域经济发展环境. 中国人口·资源与环境，14（4）：70-74.

李文彦，陆大道，陈汉欣. 1990. 中国工业地理. 北京：科学出版社.

联合国. 1994. 世界水资源综合评估报告. 北京：财经出版社.

《青年地理学家》编委会. 1990. 理论地理学进展. 济南：山东省地图出版社.

萨乌什金 IO. r. 1987. 经济地理学——历史、理论、方法与实践. 毛汉英等译. 北京：商务印书馆.

杨吾扬，张国伍，等. 1986. 交通运输地理学. 北京：商务印书馆.

张平宇. 1997. 可持续空间结构与区域可持续发展//中国地理学会. 区域可持续发展研究.

张文尝，金凤君，唐秀芳，等.1992. 空间运输联系——理论研究·实证分析·预测方法. 北京：中国铁道出版社.

《中国大百科全书》编委会.1987. 大百科全书——交通卷. 北京：大百科全书出版社.

左大康.1990. 现代地理学词典. 北京：商务印书馆.

Manheim M L. 1979. Fundamentals of Transportation Systems Analysis：Basic Concepts（Volume 1）. Cambridge：MIT Press.

Taaffe E J，Gauthier H L，O'kelly M E. 1990. Geography of Transportation. New Jersey：Prentice Hall.

基础设施与经济社会空间组织

第三章

基础设施与经济发展环境

    基础设施与经济发展的关系问题是一个具有实际意义和理论意义的课题，发达国家和发展中国家一直给予相当的重视，同时也是争议较大的研究领域。本章构建了基于基础设施在区域经济发展过程中的双重功能理论，即从属功能和引导功能理论。重点分析了基础设施与区域经济增长、基础设施与区域经济竞争能力、基础设施与区域经济的空间形态、基础设施短缺与区域经济发展等方面的关系，并进行了六阶段发展理论与模式的总结和机制分析。

第一节　基础设施的经济功能

一、从属功能与引导功能

    从时间、空间的互动关系等方面分析，任何一个国家或地区的基础设施建设与其经济协调发展的过程中，都表现出双重功能，即从属功能与引导功能，这是一个动态演进的过程。

（一）基础设施作用的基本认识

    关于基础设施与经济发展关系的性质问题，大致的观点可归纳为三类：第一类，认为基础设施是经济发展的先决条件而产生积极主动的影响；第二类，认为基础设施的建设滞后于经济的增长，即基础设施是经济发展的结果，而不是原因；第三类，认为基础设施建设与经济增长是相伴而生的，是伴随关系，既不是先决条件也不是结果，不亚于经济发展中的其他因素。经济学家、地理学家及运输经济学家多倾向于第三种看法。

    后一种观点得到比较广泛的共识是因为其比较全面准确地概括了基础设施建设与经济发展的关系。这是因为，基础设施投资在经济发展的诸多原生因素中并不比其他要素和深思熟虑的政策重要。基础设施扩张是经济增长的伴随现象，同时也是促进或保障经济发展的一个需要因素，即基础设施建设与经济发展关系基本上是两方面的相互作用过程，这一作用的结果依赖于经济类型、经济发展水平。另外，既有基础设施水平的高低又必然影响着经济的发展潜力。在特定时期，一个国家或地区需要一定水平的基础设施，以便实现最大的潜力（位势）。

关于第二种观点，在经济社会发展中也有许多例子。例如，原苏联和计划经济时期的中国，交通等基础设施在经济发展中的作用被认为是次要的而非主要的作用。西方有关学者通过考察我国计划经济时期以及原苏联的交通基础设施建设历程，并与西方国家进行比较，得出结论认为无论是社会主义经济还是资本主义经济，基础设施都是经济发展的一个伴随条件。为论证这一观点，他们还引用了19世纪英国铁路发展的例子，即"大规模交通基础设施能力的扩散并不是经济发展的优先条件"——没有资源可以利用，通达是无用的。这一观点的含义就是除非有潜在的资源需要通过基础设施来实现其价值，否则基础设施是多余的而且也是不必要的。这一观点有其一定的道理，但仅仅注重了某些实际的例子或局部的现象，并不能从宏观理论层面概括基础设施建设与经济发展的关系。

第一种观点在微观经济活动中比较有说服力，即某一资源地点的开发，或某些小企业的布局与发展，直接受基础设施的左右，即基础设施是其生存与发展或开发的先决条件，且积极主动地促进经济的发展。这一观点的含义可以理解为：有潜在利用价值的资源，无基础设施则其价值是无法实现的。

总而言之，基础设施是经济社会发展的一个焦点，上述三种观点在实际经济活动中都可以找到许多佐证。但是，从理论层面上看，第三种观点更具有代表性和广泛性。归纳起来，可以肯定地认为基础设施是经济发展的必要条件，无论先决条件还是伴随条件，都是营造经济发展环境不可或缺的基本条件。像劳动力、资本、市场、土地一样，基础设施除了提供基础支撑外，还是现代化经济发展的一个绝对必要的条件（表3-1）。即使基础设施是特定经济发展的结果，那么它也是下一发展阶段的条件，即经济的运行需要基础设施；而且，随着经济的发展和专业化产品的增加，相应地需要更多的基础设施。

表3-1 基础设施对经济社会发展的历史作用

基础设施	农业时代	工业时代	信息时代
交通基础设施	★	★★★	★★★
能源基础设施		★★★	★★★
水利基础设施	★★★	★★★	★★★

基础设施与经济社会空间组织

基础设施	农业时代	工业时代	信息时代
生态基础设施		★	★★
环境基础设施		★	★★
信息基础设施		★	★★★

注：★不太重要；★★重要；★★★非常重要

（二）基础设施的从属功能

从属功能表现为基础设施体系必须为地区经济社会发展服务，经济增长和布局是基础设施体系建设的依据，并为其提供资金保障，同时决定地区间经济联系的生成、演变及空间特征。基础设施体系的从属功能具有先行性、适应性等特征。先行性是指基础设施体系在地区经济开发中的先导作用。例如，落后地区或待开发地区，其生产和市场规模有限，企业在空间上多是不关联的独立的点，彼此间互为条件、共存发展的基础比较薄弱，无雄厚基础和实力消耗已开发的资源或生产各部门所需要的原料、燃料及产品等。因而只能把开发的原料或半成品输送到距离遥远的消费区或发达地区，或从其他地区输入所需要的产品，运输联系上表现为小区域近距离联系强度较低，而远距离联系显得较为重要，这种客观现象充分证明了交通运输基础设施体系先导作用的重要。适应性是指基础设施体系供给对经济社会需求的适应程度，这种适应性在基础设施体系供给与需求关系上存在超前、协调和滞后三种类型：超前型，即基础设施体系的供给能力大于社会对其需求的能力；协调型，即基础设施体系的整体供给能力与需求能力基本平衡；滞后型，即基础设施体系的供给能力小于需求能力。图3-1是三种类型的基本模式。从世界各国的发展历程看，存在不同的模式，其对经济发展的促进和引导作用各不相同，具体见

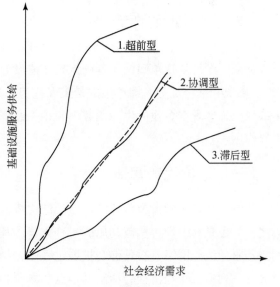

图3-1　基础设施供给与需求关系的类型

表 3-2。

表 3-2 交通基础设施建设模式比较

发展模式	国家代表	对经济发展的影响	投资效果	国民经济效果	综合评价
超前型	英国等西欧国家	促进经济发展	较差	较好	一般
协调型	美国等	与经济发展协调	较好	较好	较好
滞后型	原苏联、东欧国家	阻碍经济发展	较好	较差	较差

(三) 基础设施的引导功能

引导功能是指基础设施体系对地区经济社会结构、规模和空间布局的引导与反馈作用，并随基础设施网络的完善呈增强趋势。基础设施体系对地区经济的引导主要通过市场竞争机制和产业关联机制的作用来实现。前者是在基础设施条件改善的前提下，引起市场竞争条件的变化，导致不同产业在竞争中调节自身的生产方式、方向和规模，达到控制合理市场范围和市场销售份额的目的；后者是通过刺激地区生产专业化的发展，引导不同地区相互关联的产业间彼此协同，促进地区间劳动地域分工的发展。基础设施体系对地区经济发展的引导在空间和时间上有三个层次：增长极或点 – 轴系统；产业区位优化系统；区域分工协作 – 协同系统。

二、地域空间优势营造

从空间经济学视角归纳，基础设施在建设与发展过程中，营造的是区位（地点）、廊道和网络优势，即产生的是集聚优势。这些优势转化为可度量的经济成本或效应，体现在企业的生产函数中和相关经济系统的竞争力中，发挥着支撑和引导作用。

(一) 区位优势营造

区位优势是基础设施营造的最基础的优势，是经济发展环境优劣最重要的标志之一，也是易于理解和被利用的一种优势。基础设施空间网络，包括固定设施网络和服务组织网络，在延伸与扩展过程中，相互衔接、转换、交叉，在空间上形成一系列适合于经济社会活动的地点、场所和位置，并营造出适合某些经济社会活动强弱程度的状态。这种区位加"适合性"就是基础设施营造的区位优势。

区位优势是企业布局的基础因素，直接决定着其市场竞争力的强弱和市场规模的大小；也是城市形成、发展和功能完善的基础动力，更是一个国家竞争力大小的决定性因素之一。

基础设施通过下列途径营造区位优势。一是通过点状基础设施的建设营造区位优势，如机场、港口、车站、库坝等，其一经建设，就赋予了其所在地点的某些优势功能，这些优势功能经过利用就会转化为空间经济势能而发挥作用。二是线性基础设施的终端区位，如供电设施，其连接的是电力生产和消费两地，因而其终端区位也就会形成经济发展的区位优势。三是网络发展过程中形成的衔接与交叉场所，会产生优于其他地点的一系列优势区位，如干线间的交汇城市、干线与支线的衔接节点，各种基础设施服务的转换的点等。这在基础设施网络发展过程中会不断出现，有时会改变原有的不利状况。四是空间服务网络的组织会形成一系列空间区位优势，如运输调度组织所在地、联运的转换地等，也会形成显著的区位优势。

区位优势由静态和动态优势两部分组成。一般情况下，固相基础设施网络一经建立，其所占据的空间位置也就固定下来，所营造的区位优势也就会持续发挥作用，形成一种空间势能的持续。另外，随着基础设施网络的发展变化，某一地点的区域优势强弱也会发生变化，而且在多个区位相互演化中，也会形成此消彼长的动态变化。

区域优势体现在微观与宏观空间之中，是一种普遍的现象。从微观层面看，基础设施所营造的区位优势可能只是场地选择上的优势，对个体行为如企业布局、个人活动选择有重要影响。从中观层面看，基础设施所营造的优势是城市发展的基础，也是区域经济发展的重要影响因素。从宏观层面看，如从全球看，一个国家在全球运输网络中所处的地位决定了其发展的宏观区位优势。以新加坡为例，其处于国际运输通道的关键节点上，区位优势是不言而喻的。

区位优势只是基础设施营造的一个发展条件，只有与其他条件有机地结合起来，才能对经济的发展起到促进作用，因为这种优势只能从所提供的服务发生中体现出来。任何一个地点、城市乃至国家，将基础设施优势转化为经济优势和效益，需要其他条件的配合，更需要科学有效的组织。

（二）廊道优势营造

基础设施所营造的廊道优势是显而易见的。首先，线状布局是基础设施网络的基本空间形态特征，这种空间形态特征就决定了其所提供的服务在空间上是以线状形式存在的，空间上是不平衡的。所以，基础设施所在的空间，自然而然也就形成了廊道优势。其次，由于基础设施有等级和质量之分，如果一条重要干线布局在某一区域，也就在服务能力上赋予了该区域的拥有能力，也就营造了相应的廊道优势。最后，基于高效利用空间的目的，人类在进行经济社会空间活动建构设计时，往往将各类基础设施建设在一个有限的空间范围内，形成一种带状基础设施廊道，这一廊道所辐射的区域也就形成了具有发展潜力的区域优势。

廊道优势在城市层面的作用是形成空间发展方向的指引和空间结构与功能的优化。例如，城市建设用地沿着主要交通干线扩展就是基础设施廊道优势作用的结果，城市规划设计中的交通导向开发模式（TOD）也是基于廊道优势这一依据设计的。廊道优势在区域层面的作用是国土开发空间的指引和功效空间开发体系的建立，如区域规划中发展轴的确定首先考虑的是基础设施廊道的支撑基础与状况。

廊道优势可以理解为是诸多优势区位被线状基础设施连接起来而形成的一种空间优势，即是区位优势沿着有限的空间集成起来的一种带状空间优势。如果一个地区或国家，具有这种优势，即使是缺乏自然资源，也会成为经济集聚的区域而形成有竞争力的经济体。

（三）网络优势营造

构建目的性明确的网络是人类对基础设施建设的基本要求。基础设施在不断建设过程中连接越来越多的企业、城市，形成越来越庞大的网络系统，当发展到一定程度时，作为整体性的网络优势也就形成了。网络优势并不是区位优势或廊道优势的简单相加或集成，它具有前两者所不具备的整体性优势。

基础设施所营造的网络优势主要体现在下列几方面：一是整体的服务性。理论上看，只要网络覆盖到的地方或个体，都能享受到基础设施提供的服务；二是服务的有序性，即在时间、空间和效能上是有序的，遵循系统论中复杂而有序的基本原理，而不是无序的复杂状态；三是个体与整体、局部与全局是互动的，系统既影响个体和局部，个体和局部也影响系统。四是网络在他组织的过程中，也会体现出一系列自组织的特征。

（四）综合优势营造

综合优势营造也是基础设施所产生的空间效应之一。所谓综合优势是指一个地点、地区或国家在相应的空间系统中所具有的势能或综合影响力，其一方面来自于基础设施存在所产生的绝对支撑能力，另一方面来自于在相应空间系统中所处的相对状态。上述区位、廊道和网络方面的优势虽然有这方面的内涵，但不够全面，因为它们主要刻画的是基础设施本身产生的能力或影响力，而不能全面反映系统集成的综合状态。

一般情况下，一个国家往往拥有一个相对封闭的基础设施体系，在这一体系的支撑下就形成了内部联系密切的空间系统。在这个系统中，某一地点或地区的综合优势，决定于三方面的因素或条件。一是所拥有的基础设施能够提供的能力，包括规模、水平、结构和布局状态，即基础设施所营造的绝对优势；二是在相应系统中具有的位势势能状态，如区位、与其他要素的关系、单元间的互补状态或竞争状态等，可以认为是相对优势；三是基础设施与其他经济社会要素的综合匹配程度。所以，综合优势是从系统中产生出来的，而不是由单一基础设施建设产生的单独效应。全球系统中国家所具有的综合优势也是如此。

综合优势一旦产生，其空间影响力是长远的，且不会在短时间内改变，或长久不会改变，只会加强。图3-2以交通基础设施为例，刻画了我国百年来空间交通优势的形成过程和空间格局变化，具体方法在本书的第八章中有详细介绍。

(a) 1911年

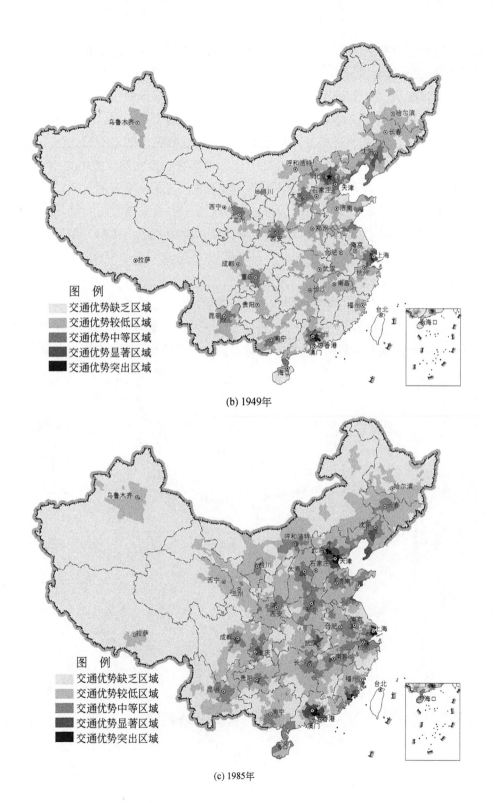

(b) 1949年

(c) 1985年

基础设施与经济社会空间组织

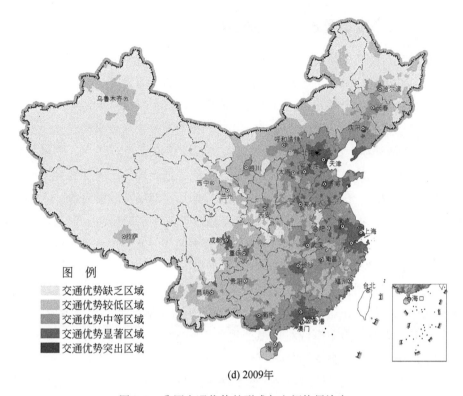

(d) 2009年

图例
交通优势缺乏区域
交通优势较低区域
交通优势中等区域
交通优势显著区域
交通优势突出区域

图 3-2 我国交通优势的形成与空间格局演变

从图 3-2 中可以看出，交通优势在我国国土空间范围是逐步形成的，且地域空间上存在巨大差异。时间形成上的差异和空间分布上的差距，对我国国土空间开发产生了极其深远的影响，其所营造的空间经济驱动力仍将长期左右着我国经济社会的空间发展格局。

三、经济生产效率提高

从概念上看，公共基础设施可以看做是微观生产的免酬因素（未付报酬因素），是现代商品经济运行的一个重要条件（张敦富，1993），它的作用是通过提高劳动力和资本的效益反映在生产函数中，如集聚产出和生产率等。许多研究追求基础设施存量变化与经济增长的关系。例如，20 世纪 90 年代，世界银行等单位和专家研究了生产率、劳动成本、资本效率等要素与基础设施的关系（Kessides，1995）。

（一）生产率提高和生产环境改善

基础设施建设产生的服务可以在三个方面导致经济生产的增长：第一，基础设施服务，如运输、供水、电力，信息等，是生产的中间投入，这些服务成本投入的减少都会提高生产的效益，即获得高水平的产出和收入。上述中间投入成本的大小，与相应的基础设施密切相关。第二，基础设施服务会提高其他生产要素（劳动力和其他资本）的产出率。例如，基础设施保障了生产从手工向机械化的转变、减少了工人的通勤时间、促进了信息交流的进步等，由此导致生产要素产出率的提高。因此，在微观经济活动中，公共基础设施经常被描绘为"不用付钱的生产要素"，它的有效性导致了资本和劳动力收益回报的提高。第三，某一地区基础设施的存在会导致资源的流入，即聚集资本（crowding-in private investment），这可以减少地区生产要素的投入成本和交易成本，使生产环境变得相对优越，生产效率得到提高，或生产的经济效益得到发挥。例如，集聚经济的效果是城市化的巨大优势，这在一定程度上得益于基础设施产生的集聚效应。然而，当有效的基础设施变得拥挤或对环境产生负影响时，其所提供的服务质量下降，并且对生产率的贡献也会受到影响。

值得强调的是基础设施对经济增长和生活质量改善的贡献——经济学理论长期公认的事实，不仅来自于基础设施物质设施的存在与建设，还来自于它们的运营和服务价值的实现。基础设施提供的许多服务如清洁的水等可以直接被居民消费，由此促进经济的增长。这些服务是健康和环境舒适性的主要标志，但也是经济社会体系中的基本行业。其他服务如娱乐性运输、私人通讯等是根据自身权利的有价消费。这些服务还可以为工作、教育和其他商品的消费提供机会。因此，基础设施服务花费的降低和服务的进步可以增加居民或家庭的实际收入与消费，提高劳动力的生产效率，以及扩大个人高价值消费活动的自由时间或空间。

然而，通过建立经济增长与基础设施间联系的方法并按照服务流的特征来直接考察基础设施因子的研究还为数不多。一是因为其研究的难度比较大，二是因为其研究的复杂性而使相应的研究不易把握比较好的切入点。基础设施服务流的特征包括实际有效性、多样性、质量、可靠性，以及消费者接受的服务价格等。

（二）基础设施与集聚效应

基础设施通过集聚效应影响经济发展。从基础设施营造的生产环境看，其提供的服务具有刺激集聚供给和集聚需求的双重作用，由此促进经济的增长和效率的提高。受固相基础设施"点状"或"线状"特征的左右，其提供的服务带有

基础设施与经济社会空间组织

典型的"集聚"特征，加之不同类型基础设施集聚的强化，这种集聚供给服务如果被有效利用，则会大大降低经济活动的成本，引起相应效益或效率的提高。相关产业在地域上的成组布局、城市发展的功能分区等体现了基础设施服务集中供给的集聚效应。集聚的服务供给能促进经济效益或效率的提高，反过来，集聚的服务需求，即经济发展的集聚需求也会促进基础设施集聚供给的进一步扩张，直接的效果是基础设施投资效果的增强。因此，供给与需求是相互作用的，这也充分反映了前文所提及的基础设施与经济发展间的第三种关系。

城市集中供热在很大程度上能够反映基础设施服务的"集聚效益"。一是环境质量的提高，二是单位成本的降低。铁路基础设施的集聚效益也是比较突出的，运输干线往往能够提供充足的能力和服务，引起服务流的集聚，导致单位成本降低。以我国铁路运输系统为例，目前，京广、京沈、津沪等15条铁路干线长度仅占全国营业里程的1/4，所承担的客货运量却占全国的50%和28%，周转量分别占全国的73%和50%（表3-3）。相比20世纪90年代中期的状况，这些干线承担的货运比重有所降低（1997年货运量和周转量比重为35%和53%），而承担的客运比重却显著上升（1997年客运量和周转量比重为51%和61%）。

表3-3　我国主要铁路干线承担的客货运量份额（2009年）

项目 线路	长度 （公里）	客运量（%）		货运量（%）		旅客周转量（%）		货物周转量（%）	
		比重	累计 比重	比重	累计 比重	比重	累计 比重	比重	累计 比重
京哈线	1338	4.75	4.75	0.41	0.41	5.75	5.75	2.17	2.17
京沪线	1462	9.38	14.13	1.60	2.00	9.70	15.45	3.10	5.27
京广线	2283	9.58	23.71	1.91	3.91	15.84	31.29	7.12	12.39
京九线	2553	4.57	28.28	1.11	5.02	7.62	38.91	4.24	16.63
京包线	810	1.45	29.73	1.79	6.81	1.27	40.19	2.91	19.54
沪昆线	2699	5.48	35.21	2.49	9.30	9.73	49.92	5.30	24.84
南北同蒲线	827	1.89	37.1	5.19	14.49	1.07	50.99	1.74	26.58
太焦-焦柳线	2026	1.16	38.26	3.13	17.62	0.77	51.76	3.69	30.27
滨洲-滨绥线	1514	0.92	39.18	1.80	19.42	1.56	53.32	2.50	32.77
石太-石德线	431	0.77	39.95	1.90	21.32	5.15	58.47	1.55	34.32
陇海-兰新线	3668	6.64	46.59	3.34	24.66	10.97	69.44	5.90	40.22
胶济线	571	1.39	47.98	0.38	25.04	1.11	70.55	1.02	41.24
新兖石线	606	0.40	48.38	1.65	26.69	0.27	70.82	2.22	43.46
大秦线	653	0.05	48.43	0.34	27.03	0.05	70.84	4.45	47.91
宝成-成昆线	1779	1.50	49.93	1.04	28.07	2.39	73.23	2.50	50.41

注：根据《中国交通年鉴》有关资料整理

(三) 基础设施建设的经济功效

专门的基础设施建设具有影响经济发展的功效。有一些重要的经济效果是从专门的基础设施投资中产生的。第一，基础设施物质设施建设中的工资和投入的增殖效果，并派生其他行业产出的形成。在特定条件下（如刚性市场，要素不流动）基础设施投资产生的引力可以引导其他行业投资。第二，基础设施与金融的联系。基础设施投资的支出影响着其他行业金融资本使用的有效性。它可以影响到财政平衡和外部信誉，以及微观经济的稳定性。基础设施投资的潜力所引起的资本升值现象被描述为金融"挤出"。增殖效益和挤出效益可以应用到各个行业，不仅仅体现在基础设施建设方面。而且，挤出效益不局限在投资行业，还发生在运营和维护等方面，通过税收（预算补贴）或借贷而不是通过服务产生获得的收入。

已有的相关研究结果可以从一个侧面反应基础设施与经济发展的关系。1993年国外有关学者（伊斯特利和瑞拜劳）利用历史系列资料研究了 28 个国家公共固定资产投资与 GDP 增长间的关系。上述学者对其他影响 GDP 增长的因素进行处理后，发现运输和信息基础设施投资与经济增长具有很高的相关关系。此外，巴菲斯（Baffes）和沙哈（Shah）利用柔性生产结构方法，依据 25 个发展中国家和发达国家的时间序列数据与时间断面数据，估计了公共投资（分为基础设施、人力资源开发和军事资本）、劳动力和私人就业等对国家产出的贡献（人均GDP）。他们得出结论认为，基础设施资本对国民经济发展有积极但很低的作用（从顺序上排列分别低于人力开发资本、私人资本和劳动力）。同时，按平均收入水平（分为四组）分析基础设施投资与经济发展的关系，（各组之间）没有明显的差异。

与上述研究相反，有些研究发现中央政府对交通通信投资的份额与人均 GDP增长存在负相关关系，这一发现是通过对 69 个发展中国家 20 年的统计数据得出的。这一发现让人感到惊奇，但从统计方法等方面进行分析后，最后认为结论是可信的，原因是导致物质资本增长的公共投资是不必要的，物质资本的布局没有引起生产率的提高，这或许是政治决策的影响等（Canning and Fay，1993a）。

但作者认为，在特定环境中会出现上述关系，除了其所提及的原因外——这一原因解释过于褊狭并带由政治诋毁色彩，最重要的原因是资金不足和基础设施服务效益的滞后效应。在资金不足的条件下，基础设施建设投入肯定会挤占其他行业发展所需要的资金，即使不挤占其他行业的发展资金，其他行业建设资金的不匹配和基础设施效益的滞后现象也会在短期内产生上述关系。因此，在特殊环境下，基础设施的这种效应可以视为"捉襟见肘"效应。在经济欠发达地区特别突出。

（四）基础设施物质资本存量与经济产出

国际上有关学者利用基础设施的物质度量法（里程、电话数量）解释了1960~1980年104个国家的每五年增长状况（Canning and Fay，1993b）。研究发现，运输与通信系统对经济增长率具有很大作用。美国的回报率达到40%。从时间序列分析，基础设施投资对经济发展的短期效果是不明显的。但从断面分析中发现基础设施具有高回报率。最后，研究者得出结论认为基础设施的投资回报是缓慢的，但最终会很大。

后来，二位学者又分析了不同收入国家的状况，估计了基础设施存量的回报率。他们得出结论：高收入的发达国家，基础设施的回报率是"正常"的，而那些高增长的新兴工业化国家，如韩国、智利，则基础设施建设对经济的回报率比较高。欠发达的农业国家，如南亚国家，基础设施的经济回报率与发达的高收入国家接近。研究者发现典型的代表性证据是产出水平与交通基础设施数量密切相关，但是从时间序列分析中却没有发现基础设施引起产出间接增长的多少证据。因此，他们认为，基础设施不能与生产要素一样看待，但确实是经济高速增长的一个条件。他们认为基础设施的效果主要通过促进整体生产要素的增长来实现（促进要素在经济中的技术进步）。

其他研究还分析了特定存量与经济发展的相关性。哈得和胡森（1981）利用时间序列分析了电话覆盖率与经济发展的关系，他们认为信息不仅仅是在特定经济活动中转换信息影响经济发展，而且还通过促进那些支持有效经济组织的信息流的流动促进经济发展。此外，还有人分析了公路铺装水平、规模与经济发展（人均GDP）间的关系，并认为在南非国家二者有较强的关系，许多国家二者的相关性与美国的相似。

四、服务网络化的经济效应

（一）基础设施服务网络的一般作用

基础设施服务网络的行业组织方式、行业间的协作方式、空间服务网络的组织方式，以及服务水平对区域经济发展具有重要影响。这种影响主要通过影响经济发展环境体现在经济生产活动过程中。不同的基础设施服务组织方式所营造的经济发展环境存在非常大的差异，有时对某些特定区域的经济发展环境的影响力是不容忽视的。

基础设施服务网络组织的差异对经济环境的最直接作用是经济发展区位的形成与演化。好的经济区位一般都可以享受到好的基础设施服务，虽然好的固相基础设施区位是经济发展区位好坏的关键因素，但如无良好的服务网络组织，其潜在的经济区位优势也不一定得到发挥。所以，对于经济发展区位，基础设施服务的网络组织是非常重要的。

优良的服务组织网络是经济增长的积极因素，或对某些新兴行业、新生行业起"孵化"作用。服务网络的优劣可以在服务成本、服务的时效性、可靠性等方面体现在生产活动中，这些均可以用定量化的指标加以衡量。从微观经济活动方面看，基础设施的服务组织对特定企业或特定地区的经济发展环境具有决定意义的影响。例如，从空间组织形式看，拥有运输或信息中心的地区，一般具有较优越的经济发展环境，可以吸引其他地区的资本而成为经济发展中心或经济"发展极"。

基础设施服务网络的组织形式有时决定于政治、政策等社会因素，并不完全受固相基础设施体系的左右，这对区域经济环境，尤其是对区域经济合作环境的影响比较大，引起区域经济组织方式与合作的差异。国家间或地区间政治、军事壁垒是限制合理的基础设施服务网络发展的主要因素。例如，有关研究表明，从交通运输基础设施和空间距离上看，图们江地区是东北亚地区经济合作的合理地点和物流集疏中心，但疆界间的管理限制与高昂的过境费用遏制了固相基础设施提供的潜在的运输优势。20世纪90年代末，1吨货物分别在俄罗斯和中国运输1500公里后到达出海港口，并经过口岸过境检查，则铁路运输费用与过境费用的比是1:1.14，过境费用高达40多美元。过境费用之高大大削减了国际联运引起的运输距离缩短的优势。

（二）基础设施行业组织方式与经济发展

基础设施的行业组织方式直接影响着其所提供的服务水平，以及不同地区享受其服务质量、类型方面的差异，从而影响"消费"这些服务的相关行业的发展。不同类型的基础设施经常有不同的组织方式和运营机制，同一种基础设施在不同地区也可能实施不同的服务组织方式，因而形成不同的服务网络。这种服务网络的形成与完善对生产成本的降低和生产环境的优化影响比较大。例如，我国铁路运输中的能源专用运输线的组织方式对沿线经济发展环境的改善比较微弱，仅对线路两端地区的经济发展有积极促进作用；而京广铁路偏重客运和京九铁路偏重货运的组织方式对沿线地区经济发展所产生的影响也有所差别。

基础设施行业组织方式的差异主要在下列几个方面对经济发展产生影响：第一，基础设施服务的组织方式直接影响某些生产材料供应的稳定与连续性，如直接影响着能源、原材料的供应方式和供应的稳定与持续能力，并对生产设备的利用效率和生产率有一定作用。第二，基础设施服务组织方式直接影响着生产与消费间的联系。无论是生产企业与消费者间的联系，还是生产地与消费地间的联系，都与基础设施服务的组织方式有密切关系。经济、便捷的基础设施服务可以降低上述联系的费用，保障区域经济合作的发展和资源的合理利用。第三，基础设施服务网络影响生产的时效性，即产品生产的及时性和企业间生产协作的及时性。快捷的基础设施服务组织可以提高生产的时间效益。第四，基础设施的服务组织方式可以对产品的流通起一定作用，影响产品的可靠性与安全性，如现代集装箱运输组织对全球经济发展的影响越来越强，优化了国际经济合作与贸易发展环境。

基础设施服务的行业间协同组织方式通过服务成本反映在生产函数中。能源、交通、信息、环保等基础设施服务间的协同在营造地区经济发展环境中占有重要地位，突出的标志导致土地成片开发中经济效益的显著增加。例如，开发区建设初期的"三通一平"、"五通一平"、"七通一平"，均是从基础设施行业间协同组织能够产生集聚效益这一原则出发的，不同运输方式间的联合运输可以为经济发展提供适应的环境，强化多区域间的经济合作和市场的一体化，提高生产活动的时效。

（三）基础设施服务的空间组织方式与经济发展

基础设施服务的空间组织方式直接影响着经济的空间结构、企业的竞争能力与市场范围、经济发展的空间方向和空间形态。同样，基础设施服务的空间组织方式依然通过服务成本的高低左右着地区经济发展环境。基础设施服务的空间组织对地区经济发展环境影响的最直接体现是"聚集经济"发展环境的营造。例如，城市或城市化地区，是各种基础设施服务集聚的地区，其提供的服务不仅在服务成本上有利于经济的发展，而且在集聚效益方面也有显著作用。一般情况下，城市、港口、基础设施走廊地区多是基础设施服务集聚的区域，这些地区的投资环境和经济发展潜力要比其他地区相对优越。由于基础设施服务空间组织上的稳定与持续性，经济活动在地区空间上形成了固定的形态或模式，如经济发展的地域"增长极"模式、"点－轴系统"、"轴－辐系统"等。当然，基础设施服务在空间上的过分集聚，并不一定都产生好的经济效益和好的经济发展环境。

五、就业环境改善效应

（一）改善通勤环境和就业区位

前文已经提到，基础设施建设可以改善工人的通勤环境和就业区位，从而对地区经济发展环境产生影响。基础设施服务对就业环境的影响主要体现在下列几个方面：第一，改变了工人的就业方式。例如，从手工劳动到机械化操作，减轻了工人的劳动强度，但却提高了劳动生产率。第二，改变了生产方式。例如，信息化的发展和自动化技术的发展，工人可以在生产过程中不用亲临现场，通过远距离控制就可以从事生产活动。第三，改变了工人的就业空间。以前工人与就业地之间不能相距的太远，否则就会花费过多的通勤时间，引起单位生产效率的降低。而现代基础设施体系的发展，大幅度地扩展了工人就业的空间范围，实质上也就扩大了公司或企业的劳动力市场，可能的条件下还会刺激企业生产规模的增长。

（二）引致空间就业结构变化

基础设施建设引起就业环境的变化，直接或间接影响经济的空间结构变化。例如，在大城市地区，以往的就业多集中在市中心地区，因为基础设施提供了比较便捷的服务，而现在情况正在发生变化，由于郊区基础设施的不断完善，就业环境得到逐步改善，郊区逐渐成为就业和经济发展的重要场所，这导致经济的空间结构发生了转变。原来城郊间的通勤转变为现在的郊区间通勤模式。相应地，经济发展环境也发生了变化。在美国东部城市化地区，郊区的就业数与就业人口的比值已经达到 0.8，说明郊区的就业环境在明显改善。改革开放以来，由于交通基础设施的建设，大城市的就业结构正在从城市内部型向城市 - 郊区型转变。

第二节　基础设施与经济竞争能力

一、经济增长差异的诱导效应

（一）基础设施与经济增长差异

一种观点认为经济生产率增长的差异与公共基础设施差异关系密切，即基础设施产生的外部环境是导致经济增长差异的主要因素，引起规模增长的回报和内在经济增长回报的差异。还有一种观点认为解释经济增长差异的主要变量是产业区位，其随资本和劳动力的流动而变化，基础设施对经济增长差异无太多影响。

基础设施是否对经济增长差异有影响，这取决于地区基础设施的建设水平和基础设施的发展类型。显然，一方面，在基础设施相对短缺的环境下，其发展水平必然是影响地区经济增长差异的主要因素，而在基础设施保障程度或发展水平较高的状况下，基础设施的差异并不一定是地区经济增长差异的关键因素。另一方面，基础设施的类型不同，对经济增长的影响力也是不同的，对于那些与经济发展密切相关的基础设施，如交通、信息、能源供应等，显而易见对经济增长差异有较强的作用，而对那些与经济增长无密切关系的基础设施，如军事基础设施、某些环保基础设施等，其发展就不一定会导致经济增长的差异。

但是，如果把基础设施作为公共投资来看待，其引起的经济增长差异的强弱仍然决定于其原有的基础和与其他因素的关联。许多事实表明，在那些区位优越的地区投资建设基础设施，产生的经济回报是比较高的。

（二）基础设施对经济增长差异影响的案例

以美国制造业为例，研究发现，公共资本并不是制造业生产率提高的主要因素，这是因为美国已经拥有比较发达的基础设施体系，基础设施投资已经不是区域经济发展的关键刺激因素；但是却存在可能性——公共资本影响投入的需求与供给，这反过来可以影响产出的差异。

国际上有关学者（Munnell，1992）根据基础设施的状态提出了落后区域、中等区域和拥挤区域的概念，并从理论上认为在中等区域基础设施建设表现出较高的回报，但对此假设的实践检验却比较少，只有1981年有人对墨西哥的情况进行了分析，发现在落后地区基础设施对收入变化的解释意义没有社会投资重要，但在中等地区却相反，证明了上述假设。另外有些研究发现，相对于那些衰退的地区，基础设施在更发达的地区和快速增长的地区具有较强的作用。

城市发展中基础设施具有重要作用。早期的理论认为基础设施在追随新城市和增长极的规划发展中对经济增长具有减缓作用。这些投资在那些经济增长的潜力或环境欠佳的地区回报是比较低的。然而，在其他辅助性服务的支持下，基础设施在加强和刺激居民点间交流方面具有最好的效果，如城乡之间，设施之间的相互作用等。

我国20世纪80年代以来的经济发展表明，区域经济发展与基础设施的关系比较密切，在不同地区反映出不同的关系，所引起的经济增长存在一定差异，一定程度上证明了快速发展地区基础设施投资高回报的假设（金凤君，1998）。尤其是交通运输、信息等基础设施与省级区域经济增长差异关系密切。20 世纪 90年代"优者更优"是我国区域交通通信基础设施增长的基本模式，体现在"质"和"量"两方面（金凤君，1998）。这一发展模式，并不能完全归咎于国家区域发展政策倾斜的作用，虽然其起了一定影响，但主要是经济需求拉动的结果。"八五"期间，东部沿海地区人口增长占全国总人口增长的 38.8%，GDP 增长额占全国的 63.5%，公路增长占全国的 59.7%，铁路增长占全国的 41.3%，电话机增长占全国的 65.4%，电话交换机增长占全国的 62.0%，农村电话交换机增长占全国的 77.3%（表 3-4）。

表 3-4　交通通信建设与经济增长的关系（1991～1995 年）（单位:%）

地区	公路	铁路	长话电路	电话交换机	市话交换机	农话交换机	电话机	GDP	人口
东部	59.7	41.3	65.2	62.0	57.6	77.3	65.4	63.5	38.8
中部	19.8	25.2	21.3	25.0	27.3	17.0	23.3	23.7	33.3
西部	20.5	33.5	13.5	13.0	15.1	5.7	12.8	12.8	27.9

注：根据《中国交通年鉴》有关资料整理

二、经济竞争过程的成本效力

（一）基础设施与经济的国际竞争力

国际经济与贸易的发展很大程度上取决于基础设施的建设，全球运输和信息基础设施体系的发展大大促进了国际贸易的发展。基础设施的一体化和服务上的经济、及时是国际贸易发展的关键因素。一般情况下，发达的基础设施及其便捷的服务会大大提高一个地区或国家在国际经济竞争中的地位，以及在国际贸易中的信誉。发达国家能在国际贸易中占有主动地位，一定程度上与其发达的基础设施体系和服务有关。

不适应和不可靠的基础设施会削弱一个国家从事国际贸易的能力，甚至会影响传统的出口产品。在巴西，其内陆地区具有出口增长潜力的工业和农业中心由于受运输费用增长的限制，1992 年所生产的剩余玉米没有一吨能够出口，一定程度上是受到高昂的运输费用的影响。而且，争夺新的出口市场则更多地依靠基础设施。我国中西部地区外向型经济发展缓慢，一定程度上也与基础设施落后有直接关系（世界银行，1995）。

在过去 20 年，世界贸易全球化趋势的增强和竞争的加剧，不仅缘于许多国家贸易政策的自由化，还缘于信息、交通和储藏技术的进步。这些发展使得传统的生产与市场组织向物流和消费需求的快速反应等方面转化，目的是节省流动资本和存货。20 世纪 80 年代，经济合作与发展组织（OECD）成员国间订货到供货时间减少了 80%，60% 以上的生产与销售可直接办理订购，并且"及时"送达方式提高了生产与消费的连续性。在工业中大约 1/4 的物流（logistics）费用与运输有关。实际上通过利用信息基础设施促进信息交流可以减少物流费用。OECD 国家报告，物流服务费用减少 1%，等于提高 10% 的年销售量（世界银行，1995）。但能否如此，完全决定于基础设施的服务水平与能力。

全球资源与信息化产生了交织复杂的世界贸易和产业关系网络。在这一网络中，不同的国家可以生产不同的产品，提供不同的服务，或生产一种最终产品的不同零部件。发展中国家的运输与信息等现代基础设施服务能力直接决定着其参与出口市场竞争的能力和直接利用外资的能力。有许多例子可以说明，由于缺乏关键的基础设施和服务管理的不健全，许多发展中国家或基础设施落后的国家丧失了国际竞争能力。尤其是缺乏与用户相关的基础设施服务管理，会直接导致其国际经济竞争能力的下降。例如，在印度，其集装箱货物所占比例和中转时间大大逊色于它的亚洲竞争者，这严重地制约了其产品出口目标的实现，其原因之一是交通运输的落后、管理问题、公共运输机构的无效率管理等。

同时，许多国家的实践表明，法规与管理不佳所产生的贸易和运输的质量及可靠性降低问题是国际贸易增长的严重障碍。即使是固相基础设施比较好的国家或地区，其惯例和法规的不健全也会影响其国际贸易的发展。然而，保证贸易和运输发展的政治机构改革和制度环境建设，不能代替最小的运输与信息基础设施需求成本这一核心。

最近的有关研究通过回顾发展中国家出口加工区的经验，进一步透视了基础设施在成功贸易发展中的相对重要性。出口加工区由两部分组成：与国际运输通信基础设施联系的产业集团，稳定的贸易政策措施。出口加工区成功的关键因素是适当的区位——具有较好贸易基础设施的城市化地区（国际海运、空运、道路运输和通信系统）。位于落后地区的出口加工区（目的是促进经济发展）回报率则比较低，位于远离中心城市的小城市的加工区也是如此，原因是增加的基础设施花费不能通过产生的生产效益得到补偿。我国经济技术开发区和高新技术开发区的发展历程同样反映了上述现象，基础设施在其中扮演了重要角色。

（二）基础设施与国内市场的竞争能力

许多关于发展中国家的研究表明，乡村道路的建设对改善市场机会和减少转运成本具有重要效果。剔除加工过程，初级农产品成本占市场最终售价的25%～60%，而运输费用大约占市场售价的一半左右（Antle，1983）。例如，在尼日利亚，农产品市场价格的30%～40%是运输费用和其他服务费用，特别是谷物更是如此。有些学者通过研究运输对农业市场的影响提出，运输改善的投资效益大部分取决于控制市场农产品价格的政策体系、市场法规和运输提高的竞争条件。在爪哇农村，有人观察到市场上辣椒的高额利润多被那些与管理者有信息沟通的仓储经营者获取，说明市场透明与信息广泛传播是对建立公正市场最基本的要求。

国外有关学者按照"基础设施指数"把乡村分为发达与不发达两类，研究了基础设施对孟加拉农村经济发展的影响（表3-5）。从中可以看出，基础设施对谷物价格、就业水平、经济发展的多元化等方面具有影响，基础设施"发达"的乡村在许多方面具有较强的竞争能力（Ahmad，1990）。

表3-5　基础设施对农村经济的影响（孟加拉的例子）

影响因素	"发达"的农村比"落后"的农村高的百分比
农业因素	①谷物的农场价格高6%；②化肥的农场价格低14%；③灌溉土地的份额高105%；④高产面积高71%；化肥用量高71%
劳动力因素	①农业劳动力需求量高12%；②非农业劳动力需求量高30%；③整个家庭收入高8%；④工资支撑家庭收入的份额高101%；⑤人均工资收入，非土地经营工人的平均工资收入高36%，小/中/大土地拥有者高95%/高165%/低30%；⑥非种植业工人（牧业和渔业）人均收入高109%，小/中/大土地拥有者高19%/26%/39%
社会因素	①健康人口份额高16%；②妇女健康份额高19%；③教育程度全部人口低1%；④妇女受教育程度低4%；⑤女性劳动力占劳动力份额高9%

资料来源：Ahmad，1990

基础设施对区域基础产业发展和竞争能力具有显著作用。如果一个企业或地区远离市场或消费区，其所支付的昂贵的基础设施服务费用，会降低这些行业的竞争能力，或导致新的生产企业的成长。例如，青藏高原地区建材工业的发展就反映了交通运输基础设施的作用。

20世纪90年代，由于西藏自治区水泥工业发展不能满足本地需要，一部分水泥需要区外供应，运输费用比较高。例如，从格尔木运输1吨水泥到拉萨的公路运费就达550元左右，而1吨水泥在东部市场的价格仅为300元左右，昂贵的运输费用大大提升了产品在当地市场上的销售价格。同时也为发展当地水泥工业创造了条件。通过作者调查，1 吨区外运入的水泥在西藏自治区拉萨市的销售价格为 850 元，低于此价则区外水泥无利润可言；本地产水泥的市场销售价格为 700 元，比区外水泥的售价低 150 元，但仍有利可图，虽然运入原料仍然需要昂贵的费用。由于经济建设发展的需要，20 世纪 90 年代西藏自治区每年消耗水泥 50 万 ~ 60 万吨，当地生产的水泥仅能满足需要的 50%，另 50% 需要用汽车从区外运入，仅公路运输距离就达 1100 公里。如果全部由当地供应，仅此一项每年就可节省运费 1.5 亿元左右，扣除燃料运输的费用，也可节省运费 1.0 亿元以上（表 3-6）。随着青藏铁路的建成，西藏地区的原材料工业发展将会出现较大的变化。从表 3-6 中可以看出，由于交通运输因素的作用，发展地方水泥在经济上具有较大的利益。

表 3-6 交通运输对水泥工业发展的影响（西藏自治区，1997 年）

区外水泥	市场价格 850 元左右，其中运输费用 550 元，水泥生产成本 300 元左右
区内水泥	生产成本远高于区外水泥，但节省了长距离运输的费用；市场售价 700 元，包括生产成本、利润和运费费用。在价格上比区外水泥有竞争力
生产状态	有 13 个水泥厂，生产能力 40 万吨，实际年生产量 30 万吨，满足市场需求的 50% 左右。其中拉萨水泥厂生产能力 20 万吨/年，其他水泥厂规模比较小
生产条件	当地拥有丰富的原料；燃料需要从区外输入，每吨煤炭的运费为 500 元；1 吨煤炭可生产 5 吨水泥
需求预测	2000 年全自治区需要水泥 60 万吨左右

注：根据作者的调研资料整理

三、技术创新的环境营造功能

（一）基础设施与区域技术创新的关系

区域创新系统是指具有一定的组织和空间结构并有助于推动知识创新、技术创新、制度创新和服务创新的开放的复杂的经济社会网络系统。基本特征是根植于特定地区的政治、经济、社会、文化和生态环境中，以企业、高校、科研机构、政府和中介与服务机构为主要的创新主体，推动知识生产、孵化技术、技术扩散、技术使用为主线的产业或产业群的形成。

基础设施为现代技术提供的机会远远超过过去。过去交通和能源基础设施导致了市场与生产的巨大变化，但近几十年来这种作用被"信息革命"的作用所掩盖。利用电子通信技术和服务的电子信息系统（信息科学，informatics）在现代经济的第二和第三产业生产与分布活动中占有重要地位，包括银行业、政府管理和文化发展。信息被认为是生产的一个要素，在 OECD 国家中，涉及信息加工与生产的经济活动产出占 GDP 的 1/3，在发展中国家所占的份额也在增加。电子通信技术的变化急速地减低了通信的费用，扩大了服务范围，还减少了运输费用和其他行业利用通信服务的费用。这种结果使得产生经营的结构发生巨大变化，提高了信息的地位，并且加强了贸易、制造业、资本流动的全球化趋势，也增强了国家间人口的联系与文化交流。

（二）基础设施与区域技术创新环境

基础设施是构建区域创新环境的基础。区域创新环境分为相互联系和彼此依赖的四个层次网络：基础层次网络、文化层次网络、组织层次网络和信息层次网络。基础层次网络主要包括基础设施的建设、教育研究机构的构建以及高素质人才的培养；文化层次网络主要包括心理层次、制度层次、物质层次；组织层次网络是由政府、企业、中介机构、教育和科研机构及个人合作和交流学习中所形成的动态联系网络；信息层次网络包括知识的储备和信息的获取。从上述关系可以看出，基础设施在构建创新环境中发挥着非常重要的基础性作用。

基础设施是营造创新区位的关键因素。区域创新系统一般可划分为五大子系统，即产业网络子系统、知识创新子系统、技术创新子系统、技术服务子系统和制度创新子系统。这五大子系统只有在空间上系统协同才能使各自的功能得到最大限度的发挥，从而保持系统的整体稳定与发展，而协同的关键是在一定的基础设施支撑下，选择适当的区位。

四、供给能力短缺的约束作用

基础设施短缺自然会形成一种限制环境，不利于经济的发展。虽然基础设施短缺不像生产要素短缺那样直接影响公司或企业的生产活动，但其短缺通过影响生产企业的外部环境制约其生产和发展。从宏观经济层面上看，基础设施供给与经济发展需求间并没有十分精确的定量关系，但不相适应的供给必定会对经济的正常运行产生消极影响。从微观经济层面上看，基础设施供给与企业需求间有相对精确的定量关系，如一定规模的特定行业企业需要相对固定的能源供应、信息需求和运输需求，以及供水需求，这些基础设施的不适应或服务的短缺必然会影响企业的正常生产活动。

(一) 基础设施短缺的表现形式

影响经济发展环境的基础设施短缺一般表现在如下方面：第一，综合服务能力的不匹配，如不同类型间基础设施的不匹配造成综合服务能力的不适应等；第二，某些基础设施行业服务的瓶颈作用；第三，局部地区基础设施服务或能力的不适应引起的瓶颈作用；第四，供给与需求在水平与类型上的差异。这些基础设施短缺现象均会引起经济发展环境的不适应，从而导致经济增长无法达到预期的效果或目标。

值得指出的是，基础设施间的不匹配不但影响经济发展环境的优化，还会导致基础设施体系中不足与浪费现象并存，影响基础设施投资的经济效果。因此，基础设施行业间的协同发展是非常重要的，这在发展中国家尤为重要。

(二) 基础设施短缺的长期与短期效应

虽然从短期效益上看，某些基础设施投入的减少会导致经济增长的减缓，但可怕的后果是严重影响未来的经济发展环境，甚至使生存环境受到严重威胁。例如，对经济活动产生的各种污染物进行处理的基础设施短缺，就会导致上述结果。

生产与经营管理中流行的"先污染，后治理"的观点就是一种严重忽视基础设施建设的最好例子，其结果是以环境为代价换取发展。就目前的状态看，所产生的严重影响还难以有明晰的结论或情景，虽然有些地区已经到了非常严峻的地步。因此，我们必须大声疾呼：必须抑制人为的有害行为，重视相应的基础设施的建设。

(三) 解决基础设施短缺的基本途径

在基础设施短缺的环境下，增加基础设施投资会有良好的经济回报，或明显改善经济发展环境。在固相基础设施短缺、不能满足经济发展需要的情况下，增加基础设施投资，建设相应的基础设施会取得显著的经济效果。例如，20 世纪 80 年代，随着我国对外开放的深入和国际贸易的发展，港口设施短缺曾经是制约我国进出口贸易发展的主要因素，外贸船舶的待港时间最长多达几十天。国家有关部门认识到这一情况后，采取措施加大了港口建设力度，深水泊位、集装箱泊位、大宗货物专用泊位迅速建设。经过 20 多年的努力，大大改善了我国发展国际经济的基础设施环境。

然而，在某些情况下，基础设施的短缺并不都是固相基础设施不足引起的，这其中可能与基础设施的管理利用水平有直接关系。如果说固相基础设施存量的增加改善的是经济发展的硬环境，那么管理是改善经济发展软环境的关键。这方面的进步往往不被重视，但事实上这方面的效益是具有巨大潜力的。北京目前有500万辆的机动车，由于管理力度不够，约有15%～20%的机动车停放在道路上，按每辆车占地12～15平方米计算，这些车又占用了上千万平方米的道路，使北京的道路资源短缺压力加大。上述问题通过提高管理，可以在一定程度上缓解交通基础设施不足的局面。

就目前我国发展的阶段看，结合各类基础设施已经形成的基础和发展态势，未来解决基础设施供给短缺问题仍是重点。主要侧重于医疗、卫生、教育和社区服务等公共服务基础设施建设方面，以及以改善环境质量为目标的基础设施建设方面。建设完备的基础设施支撑体系和服务系统，是我们实现全面建设小康社会目标和迈向中等发达国家的主要标志。

第三节　基础设施与经济空间形态

一、空间收敛效应与集聚功能

空间收敛与集聚是基础设施产生的基本效应，其在建设与发展过程中通过"费用－空间收敛"效应、"时间－空间收敛"效应、"成本收敛－流量扩张"效应和"匹配－空间协同"效应营造空间发展优势，推动空间经济结构与形态的形成、发展与演化。

（一）费用－空间收敛

交通运输技术进步引起运输费用的降低，费用的降低提高了产品的市场竞争能力，扩大了企业或经济中心的市场服务范围，吸引产业向交通运输区位优越的地点或交通沿线集聚，逐步形成一定集聚规模的"带状经济"。交通运输进步的这一影响被地理学家称为"费用－空间收敛"效应（cost-space convergence）。运输费用的降低主要是由于交通运输基础设施的高级化和运载工具的大型化所导致的。例如，美国东北部的伊利运河于1825年通航，使得布法罗与阿尔班尼间的运输价格从100美元/吨降到10美元/吨，进而又降至3美元/吨，1882～1900年，美国铁路的运输价格下降了41%，1870～1950年，船运效率的提高使得海运价格下降了60%。运价的降低促进了产业在空间上的集聚，尤其是沿铁路线的集聚。同时，交通运输价格的降低导致了企业规模的急速膨胀和城市在地域空间上的迅速扩展，以及区域合作与贸易的迅速发展，沿交通运输干线或走廊形成绵延不断的工业化和城市化地区。20世纪我国经济在发展和空间结构塑造中，相对廉价的铁路运输发挥了重要作用。

（二）时间–空间收敛

运输工具运输速度的提高，以及信息基础设施的建设改变了时间与空间的关系，使得任何两地间的联系比任何历史时期花费的时间都要少得多，因而大大加强了产业在经济活动中的相互关联，这种关联以交通运输基础设施为基本纽带。交通运输技术进步的这一影响被地理学家称为"时间–空间收敛"效应（time-space convergence）。"时间–空间"收敛效应对经济活动的空间结构演变的影响是明显的，建立在基础设施高速化基础上的"及时性送达"或"零库存"生产活动就是最具代表性的例子，这种生产活动是建立在高效的基础设施网络之上的。"带状经济"在地域范围上的扩展和空间联系距离的延伸都与"时间–空间收敛"效应有直接关系。

（三）成本收敛–流量扩张

固定设施通过能力扩大化和运载工具大型化，提高基础设施所经过区域作为运输通道承担空间交流的能力，以及经济个体的空间活动能力，降低单位运输成本，扩大产品交流的规模，这大大加强了企业间的联系强度。这方面的作用可以视为"成本收敛–流量扩张"效应。这种基础设施承载能力和流在空间上的集聚，正是工业化和城市化发展的结果，也是"带状经济"发展的基础和结果（张文尝等，2002）。

二、空间经济发展的基本模式

基础设施对区域经济集聚与扩散的作用，最直接的结果是导致空间经济形态的规律性变化。无论是固相基础设施网络还是基础设施服务网络，其在地域空间中均以"点"、"线"结合的形式出现，而不是全覆盖的。这就意味着基础设施提供的服务在地域空间上的分布是不均衡的，尤其是基础设施网络越完善，其服务的空间分异性就越强。另外，受固相基础设施的限制，基础设施服务在空间服务上还具有方向性。上述二者在空间上的结合，就为经济的发展创造了非均衡的环境，长期作用的结果就使得经济在特定区域中形成集聚现象。

（一）基础设施束的激发器功能

现代经济活动，尤其是工业活动对基础设施的依赖越来越强。基础设施已成为产业布局及其空间结构演变的最重要因素之一。交通运输基础设施是现代基础设施体系的最重要组成部分，对区域经济社会活动特征和空间结构演进具有举足轻重的影响。尤其是以运输通道为核心的现代基础设施束在特定区域上的不断强化，为交通经济带的形成与发展提供了必要条件。

交通运输基础设施与其他基础设施在空间上的集聚，强化了所在区域的区位优势，成为经济发展的潜在优势区位和地带。交通运输线路的建设会改变沿线地区的可达性和区位条件，重大通信干线的建设会提高沿线地区对外信息交流的能力，能源输送通道的建设可为沿线地区提供能源保证等。这些基础设施在区域走向上的一致性和相互依赖性使得沿线拥有经济发展的有利条件，如低廉的运输费用、方便舒适的服务、高效及时的信息交流、充足的能源保证等，对沿线资源的开发、各种经济活动和城镇的形成发展及各种经济联系产生极大的促进作用，触发并刺激沿线地区经济在新的水平上快速发展，逐渐使人口和主要经济活动向沿线集聚。另外，城镇及城市的不断扩大，使经济的大发展产生了更多的交通流、经济流和信息流，并要求有相应的载体与之相适应，又进一步促进了基础设施的加强。随着铁路、公路、水路、能源电力、信息和供水线等线状基础设施束的逐渐形成并不断完善，促进经济活动和城镇沿着基础设施走廊更加集中，使沿线地区不断壮大的交通联系逐步转化为稳定而牢固的经济联系，促进沿线经济带的形成。

（二）带状经济与组团经济

"带状经济"与基础设施的空间作用密切相关，是基础设施与其他经济社会要素有机结合的结果。同时此种经济发展模式也利于城市间、区域间、城乡间便捷的联系，有利于实现地区间、城市间的专业化与协作，形成有机的地域经济网络。"点－轴系统"模式是其空间形态上的具体体现（陆大道，1995）。

基础设施在地域空间上分布的"线形"特征，左右着经济社会活动的空间分布特征。基础设施束的线路走向决定了"带状经济"的空间分布范围和形态，其支撑能力和联系能力决定了"带状经济"内部及对外联系的能力、强度及本身实力，其空间组合状况决定了"带状经济"的空间景观形态和组织结构。在宏观地域范围上，交通网络预先决定了一定技术水平下发展的优先结构和优先区位。更为重要的是，基础设施束是经济带内部与外界进行各种人员、物资、信息及能量交流的载体和媒介，没有这个载体和媒介，经济带就无法进行上述各种流的交换并实现相互间的联系，从而也无法实现现代经济活动在空间上高度集聚的要求。基础设施束的强化是经济带形成的"触发器"及存在和发育的前提。

"组团经济"是基础设施作用下区域经济发展的另一种具有代表性的发展模式。在城市化地区，由于基础设施相对发达，其引起的区域优势并不是随距离的增加而均匀衰减，有时呈跳跃的起伏特征。在此作用力的引导下，往往围绕一个中心或多个中心形成集聚经济，在空间上表现为"组团经济"模式。

在上述区域经济发展模式中，基础设施所起的作用，是通过服务成本体现出来的，而且其所产生的作用是非常深远的。

（三）国内外带状经济发展

内河水运在历史上曾经对我国区域经济的空间分布起过决定性的影响，历史上大的经济政治中心大多数坐落在水运便捷的大江大河沿岸。例如，曾经作为政治经济中心的西安、洛阳、南京、杭州等，都得益于便捷的内河水运。又如，京杭运河历史上作为我国东部地区重要的交通运输线，在沿线地区经济和城镇发展中发挥了重要作用，在运河通航时期，原有一定基础的城镇逐渐向运河两岸靠拢，如临清、扬州等；原来没有城镇的运河要冲地带，逐步兴起新城镇，如通州、夏镇等。据考证，明清时期全国重要的 33 个商贸城市中，有 13 个分布在京杭大运河沿线，是当时的重要发展带。

自 19 世纪末以来，铁路的出现与建设对我国经济发展的空间结构变化产生了非常强烈的影响。重大铁路干线的建设及其对空间经济的长期引导，形成了具有全国意义的沿铁路线的经济带，最典型的代表有哈大经济带、胶济经济带、沪宁经济带等，成为全国经济最发达的地带之一，同时也体现了现代中国空间经济结构的代表性特征。

20 世纪 80 年代以来，沿铁路干线建设的高速公路和通信干线，进一步加强了这些地带的区域优势，刺激了"带状"经济的进一步发展。例如，沈大高速公路的建成，促进了辽宁经济进一步向沈大基础设施走廊沿线集聚，1986 年沈大沿线五市 GDP 占全省的 56.4%；到 1993 年，即沈大高速公路建成后的第三年，沿线 GDP 占全省的比重增加到 62.8%，1996 年增加到 68.0%。京津塘高速公路、济青高速公路、沪宁高速公路、成渝高速公路的建设均具有明显的区域经济激发与集聚效应。京津塘高速公路沿线已经成为京津两市经济发展的重点轴线地区，沿线以开发区为基本发展区位的经济走廊正在逐步形成。进入 21 世纪以来，随着我国高速公路网络的完善和高速铁路的快速建设，所产生的集聚作用越来越强烈，京广、京沪等基础设施走廊地带进一步强化了作为我国经济发展主要轴线的功能，城市化地区沿基础设施廊道扩展的趋势也非常明显。

局部区域基础设施束的强化发展是改革开放以来我国基础设施建设的主要特征，大大改变了区域经济的发展条件，促进了"带状"经济的发展。20 世纪 80 年代以来我国形成的主要基础设施地带有下列几条，经济的增长也基本集中在这些地带中。它们分别是：滨海沿岸基础设施地带，以长江航运为核心的基础设施带，跨越东中西三个地带的陇海 – 兰新基础设施地带，进一步改善的哈大基础设施地带，逐步完善的京广基础设施地带，进一步改善的胶济铁路沿线基础设施地带，趋于完善的京沪基础设施地带，逐步壮大的京九基础设施地带，逐步完善的浙赣 – 湘黔基础设施地带，不断强化的成渝基础设施地带。这些地带发展条件优越，是我国经济发展的主要轴线，20 世纪 80 年代以来我国经济增长的大部分是由上述沿线地区的经济发展所贡献的。上述基础设施集聚地带的基本情况见表 3-7。

表 3-7 我国主要基础设施集聚地带的基本概况（2003 年）

基础设施集聚地带	交通基础设施、城市状况、经济状况、区域优惠政策
滨海沿岸基础设施地带	主要港口 50 多个，深水泊位 394 个；伸向腹地的干线铁路近 20 条，高速公路 10 多条，规划建设沿海铁路；机场 27 个，通信干线骨架，强大的电力支持系统 城市 112 个，大城市及特大城市 15 个，14 个沿海开放城市。5 个经济特区，国家级经济技术开发区 23 个，高新技术开发区 13 个。保税区 13 个，3 个特殊开放地区 GDP 占全国的 43%，人口占全国的 18%
长江基础设施地带	主要港口 30 多个，长江黄金水道；与 6 条南北向铁路干线交叉，沪蓉高速公路，并与京珠、京沪、昌九、成渝高速公路交会，规划建设沿江铁路；机场 8 个，通信干线骨架，强大的电力支持系统 城市 40 个，大城市及特大城市 17 个，9 个沿海开放城市。国家级经济技术开发区 8 个，高新技术开发区 3 个。保税区 1 个，1 个特殊开放地区 GDP 占全国的 21%，人口占全国的 12%
陇海 – 兰新基础设施地带	欧亚铁路大陆桥，复线铁路，与 11 条铁路交会，35 个集装箱办理站。连霍国道主干线，已经建成开封 – 洛阳、临潼 – 宝鸡高速公路。国家光缆干线，机场 6 个 城市 33 个，大城市以上 6 个，省会 4 个，6 个国家级高新技术开发区 GDP 占全国的 6%，人口占全国的 7%

基础设施与经济社会空间组织

基础设施集聚地带	交通基础设施、城市状况、经济状况、区域优惠政策
哈大基础设施地带	运输能力巨大的哈大复线铁路，连接重要出海口大连，与5条东西向铁路交汇。哈大高速公路，庆铁－铁大输油管线，机场4个，国家光缆干线 城市15个，大城市和特大城市5个，省会3个，5个国家级高新技术开发区和5个国家级经济技术开发区 GDP占全国的7%，人口占全国的3%
京广基础设施地带	运输能力巨大的京广复线电化铁路，连接珠江三角洲地区和京津地区，与5条东西向铁路干线和长江交汇。京珠高速公路，机场8个，国家光缆干线，信息高速公路主干线 城市35个，大城市和特大城市10个，省会5个，8个国家级高新技术开发区和2个国家级经济技术开发区 GDP占全国的16%，人口占全国的11%
胶济铁路沿线基础设施地带	胶济复线铁路，连接出海口青岛，济青高速公路，国家光缆干线 城市7个，大城市和特大城市2个，省会1个，3个国家级高新技术开发区和1个国家级经济技术开发区 GDP占全国的6%，人口占全国的3%
京九基础设施地带	京九铁路，连接珠江三角洲地区，国道公路，国家光缆干线 城市16个，大城市和特大城市4个，省会1个，4个国家级高新技术开发区和1个国家级经济技术开发区 GDP占全国的12%，人口占全国的10%
浙赣－湘黔基础设施地带	复线铁路，国道公路，国家光缆干线 城市34个，大城市和特大城市4个，省会4个，7个国家级高新技术开发区和2个国家级经济技术开发区 GDP占全国的9%，人口占全国的7%

注：作者根据有关资料整理

日本环太平洋产业带的形成和发展充分反映了综合运输通道的作用。远在江户时代，沿太平洋和濑户内海就已成为国内重要航道，并有山阳道、东海道等陆上重要道路，形成了东京、名古屋、大阪等城镇。明治维新后，铁路成为陆上交通运输的主导，东海道本线及山阳本线等铁路大干线的建成促进了东京、名古屋、神户和大阪等城市的快速发展及以它们为中心的京滨、中京及阪神三大工业区的形成和发展。尔后，海运随之发展，环太平洋运输通道的基本格局形成，产业和人口不断集聚，该经济带不断发展。20世纪60年代后，随着东京－名古屋－神户高速公路（长1069公里）的建成及与原干线平行的东海道铁路新干线（1964年）和山阳铁路新干线（1975年）通车和航空工业的发展，大大地改变了环太平洋沿线几大工业区的运输联系，使原有铁路能力不足的问题得以解决，更加促使了该地带产业活动的集聚、扩散及高级化，成为世界上最重要的产业集聚带之一。据有关研究显示，名古屋－神户高速公路建成 10 年内，仅在 14 个立交桥附近就新增工业企业 900 多家。

三、经济社会空间结构演进的阶段性

（一）经济集聚与扩散

基础设施体系空间网络的不断发展，增强了特定地点或地区空间连通性和可达性，引起空间区位优势的变化，为空间经济的集聚与扩散提供了必要条件，导致空间经济以某一中心城市或某些城市集聚，在集聚到一定阶段后沿某些基础设施束向外扩散，逐步形成产业发达和城市化程度较高的发展轴线。

基础设施空间网络化引起以其为基础的公共服务系统的不断完善，导致空间与时间关系的转变，成为某些产业如那些对时间效益要求较高的产业发展的刺激因素，促进经济活动的空间一体化。人类经济社会活动对时间效益的追求越来越强烈，人类经济社会的活动空间随基础设施空间网络化扩展而扩大，反过来又对基础设施体系空间连通性、服务及时性，方式间的协同性不断提出新的要求。时间效益与经济效益间的相互作用，引起交通运输线腹地范围内的经济社会空间形态发生变化。

基础设施空间网络的不断发展，对"带状经济"形成与发展的影响主要体现在以下几方面。第一，促进"带状经济"地域模式中的中心城市的形成与发展。一般情况下，交通运输网络、通信网络的扩展多是以主干为核心并围绕大的中心城市展开的。随着基础设施网络的不断扩展，引起生产规模、成本与效益三者的相互关系的转变，促进城市覆盖的地域范围越来越广，中心城市的腹地也越来越大，为其发展提供进一步发展的条件。第二，刺激新的经济增长点的增长。交通运输网络的不断扩展，必定会产生诸多交汇地点，这些地点，尤其是支线与干线交汇的地点，地域通达性、吸引范围得到改善，为其经济发展提供了必要条件，使得其产业发展的条件优于其他地区，如在产品运输中可以少支付运费，提高其市场竞争力，扩大营销范围等，成为产业发展的优越区位。第三，增强大都市的扩散能力。当中心城市发展到一定阶段，其产业将逐步向外扩散，一般情况下向交通条件较优越的地域扩散，如临近干线的交通方便地区。这种扩散，一方面加速交通产业带的形成，另一方面又反过来刺激区域基础设施束的强化。

（二）经典空间模式评述

美国地理学家在20世纪50年代通过研究非洲部分地区交通网络的扩展与地区空间结构演变的关系，总结出了二者关系变化的基本模式，这一模式的发展变化可大致归纳为六个阶段（Taaffe，1963）。图3-3是其典型的模式。

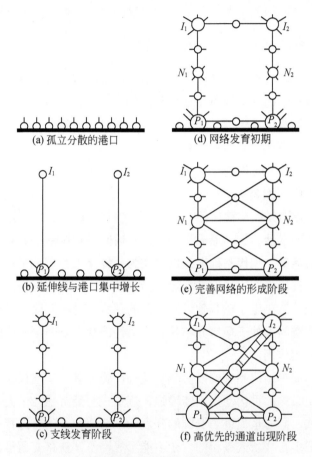

图 3-3　交通基础设施建设与空间经济结构演变

资料来源：Taaffe，1963

上述总结基本上是以殖民地为研究对象，具有典型的代表性和局限性。其特点是模式简单，精练概括了港口、铁路等基础设施建设对经济社会空间结构形成的影响与作用，阶段性特征的总结充分反映了基础设施的从属功能和引导功能，以及空间级联系统的空间秩序法则和结构模式。这一模式被相关学者作为经典教学模式广为教授。但是，这一模式的总结也具有非常明显的缺陷，第一，没有充分考虑空间经济发展的不均衡性，事实上，由于资源环境、经济、社会等因素的不同，基础设施扩展在空间上是非均衡的，对经济社会空间结构的形成具有明显的局部阶段性特征。第二，没有充分反映现代基础设施出现以前的经济社会空间结构，将一个区域视为一片处女地有些不符合实际情况。迎合此前的经济社会的空间结构也是现代基础设施建设的初始动力之一。第三，空间结构形成的动力来自什么方向，是一个空间方向，还是多个空间方向？作者认为该模式仅是一个空间动力方向下的空间模式，尤其是前几个阶段的分析在这方面体现得比较明显。

（三）空间结构演进的阶段性与机理

毫无疑问，基础设施是经济社会空间结构形成与演化的推动者，其模式的总结应符合经济地理学的基本规律。结合前面经典模式的评述，通过总结过去100多年中我国基础设施体系建设与经济社会空间布局的关系，尤其是对交通基础设施建设与经济社会发展关系的实践总结（相关内容在第八章中有简要分析），作者认为，一个国家在基础设施建设的支撑下，其经济社会空间结构的形成与演变大致经历六个阶段（图3-4）。

第一阶段，零散结构初建阶段。在铁路等现代基础设施出现之前，一个地区或国家经过悠久的发展，已经形成了一定的交通网络和城镇等分布，支撑着当时人们的经济社会活动。现代基础设施建设作为一种介入力量，是对这一历史结构的重构与更新，其历史结构越稳定，形成历史越长，对基础设施介入的空间诱导或抗拒就越强烈，这决定于对基础设施作用的理解。这一阶段，基础设施处于初步发展阶段，在空间上处于零星分布状态，对经济社会空间结构的构建也仅仅在局部地点或地区起作用。

第二阶段，简单结构孕育阶段。随着基础设施的进一步建设，空间的连通范围扩大，对历史结构的重构动力不断增强，逐步成为经济社会中商品和人员交流的主要依托方式，同时也促进了资源的开发和制造业企业的有选择布局。但基础设施的空间特征多是线状或点状的，还不能形成网络，铁路交通沿线与港口周围等地区成为先行开发或增长区域，逐渐形成具有优势的开发轴线或地区，相应的城镇与资源开发地等也得到快速发展。这一阶段，国土开发的结构主要以有限的轴线为主，结构比较简单，但对未来的空间结构形成奠定了基础，属于简单结构孕育阶段。社会对交通等基础设施功能认识的提升为其大规模建设准备了较好的社会基础。

第三阶段，局部结构构建阶段。基础设施网络的规模扩张是其主要特征，但由于受自然、社会、经济等诸多因素的影响，建设速度和扩展状态在空间上是不均衡的，某些局部地区成为基础设施建设的重点地区，网络快速建成，这有力地促进了地区资源的开发和城镇的建设，地区经济快速发展。在基础设施支撑下，多条开发轴线形成，并呈现网络结构特征，构成了未来发展的基本结构。经济社会空间组织方面，开始出现明显的点－轴结构、核心－边缘模式等，我国的东北地区和美国的东北部地区均经历过这一过程，并持续了相当长的时期。

第四阶段，系统结构形成阶段。基础设施网络的规模扩张是其主要特征，在局部地区快速发展的同时，其他地区的基础设施也得到相应建设，网络不断扩展，逐渐形成覆盖全国的网络，相应地全国性的开发轴线或经济发展轴线形成，系统的整体性、协调性和关联性成为这一阶段的主要特征。另外，由于基础设施体系形成的时期不同，所形成的空间优势作用时间长短不同，经济社会区域差异和差距是非常突出的，虽然空间结构在形态上是相似的，但反应的经济社会发展质量却存在较大差异。一系列点－轴结构、核心－边缘模式、轴－辐模式等空间组织形态形成并不断完善。

第五阶段，系统结构完善阶段。基础设施网络的规模扩张和质量提升是其主要特征。基础设施已经成为经济社会普适要素和基本条件，而不是发展的关键制约条件，突出特征是网络已经比较完善，在既有技术条件下空间覆盖已经达到与经济社会需求相适应的状态。在这一时期，基础设施与其他条件配合，促进经济社会空间结构不断完善，系统的整体性、协调性和关联性进一步增强，但层次性开始显现，一个国家经济社会空间结构的系统架构已经形成；点－轴结构、核心－边缘模式、轴－辐模式等空间组织进一步强化，都市圈、城市群等空间集聚形态也开始不断强化。

第六阶段，级联秩序分异阶段。基础设施质量提升和服务系统优化是主要特征，以等级差异和服务质量优劣为标志的空间层次网络形成，成为引导经济社会发展的主要空间力量。相应地，分工协作、空间与时间的科学运用（如小时交通圈）促进了社会经济空间结构层级性的形成，展现出有规则的空间秩序，进入一种相对稳定的空间发展状态。系统的整体性、协调性和关联性调控着要素的配置和单元的发展，点－轴结构、核心－边缘模式、轴－辐模式、都市圈、城市群等空间形态不断优化，作为相应的模式被固定下来。

以上六阶段模式与机理的总结，反映了基础设施作为一种空间力量，从介入打破原有的空间结构，到作为空间结构稳定性的基本支撑，功能和效应是动态转换的，空间上存在方向上的不均衡性，模式也会由于自然、经济、社会背景的不同而存在差异。虽然上述阶段与模式具有一般性，但效应阈值的判断和确定，还需要更深入的科学观察和更多的实证案例加以佐证。

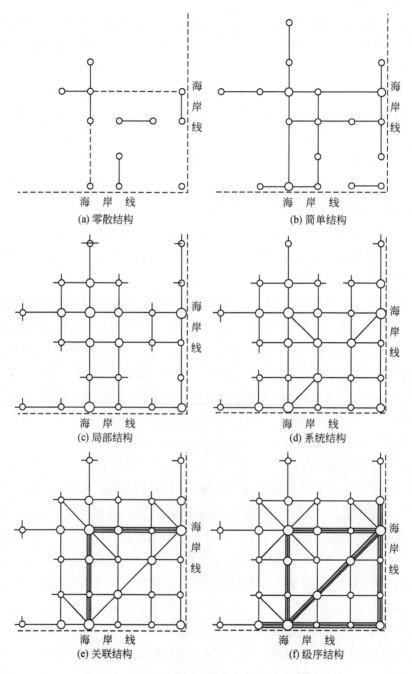

图 3-4　空间经济结构的阶段性演进与基本模式

参 考 文 献

曹小曙，阎小培 . 2003. 经济发达地区交通网络演化对通达性空间格局的影响——以广东省东莞市为例. 地理研究, 22 (3): 305-312.

城市基础设施投融资体制改革课题组. 2001. 国外城市基础设施投融资比较研究报告. 建设部报告.

邓淑莲. 2003. 中国基础设施的公共政策. 上海: 上海财经大学出版社.

方子云. 1993. 水利建设的环境效应分析与量化. 北京: 中国环境科学出版社.

高小真. 1991. 运输系统的区域效应研究. 地理学报, 46 (1): 92-102.

恭定勇, 蒋爱民. 2004. 基础设施建设与城市经济增长的关系. 城市问题, 117 (1): 46-50.

金凤君, 戴特奇, 王姣娥. 2005. 中国交通投资经济效益的量化甄别. 铁道学报, 27 (3): 9-14.

金凤君, 王缉宪. 1998. 我国交通通信基础设施发展类型研究. 地理科学, 18 (3): 335-341.

金凤君. 1998. 区域可持续发展的基础设施环境研究//秦大河. 1998. 可持续发展战略探索. 北京: 中国环境科学出版社.

金凤君. 2001. 基础设施与人类生存环境关系之研究. 地理科学进展, 20 (3): 276-285.

金凤君. 2004. 基础设施与区域经济发展环境. 中国人口·资源与环境, 14 (4): 70-74.

陆大道. 1995. 区域发展及其空间结构. 北京: 科学出版社.

陆大道. 2001. 论区域的最佳结构与最佳发展. 地理学报, 56 (2): 127-135.

世界银行. 1995. 世界发展报告. 北京: 中国财经出版社.

杨吾扬, 张国伍, 等. 1986. 交通运输地理学. 北京: 商务印书馆.

张敦富. 1993. 中国投资环境. 香港: 香港吴兴记书报社.

张敦富. 2005. 城市经济学原理. 北京: 中国轻工业出版社.

张文尝, 金凤君, 樊杰. 2002. 交通经济带. 北京: 科学出版社.

建设部城市交通工程技术中心. 1997. 中国城市交通发展战略. 李晓江, 等译. 北京: 中国建筑工业出版社.

Ahmad R, Hossain M. 1990. Development Impacts of Rural infrastructure in Bangladesh, Research Report 83. Washington, D. C. : International Food Policy Research Institute.

Antle J M. 1983. Infrastructure and aggregate agriculture productivity: international evidence. Economic Development and Cultural Change, 31 (3): 609-619.

Banister D, Berechman J. 2002. Transport Investment and Economic Development. London: UCL Press.

Banister D, Berechman Y. 2001. Transport investment and the promotion of economic growth. Transport Geography, 9 (2): 209-218.

Becky P Y. 1999. Development of a regional transport infrastructure: some lessons from the Zhujiang Delta, Guangdong, China. Journal of Transport Geography, 7: 43-63.

Canning D, Fay M. 1993a. The Effect of Infrastructure Networks on Economic Growth. New York: Columbia University, Department of economics, January.

Canning D, Fay M. 1993b. The Effect of Transportation Networks on Economic Growth. New York: Columbia University Discussion Paper Series, May.

Duffy-Deno, Kevin T, Randall W. Eberts. 1993. Public Infrastructure and Regional Economic Development: A Stimulation Equation's Approach. Journal of Urban Economics, Forthcoming.

Eberts R W. 1986. Estimating the contribution of Urban public infrastructure to regional growth. Working Paper. 8610. Cleveland: Federal Reserve Bank of Cleveland.

Gabriel D V. 1996. Cities and highway networks in Europe. Journal of Transport Geography, 4 (2): 107-121.

Hansen W G. 1959. How accessibility shapes land-use. Journal of the American Institute of Planners, 25 (1): 73-76.

Jin F J. 2001. Regional container transportation system for Northeast Asia Economic cooperation in the 21st century. The Journal of Chinese Geography, 10 (4): 352-359.

Kessides C. 1995. The Contributions of infrastructure to economic development : a review of experience and policy impications. 213. World Bank Discussion Papers.

Mody A, Reinfeld W. 1995. Advanced Infrastructure For Time Management: The Competitive Edge in East Asia. The World Bank Report.

Munnell A H. 1992. Policy Watch: Infrastructure Investment and Economic Growth. Journal of Economic Perspectives, 6 (4): 189-198.

Taaffe E J, Howard L, et al. 1996. Geography of Transportation. Second Edition. New Jersey: Prentice Hall.

Taaffe E J. 1963. Geography of Transportation. New Jersey: Prentice Hall.

基础设施与经济社会空间组织

第四章

基础设施与功效空间

　　构建功效空间和功效空间体系是人类对地表空间实施开发和进行经济社会空间组织的基本内容之一。基础设施是各类功效空间具备功能属性和发挥期望效力的重要支撑，也是各类功效空间彼此间相互依存、联系与作用并形成级序有致网络体系的重要纽带，更是各类功效空间具备生产资料、消费对象、政治工具和社会管理等功能和效力的基本保障。以现代交通、能源与信息为代表的现代基础设施技术出现以来，基础设施就深刻地影响着人类的经济社会行为和空间行为，在建构"功效空间"方面发挥着越来越重要的作用。基础设施的不断发展引致的是"集聚"和"扩散"两种力量。集聚的力量导致了城市的增长、城市连绵区的形成、人口与产业的集中等，形成了一系列效力不同的功效空间，扩散的力量导致了全球化、空间相互作用、经济社会活动空间分异等一系列现象，促进了空间网络模式的形成与发展。本章重点从理论层面阐述基础设施与功效空间建构的关系，以及其在地表空间范围内形成功效空间体系、空间级联系统、轴－辐空间组织模式中的作用。

第一节　基础设施与功效空间构建

一、功效空间基本范畴与内涵

（一）功效空间

　　功效空间是指经济社会活动规模适度、结构稳定有序、要素比例适当、物质实体布局疏密有致、符合自然和社会发展规律的有特定界限的地表（地域）空间，即有明显效力特征的符合"文明准则"的"空间"。理想的功效空间以土地高效集约利用、经济系统实现最佳产出、社会和谐发展、环境健康稳定为目标；相互交织的利益系统如要素配置系统、社会运行系统、经济生产系统等，以及一系列相互作用关系如人地关系、空间关联关系、要素与系统的协调关系、管制关系等，形成有序的空间秩序；实现经济、文化和环境的持续增益。

功效空间的确立和演进，既是国家意志作用的结果，也是经济社会发展规律作用的结果。现实的功效空间不是与生俱来的，它是在历史进程中逐渐被生产和构造出来的。工业革命导致了物质、能量和信息输送技术的变革，人造机械动力取代了人力、畜力和自然动力，开启了以机械力为主的运输时代，改变了经济社会活动的时空关系。基本标志是铁路、公路、信息、能源等设施在地表上的建设与拓展，使人类进入了结网发展时代，也为构建以人类利益为主体的功效空间提供了支撑。所以，工业革命以来人类的经济社会活动强烈地主导了现代地表空间过程的演化，形成了以城市为代表的功效空间，这些功效空间在地球表面的反复出现，并在数量上的不断增加，塑造了丰富多彩但有序的人文地理景观。

功能区域是功效空间的基础，功效空间可以是不同功能区域的集合或多重功能叠加组合的空间，但效力是其必不可少的标志。例如，生产、生态和生活功能区组合在一起可以形成新的功能区域，但加入经济、文化和环境的产出或作用效力就会形成一种功效空间。一般情况下，基于各种目的而划分的特定功能属性的区域可以认为是功效空间的一种非效力约束的功效空间。

（二）功效空间的类型

从物质空间构建的角度看，功效空间的尺度可以从刚性尺度和弹性尺度进行理解，刚性的功效空间如房屋、建筑物等，弹性的空间尺度即所描述的对象不能用严格意义上的物理指标来度量，只能依据具体的需求而定，如城市，无法用空间规模或空间距离来严格标定。一般而言，功效空间主要包括下列九个层次：①以家庭为单位的供居住的建筑物单元，可以认为是功效空间的最基本单元。因为它能够满足个人单体的基本需求与保障，并具有明确的功能和效力。②具有某种特定功能的建筑物，如居民居住的楼房、办公楼等建筑单体或群体。③具有一定综合功能的社区或小区。④具有明确界限和景观特征的城市。城市是一类最典型的功效空间，集生产、生活和生态功能于此空间中，承载着经济社会的各种活动，存在着各类关系与作用，在人口承载、经济产出等方面具有明显的效力标志，同时具有显著的空间边界和形态。⑤体现政治经济目的的市域或由城市与腹地构成的经济社会空间。城市及其所影响的区域（腹地）构成的城市区域（city-region）是人类活动所塑造的景观形态、功能格局和级联秩序的主要空间，同样也具有明显的效力特征。⑥城市化区域。由多个城市组成但彼此紧密联系的地域空间，如城市群、都市圈、大都市经济区、城市连绵区等，从功效角度看其具有独特的功能和效力，主要体现在人口与经济集聚等方面，具有显著的影响力。⑦国家。从政治、经济、社会、文化等方面考察，均具有独特的功能和效力。⑧国家间的经济、政治和军事组成的地区联盟团体。从网络角度看，是一类具有明确功利的功效网络。⑨全球。地球是一个盖娅系统，从宇宙空间看，是一个具有自然和社会综合特征的功效系统。

在上述典型的功效空间类型中，城市和城市区域是进行空间组织的最基本的两类功效空间，前者可在中观和微观空间尺度进行组织，后者可在中观和宏观空间尺度进行建构。人类在利用和改造自然的过程中，上述两类功效空间所形成的模式在地表空间范畴内可以"复制"，已经成为人类活动的基本空间范式，这一范式所产生的形态，是镶嵌在地球盖娅女神外衣上的"经络"和"花朵"，织就了美丽的大地彩衣，形成了丰富多彩、分形有致的地表景观。

（三）功效空间整体性与作用

每一个功效空间都是一个拥有某种内部组织和一定尺度的自调节整体，并作为一个整体被利用并生产剩余价值。整体的创造，更高层次的组织整体，以及一般地作为存在的整体性，是宇宙的一种内在性质——各种等级的整体是自然的真实单元，功效空间是这种真实单元的具体体现。功效空间是由社会关系和物质的社会实践构成的，完整的功效空间建构是自然属性和社会属性的统一。从人与自然关系的哲学层面看，社会意义上的功效空间应当具备生产资料、消费对象、政治工具和社会管理等功效（Lefebre，1979）。城市、都市空间不仅仅是消费的场所，更是人类繁衍和文明延续的生产场所，这是空间的功能。城市、区域、国家或大陆的空间配置可增进生产力，利用空间就如同利用机器一样，所以功效空间是人类"生产活动"的"生产资料"，其"价值"可以认为是功效空间的效力。从社会学角度看，国家通过确立和利用一系列功效空间确保对国土或地方的控制，即"空间是任何权力运作的基础（福柯，2001）。科学的功效空间体系构建是保证一个国家国土持续性地向国民提供福利的基础，也是维护国家持续稳定存在的"空间工具"。

二、功效空间基本要素的确立

（一）功效空间的属性

自然属性、社会属性和二者的有机统一是功效空间的基本属性，基础设施在其中主要发挥三方面的作用。一是强化或改变功效空间的自然属性，例如，城市基础设施的建设改变了其所在区位或地点的下垫面性质，从而也就在一定程度上改变了此空间的自然属性，成为一种人造自然空间；再如，城市基础设施体系的建设，具有提高承载能力和生产力的功能，从而也就在一定程度上具有强化此功效空间效力的作用，等等。二是基础设施是功效空间社会属性构建和实现的最基础部分，任何功效空间所具备的经济功能、文化功能、政治功能、军事功能等，都与相应的基础设施或基础设施体系有密切关系。无论是微观尺度的功效空间，还是宏观尺度的功效空间，其社会属性的确立首先取决于基础设施的类型选择和建设水平。三是基础设施是促进功效空间自然属性与社会属性有机结合的纽带，这一点非常重要。从可持续发展角度看，基础设施必须发挥促进自然和社会和谐的作用，否则就会导致不可持续。由基础设施确定的功效空间属性是该空间释放空间福利的基础，也是促进其经济、文化与环境持续增益的基本保障。

（二）功效空间的边界

无论是有明确物质形态的功效空间，还是非物质形态的虚拟功效网络，其空间范畴和空间形态的刻画，都离不开基础设施这一核心要素或指标。从物质空间构建角度看，基础设施是标定相关功效空间规模、形态边界的主要指标或因素。一系列固相基础设施的布局和构建，决定着微观功效空间的大小，使其在形态上形成明显的边界界限。从地球尺度看，基础设施的分布特征决定了人类活动在地表空间上的分形分维状态，客观上也就决定了特定景观形态，如城市、城市化地区、国家的空间边界。从系统论角度看，基础设施是维持功效空间整体性存在并标定其边界的关键要素。无论是一个完整的城市空间，还是一个建筑实体，或是一个虚拟的网络空间，使其呈现并保持整体性存在的基本构件是基础设施或基础设施体系。

基础设施既是功效空间界限的约束条件，也是其界限扩展的基本条件。任何功效空间的扩展以及新的形态边界的确定，都离不开基础设施的支撑。从城市发展角度看，基础设施延伸的空间范畴一定程度上也是城市空间的影响范围，即基础设施既是城市刚性边界确定的基本要素，也是其弹性空间划定的依托因素。从空间相互作用的角度看，基础设施也是不同功效空间划定相互作用界限的依据。

（三）功效空间的要素配置

功效空间的内部结构决定于基础设施的基本框架。所以，功效空间内部要素的配置一定程度上决定于基础设施的网络结构和其所创造的"适合"的空间位置。第一，基础设施通过改变土地、资源的使用价值来改变或影响自然要素的配置方式和效率。不可移动要素的配置主要是通过改变其属性和功能来实现的，而可移动要素主要是通过空间移动来实现的。第二，基础设施通过改变要素间的作用关系来影响功效空间内部要素配置的模式和方式。第三，基础设施在某一功效空间中不断发展和完善，会创造出一种空间势能，这一势能推动功效空间内部各类活动系统向空间平衡状态演化，这一过程会导致要素配置的不断变化。

三、功效空间基本效力的发挥

（一）功效空间效力的强度

所谓功效空间的效力是指其能持续满足某种人类活动的能力程度，其大小或强弱与基础设施的能力、技术水平有直接关系。一般情况下，功效空间的效力强度与基础设施的支撑能力或服务能力呈正相关关系，一个完善的基础设施支撑体系会使相应的功效空间具有比较大的效力强度，具体的表现形式可以是经济的产出规模、物流的总量、能量的需求或供给量、信息的流量、各种因素集成的竞争力或影响力等。首先，基础设施决定着功效空间整体的效力强度。以城市为例，一个城市基础设施体系的整体服务能力的高低，也就决定了城市作为人类活动的整体空间所提供的各种能力的强度，包括容纳人口的数量、经济产出的规模、对生态环境作用的大小、空间影响的远近等。其次，各种基础设施间的匹配能力直接影响功效空间效力的强度。相互协调的基础设施一般能创造出较大的效力强度。最后，单一基础设施能力的高低决定着功效空间相关效力的强弱。如拥有大型基础设施的区位或地点，一般具有较强的势能，从而也就决定了其相应功效空间的效力强度。

（二）功效空间效力的方向

基础设施布局与服务提供的空间指向是功效空间效力释放的窗口和方向。由于基础设施布局在空间上表现为非均衡特征，且有明确的空间指向，所以，这也就决定了功效空间效力方向的差异。基础设施的平面布局存在明确的空间方向，由此也就决定了功效空间效力的发挥或释放的方向，包括内部和外部的效力方向。如基础设施廊道的建设，一定程度上决定了其所构筑的功效空间效力的分布格局，转化成经济内容就是经济活动的空间方向和不均衡性。基础设施的立体构建，尤其是建筑物中基础设施的布置，也就决定了相关部分的效力和效力方向。以城市空间为例，影响效力方向差异的交通基础设施主要是干线道路如地铁、轻轨、快速干道等的布局，枢纽的设置等。

（三）功效空间效力的质量

基础设施是功效空间效力质量高低的决定性因素。这是因为，基础设施是功效空间形成的基础，也是其内部发展动力增长的基本保障。功效空间效力的质量包括经济发展质量、社会发展质量、文化质量、环境质量等。缺乏基础设施保障的功效空间，其经济发展质量肯定是不高的，缺乏文化底蕴的基础设施，其所反映的功效空间的文化质量或水准一般也是不高的；缺乏环境基础设施保障的功效空间，其环境质量和环境的可持续性是无法保证的。一般而言，功效空间的效力质量与基础设施的支撑能力、服务水平和技术水平呈正相关关系。从历史发展的角度看，在现代化基础设施支撑下的功效空间，其效力的质量与以往的历史时期比较是非常高的，主要体现在产出、安全、健康和可持续性等方面。

（四）功效空间效力的可持续性

从人类自身视角出发，空间既是一个生产要素也是一个生存要素，既是发展的目的也是发展的手段。上述二者的统一是人类的福祉，因为通过科学的空间组织构建的功效空间是人类文明成果的主要表现形式之一，是人类繁衍生息的基础。其关键在于功效空间效力的可持续性。科学的空间组织可以创造更高的效率，使功效空间保持持续的发展活力（金凤君，2007）。

基础设施是功效空间效力可持续长短的一个关键因素。一般而言，以物质形态表现的基础设施，都有一定的生命周期，这一周期直接影响着功效空间效力的可持续性。从微观层面看，构成建筑物或社区基本部分的基础设施都具有一定的使用寿命和时间衰减特征，相应地也就决定了功效空间效力随时间而变化的一般特征。从历史文明进化的角度看，人类文明进步的大变化，如技术的飞跃，会导致新的基础设施形式的出现，进而取代老的基础设施或使其作用减弱或丧失，这就会导致相应功效空间效力的可持续性发生重大变化。目前我们处在工业时代向信息时代转变的关键历史节点上，支撑我们发展的基础设施也在迅速变化之中，依据工业文明建立的基础设施，其效力的可持续性正在面临严峻的挑战，以此为基础建立的功效空间的效力也正面临着相应的调整压力。

第二节　空间级联系统与功效空间体系

一、空间级联系统的基本内涵

（一）空间级联系统

空间级联系统是指各要素或各类功效空间在相互联系与作用过程中逐步形成的以效力或功能作用维系的趋于平衡稳定态的空间系统。所谓级是指系统内部各要素或单元由于规模大小、功能强弱、效力高低所体现的差别层次序列；联是指联系，是各要素或单元相互依存与作用所形成的某种关系。在形态上空间级联系统所形成的是一个空间级序关系网络，在这个级序网络中，存在两种明显的标志，一类是以物质形式体现的一系列要素或单元、并在物理形态上存在大小等规模差异、彼此连接的景观形态；另一类是以作用力强弱体现的维系物质空间或要素彼此依存或约束的能量、物质和信息交换关系。前者是形成空间级联系统实体形态的基础，后者是促进空间级联系统相应秩序形成的主要动力。

空间级联系统既是地表空间形态和景观自组织的结果，也是人类社会建构生存空间的他组织结果。从地球表层系统演变看，人是推动自然界景观演变的一个重要驱动因素，人类的一切活动可以认为是地球表层变化的一个显著作用力，这个作用力具有方向和趋优特征，具有偶然性也有必然性，具有空间作用强弱的衰减特征，这就导致了空间景观的有序性和必然性，以及系统存在的空间边界；但也存在景观形态、规模和特征方面的偶然性。从社会系统看，人类活动作用于地表空间具有明确的目的性——建构人与环境统一的生存系统或生存空间。所以，以物质景观形态和作用强弱体现的人类构建的空间级联系统又具有明显的他组织特征，是人类按照利己的原则建构和构建的。

空间级联系统是一个动态变化的系统，是一个有层级关系并不断追求均衡又不断打破均衡的动态系统。层级的存在是由要素或功效空间的效力不同所导致的，是在彼此联系与作用的过程中体现的。由于维持要素间或功效空间之间的能量、物质强弱的不断变化，此消彼长，空间级联系统总是处于动态变化过程中。如果某一介入力量足够强大，作用时间足够长久，会导致系统结构的变化或突变。例如，在全球贸易体系中，每个国家可以被认为是一个功效空间，贸易量是维系彼此关系的效力指标，那么，中国贸易规模的快速增长导致了近30年来世界贸易系统空间结构的巨大变化。图4-1反映了过去100年全球贸易网络的格局变化。从中可以看出，世界贸易格局发生了巨大变化，包括贸易中心的变化和贸易网络的变化，传统的世界经济中心正在受到新的冲击。进入21世纪以来，以美国、欧盟和中国（东北亚）为核心的空间级联系统正在形成过程中，改变了第二次世界大战以后形成的基本格局。这种经济贸易格局的变化是否预示着世界经济、政治格局或结构的重构？动力有多强大？机制是什么？上述的问题还没有明确的结论，还需要进行进一步观察。

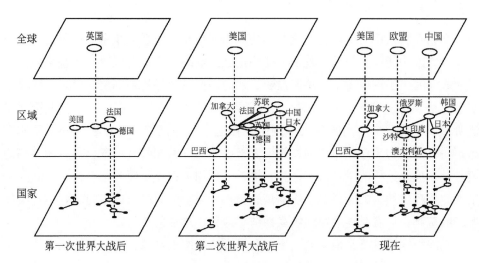

图4-1　世界贸易网络的演变特征

（二）空间级联系统的类型

　　空间级联系统体现在各类经济社会的空间活动中。①城镇体系。一个国家的城镇体系一般是一个相对独立的空间级联系统或级序网络。作为功效空间，不同等级的城镇发挥着不同的空间效力，而这种效力既来自于自身的动力，也决定于系统整体的作用。所以，一个城市的成长受多种作用力的影响，地方发展的主观愿望仅仅是城市成长的一个因素。②基于某种目的或需求建立的空间侍服网络。例如，各类运输服务组织网络（金凤君，2003；金凤君，王成金，2005）、物流配送网络（王成金，2008）、金融服务网络，也是典型的空间级联系统。③基础设施网络。连接各个空间节点和功效空间的基础设施网络也是一种典型的空间级联系统。④由物质、能量、信息交流所形成的空间作用网络也是一种典型的空间级联系统。⑤传达某种意志力的空间管理网络。例如，社会治安、消防安全管理网络，社会行政管理网络等，也是空间级联系统。

（三）空间级联系统与功效空间

从系统论角度看，空间级联系统是功效空间形成与发挥功能及效力的系统环境，而功效空间是空间级联系统的基本组成单元。如果将功效空间视为有明确物质形态和边界的物质实体，则空间级联系统就是由一系列上述物质实体和彼此间的依存关系所构成的空间系统。如果将空间级联系统视为一个空间级序网络，则功效空间就是空间级联系统的核心要素与节点，而后者则是包含其间的功效空间发展的环境。所以，空间级联系统是决定相关功效空间发展的基础环境，任何功效空间都不是独立建构与发展的，都是受相应系统环境和系统功能左右的。如果将功效空间视为宏观空间级联系统中的要素，其发展和稳定性受三方面的影响：上一个较高层次包含的基本部分或单元，同一层面中的相关要素或单元，下一个较低层次上的组分要素或单元。

空间级联系统可以是由各种要素或经济社会活动所形成的空间级序网络或系统，则功效空间就是上述要素或活动的载体或源汇。从这一视角出发，功效空间可以认为是要素或经济社会活动的具体空间体现。

（四）空间级联秩序与功效空间体系

所谓级联秩序是指空间级联系统各个组成部分在发展和演变过程中，不断搭配和排序，形成的一种有规则的结构层次和关联形式。空间级联系统是一个复杂系统，某种程度上是一个复杂巨系统，各个组成单元或要素在相互作用中形成的级联秩序包括数量规则秩序，时间演进秩序、逻辑演绎秩序和空间关联秩序，相对应的表现形式是数量结构、时序结构、逻辑结构和空间结构。级联秩序是空间级联系统的基本特质，维持着系统的空间整体性、时间延续性和逻辑完整性，维系着系统整体的要素与环境的统一。级序网络是级联秩序的形态学表征，是经济社会活动的空间结构与形态、功能与联系的具体体现。

在此种秩序中，功效空间呈现一种有规则的配置和排序。这种规则体现在三方面：一是关联排列的层级规则；二是时间演替的规则；三是作用强弱的规则。从数量规则秩序看，功效空间按照其效力的大小呈从少到多的数量层级排列，即效力大的功效空间数量少，而效力弱的功效空间数量多，即多是"金字塔"结构。在这一秩序中，层级间的联系通过"枢纽"功效空间来实现，即上一层级具有控制力的功效空间控制一定数量的下一层级的功效空间，并成为他们联系其他功效空间的枢纽。在功效空间体系中，枢纽空间是至关重要的，它决定着彼此的关系、空间级联系统的特质、各个组成单元间的作用强度和单元的形态特征。

图 4-2 是信息化时代空间经济组织模式的基本范式，具有明显的层级性，以及数量规则秩序、逻辑演绎秩序和空间关联秩序（金凤君，2006）。

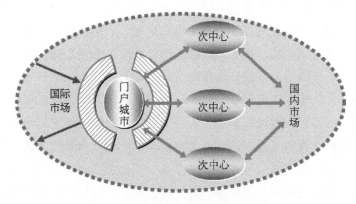

图 4-2　信息化时代空间经济组织模式

二、空间级联系统的结构与秩序

（一）空间级联系统的结构

基础设施本身就是一种空间级联系统，其通过设施网络、路径网络和组织网络将经济社会活动映射到一定的地域空间中，形成各种活动集聚的实体物质空间以及能量、物质和信息流动的网络，决定了相应空间级联系统的结构和形态。具体而言，基础设施在空间级联系统结构形成与演化过程中所起的作用体现在下列几方面：第一，影响着空间级联系统的结构形态。无论是物质形式体现的实体结构，还是以关联作用关系体现的虚拟结构或逻辑结构，都受基础设施网络和组织模式的影响。第二，影响空间级联系统的结构层次，包括空间层次与序列层次。空间结构是构成系统的各个要素或单元在空间关系方面所表现出来的关联形式。基础设施无疑是这种关联形式的重要载体和组成部分。第三，影响空间级联系统逻辑抽象结构的表达。第四，影响空间级联系统结构的复杂性，如交通运输网络（航空、轨道交通、公交网络）、贸易网络、企业网络、城市网络（世界城市网络）、电力线路等网络的复杂性，并对空间的组织效率或效应产生重大影响。

（二）空间级联系统的整体性

基础设施是构成空间级联系统整体性的重要因素。所谓整体是一个系统中各部分的有机之整（颜泽贤等，2006），即要素或各个单元是以一种相互依存与制约的特定规则存在的，彼此相互联系、相互制约和相互渗透，共同决定着系统的某个功能或效力，形成一个不可分割的、有机的、具有层次性、突变性、自组织性的统一体，而不是要素的简单堆砌或各部分的简单铰合。无论是城市，还是城市化地区，或是国家，都是以某一整体形式存在的空间级联系统，基础设施是维系这些系统整体性的一个最主要方面。基础设施在维系空间级联系统整体性上的作用体现在下列几方面：第一，连接作用。基础设施是将空间级联系统中要素或单元连接起来的物质表象，直接决定着系统物质形态的整体性和整体特征。第二，联系作用。联系是维系系统整体性的逻辑抽象。基础设施是系统内部各要素、单元和活动的载体，具体体现在能量、物质和信息的交流与传递，这些现象抽象为联系网络，也是反映系统整体性的主要方面。第三，势能环境效用。势能是维系系统整体性的环境景象；系统中要素和单元的势能通过基础设施扩散开来，形成一种整体性的环境，维系着内部的相似性、紧密性以及与外部的差异性，并在理论或现实中具有可标定的边界。

（三）空间级联系统的边界

基础设施是空间级联系统刚性边界和柔性边界标定的主要决定因素。边界是系统的基本属性之一，开放系统或封闭系统都是相对于实体边界或虚拟边界而言的。空间级联系统的边界是客观存在的，一类是实体客观可见的，另一类是基于认识或感知基础上标定的。前者如城市的景观边界，作为空间划分的河流，陆地与海洋的分界线，陆地景观变化的地带等；后者如行政管理界限、城市的影响边界、经济活动的市场界限等。基础设施所提供的连接、联系和环境势能在地表空间中的分异所形成的空间界限，一般就是该系统作为整体性的边界。

从系统研究的角度看，国家边界是空间级联系统的刚性边界，一系列空间景观的构建或重复出现，一定程度上都受国家刚性边界的影响。从人地作用关系角度看，城市作为一个系统，其既有刚性的边界，也存在弹性的边界，两者都与基础设施有关。而都市圈或城市群作为一个空间系统，其边界多是弹性的，基础设施在其边界确定中仅发挥一定的作用。

（四）空间级联系统层级与秩序

空间级联系统具有等级结构特征，既反映在空间功能单元的层级特征方面，也反映在要素层级特征方面。一个空间级联系统可以分解为低一级相对独立的功能单元或要素组分，从相互依存与作用理论方面看，低层次组分的相互作用产生高层次上的行为；而高层次的组分对低层次的组分施以限制作用，如城市的经济社会活动反映所在的城市群的基本特征，而城市群的总体发展规律又影响相关个体城市的行为。在这一过程中，功能单元和要素逐渐产生一种稳定的层级，形成一系列符合相应规则的景观秩序和关联秩序。

在空间级联系统层级结构形成过程中，基础设施发挥着非常重要的作用。第一，基础设施是层级结构形成与演化的基础支撑网络。基础设施网络的不断扩展将人类活动的各类空间联系起来，形成统一的网络，发挥扩展空间、共享资源和优化生存环境三大功能。所以，基础设施是空间级联系统形成层级结构的物质基础支撑。第二，基础设施是引致层级结构的主要驱动力。现代交通与信息技术出现以来，基础设施就深刻地影响着人类的经济社会行为和空间行为。从"空间"这一视角看，其引致的是"集聚"和"扩散"两种力量，克服的是自然距离和人类意识中"拘囿型空间观念"两种障碍。集聚的力量导致了城市的增长、城市连绵区的形成、人口与产业的集中等；扩散的力量导致了全球化、空间相互作用、经济社会活动空间分异等一系列现象，使得各类功效空间内人－自然复合系统中要素、结构发生了一系列变革。这些作用，导致了要素和功能单元层级结构的形成与演化。

基础设施在空间级联系统秩序形成中发挥两方面的作用：第一，引致要素或功能单元自然秩序的形成，这源于基础设施提供的集聚、扩散的动力和环境是一种客观存在，其在地表空间上的分布和作用方向有其自身的规律和特征，长久作用的结果就会促进一种自然秩序的形成，如同生态系统的内部结构秩序一样，但其只是反映人类社会的基本空间规律。第二，基础设施是空间建构秩序实施的前提。人类的意志作用于自然，首先是在空间上进行构想或设计，并使其产生期望的秩序，这一目的的实现必须建立在相关基础设施网络体系之上。

三、空间级联系统的经济社会意义

（一）经济社会活动的整体性与依存性

空间级联系统的存在，对人类活动的指导意义是空间的整体性法则，就是任何经济社会活动都必须受到其所在空间内其他活动和条件的约束，同时也影响整个空间的状态和组分间的关系。这种整体性法则所体现的是，每个要素或活动都是其他要素或活动的利益攸关者，而不仅仅是互为发展的工具。换句话说，也就是在一个空间级联系统中，任何一个行动都必须以其所处系统的整体性为依据，都必须考虑其他要素或组分的参与。尤其是以人类价值彰显的经济社会活动，必须从整体性出发来建构和设计，否则将导致系统的失衡或不可持续。在信息化快速发展的今天，地表的所有活动，包括自然活动和人类经济社会活动，相互作用比以往任何时期都密切，并且在空间上形成了一系列有机联系的整体。所以，空间级联系统是随着信息化的发展而形成的一种经济社会活动的空间组织现象。

在整体性法则下，空间级联系统对人类经济社会活动影响的另一方面是彼此依存性的增强。这主要体现在三方面：一是要素间的相互依存。尤其是某一要素功能的存在或效力的实现，越来越依靠其他要素的支撑或作为媒介。二是不同利益系统间的依存和相互影响越来越强烈。无论是经济系统，还是社会系统，或是基础设施体系，其健康发展已经离不开彼此的良性互动与关联关系。三是功效空间的相互依存。无论是社区，还是城市，或是国家，其健康发展已经不是自身可决定的事件，往往要依靠其他功效空间的支持。

（二）经济社会活动的效力优先性

空间级联系统的形成与发展促进了经济社会活动效力优先法则的产生，即空间级联系统中要素或单元关系的确定是以各自的活动效力为前提的，只有具有一定的效力，才能具备相应的地位、功能和势能，最终确立在系统中的位势与位序。这是因为，任何一个活动或行为，都是以追求自身最大利益为准则的，而其实现的前提是具有相应的效力。所以，在空间级联系统中，要素或单元要获得相应的地位、功能并保持一定的空间势能，首先以追求自身的最佳效力为目标，根据环境条件不断调整彼此的关系，形成相应的位势和势能，最终导致空间级联系统边界和稳定结构的确立。这一法则的存在，使我们在进行经济社会空间组织时，必须充分考虑要素与单元可能提供或具备的效力。

经济社会活动的效力主要体现在下列几方面：一是企业通过产出效率所反映的在空间组织中的影响力和控制力，是其优势和势能的具体体现；二是在社会管理中不同区域赋予不同管制职能所产生的空间控制与约束能力；三是由于在系统中所处的自然区位或经济区位差异所产生的位势势能。

一个健康的空间级联系统所体现的是空间的"集约利用"、最佳的"经济产出"、协调的"社会关系"和可持续的"环境承载力"，形成的是"文明的社会"和"优良的生活质量"。所以，仅追求经济目标的空间组织往往是非优的。

（三）经济社会活动空间的功能与秩序

空间级联系统的形成与发展还促进了经济社会活动空间级序法则的产生。这一点是显而易见的，大到全球的贸易网络及其所引发的全球运输系统，小到企业的内部组织，都存在与之相对应的空间级序，无论是物质形态方面的还是作用关系方面的，都是如此。这种空间级序，是要素或单元相互作用与分工的结果。在一个有机联系的空间系统中，要素或单元间的紧密联系与彼此依存是系统得以存在与发展的基础，而联系与依存源于分工所产生的彼此需求。分工促进了联系，而联系又进一步促进了分工。所以，空间级联系统是上述二者辩证作用的结果。空间级联系统促进了下列经济社会空间级序的发展：一是空间景观起伏变化的层次秩序；二是功能作用的空间秩序；三是空间关联秩序。

（四）经济社会活动的空间功效均衡

空间均衡是空间级联系统引导经济社会活动演变的另一法则。此消彼长，不断演化是空间经济社会活动的基本规律，但不断达到空间均衡又是空间经济活动的基本法则，空间级联系统既是推动空间均衡的基本方式，也是空间均衡的结果。空间级联系统在促进经济社会活动空间均衡中主要体现在内部均衡和外部均衡两方面。当一个成熟的空间级联系统形成时，其内部的要素和单元间的空间均衡也就确定了；当诸多层级的空间系统形成并达到成熟时，空间级联系统的外部空间均衡也就形成了，这主要决定于系统间的作用和关联关系。

第三节　网络经济与轴－辐空间组织模式

一、轴－辐空间组织模式的形态与特征

（一）轴－辐空间组织模式

轴－辐空间组织模式（hub-and-spoke system）是指在空间级联系统中，诸多要素或单元在各自效力的作用下某一单元逐渐成为枢纽轴心并与其所作用的节点间通过联系形成的"轮式"抽象空间关联模式。该模式之所以称为轴－辐空间组织模式，是因为枢纽和节点间形成的关联关系类似"自行车轮子"的形态特征。"轴"是轴心，或枢纽，是处于核心地位的要素或单元，其作用是发挥中枢

控制作用;"辐"是指辐网,即枢纽与节点间形成的联系,其确定一般遵循重要性优先原则,即最重要的联系构成枢纽与节点间关联的标志(金凤君,2001)。轴-辐结构是空间级联系统的基本结构之一,其基本模式如图4-3所示。

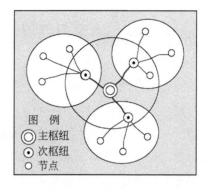

图4-3 轴-辐空间组织模式的基本范式

轴-辐空间组织模式的形成与发展是基础设施体系发展的结果。基础设施空间网络化引起以其为支撑的公共服务系统的不断完善,导致空间与时间关系的转变,大大促进了网络经济的发展。但其在发展过程中,要素与单元不断调整各自的定位与作用关系,逐渐形成层级明确、作用差异显著的空间关联模式,其中有些单元上升为控制系统或子系统的枢纽,有些则演变为附属节点,并通过重要联系确定彼此的关系,由此轴-辐空间组织模式也就产生了。例如,基础设施网络的不断扩展,引起生产规模、成本与效益三者的相互关系的转变,促进了城市覆盖的地域范围越来越广,中心城市的腹地也越来越大,使其发展成为区域经济社会系统的中枢,其中某些城市成为更高一级的枢纽。而相应的,其影响范围内的城镇就成为附属节点,并通过物质、能量和信息交流建立密切的依存关系。

(二) 轴-辐空间组织模式的基本特征

轴-辐空间组织模式是人类进行经济社会空间组织的基本模式,尤其是在信息化不断发展的今天,这一模式存在于经济社会活动的各个领域中。无论是依据理论抽象的逻辑结构,还是现实中可感知的空间关联景象,轴-辐空间组织模式存在下列特征:第一,核心边缘式的形态特征,表征结构是典型的"车轮结构"。第二,轴心即枢纽的层级结构特征显著。即在一个或多个轴-辐空间组织模式存在的空间级联系统中,纵向方面存在高级枢纽控制低级枢纽的级控属性,并存在层级传递功能;横向方面存在一定数量的同级别枢纽,且彼此间存在密切的联系,即存在相互影响特性。第三,枢纽(轴心)与节点间存在的联系一般是以此节点为源汇的所有联系中最重要的,即枢纽是节点的首位控制中心或最大影响者。重要性的衡量一般以构成联系的各种"空间流"的大小和强弱为评价标准并根据具体情景设定阈值。

(三) 枢纽的形成与作用

在轴－辐空间组织模式中，枢纽即轴心是此模式的核心。枢纽的形成决定于其在空间级联系统中所处的区位、所具有的活动强度和与其他节点的互补状态。在一个彼此关联的空间级联系统中，由于基础设施等提供的服务能力在空间上是非均衡的，由此导致了要素或单元区位势能的差异；拥有较强势能的区位一般具有发展成为枢纽的潜力，其所控制的空间也就具有发展成为强势功效空间的条件。单元的经济社会活动强度也是决定枢纽（轴心）形成的关键条件。从空间相互作用的基本机理看，某一单元的经济社会活动强度越大，其所具有的空间势能就越大，影响的范围也越广，影响的区域或节点也越多，成为枢纽的可能性也就越大。枢纽形成的另一个因素是系统内各单元的互补性，只有存在互补才能使有条件的节点成为枢纽并控制相关的节点。

枢纽的突出作用是决定轴－辐空间组织模式的稳定性和空间范围。拥有强大势能的枢纽一般会控制比较大的空间范围，势能小的枢纽控制的空间比较小。在空间经济发展中，枢纽以及枢纽空间是非常重要的，成为枢纽空间对确立其在区域、国家和全球经济系统中的地位是至关重要的。在现实经济发展中，谋划成为世界城市、核心国家的战略或行动就是确定空间级联系统中枢纽空间的具体体现。另一方面，在进行空间组织的过程中，枢纽空间关系确定了，其他的关系也就确定了。

从形成过程看，轴－辐空间组织模式大概经历了四个阶段。第一阶段是线状网络结构及枢纽孕育阶段。枢纽与节点间的联系比较简单，彼此的层级结构不明显，结构的稳定性也比较差，枢纽的地位低，且作用单一。第二阶段是树状网络结构及枢纽发育阶段。节点间的关系趋于复杂，相互联系与影响的程度大大加强，枢纽的作用开始逐步显现，功能趋于多元化。第三阶段是网状网络结构及枢纽形成阶段。这一阶段可以认为是网络最纷繁复杂的阶段，节点间的相互作用复杂多样，网络结构虽然有层级，但由于多枢纽的出现还没有达到稳定的阶段，"混沌"和"无序"是网络形态的基本特征。在此阶段层级结构和轴－辐空间组织模式已经出现，开始主导网络的优化。第四阶段是轴－辐空间组织模式成熟阶段。随着网络的发展，在追求最佳效力和系统稳定性的目标下，将复杂网络进行简单化控制是主要方向，枢纽的层级及其控制力开始发挥主导作用，主要联系成为网络的主体结构（图4-4）。

基础设施与经济社会空间组织

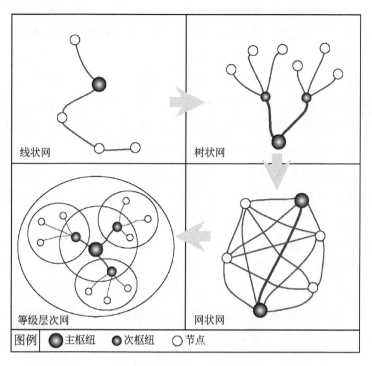

线状网　　　树状网

等级层次网　　　网状网

图例　● 主枢纽　● 次枢纽　○ 节点

图4-4　轴－辐空间组织模式形成的四个阶段

二、轴－辐空间组织模式的功效机制

（一）轴－辐空间组织模式产生的动力机制

复杂系统的简单化相控是轴－辐空间组织模式产生的主要原因。这里的"相"是指要素或关系的一种分形分维状态或结构。从事物的发展规律看，任何一个巨系统，无论是自然事物形成的巨系统，还是人类活动形成的巨系统，虽然系统内的要素关系纷繁复杂，但其正常运转却是通过简单的相控来实现的，即主要矛盾或关系决定着一个复杂巨系统的发展和演变；同时，由于要素间存在的依存关系和自适应属性，系统会随着主要关系或结构的确定胁迫或诱使其他次要关系进行被动或主动适应性调整。这就为轴－辐空间组织模式的产生提供了理论基础，因为其正是依据主要关系产生的一种空间层级组织模式。众所周知，在现实世界中，无论是一个国家或是全球，其经济社会系统越来越复杂；相应地，各类功效空间之间的关系也变得纷繁复杂，各种利益系统相互交织形成了复杂的空间巨系统。维持这一巨系统正常运转的动力来自于所有要素或单元的贡献，或所有单元间的相互作用关系；但控制系统发展方向的主要动力却取决于主要要素和主要关系，或主要单元间的作用关系，而非全部。轴－辐空间组织模式正是基于上述事物发展规律和现实世界发展的客观需要产生的。

追求最佳的空间效力是轴－辐空间组织模式形成的主要动力。主要体现在各类利益系统或单元的空间影响与控制的趋优动力以及趋利需求。一是空间经济效力，包括区位与规模、市场与空间、要素利用与空间配置等方面。空间经济效率的追求是轴－辐空间组织模式形成的最主要动力之一。二是时间效力，包括时间成本的最小化、时段的高效利用、时间与空间的最佳组织等方面。在服务业空间组织中，时间效率有时起主要决定作用，也是轴－辐空间组织的主要动力。三是网络规模效力，包括网络规模最优化、空间组织的最佳结构与层级、网络的空间最佳效应等，也是促进轴－辐空间组织模式空间结构形成的动力。四是社会管理效力，包括空间管理的层级控制、空间管理模式等。社会效力是轴－辐空间组织模式形成与发展的建构动力。在信息化快速发展的背景下，促进轴－辐空间组织模式形成的动力越来越强大，正在成为进行经济社会空间组织的一般模式。

（二）轴－辐空间组织模式的核心功效

轴－辐空间组织模式的核心功效是促进网络经济的发展，推动经济社会活动进行科学的空间组织。随着信息化时代的到来，经济社会发展的空间组织正在发生巨大变化，以往以一城、一地单独为核心的发展模式已经不适应信息化和全球化的发展趋势，正在被相互交织的网络经济所代替，核心的标志是个体利益的追求被整体利益的共享所取代（图4-5）。

因此，各种功效空间需要以开放、系统、网络的视角统筹自身的发展，按照共享、优效的理念确定自身的定位，以便应对共同的市场，促进国家或全球经济社会的可持续发展。轴－辐空间组织模式对区域经济分工网络的发展、服务业空间组织、社会管理网络构建、城镇体系建设等方面发挥着突出的功效。

（三）生产方式的变革与空间组织模式的革新

传统的标准化生产方式是"一对多"的关系，即企业开发出一种产品，然后组织规模化大批量生产，用一种标准产品满足不同消费者的需求。然而，这种模式已不能再使企业继续获得持续效益。在信息网络无限扩展的前提下，企业的组织方式和经营方式呈现出一种网络化和虚拟化的趋势，物流供应链全球化使得

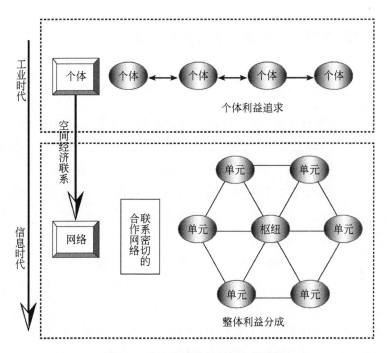

图4-5　信息化时代的空间经济网络

制造商、供货商、商业用户或最终消费者得以紧密联系在一起，形成一个完整的活动链。在此背景下，现代企业生产与贸易的形态也发生了巨大的变化。及时有效满足客户和最终消费者的要求成为生产企业和流通企业普遍追求的目标。如何使产品和服务以最快的速度、最优的质量、最低的成本抵达市场（time to mar-ket），成为空间经济活动所要解决的关键问题之一。

轴－辐空间组织模式是生产方式的变革与空间组织模式革新的具体体现。在全球化已经成为经济发展基本环境的背景下，企业为保持自身的竞争力，不得不积极寻找新的成长空间，选择有效的空间组织模式。在生产－流通－消费的各个环节，轴－辐空间组织模式以其集成化的时空效应促进了经济要素的流动效率。在商品交易与货物运输领域，它保证了消费要求的产品及时到达和空间路径的有效性；在空间结点和物流设施领域，轴－辐空间组织模式中的枢纽方便了产品的加工处理与通关，提高了产品的附加值；在产业之间和产业内部联系领域，它促进了产业横向一体化和产业内部的有序竞争。以通畅的交通基础设施网络和信息交换网络体系为代表的基础设施为支撑，人类经济社会活动的空间组织模式正在变革之中。

三、轴－辐空间组织模式的应用范畴

（一）"空间流"组织范式

空间相互作用是自然界和社会系统中客观存在的现象，并遵循一定的自然和经济社会规律。"空间流"——包括物流、客流、信息流、资金流、能量流等是空间相互作用的具体体现。研究人类社会系统中空间相互作用"流"的机制以及地域网络的发展规律，有利于深入认识人类活动的空间演变特征并准确把握自然－经济社会发展规律，建立符合现代技术条件、经济和时间效益目标的功效空间，形成符合文明的空间级联系统。

经济社会的发展、基础设施网络的完善和交通通信技术的进步，促进了经济社会要素在空间中的流动，导致了区域间相互依存的增强，互通有无的物流量大量增长，促进了区域竞争方式的转变：从有形产品的竞争进入无形产品（服务、管理、组织、信息等）的竞争时代，从产品拥有者主宰市场的时代向市场组织者和策划者主宰市场的时代转变。以上两种转变标志空间经济联系开始进入以规模效益－时间效益为主的时期，便捷化的物流网络、合理的空间物流网络层次、时效化的物流组织模式和时间段的合理利用是主要标志。由此促进了核心－附属式的轴－辐空间组织模式的广泛出现。研究其演进规律具有重要的科学价值，可以深刻认识并剖析经济社会系统中的普遍现象，探寻基本规律与机理（王姣娥等，2009；莫辉辉，2008），形成指导经济社会活动空间组织的基本范式。

物流是一种最重要的"空间流"，其空间组织反映了轴－辐空间组织模式的一般机理和理论内核。在空间形态上，现代物流表现为物质在一定空间范围内依托于基础设施网络的某种有序流动，而在时间意义上，现代物流则表现为物质在不同物流节点的适时集中、停顿与及时配送分发。这种时间－空间关系变化的产生，不仅仅体现了经济社会系统的分异－协同特征，更体现为对经济活动进行有意识的、理性的组织过程。现代物流活动是经济社会体系高级化和信息技术发展的必然产物，是对社会资源在不同的地域空间范围内更为有效地组织与配置。

（二）服务业网络组织

轴－辐空间组织模式正在成为现代服务业空间组织的基本范式，被相关行业推广和应用。首先，在运输服务业领域，包括航空运输网络组织、集装箱运输网络组织，轴－辐空间组织模式应用的最普遍，也是最有效率的一种空间组织模式，其特点是将复杂的空间网络依据效力法则实现了简单化的相控处理。其次，在金融服务行业，其网点的设置、布局与规模控制，从空间上看均存在典型的轴－辐空间组织模式特征。最后，在信息服务行业，从其基础设施网络的形态到信息流的空间交流模式，均存在典型的轴－辐空间组织模式特征。由此可以看出，轴－辐空间组织模式正在成为现代服务业空间组织的基本"空间业态"。

（三）国土空间的政治经济框架构建

任何一个国家或区域，其对国土空间管理和利用的本质是确定特定地域空间的合理功能、结构、质量、容量和效率，将物质、能量、时间、空间、资金有效地整合在一起，构建符合文明的功效空间体系，形成美好的家园，包括规划、管理、控制、引导和约束在内的空间组织行动，在促进功效空间体系形成中有突出的三大作用。一是和谐空间秩序和结构的营造。我们居住的地表空间存在两类最主要的秩序，即自然要素与环境的空间秩序和社会活动与联系的空间秩序，两类秩序的协调统一是维持自然－人类复合系统健康发展的基础。前者空间秩序的形成来自于自然力长期作用的结果，后者空间秩序的构建来自于人类自我价值的不懈追求；前者多为自组织的结果，后者多为他组织的结果；哲学层面的组织理念应是促进二者的协调。二是福利空间的特质确定。工业文明导致了工业化和城镇化的迅速发展，人类的定居性不断强化，以国家、城市为活动空间的基本范式被固定下来，人们在追求多样的城市、繁荣的经济、丰富的生活和宜居的环境的理想目标中，总是对特定地域空间的功能、结构、质量、容量、效率等方面提出要求，这种要求转化为意志和愿望，导致"人"这一主体对自身赖以生存的地域空间产生强烈的塑造感和建构动力。有效的空间组织就是这种塑造感和建构动力的具体体现。三是空间利用效率的发挥。从驱动力角度看，要素的结构配置、科学技术进步（包括管理技术）和空间组织是推动人类文明进步的三大动力。合理的空间组织可以创造更高的效率，并使各类利益系统保持协调和发展活力。

国土空间的最佳结构和最佳发展始终是学界讨论的一个主题（陆大道，2001，2002，2003；姚士谋等，2004），但以什么模式构建需要多学科理论的支撑。轴－辐空间组织模式的应用，可以较好地发挥上述三大作用。轴－辐空间组织模式的应用，有利于以"效力"为优先目标的国土开发空间结构的建构，存在可持续效力的功效空间或级联系统才能为居住其中的居民提供可持续的空间福利。轴－辐空间组织模式的应用，有利于城市化地区经济社会空间结构的塑造，形成高效的空间层级结构。从城市内部看，轴－辐空间组织模式的应用，可以促进城市内部等级网络的形成与发展，形成可持续发展的秩序。

参 考 文 献

福柯 M. 2001. 空间·知识·权利——福柯访谈录. 陈志梧译//包亚明. 后现代性与地理学的政治. 上海：上海教育出版社.

金凤君, 王成金. 2005. 轴-辐理念下的中国航空网络模式构筑. 地理研究, 24（5）：774-784.

金凤君, 张平宇, 樊杰, 等, 2006. 东北地区振兴与可持续发展战略研究. 北京：商务印书馆.

金凤君. 2001. 我国航空客流网络发展及其地域系统研究. 地理研究, 20（1）：31-39.

金凤君. 2003. 透视区域发展问题. 中国科学院院刊, 18（3）：266-270.

金凤君. 2006. 东北地区振兴与可持续发展战略研究. 北京：商务印书馆.

金凤君. 2007. 空间组织与效率研究的经济地理学意义. 世界经济地理, 16（4）：55-59.

刘卫东, 陆大道. 2004. 经济地理学研究进展. 中国科学院院刊, 19（1）：35-39.

鲁学军, 等. 2004. 地理空间的度——结构分析模式探讨. 地理科学进展, 23（2）：107-114.

陆大道. 2001. 论区域的最佳结构与最佳发展. 地理学报, 56（2）：127-135.

陆大道. 2002. 关于"点-轴"空间结构系统的形成机理分析. 地理科学, 22（1）：1-6.

陆大道. 2003. 中国区域发展的理论与实践. 北京：科学出版社.

莫辉辉. 2008. 交通运输网络复杂性研究. 地理科学进展, 2796：113-120.

石崧, 宁越敏. 2005. 人文地理学"空间"内涵的演进. 地理科学, 25（3）：340-345.

王成金. 2008. 中国物流企业的空间组织网络. 地理学报, 63（2）：135-146.

王法辉, 金凤君, 曾光. 2003. 中国航空客运网络的空间深化模式研究. 地理科学, 23（5）：519-525.

王姣娥, 莫辉辉, 金凤君. 2009. 中国航空网络空间结构复杂性. 地理学报, 64（8）：899-910.

颜泽贤, 范冬萍, 张华夏. 2006. 系统科学导论——复杂性探索. 北京：人民出版社.

姚士谋, 汤茂林, 陈爽. 2004. 区域与城市发展论. 合肥：中国科学技术大学出版社.

于良. 2011. 国际贸易网络演进与产业转移的相互作用机理研究. 北京：经济管理出版社.

Lefebvre H. 1979. space：social product and use value//Freiberg J W. 1979. Critical Sociology：European Perspective. New York：Irvington.

基础设施与经济社会空间组织

第五章

基础设施与城市发展

影响城市发展的基础设施可从空间上分为两部分，一部分是区域基础设施，其左右着城市的对外联系和影响范围的大小；另一部分是城市内部基础设施（城市基础设施），主要以支撑城市范围内经济社会活动正常进行、高效利用各种物质条件、改善和维护城市居民生存环境、克服自然障碍等为主要职能。本章主要论述后一部分基础设施与城市发展的关系。

城市基础设施是一个庞杂的系统，在建设中需要遵循供需均衡原理、系统原理和空间统筹原理。供需均衡集中在功能供给与专业需求或特色需求的均衡、空间上的均衡、时间上的均衡、城市内部与外部的均衡四个方面。各类基础设施建设所遵循的系统原理主要体现在衔接、匹配、有序、网络、调控等方面。空间统筹体现在以最小的空间占有支撑最大的城市发展空间、以最合理的布局提供最优的空间服务范围、以最佳的结合构建最有效率的空间利用方式三方面。

基础设施对城市发展环境、城市形态、城市土地利用、城市空间扩展有重要影响，对城市群的生长、发育、形态、空间结构、演变也有巨大影响。其规模和管理水平的高低反映城市经营水平的高低和发展潜力的大小。以重大基础设施建设为核心促进城市空间的开发，也可以促进城市土地的利用和高效经营系统的形成。

第一节　城市发展环境营造的基础

一、区域基础设施与城市外部发展环境

城市是区域发展的核心，其实力的强弱、竞争力的高低、发展潜力的大小是一个区域发展状态和态势的重要标志。而一个城市上述三方面的程度如何，与其拥有或能够利用的基础设施有密切的关系。

（一） 城市对外联系的纽带作用

任何城市的发展都不可能是孤立的，必然在发展过程中与外部存在物质、人员、信息、能量等方面进行交流，这种交流是依赖一定的基础设施而实现的，即基础设施是城市对外联系的纽带。从经济地理学方面看，这种纽带作用体现在两个方面，一方面是通过物质、人员、信息、能量的输入为城市发展提供发展的必要条件，发挥集聚作用，强化城市与腹地、城市与城市间的联系与互补；另一方面是通过输出物质、人员、信息、能量发挥城市的辐射扩散作用。从区域经济学方面看，基础设施的纽带作用通过"费用－空间收敛"效应、"时间－空间收敛"效应、"成本收敛－流量扩张"效应和"匹配－空间协同"效应体现出来。

基础设施的这种纽带作用可以用交通、信息、能源输送线路多少、能力的大小，以及基于其基础之上的服务频率的大小进行标度。例如，北京市有 12 条铁路、6 条高速公路和 1 个机场对外联系；上海有港口、机场、长江、3 条高速公路、2 条铁路对外联系，等等。再如，基于基础设施的服务组织可以反映一个城市对外联系的强弱和优劣。表 5-1 是我国铁路开行的列车联系的城市数量。

表 5-1 铁路客运网发展引致的城市间直接联系的变化（单位：个）

城市	1995 年直接联系城市数	2010 年直接联系城市数	增加量	城市	1995 年直接联系城市数	2010 年直接联系城市数	增加量
上海	111	172	61	成都	77	142	65
北京	133	195	62	长春	43	108	65
天津	88	126	38	太原	54	119	65
武汉	86	164	78	济南	74	145	71
沈阳	54	129	75	郑州	103	169	66
重庆	66	117	51	兰州	62	90	28
广州	75	149	74	昆明	49	80	31
哈尔滨	37	103	66	南昌	49	142	93
西安	85	147	62	乌鲁木齐	36	54	18
南京	93	157	64	福州	39	89	50

注：根据《铁路列车时刻表》整理。所谓直接联系是指始发城市与到达城市间不用中转。

（二） 城市影响范围大小的重要条件

交通、通信、能源等基础设施是决定城市影响范围的主要因素之一，同时决定着以城市为中心的经济社会的活动方式和空间模式。一般情况下，基础设施比

基础设施与经济社会空间组织

较完备的发达地区，其城市的对外联系也比较方便，影响的范围也比较大。其隐含的经济意义在于，核心城市控制的腹地范围一般比较大，资源、市场等条件比较优越，有利于城市的发展。

以我国为例，近20年来高速公路的发展，大大改变了我国主要城市与腹地间的关系，其影响的空间范围或相同时间可及的空间范围发生了巨大变化，明显改善了各区域中心城市的通达性，扩大了其腹地范围，形成以省会城市为中心、辐射周边城市的交通圈。这种交通圈可分为几个层面：①半小时交通圈，该圈层内可实现日常生活的经济社会活动；②一小时交通圈，该圈层内可实现城市通勤活动；③两小时交通圈，该圈层内可实现短期休闲娱乐和度假。以1988年我国内地第一条高速公路——沪嘉高速通车为时间点，对1988年和2004年各省会城市的通达性进行测度，考察高速公路对区域中心城市的影响（图5-1，表5-2）：①从省会城市服务的县级行政单元看，一小时交通圈增加数量较多，其中半小时交通圈增加109个，而一小时交通圈增加257个。②半小时内，西安、北京、石家庄、沈阳等增加较多，均在6个以上；郑州、长沙、贵阳、海口、乌鲁木齐、

(a) 1988年30分钟

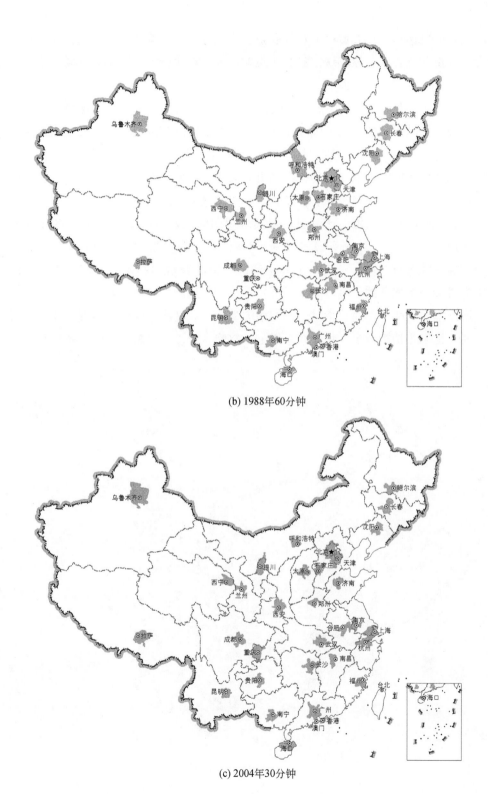

(b) 1988年60分钟

(c) 2004年30分钟

基础设施与经济社会空间组织

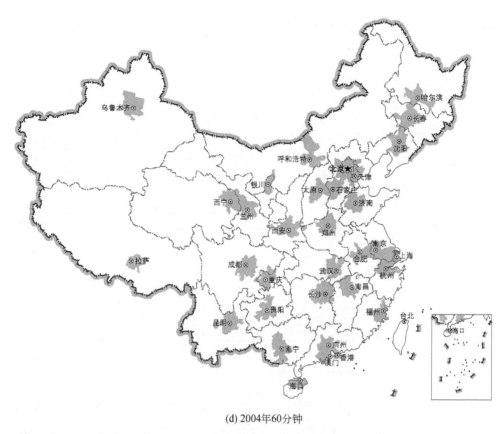

(d) 2004年60分钟

图 5-1　我国省会城市交通圈的空间拓展（1988～2004 年）

银川等也均增加 5 个。一小时内，郑州服务行政单元增加最多（23 个），此外石家庄、西安、成都、长沙、北京、杭州、沈阳、贵阳、济南和太原等也增加较多，均在 10 个以上。③从半小时服务范围增幅看，拉萨、长春、银川、海口、长沙等增幅较大，均在 3 倍以上，这些城市原本交通条件相对落后，国道尤其是高速公路的发展明显拓展了服务地域；此外，广州、哈尔滨、沈阳、南京、西安、乌鲁木齐、福州、成都等城市的增幅也比较明显。从一小时服务范围看，南宁、兰州、贵阳、郑州、西安和沈阳等城市的增幅较高，此外长沙、成都、南京、天津、合肥、太原、长春和哈尔滨等城市的增幅也较高。④由于高速公路的发展，京津、沪杭、南京 – 合肥等地区半小时交通圈已连片；东北地区已形成一小时交通带，同时长江三角洲和华北地区开始大面积形成一小时交通圈。

表 5-2　高速公路建设引致的城市交通圈变化（2004 年较 1988 年增长情况）

城市	0.5 小时			1 小时			城市	0.5 小时			1 小时		
	行政单元	服务地域	增幅	行政单元	服务地域	增幅		行政单元	服务地域	增幅	行政单元	服务地域	增幅
上海	3	3 330	0.26	8	12 310	0.61	海口	5	11 919	3.54	2	6 199	0.68
南京	3	8 823	1.44	8	15 597	0.91	南昌	3	5 539	1.15	8	12 770	0.68
杭州	4	4 087	0.45	11	13 500	0.65	合肥	2	4 412	0.86	8	11 761	0.92
北京	7	5 340	0.28	13	13 484	0.4	呼和浩特	1	2 769	0.41		5 380	0.12
广州	2	13 458	2.11	3	16 730	0.71	乌鲁木齐	5	28 440	1.25	1	10 950	0.27
沈阳	6	8 161	1.50	10	23 420	1.15	西宁	1	4 147	0.43	2	9 714	0.42
武汉	3	4 834	0.56	9	13 540	0.72	石家庄	7	4 677	0.66	17	17 474	1.00
郑州	5	3 336	0.63	23	18 840	1.35	济南	3	5 378	0.83	12	13 020	0.6
成都	2	8 461	1.19	14	20 140	1.03	银川	5	12 932	3.63	0	2 010	0.14
西安	8	9 873	1.33	14	23 210	1.24	太原	4	6 787	0.98	12	15 592	0.93
昆明	4	3 092	0.61	7	16 190	0.65	哈尔滨	4	11 234	1.60	4	19 897	0.84
南宁	1	2 858	0.29	9	26 470	1.76	长春	3	13 495	3.75	6	21 300	0.95
长沙	5	14 018	3.38	14	23 440	1.06	兰州	0	1 900	0.26	7	25 674	1.63
贵阳	5	6 141	0.94	12	20 760	1.41	拉萨	1	18 390	4.02	0	4 390	0.24
天津	3	7 263	1.08	4	13 367	0.96	重庆		18 460		17	29 330	
福州	4	6 234	1.27	5	9 040	0.72	合计	109	259 788	1.16	257	485 499	0.8

注：①上海以市界为标准；②北京和天津均以郊县为界定标准；③行政单元包括省会市区、地级市区和县。④单位：服务地域（平方公里）；行政单元（个）；增幅（倍数）

我国的铁路提速也起到了同样的效果。1997～2007 年，我国先后进行了六次铁路客运提速，提高了铁路的运营效率，促进了国民经济的发展和和谐社会的建设。铁路客运提速改善了区域的交通宏观区位和微观区位，促进了铁路枢纽城市经济的发展，使得产业和人口集聚的条件得到改善，引导各个城市之间进行明确的产业分工，从而优化城市结构和发展方向，扩大了影响范围。

（三）实现城市发展目标的支撑手段

基础设施建设是国家、地方当局运作其行政空间、促进各类生产和生活事业（或利益系统）发展的基础，也是城市等功效空间管理者操控城市空间和要素配置的手段。随着基础设施的网络化，城市利用外部资源的能力越来越强，导致城市发展的目标也有利于多样化，注重外部资源的利用，或利用基础设施提供的潜在条件设计发展目标。

二、城市内部基础设施与城市发展环境

基础设施建设本身就是城市发展的内容，其基本框架决定着城市的形态、结

构和空间功能。基础设施营造的硬环境是城市发展的基础支撑，而其营造的软环境又是构成城市竞争力的主要方面。不同历史时期城市基础设施所起的作用不同，对城市形态、结构和功能的影响也不同。

（一）对城市发展环境的影响

城市的发展环境对一个城市来说至关重要，而基础设施在其中起着举足轻重的作用。一般在进行城市发展环境评价或城市竞争力评价时，都将基础设施作为重要部门，赋予较高的权重。

基础设施主要提供两方面的发展环境。一是硬的发展环境，如道路规模，供水能力、能源供应能力等，这些基础设施是城市发展所必需的基础设施，其多寡、优劣直接影响到城市的发展能力。二是由基础设施服务提供的软环境，如交通的组织水平、城市安全水平、生态环境状况、能源与水资源的保障程度等，虽然与相应的基础设施有关，但基础设施的利用与管理水平在其中发挥比较重要的作用。随着经济社会的进步，由基础设施提供的软环境在城市发展环境中所起到的作用越来越强。

城市基础设施营造的发展环境具有整体性和系统性。一个城市拥有一两项标志性的基础设施固然重要，会提升城市的影响力并形成对外宣传的名片。但是，只有形成系统、协调的基础设施体系与服务能力，城市才具有发展的可持续能力和活力，才具有竞争力和吸引力。

（二）对城市形态的影响

作为城市的有机组成部分，城市基础设施是构成城市形态最关键的部分。交通道路网络的建设与空间布局，是城市形态演变最直接的推动因素。随着交通方式改变和城市局部交通基础设施的变化，城市形态会发生明显改变：棋盘状的交通道路网布局，往往使城市形成规整的形态，而放射状的道路网布局使城市往往按空间走廊发展，等等。不同的历史阶段，交通模式改变，导致城市规模、形态出现明显的特征（表5-3）。例如，广州市随着道路网络的变迁，城市形态变化的轨迹是：原始人行棋盘路网（1900年以前）－"棋盘＋环形"路网（1900～1954年）－"棋盘＋环形＋放射"路网（1954～1980年）－"棋盘＋环形＋带形"路网（1980～1990年）－"双环"形高速公路网，地铁开通（1990～2000年），相应形成团状城市－星形城市－分散组团城市－带状组团城市－多组团半网络化城市（闫小培，毛蒋星，2004）。

表 5-3　交通技术进步与城市形态演化

发展阶段		城市主要交通模式			城市形态特征		
		主要动力	交通工具	平均速度（km/h）	交通形态	城市规模	城市形态
原始阶段	土路时期	人力和畜力	人力车、骡马车、步行	10～20	地面	城市产生、规模较小	一般呈现近似圆形、同心圆状布局
	水运时期	水力和人力	木船	10～30	水面	中等规模城市出现	沿交通线呈带状单侧发展
近代阶段	海运时期	水力风力	轮船	20～70	海面	大城市出现	城市临海型布局、形成港口城市
	轨道运输时期	蒸汽机	火车	50～100	地面	大都市圈出现	扇形城市、星形城市
现代阶段	公路阶段	发动机	汽车	50～150	地面、高架	城市群出现	郊区化的加速与同心环状结构的再次重建
	高速运输阶段	电力和磁力	飞机、高速汽车、客车、地铁	100～1200	地面、地下、空中立体化	巨型化、城市连绵带出现	城市形态多核心模式的出现

资料来源：王成新等，2004

（三）基础设施布局与城市土地利用

交通基础设施布局是决定城市土地利用的主要因素。主要体现在两个方面：一是对土地利用功能和利用效率的影响；二是对土地利用价值的影响。一般而言，位于干线地段的城市土地具有较高的利用价值和多样的利用方式，位于地铁、轨道交通车站附近的土地，具有较高的开发价值和升值潜力。

合理的基础设施布局可以提高城市土地的利用效率，实现集约、高效利用土地的目标。通过建设完善的基础设施体系，如道路体系、给排水网络、能源供应网络等促使建筑物向空间发展或提高其建筑密度，以此提高对土地资源的利用效率和对土地资源的共享水平。目前，在大城市地区，城市建成区单位面积容纳的人口较过去有了显著提高，这得益于基础设施的建设。

一定的土地利用形态总是影响着基础设施的内部结构，使基础设施在空间布局和功能选择上发生着变化。例如，一定的土地利用形态总是决定着交通源和交通流的方向、交通需求量的大小以及人们交通方式的选择，从而在宏观上决定着交通结构。在城市中，土地开发强度的大小决定着进入该区的交通需求量，适当降低土地利用的强度，适当保持用地的混合程度可有效地控制交通需求的过度集中，缓解交通压力，是改善大城市城市交通状况选择方向之一。

基础设施与经济社会空间组织

（四）基础设施走廊对城市空间扩展的影响

基础设施对城市发展的最明显效应就是"廊道"效应——影响城市的空间发展方向。交通基础设施在这方面的作用最为显著。廊道效应产生的实质在于围绕廊道一定范围内存在效益梯度场，廊道效益由中心向外逐步衰减，遵循距离衰减规律，理论上用对数衰减函数表示为

$$D = f(e) = a\ln\frac{a \pm \sqrt{a^2 - e^2}}{e} \mp \sqrt{a^2 - e^2}$$

式中，e 为梯度场效益；D 为距离；a 为常数，表示最大廊道效益。其函数图形如图 5-2 所示，当距离由 d_1 扩展到 d_3 时，廊道效益由 e_1 降低到 e_3，廊道效应的强度随着廊道等级高低变化。廊道效应决定城市景观结构和人口空间分布模式。

由多种类型的基础设施在地域空间上紧密布局而形成的基础设施束（或基础设施走廊）是城市空间发展方向的有力激发器和助推器。基础设施

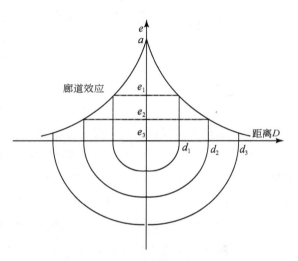

图 5-2　基础设施的廊道效应

束的线路走向决定着城市的空间分布范围和形态，基础设施束的支撑能力和联系能力决定着城市内部的发展轴线。重大基础设施走廊沿线，往往是城市的重点发展带，城市用地呈带状分布。

三、城市基础设施的建设历程与趋势

城市基础设施的建设经历了从简单向复杂、从单一向多样、从低级向高级、从微观向宏观、从临时性向永久性发展的过程。在这一发展过程中，人类经济社会活动的增长需求是其发展的客观动因。未来城市基础设施的建设趋势将以系统化、综合化、高级化为主要方向。包括复合式基础设施的建设、高质量和高速度基础设施建设、大容量与大承载力设备的建设、扩展生存空间和开发新资源的基础设施建设、全球化基础设施体系的建立等方面。

（一）发展历程

工业革命以前，一方面，人类活动的空间较为有限，农业生产是其主要生产活动方式，规模小，集聚能力有限；另一方面，人类改造自然的能力也有限。因此，这一时期的城市基础设施，类型较单一，服务空间范围较小，多依据江河等自然条件来发展城市基础设施，水平相对较低。

现代城市基础设施在其发展过程中，表现出以下几个特点。第一，复杂性和系统性增强，服务功能从单一化向多样化发展。随着人类社会需求的增长和生产活动的多样化，基础设施作为一个服务系统，其复杂性和系统性强于工业革命以前的任何一个时期。尤其是交通、信息、供电等基础设施的建设，其系统性和复杂性越来越强。这种系统性和复杂性主要表现在两个方面。一是各类基础设施体系内部的系统性增强，管理和利用的技术要求越来越高；二是空间系统性增强，追求多区域的协调，系统的空间覆盖范围和系统容量不断增大。第二，从低级向高级发展，从低速向高速发展。现代基础设施建设初期，由于相应的技术和社会需求还未达到一定水平，因而决定了基础设施的技术等级和速度较低。例如，铁路基础设施只能满足每小时几十公里的运行速度，而目前，其高速列车的运行速度已达到300公里/小时以上，试验速度已达500公里/小时以上。在大城市中，轨道交通在城市交通基础设施建设中的地位越来越突出。第三，从低容量向大容量发展。基础设施作为人类活动的载体，其承载容量越来越大是其发展过程中的重要特点。例如，大能力交通干线、大容量通信干线的建设等。这一发展特点是由大规模工业化生产和城市化的发展引起的。一条快速路或一条地铁的能力是一条普通道路能力的数倍乃至十几倍。第四，协同化能力不断增强。主要表现在基础设施之间的相互协作等方面，以某种服务职能为核心。随着技术的发展，交通基础设施、信息基础设施、供电供水等基础设施的协同能力也在逐步增强，形成复合功能的基础设施体系。

（二）发展趋势

随着人类文明的不断进步，人类活动对基础设施的依赖程度将越来越强，并对基础设施的建设提出新的要求。从发展角度分析，人类发展对基础设施的要求将集中在以下几方面：①提高克服空间阻隔能力或速度的要求；②保护和改善城市、区域或全球生存环境的要求；③拓展生存空间的需求；④服务及时化和多样化的要求。

这些要求，将直接影响基础设施的能力、质量及服务水平等。未来基础设施的建设趋势将以系统化、综合化、高级化为主要方向。主要集中在以下几方面：

第一，复合式基础设施的建设，即多种基础设施一体化设计、一体化建设，形成整体协同能力。各种基础设施在一个系统中或一个特定状态中相互关联、匹配并相互制约，如服务于一个城市或区域的交通、信息、供水供电一体化系统等。第二，高质量和高速度的交通、信息基础设施，如大容量通信网、高速铁路、高速公路、大型民航机场或空港等。第三，大承载力设备的建设，如巨型飞机、大型船舶及相应固定基础设施等。第四，扩展生存空间或开发新资源的基础设施建设，如开发海洋资源的基础设施建设，开发利用外层空间的基础设施等。可为建设海上城市、空中楼阁提供支撑。第五，全球化基础设施体系的建立，如信息、交通等基础设施的建设，全球化趋势越来越强。

第二节　基础设施与城市群发展

一、城市群形成的支撑体系

城市群是由多个密切联系的大、中、小城市以及包含在区域范围内的农业区和绿化地集合而成的地区性发展群体。区域内经济社会活动带来的人流、物流、资金流、信息流等相互交织，使得城镇间存在强大的作用力，交流的主要载体为交通、能源、信息等基础设施，基础设施成为城市群形成的先决条件之一。

（一）交通基础设施是城市群形成的基本前提

（1）河流是产生城市和城镇群的重要自然条件。以舟楫水运为主要交通手段的时代，城市大多建在沿江、沿河地带，后来发展到沿海地区。滨海的城市又往往建在河流的河口，以取得便利的航运条件。我国古代的一些城市，包括北方的都城，在缺乏河流的时候，甚至靠挖掘运河来保证粮食、食盐以及各种产品的运输需求。在水运和经济较为发达的地区，城镇密集并不断发展，逐步形成了沿河、沿江、沿海的城镇群，如我国的长江三角洲、珠江三角洲、成渝地区等，美国的五大湖城镇密集区等，据统计，长江流域、黄河流域、珠江流域、松花江流域等集中了我国81%的城镇群，水资源及水系的形成发育对城市群的形成与发育及空间分布有着重要影响。

（2）陆路交通加快城市带或城市连绵区形成。陆路交通干线为城市及城市群的发育提供了优良环境，综合性运输大通道直接决定着城市群之间和城市群内部的经济技术联系强度。铁路提供了快速、大运量运输能力,工业化时代以来,在邻近火车站地区城镇快速发展,促进沿线更多的城镇诞生和兴盛。我国京广、京沪、京哈、陇海-兰新、成渝、包兰、京九线等铁路干线是我国城市群密集分布区域。公路建设进一步提供了交流机遇,促进了公路经济带沿线城镇群的产生,而高速公路的兴起更加快了沿线城市人流、物流、信息流交流,成为城市群发展的重要推动力。

(3) 航运中心是城市群对外交流的主要窗口。经济繁荣的城市群,其对外联系除了陆上通道外,还普遍拥有国际性的航运中心(航空和水运)。国际性航运中心是具备大吞吐量集装箱的深水港口、便于在国际范围内开展进出口贸易,同时必须位于国际航线上,拥有众多的补给港,通过陆运能进行集装箱联运;航空港具有辐射国内外的通达通畅的航线网络,为城市群的对外交流提供基本支撑。

(二) 信息基础设施是城市群形成的重要驱动力

信息基础设施是人类社会信息技术和信息管理实践综合水平的集中表现形式。狭义信息基础设施一般指信息服务设施、网络设施等。信息基础设施是否优越是一个城市的区域地位、交通区位是否重要的判断基础。经济活动总是在信息资源优越、交通便利的地方集聚,良好的信息基础设施能吸引产业在空间集聚,信息技术的创新溢出效应促使核心城市周边形成产业集聚和分异,促进产业集群形成,导致城镇群的生长与发育。

二、城市群形态构建中的骨架功能

(一) 交通基础设施是城市群的骨架

城市群沿交通轴线布局,交通网络骨架构成了不同类型的城市群基本形态。城市群基本空间单元为城市组群,城市组群是城市群区内各城市社会经济联系极为密切,具有类似的自然及历史发展基础、经济发展水平和发展趋势具有内部差异性以及外部整体相对一致性的城市集合体。由于城市群自然条件、历史基础以及经济、社会发展水平不同,不同类型、不同级别的城市组群在空间的排列组合因基础设施布局的不同具有明显差异(朱英明,2004)。

交通廊道成为构建不同形态城市群的空间纽带,这些交通廊道依托公路(高速公路)、铁路(高速铁路)、河流等构成了多样化的空间形态与结构。例如,沪宁杭城市群空间形态为"弓"形、京津唐城市群为三角形、珠江三角洲城市群为"Λ"形、四川盆地城镇群为"H"形、辽中南城镇群为"Φ"形等(图5-3)。

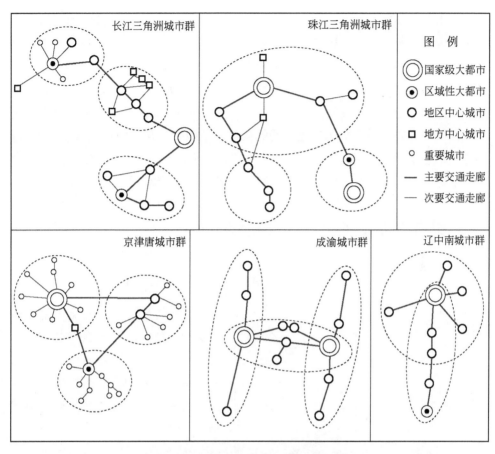

图 5-3　我国城市群空间结构与交通组织

资料来源：姚士谋等，2001

（二）基础设施促进城市群形态演变

　　由于交通基础设施与自然条件存在较大的差异，在自然条件限制和交通条件制导下，城市群形态发生演变，主要包括：①团状空间扩展形态。表现为核心城市的功能强大，城市节点和结节地域在城市群的伸展轴上（主要交通基础设施轴）均匀分布，主要分布在平原地区，中原城市群和长江中游城市群就是比较典型的例证。②带状空间扩展形态。主要分布在河谷地区，受自然条件限制，沿交通基础设施扩展成为明确的空间指向。如果城市群向外延伸受自然地理条件的限制较小，则城市群呈现出典型的带状；如果受到的限制较大，则城市群表现为组团与廊道形式的带状，如我国的关中城市群和海峡西岸城市群就是典型代表。③星状空间扩展形态。受自然地理条件的限制，或受放射型城市交通网络的影响，城市群的伸展轴沿着三条或三条以上的轴线向外扩展，城市群的圈层结构表现出不规则的变形，空间形态呈现出星状，如珠江三角洲、长江三角洲和京津冀等城市群。④多中心网络化空间扩展形态。城市群内部同时存在着几个在规模、功能等方面相当的城市，且经济要素和经济活动在空间上也表现为集中与分散相结合。沿交通走廊的扩展使它们进一步聚合，同时新生的次级交通走廊也成为城市群扩展的方向，波及至城市化发展的低谷区，形成交互式的扩展局势，人流、物流和信息流等可以便利地进入这些网络体系，从而促进多中心网络化的空间模式的形成，如辽中南城市群、山东半岛城市群和成渝城市群等。

三、城市群空间结构演进的驱动效应

（一）交通基础设施对城市群地域结构的制导作用

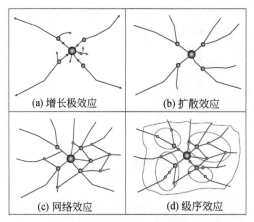

(a) 增长极效应　　(b) 扩散效应

(c) 网络效应　　(d) 级序效应

图 5-4　城市群地域结构的交通制导作用

城市群地域结构的交通制导作用是指在特定区域的城市群形成的过程中，交通运输对城市群地域结构基本单元的制约、引导作用，从而形成沿交通走廊的城市群的地域结构（图 5-4）。

城市群地域结构由不同等级的城市（节点）、空间流、通道和作用场（城市吸引范围）等要素组成。在一定的区域，由于劳动地域分工以及城市职能的互补作用，作为城市空间联系实质内容的空间流是具有方向和强度的空间矢量，空间流的方向和强度的变化，将导致区域内相互联系的产生，引起城市间货物、人员、资金、信息的流动。航空流可以沿多个方向运动，而大多数交通流则受到特定的交通走廊引导，导致通道的重要节点产生新城市或者原有城市的地域结构的变化。由于城市节点的增加以及交通通道或交通网络的完善，城市间的经济社会联系起初在少数城市，以后沿着交通走廊，通过不同等级的城市逐步扩大到整个区域内的所有城市，区域内城市的空间分布随之发生显著变化。

由于城市群区域综合交通网络的发展，特别是城市群边缘地区与核心地区快速综合交通走廊的建立，城市群边缘地区产生新的增长极。新的增长极的极化作

基础设施与经济社会空间组织

用导致城市群边缘地区地域结构的重组，形成新的城市组群，城市群地域结构发生根本的变化，形成"二次极化"过程。

（二）基础设施优化城市群的经济发展空间

随着科学技术的飞速发展，交通系统不断优化升级，交通体系向更具安全性、高速化、网络化、一体化方向发展。伴随交通系统的不断更新，城市群经济空间不断优化。交通体系升级优化城市群的区位，交通区位的升级带来了城市群经济发展与空间结构的变化。不同时期交通方式演变，导致了适应不同类型交通方式的城市群的生长发育，形成与之匹配的城市群经济空间类型，在"以铁路运输为主→以铁路、海运为主→以铁路、海运、高速公路、航空为主"的发展阶段，相应形成了以铁路枢纽为主导的城市群、以铁路干线和沿海港口为主导的城市群、公路经济带城市群、临空型城市群，空间结构呈现出"多点－点轴－网络"形态。随着陆路快速交通和航空运输的快速发展，拥有大型航空港和陆路快速交通综合枢纽基础设施的城市群，产业选择不断升级，利用优越的交通区位，经济发展空间不断优化，成为经济社会快速发展的典型区域。

信息基础设施深刻地改变着城市群的空间结构。①信息技术在生产过程中的应用，改变了传统的生产方式，使得生产效率得到提高，促使传统产业的结构重构与空间转移。②信息产业的出现带来新的生产体制，为生产组织的弹性布局与管理打下基础，作为一种完全不同于传统的批量制造业体系的弹性制造业体系（FMNs），改变企业内部的组织联系与空间布局，重新塑造企业之间的产业链条和地域格局。③信息技术应用于基础设施的运行与管理，提高了信息效率的管理水平，增强了整个空间的机动性和灵活性，接进信息网络并对其应用导致传统区位因子的转型，对公司的区位决策产生影响。④因特网、电信港等新的信息基础设施出现，改变了基础设施的空间拓扑结构，影响着整个空间结构的组织与运行，这些基础设施所在的区域成为城市（城市群）的新的增长点，信息基础设施成为影响从总部到制造业的公司设施布局的重要区位因子，导致城市（城市群）空间格局的演变。⑤信息技术极大地增加了工作、居住、休闲空间的弹性，创造了新的空间需求。远程工作模式的出现，使传统的居住地与工作地之间的空间划分变得模糊，促使新的交往空间和购物空间的出现。⑥信息技术扩散方式与扩散规律影响已有空间的稳定性，网络状的扩散模式促进网络空间的形成，导致带状城市群向网络状城市群发展。⑦信息技术在政府决策与空间管理过程中所起的组织作用，加强了核心区域对边缘区域的控制功能及核心边缘系统的空间互动，尤其表现在公共服务和信息资源的利用方面，有利于实现空间结构的协调发展（表5-4）。

表 5-4   信息时代空间结构要素的组合模式

区域要素及组合	空间子系统	空间组合类型
点－点	信息节点系统	全球城市体系、区域网络城市
点－线	信息枢纽系统	信息港、信息中枢、创新中心
点－面	城市－区域系统	大都市区、扩展型大都市区
线－线	网络设施系统	信息网络、创新网络、高速公路网络
线－面	产业区域系统	信息产业带、高技术走廊、智能走廊
点－线－面	空间经济、社会统一体	智能区域
面－面	宏观地域系统	功能区域（功能互补性区域组合）

资料来源：甄峰，2004

在城市群或者城镇密集区，除了物质上的发展外，还有无形的第四产业活动构成，这些服务主要是信息的加工以及被用于决策的信息。IT 和远程通信技术的驱动促进了数字产业和电子空间发展——智能走廊的形成，如美国的硅谷、英国的 4 号高速公路走廊、印度的班加罗尔地区、马来西亚的多媒体走廊、新加坡的技术走廊等，这样的智能技术走廊改变了已有城市群的核心边缘关系，呈现出较强的黏合与创造力。信息技术带来的时空超越，同时也有利于城市群各部分间（尤其是城市群中地理条件相对偏僻的地区）在功能上互动，从而促进城市群空间出现功能一体、空间多样、持续发展的格局。

信息基础设施网络对城市（城市群）产生巨大的影响，本质上是一个分散化的节点和枢纽之间流动的联系网络，与城市等级、城市群空间结构相匹配。全球城市是各种联系和交流网络体系中的关键性节点，集中了所有经济部门和跨国公司的通讯流，其次分别为国家信息枢纽节点和区域信息中心。在我国，沈阳、北京、西安、成都、武汉、南京、上海、广州成为全国性的国家信息枢纽节点，其中北京、上海、广州是国际出口城市，也是国家信息枢纽主节点。信息基础设施建设促进了全球性信息枢纽（全球城市）－国家信息枢纽－区域信息中心的层级结构，这些城市信息基础设施的建设，进一步强化了所在城市的中心性，核心不断极化，加强了枢纽所在城市群的外部联系和辐射力，对城市群体系空间结构演变起着重要的驱动作用。

四、城市群效率的发挥与持续性

（一）交通网络变化带来的城市群时空收敛

随着城市群的发育和快速发展，人流、物流的快速增加造成了大量的客货流,大城市间的快速通道主要满足快速增长的客货交流需要,运输速度的提升,缩短了时空距离,进一步带来了生产生活方式的变革,在城镇群内形成了居住和工作在不同城市间分离的通勤模式,促进了不同城市间的产业分工,较好地改善了居民生活环境,提高了工作效率。

以我国重点城市群为例,1~2 小时以内交通覆盖区域可以看成日常通勤的空间范围,而 4 小时以内区域可以成为周末度假游的地址选择。陆路快速交通迅速发展,带来城市群交通小时圈覆盖空间的极大变化,1990 年,京津冀、长江三角洲、珠江三角洲城市群以重点城市为核心的 1 小时覆盖面积为 18.38%、36.4%、45.22%,2 小时覆盖面积为 58.33%、75.18%、81.53%;到 2004 年,京津冀、长江三角洲、珠江三角洲城市群 1 小时通达的范围分别达到 40.08%、67.73% 和 77.17%,2 小时通达范围为 82.88%、95.51% 和 99.16%(图 5-5)。快速交通网络极大地拉近了城市群的时空距离,带来明显的收敛效果,改变了整个地区的生活生产方式。

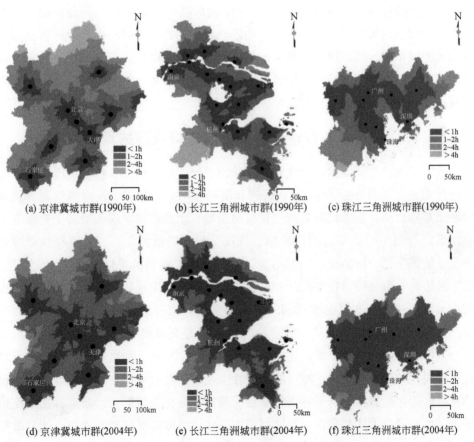

(a) 京津冀城市群(1990年)　(b) 长江三角洲城市群(1990年)　(c) 珠江三角洲城市群(1990年)

(d) 京津冀城市群(2004年)　(e) 长江三角洲城市群(2004年)　(f) 珠江三角洲城市群(2004年)

图 5-5　交通网络发展引致的城市群时空收敛

（二） 基础设施建设引导城市群紧凑化发展

紧凑型城市群是指多个城市通过各种通道和经济技术联系有机组成的集约、高效的城市组合体，是城市群产业、交通、经济、空间、人口等各种生产要素集聚到一定程度的产物和发展结果，是一种资源节约型、高密度高效型城市群，基础设施的优化建设通过形成紧凑型城市群提升其效率。

基础设施优化与升级将提升城市群紧凑度。一是交通基础设施优化提升加速了节点城市之间要素的交换速度，为增强节点城市间联系和相互作用提供了基础，促进了城市群内城镇体系职能分工与协作，综合运输体系使不同交通方式的经济技术优势得到充分发挥，特别是高速交通加快建设进一步促进了这种趋势，使结构配置实现效益的最大化，得到空间运行效率最大化，实现城市之间紧凑度的提升。二是结合节点的空间配置关系，通过完善交通体系的等级和结构，优化城市群节点配置和空间结构，提升城市群结构紧凑度（方创琳等，2010）。

据相关研究（方创琳等，2010），中国城市群交通紧凑度空间分异明显，交通紧凑度较高的城市群主要是在沿海地区经济发达的城市群和中部地区在交通枢纽地区的城市群，城市群交通紧凑度与综合运输网密度呈现明显的正相关，呈现由东部地区 – 中部地区 – 西部地区逐级递减的分异态势，另外，城市交通紧凑度与城市发育程度呈现出明显的正相关。

（三） 数字型城市群建设是提升城市群效率的重要手段

数字型城市是我国信息产业和城市基础设施建设的重点。数字城市即信息城市或智能城市，是综合运用 GIS、遥感、遥测、网络、多媒体及虚拟仿真等技术对城市基础设施、功能机制进行信息自动采集、动态监测管理和辅助决策服务的技术系统（图5-6），具有城市地理、资源、生态环境、人口、经济和社会等复杂系统的数字化、网络化、虚拟仿真、优化决策支持和可视化表现等强大功能。数字城市建设不是高新技术产品和信息基础设施的简单堆积，而是信息化发展模式在城市运转中全方位的渗透和融合，是实现城市信息化和调控城市、预测城市、监管城市的重要手段（方创琳等，2010），是高效城市群产生的重要基础。

数字城市群是以数字城市建设为核心，实现空间化、网络化、智能化、信息化和可视化的技术系统，是城市群经济社会发展的重要驱动力。数字城市群建设的基本框架包括：城市群基本信息平台、城市群综合应用平台、城市群技术支持平台、城市群政策法规平台，数字城市群的建设将城市群现实的物质空间与虚拟的网络空间有机结合，有效减少城市群运行资源消耗和距离摩擦，保持城市群物流、资金流、信息流、交通流的畅通，完善城市群的服务功能，为城市群生长、发育、空间优化等提供强大动力。

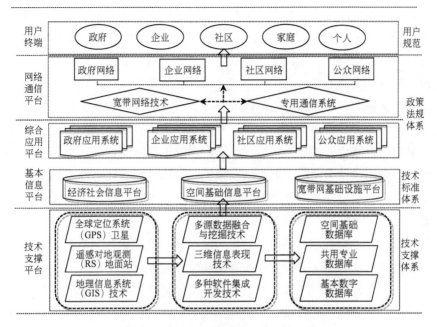

图 5-6　数字城市群建设的基本框架

资料来源：方创琳，2010

第三节　城市基础设施建设的经济学基础

基础设施的使用对象是人，城市社会发展需求是基础设施建设的决定性因素，城市社会的需求能力、需求特征与经济能力直接决定着基础设施的建设。城市基础设施在建设过程中，必须遵循一定的经济学原理和技术经济规则。

一、城市系统的整体性供需均衡原理

（一）供需均衡的动力与作用

供需均衡是城市基础设施建设遵循的首要原理，这是由基础设施的自身特性所决定的。城市中任何基础设施项目的建设，都需要进行需求预测分析，力求使基础设施建设所形成的服务能力能满足城市居民生活和生产的要求，就像建设工厂需要进行前期市场分析一样。另外，基础设施建设是资本投入巨大的行业，如果建设基础设施不遵循供需平衡原理，就会出现两种非常明显的现象：建设的不足会导致基础设施满足不了城市经济社会发展的要求，成为城市健康可持续发展的障碍；反之，基础设施建设太过于超前，又会导致城市公共资源的浪费。所以，在城市基础设施建设过程中，实现供需平衡是最重要的，可以使最小的社会公共投入发挥最大的效益。

城市发展需求是基础设施建设的唯一动力，其需求的大小、变化以及需求特征是基础设施建设的前提条件。基础设施的建设离不开城市健康发展的要求，否则基础设施建设就会失去意义，造成社会财富的浪费和用之失当。因此，基础设施的建设，必须以城市发展需求为基本依据。处理好城市经济社会需求与基础设施建设的关系，对合理利用社会公共财富具有重要意义。

需求观念与需求标准是城市基础设施最佳能力建设的两个核心因素，决定着基础设施投入的规模和建设标准。城市居民对基础设施服务的消费需求，与其消费能力和消费观念有直接关系，处于富足环境中的人对基础设施服务需求及其质量上的追求，与处于贫困环境中的人的追求肯定是有差异的，处于安全环境中的居民与处于危险环境中的居民对安全基础设施的需求和追求肯定不同。这就涉及需求标准问题，即以何种标准衡量城市基础设施服务供给最佳能力问题，这是最关键的。这方面的观念对城市管理者在制订基础设施建设规划时是最具影响力的。从经济社会资源合理化与合理利用角度看，基础设施建设的最佳目标应是以满足大众需求为主，但也不能忽视特殊群体的特殊需求。

（二）供需平衡的主要标准

供需平衡是一个相对的概念，在不同发展阶段，不同国家反映的情况有所不同。在发达国家，由于其经济能力比较强，城市居民对基础设施的需求比较大，因而所遵循的供需平衡理念处于较高水平，反映在人均占有基础设施面积、享受基础设施服务等方面的标准比较高。而在多数发展中国家，由于其经济发展水平比较低，建设能力有限，在人均拥有方面标准比较低，因而其城市基础设施建设过程中反映的是低水平的供需均衡。从城市发展阶段看，城市规模越大，经济越发达，对基础设施的要求也越强，基础设施的供需平衡也越难以把握。

在实际建设中，尤其在城市规划与管理中，一般利用系列技术指标调控基础设施的供需平衡。例如，用人均道路面积调控城市道路建设的规模，用人均用电量、人均用水量等调控电力系统、供水和排水系统的建设规模，用城市中的用地比例控制交通、绿地等布局规模，用道路网距等调控基础设施供给能力的空间均衡等。同时按照工程技术标准，合理安排结构与网络。

城市基础设施建设中所遵循的供需平衡原理，主要体现在下列几方面。一是功能供给与专业需求或特色需求的均衡。例如，城市交通系统的服务能力应与城市居民的交通需求相匹配，居民区居民停车的特殊需求需要有特殊的基础设施提供，等等。二是空间上的均衡。众所周知，城市是由不同的功能区组成的，不同的功能区对基础设施有不同的需求，所以，城市基础设施的建设必须与不同功能区的需求有机结合。而且，城市是一个各种要素流动的动态系统，一个社区基础设施的建设还需要考虑其他社区的需求。所以，基础设施建设的空间需求与供给平衡是一个非常复杂的工程。三是时间上的均衡。在城市发展过程中，其对基础设施的需求随时间而变化，因而，基础设施的建设必须预测到这种变化，才能建设与城市发展相适应的基础设施体系。在城市规划中，一般依据城市发展预测，对重大基础设施建设都预留发展空间，以便适应未来的发展要求。四是城市内部与外部的均衡。城市是一个开放的系统，与外部有大量的能源、物质、信息和人员交流，这些交流是城市发展的保障，基础设施的建设必须承担城市与其腹地间联系的桥梁与纽带作用，才能实现城市的带动与辐射作用，达到城乡统筹发展的目标。

（三）供需均衡的模型

经济学对城市公共物品（包括基础设施）提出了有效供给的均衡模型，主要包括以下几种。

1. 庇古模型

庇古在研究税收的规范原则时分析了资源如何在私人物品和公共物品之间进行最佳配置的问题。通过运用"效应"分析方法，假定每个人在消费公共物品时得到了利益（效应）；同时，每个人为支付这种公共物品而缴纳的税产生了个人的负效应，个人支付税收的负效应被定义为是放弃私人物品享受的机会成本，对个人来说，公共物品的最优供给在这一点上实现均衡，即公共物品消费的边际效应等于纳税的边际负效应。相对于社会，政府对公共工程的投资原则应当是：公共物品的边际社会效应等于纳税支出的边际社会负效应。

图 5-7 中，曲线 *AA* 是政府提供的公

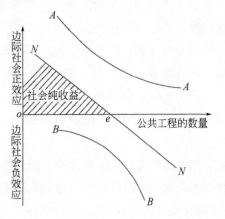

图 5-7　基础设施的经济效应曲线

共工程对社会产生边际社会正效应，曲线 BB 是因课税而产生的边际社会负效应，曲线 NN 是 AA 和 BB 两曲线产生的边际负效应。在 e 点，边际社会正效应等于边际社会负效应（边际社会净效应为零）。e 点左侧，BB 小于 AA，正效应大于负效应，没有取得社会净收益的最大化，继续扩展公共工程数量，社会净收益总量仍将增加；e 点右侧，BB 大于 AA，负效应大于正效应，表明公共工程规模过大而得不偿失；在 e 点，oe 就是政府从事公共工程的最优数量。

当然，即使在公共物品供给的这个最佳规模上，每个居民从公共物品中得到的效应可能等于也可能不等于其负担税收所带来的负效应。整个社会在公共物品上可能达到均衡，但个人却未必达到均衡。

2. 林达尔均衡模型

公共物品的生产水平应由社会对公共物品的总需求与总供给的曲线的交点决定。在公共物品的生产成本由税收维持的情况下，人们对公共物品的需求曲线代表了为消费公共物品而愿意支付的税收额。如图 5-8 所示，假如社会只有两个消费者，他们根据各自对公共物品的不同评价构成不同的需求曲线 AA 和 BB，它们代表了愿意支付的税收价格。

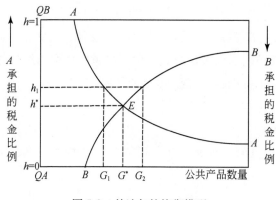

图 5-8　林达尔的均衡模型

林达尔模型的两个假设前提：其一，每个社会成员都愿意准确地公布自己可以从公共产品或服务的消费中获得的边际效益，而不会隐瞒或低估其边际效益，从而逃避自己应分担的成本费用；其二，每个社会成员对其他成员的嗜好以及收入状况十分清楚，甚至清楚地了解任何一种公共产品或服务可以给彼此带来的真实的边际效益，因此不会有隐瞒个人边际效益的可能。

图 5-8 中纵轴表示个人 A 和 B 负担的公共产品成本的比例，其长度为 1，如果 A 负担的比例为 h，则 B 负担的比例应为 1 − h。横轴表示公共产品的数量，或者是公共产品的支出的规模。站在 A 的角度看，BB 曲线相当于他面对的供给曲线，因为 BB 线上的各点反映了若 A 承担不同比例的公共产品成本，那么 A 可以得到相应数量的公共产品；同理，AA 线也可以相当于 B 的供给曲线。在 AA 与 BB 的交点 E，A、B 两人经过协商，A、B 双方愿意承担的成本的比例加起来等于 1，此时公共产品的产量为 G*。在纵轴上随便选一点 h₁ 表示个人 A 要负担 h

基础设施与经济社会空间组织

的税收比例，于是 A 就只愿意要 G_1 的公共产品数量，即只会同意 G_1 规模的公共开支。而在 h_1 点，B 要承担的税收比例为 $1 - h_1$，这种税负使 B 愿意要 G_2 的公共产品数量，即同意 G_2 规模的公共开支。A 和 B 两人要求不一致，实力较强的人就会取胜。假定两人实力相当，双方就会较量下去，直到税负分配处于 h_2 点，AA 与 BB 线相交在 E 点，这时双方都同意公共支出的规模为 G^*，由 AA 线与 BB 线的交点 E 所决定的均衡状态被称为林达尔均衡。

林达尔均衡既是一种需求偏好表露机制，又是公共物品的合意供给模型，同时还是一种理想的政治决策程序。在现实条件下，林达尔均衡由于对备选方案要求"一致同意"，所以极难实现，其理论意义在于，它为进一步分析确立了一个"标杆"。林达尔均衡模型的政策意义在于，税收水平的确定与本人享受公共产品的意愿是相联系的，但是没有人愿意如实说出自己的实际受益情况和愿意分担的成本水平，社会无法对每个人的偏好及其真实经济状况作出准确的判断和了解，"白搭车"现象存在有其必然性。公共产品供给不足，即"白搭车"现象的存在使公共产品供给水平低于所需水平。

3. 萨缪尔森模型

在林达尔模型的基础上，萨缪尔森比较了竞争条件下私人物品决定与公共物品决定两者的区别，提出了公共物品配置理论（图 5-9）。两图中，消费者 A 和消费者 B 的消费曲线为 D_A 和 D_B，两者相加为 D_{A+B}，SS 为供给曲线，市场供给曲线与需求曲线的均衡点为 E。私人物品的需求曲线是水平相加，两个消费者对私人物品消费量是不同的，但不论消费多少私人物品，对单位私人物品所支付的价格是相同的；均衡产量为 OH，私人如果愿意在某一价格下购买某件物品，则这个价格（单价）就是某个物品的边际效益。其中 $MF = NG = EH$。

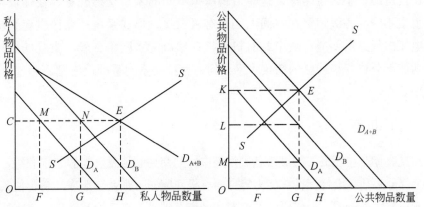

图 5-9　基础设施公共服务的边界效应

公共物品中，消费者 A 和消费者 B 消费的是同一数量的公共物品，价格是二者支付的价格之和，两个消费者的需求曲线 D_A 和 D_B 垂直相加才能得到公共物品的市场总需求曲线 D_{A+B}，公共物品的最优产量的条件是社会边际收益等于社会边际成本：$OM + OL = OK$，社会边际成本等于 EG，等于 OK，社会边际收益等于社会边际成本，均衡价格 OK 和均衡产量 OG 是有效率的。

萨缪尔森模型含义在于，私人物品的有效配置要求每个消费者的边际收益分别等于私人物品的边际成本，公共物品的有效配置则要求所有消费者的边际收益之和等于公共物品的边际成本。

二、网络体系的系统性原理

城市基础设施建设所遵循的另一个原理是系统原理，多数城市基础设施只有形成系统才能发挥其应有的作用，否则，就不能发挥其正常的效率，从而影响城市功能的发挥和效率的提高。城市中的交通系统、能源系统、供水系统、排水系统、通信系统等，只有其系统功能比较完善且内部各个部分有机衔接时，才能发挥正常的功效。大到城市的整个基础设施体系，小到一段道路，在建设和运营中必须有系统的理念。一般情况下，各类基础设施建设所遵循的系统原理主要体现在衔接、匹配、有序、网络、调控五方面。

（一）衔接

以实体形式存在的基础设施网络，其各个环节必须有机衔接，包括硬件设施、设备的衔接，以及硬件与软件的衔接。城市道路有快速路、主干道、次干道、街区道路、小区道路等，这些道路承担不同的城市交通任务，在建设标准、规模上也不同。各级道路在空间上必须有机衔接，形成系统；能源供应系统中，不同电压的线路需要通过变电站有机衔接；城市配水网络干管、支管的衔接等。各个功能部分或各级线路的衔接水平如何，直接关系到基础设施利用和整个城市的效率。

（二）匹配

在具有专业功能的各类城市基础设施中，如交通、信息、能源、水利等，其内部各个部分必须在设计标准、能力等方面有机匹配，否则就会形成冲突，使某一部分不能正常发挥作用，造成资源的浪费。城市基础设施在建设与管理中，需要强调下列方面的匹配：基础设施的设计能力与社会需求匹配，线路网络各功能层次的能力匹配，线网与设备能力的匹配，区域布局与区域需求在地域空间上的匹配。

（三）有序

由于城市各类基础设施是一个庞大的系统，因此必然按照一定的原则有序安排，按照一定的技术规范向使用者提供服务。基础设施系统的有序原则包括：空间布局的有序性，服务组织的有序性、服务能力提供的有序性和稳定性，管理的规范性。基础设施的"渠化"效应只有通过有序的组织才能实现。现实世界中，城市交通的有序组织对城市发展的影响最大，也是体现城市建设水平、管理水平、城市效率的主要标志。

（四）网络

网络是城市基础设施的最基本特征，也是基础设施系统性的具体体现。一个有效率的城市基础设施体系，必然具备两大网络，以线网为主的实体网络和以管理控制为主的虚体网络，共同支持各类"流"的实现。前者以物质设施网络为主，具有明确的空间形态，稳定性和系统性比较强；而后者是基于服务原则和准则设定的网络或控制系统。城市基础设施一般以物质网络为基础，在此基础上构建一系列运营网络，并使其按照一定的规律运转。

（五）调控

基础设施建设的目的就是最大限度地满足城市居民的需求，因此，城市基础设施提供的服务能力，能够依据需求的变化进行调控，形成一个动态系统。调控包括技术标准随时间变化的调控和管理机制随情景变化的调控。虽然方式和手段不同，但基本目标都是维护基础设施功能和服务的稳定性，满足城市居民日常持续产生的服务需求。例如，城市交通中，根据居民通勤的峰谷时间组织运输网络，就是一种典型的控制；城市供电依据居民的用电时段，进行峰谷调控，也是一种典型的案例。

三、集约高效利用空间的统筹原理

城市基础设施是城市发展的平台和支撑，这一平台构建得如何，直接影响着城市的长远发展和效率的发挥。以空间统筹的原理构建城市基础设施体系，才能形成一个有活力、有效率的城市，形成有效率的功效空间经济系统。城市基础设施建设必须遵循下列三大空间统筹原则。

（一） 空间统筹

以最小的空间占有，支撑最大的城市发展空间是城市基础设施建设的基本原则之一。城市基础设施需要占用大量的土地，而这些土地一般不能再被其他活动（综合性的布局出外）利用，因此节约利用土地资源是城市基础设施建设的基本要求。交通线（航道）、站、港、场等直接建筑在地面上（管路、航空线除外），需要占用大量土地，修建铁路平均每公里用地 50 亩①左右，建造大型编组站用地达 200 ~ 300 亩，一般机场用地为 2000 ~ 5000 亩，而大型机场用地在 10 万亩以上，修建高速公路平均每公里用地在 90 亩以上，高压输电走廊一般需要宽 50 ~ 100 米的空间范围，等等。因此，城市基础设施的建设，应采用占地较少的布局方案，支撑城市的发展。

（二） 布局统筹

以最合理的布局提供最优的空间服务范围。合理的空间布局是城市基础设施建设中一项复杂的工程，需要因地制宜加以确定，但任何城市基础设施的建设，都应遵循这一原则。机场、车站等点状基础设施的建设，需要选择合理的布局区位，服务尽可能大的空间范围，避免重复建设，交通干道的布局也应有科学的网距，一般在 800 ~ 1200 米。

（三） 结构统筹

以最佳的结构才能构建最有效率的空间利用方式。基础设施间的组合，以及基础设施与城市工业、商业、居民区等的结合，决定着城市空间的利用方式和利用效率。从基础设施本身看，应将不存在相互冲突的基础设施按照一定的技术经济原则布局在相应的廊道内，形成基础设施走廊，实现最佳的空间利用效率。从基础设施与其他城市活动的关系看，有机地将它们布局在同一空间内，或用基础设施有机地将它们联系在一起，可以形成高效的空间利用体系。从微观层面看，基础设施的合理结合，可使城市从立体空间角度利用土地，形成立体化的空间利用模式。我国多数城市在处理基础设施与大型建筑之间的关系时，往往采用的是平面式的位置安排，而不是立体式的空间功能叠置，限制了城市空间的有效利用，也削弱了基础设施的效应。城市基础设施中车站等设施与其他设施的衔接，应以"厘米"计算，而不能以"米"丈量，只有如此，才能形成一个有效率的

---

① 1 亩 ≈ 666.67 平方米

系统。例如，北京西直门城铁车站与地铁车站的衔接，北京站与地铁车站的衔接，就不是有效率的衔接，也没有体现立体利用空间的理念，如果由于基础设施布局的不合理使每个旅客在中转中多消耗 1 分钟，对整个城市来说，浪费则是巨大的。

第四节　基础设施建设与城市经营

一、重大项目建设与土地一体化开发

基础设施建设需要大量的资金，往往会给城市综合发展造成较大的压力。除了通过融资等方式进行城市基础设施建设外，将其建设、经营与城市土地的开发有机地联系起来，以公司的模式运作，进行联体开发，是比较好的模式，可以减轻政府的财政压力，也可以提高城市土地的利用水平，实现基础设施与城市空间开发的有效结合。一般而言，可以依据大型基础设施项目的建设，选择沿线或周围地区的土地，进行系统开发。

（一）依据交通通道的联体开发

一般利用城市快速路、轨道交通线、地铁线等重大交通基础设施项目的建设，引入市场机制，采取公司运作的形成，在建设道路的同时，使承担建设和出资的公司在沿线有一定的优先开发土地的权利，如进行住宅、商业等开发活动，其可在这些商业开发中获利，以补偿基础设施建设的投入。这一联体开发模式，有利于基础设施和城市用地的有机结合，形成一体化的空间开发系统，提高城市土地的利用效率。

在城区内部，公共交通导向式土地开发（TOD）——可持续性的城市发展模式。交通导向式的土地开发，对目前的城市土地开发影响比较大。适用于大都市或者小的社区。它使城市从依靠小汽车低密度蔓延的发展模式转变为以公共交通走廊为发展轴、公交站点为节点的布局方式，在每一个节点集中的地方进行土地开发。TOD 开发区在快速路系统的旁边、步行 10～15 分钟或乘坐公共汽车 10 分钟左右地区选址，在挑选场址的时候要保证交通和公用设施的使用状况不会恶化，在这个范围内进行集居住、工作、商业等功能的混合开发，并且这些节点都在步行距离范围内。城市发展区是通过快速路连接的一系列 TOD

开发区，这样把小汽车发展模式转变为公交发展模式。它不仅可以解决城市交通问题，形成紧凑型的网络化城市空间形态，起到控制城市蔓延，形成紧密、有效的城镇发展空间。有关研究表明（Jenks and Burgess，2000），通过 TOD 开发，在一定程度上重点解决钟摆式通勤问题，减少中心衰退，是低密度蔓延模式花在基础设施上的费用的 75%～95%，节省土地 10%～40%，使每个家庭减少 20% 左右的 CO_2 排放（汽车尾气），同时大幅度提高了公共空间环境质量，居民容易形成很强的社区感。

（二）依据点状基础设施的联体开发

主要是依靠港口、机场、车站等"点状"基础设施，对周围土地进行一体化开发。①依据港口、码头等基础设施，对其周围土地进行开发的模式，多集中在工业用地的开发方面，以工业厂区与货主码头整体建设的模式，形成一体的开发系统。此外，也可以建设公共码头，与后方的工业区有机结合，形成联体开发系统。②围绕着机场进行开发。由于技术的进步和信息化的发展，企业的发展对时间成本的要求越来越高，因而许多临空型产业的布局模式应运而生。一般情况下，电子信息、软件、服务业等高附加值的产业，与机场等设施的结合比较紧密。例如，在机场地区进行综合开发，把商业、餐饮、服务、物流等融合在一起，形成多功能的综合型基础设施；在机场外围地区依托机场基础设施、机场相关功能设施、机场强化功能设施等，建设公园绿地、文化艺术设施、娱乐体育设施及艺术研究设施综合一体区；在机场外围地区。③城市内部围绕大型车站的一体化开发，形成商业中心。随着大型车站建设，城市内部空间区位发生变化，车站附近形成明显的优势区位极核，人流、物流等大幅度集聚，商业、居住、写字楼等在空间上开始分异，车站附近居住区外移，车站附近形成商业区，写字楼向商业区偏移，在空间上不同类型的土地呈现以点为圆心的同心圆结构。

（三）依据生态廊道的联体开发

一般结合城市河流、风景区的改造与建设，进行联合开发。近年来，我国许多城市非常重视生态环境建设，对内部河流，主要生态走廊进行了大规模的整治与改造，形成了城市的保护区域和景观廊道，沿河和沿线地区的土地价值大幅度攀升。通过对城市基础设施进行生态廊道-斑块生态节点建设，大幅度提高了城市人居环境，如大连的城市广场、海滨公园、生态廊道的大规模开发，广场、公园、生态廊道周边的土地升值 40%～60%，大幅度提高了整个城市生态环境，极大改善了城市面貌，房地产开发形成了快速发展的趋势。

基础设施与经济社会空间组织

（四） 旧城基础设施改造与沿线土地经营

一般利用道路改造的时机，引入市场机制，对沿线地区的经营进行出让，筹集资金，既改造了道路等基础设施，又促进了沿路土地的开发。在旧城区改造中，重点搞好道路交通基础设施建设同时，要与临近的居住区和旧商业区联系在一起，注意调整好旧城区用地结构，充分发挥市场经济环境下中心区土地的区位效应，商业、服务业在中心区聚集，形成规模经济效益。

在旧城基础设施改造过程中，应注意以下建设：控制城市的容积率、降低过高的人口密度；合理调整城市功能结构、疏散污染严重的工业；保护绿地面积、充分保持好基础设施及沿线的历史文脉，改善城市的环境质量。通过对旧城以基础设施为主的城市景观的改造，通过对旧城区不合理的布局和功能结构的调整，强化城市的整体功能。

二、城市基础设施管理与利用

城市基础设施的管理是城市基础设施利用效率高低的关键，这涉及诸多方面。一般通过专业化管理维持基础设施的正常运转。

（一） 管理与经营

从国内外的发展经验看，虽然基础设施提供的是公共服务，但经营上可以采取多样化的模式。主要有出让、补贴性经营，许可经营等多种方式，促进基础设施管理的社会化和经营的市场化。

利用基础设施进行城市经营是目前城市基础设施管理的一个方向。政府的投融资方式主要包括：以税收或收费资金投入基础设施；发行融资债券；将国有企业的利润用于基础设施投资；向外借款或向外融资（间接融资）；通过政策优惠吸引外资（直接投资）。由于政府资本的有限性、投融资体制的局限性以及经营基础设施的低收益，常常使基础设施滞后于经济发展而导致资源的大量浪费，改革现有的投融资体制，采取多种方式的投融资方式、多元化的经营模式是改善基础设施经营、管理的主要方向。

（二） 城市基础设施的投融资运营体制

城市基础设施投融资运营体制主要包括三个方面目标：一是能够增加城市基础设施的资金来源；二是建立起稳定的资金供应渠道；三是提高城市基础设施投

资运营的效率。建立城市基础设施投融资机制主要以下三种理论为基础：公共物品理论、项目区分理论和城市基础设施可销售性评估理论。

公共物品理论：社会生产消费的物品可根据其效用、消费、供应的性质和特征划分为三类：纯公共物品、准公共物品、私人物品。纯公共物品即社会（集体）共同使用的产品和服务，主要指城市基础设施，物品具有效用的不可分割性、消费的非竞争性与非排他性；私人物品是个别主体使用和消费产品和服务，具有可分割性、消费的竞争性、排他性。

项目区分理论（由上海城市信息研究中心最早提出）：将项目划分为经营性、准经营性、非经营性项目，根据项目的属性决定项目的投资主体、运作模式、资金渠道及权益归属等。其中非经营性项目投资主体必须是政府承担，按政府投资运作模式进行，资金来源以政府财政投入为主，配以固定的税种或费种保障，投资过程中引入竞争机制，主要通过招标制度进行操作。经营性项目属于全社会投资范畴，前提是项目必须符合城市发展规划和产业政策导向，投资主体可以是国有企业，也可以是民营企业、外资企业等，融资、建设、管理及运营均由投资方自行决策，应有的权益也归投资方所有。准经营性项目是因为政策和收费价格没有到位等因素无法收回成本的项目，附带部分公益性，是市场失效或低效部分，不具有明显的经济效益，市场运作的结果将不可避免地形成资金供应的诸多缺口，要通过政府适当补贴或政策优惠维持营运，待其价格逐步到位及条件成熟时，可转变成经营性项目、城市基础设施项目的经营性。准经营性和非经营性是可以随着具体的环境条件变化而变化的。

城市基础设施可销售性评估理论：城市基础设施具有垄断性，但在不同部门间、部门内部和各种技术类型之间的城市基础设施的经济特征不太一样。世界银行等研究机构选取了一定的指标对城市基础设施进行了可销售性评价，包括竞争潜力、货物和服务的特征、以使用费弥补成本的潜力、公共服务义务和环境的外部因素 5 个指标，得出各种城市基础设施的可销售性。例如，热电可销售性指数为 2.6，处于可销售性较高水平，而管道排污和处理可销售性指数为 1.8，处于可销售性较低水平。

（三）重要的投融资阶段和方式

城市基础设施投资领域，从主要依靠政府部门投资逐渐发展到以市场化融资手段为主是一个长期的过程。一方面，在市场发展程度和政府部门监管能力达到一定水平之后，城市基础设施行业的可经营性得到大幅度提高，向市场化融资为主的转变是市场经济发展的内在要求，过程不可逆转；另一方面，政府部门监管能力的提高和市场的发展完善在任何国家都要经历很长时间。一般根据国内资本市场发育状况和行政管理水平的从高到低，将城市基础设施融资发展划分为三个阶段：①项目融资阶段。本阶段属于国内资本市场发育状况和行政管理水平处于较低的发展水平，主要考虑到能实现广泛的运用基础，以及操作程序相对标准化而且对整个经济体系的风险不大。BOT、TOT（transfer-operate-transfer）为本阶段主要的融资方式，BOT 为大多数国家采纳。②城市基础设施专业融资机构代表阶段。国内资本市场发育状况和行政管理水平处于中等的发展水平，城市基础设施专业融资机构对资本市场的发展具有一定的要求，但并不高。本阶段重要的融资方式是城市基础设施专业银行的设立。③资本市场代表阶段。国内资本市场发育比较完善，行政管理水平处于较高的发展水平。这个阶段利用资本市场使城市基础设施融资行为最大限度地接近完全市场化，这时基础设施融资体系是最有效率和发展前途的。本阶段重要的融资方式为利用债券市场融资、资产证券化融资（ABS）、股票市场融资。

目前，适合于我国的投融资方式，主要有以下两种：①BOT 项目融资方式。由项目所在政府或所属机构为项目的建设和经营提供一种特许权协议作为项目融资的基础，由本国或外国公司作为项目的投资者和经营者安排融资、建设、经营和维护，在协议规定的特许期限内，允许项目公司向设施使用者收取适当费用，由此回收项目投资、经营和维护成本并获得合理的回报，特许期满时，项目公司将设施无偿移交给签约方的政府部门。对于那些具有很强社会性的城市基础设施项目如交通或能源项目，BOT 是一种非常理想的融资方式。通常是由项目所在政府或它的某一机构与项目公司签署特许权协议，把项目建设及运营的特许经营权移交给后者。但并不是所有的 BOT 项目都需要政府亲自出面，我国的广东沙角日电站是早期以 BOT 方式进行的一个项目，这个项目的特许权是通过一家有政府背景的企业和在香港注册的合资公司之间的合作协议中授予的。② TOT 通融资方式。TOT 是指政府部门将建设好的项目一定期限的产权和经营权，有偿转让给投资人，由其进行运营管理；投资人在约定时间内通过经营收回全部投资并得到合理回报，并在合约期满后，再交回给政府部门的一种融资方式。这种方式不仅避开了 BOT 方式在建设过程中面临的各种风险，项目的产品和服务的确定性也使得市场风险减小。此外，由于投资者不需要进行项目建设，收益周期缩短，可在较短的时间内取得收益。

（四）城市基础设施的经营管理模式

城市基础设施的经营管理的完善主要是改变政府既是所有者和投资者、又是建设者和监督者带来的经营低效。不同性质的基础设施应采用不同的竞争方式。规模积极性较弱、适宜社会竞争经营的基础设施部门，采用一般市场竞争规律；具有自然垄断性的基础设施部门，采用变通的竞争性经营方式，如特许经营；对包括自然垄断性业务的基础设施部门，应实行业务分离。前者适用于一般性竞争经营，后者适用于变通性竞争经营。

在我国，基础设施社会经营中，民营化的效率明显较高，关键在于谨慎确定适合民营化的基础设施范围，相应制定运作规则和监管制度并付诸实践。在对于自然垄断性的城市基础设施，如水、电、气等输送的管网服务，车站和道路的建设中，在特许经营过程中要注意设立科学、合理的特许经营合同。另外，在城市基础设施管理中，基础设施服务价格的管制尤为重要。目前一般采用投资回报率价格管制模型和最高限价管制模型。在我国，管制价格制定应能够激励企业努力降低成本，提高效率，政府承担企业无法控制的外生成本及其变化的风险，管制价格的

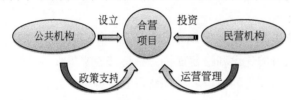

制定主要以基础设施服务提供的成本为基础。在价格管制的方式上，主要选择基准管制为主。在基础设施服务质量的管理上，要重点建立消费者控制机制（图5-10）。

图5-10　城市基础设施建设与管理的基本模式

在项目实施和管理模式中，公共－民营合作（PPP，public private partnership）为一种有效的管理模式。公共机构与民营组织就公共基础设施和公用事业的建设和运营通过签署合作协议明确双方权利义务的法律制度（图5-11）。合作各方共同出资，共同经营、共担风险、共享利益；合同的标的是公共基础设施和公用事业的建设和运营。民营机构投资通过公开的市场竞争行为得以参与和实施该项目，并负责项目的建设运营，同时承担相应的风险。民营机构在建设和运营项目时，要遵守普遍的和特殊的法律规章约束，接受相应的公共机构监管。

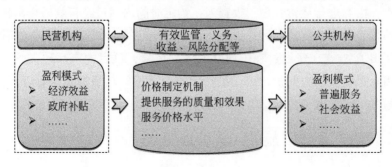

图5-11　公共－民营合作模式的基本监管构架

参 考 文 献

曹晓红. 论城镇体系的复杂转换. 城市问题：(4)：9-11.

陈航，张文尝，金凤君，等. 1993. 中国交通运输地理. 北京：科学出版社.

邓淑莲. 2003. 中国基础设施的公共政策. 上海：上海财经大学出版社.

方创琳，宋吉涛，蔺雪琴，等. 2010. 中国城市群可持续发展理论与实践. 北京：科学出版社.

方子云. 1993. 水利建设的环境效应分析与量化. 北京：中国环境科学出版社.

金凤君. 1998. 区域可持续发展的基础设施环境研究//秦大河. 1998. 可持续发展战略探索. 北京：中国环境科学出版社.

金凤君. 2000. 华北平原城市用水问题研究. 地理科学进展，19（1）：17-24.

金凤君. 2001. 基础设施与人类生存环境关系之研究. 地理科学进展，20（3）：276-285.

娄洪. 2003. 公共基础设施投资与长期经济增长. 北京：中国财政经济出版社.

唐建新，杨军. 2003. 基础设施与经济发展——理论与政策. 武汉：武汉大学出版社.

王成新，梅青，姚士谋等. 2004. 交通模式对城市空间形态影响的实证分析——以南京都市圈城市为例. 地理与地理信息科学，20（3）：74-77.

肖云. 2003. 制度变革中的城市基础设施建设——理论分析与模式创新. 博士后出站报告.

闫小培，毛蒋兴. 2004. 高密度开发城市的交通与土地利用互动关系——以广州为例. 地理学报，59（5）：643-652.

杨文祥. 2000. 论信息管理学的概念与概念体系. 情报科学，(4)：30-35.

杨荫凯，金凤君. 1999. 交通技术创新与城市空间形态的相应演变. 地理学与国土研究，15（1）：44-47.

姚士谋，朱英明，陈振光，等. 2001. 中国城市群. 北京：中国科技大学出版社.

张敦富. 2005. 城市经济原理. 北京：中国轻工业出版社.

甄峰. 2004. 信息时代的区域空间结构，北京：商务印书馆.

周一星. 1995. 城市地理学. 北京：商务印书馆.

朱英明. 2004. 城市群经济空间分析. 北京：科学出版社.

左大康. 1990. 现代地理学词典. 北京：商务印书馆.

Canning D, Fay M. 1993. The effect of Infrastructure Networks on Economic Growth. New York：Columbia University，Department of economics，January.

Deno K T. 1988. The effect of public capital on US manufacturing activity：1970 to 1989. Southern Economic Journal，55：400-411.

Jenks M，Burgess R. 2000. Compact cities：sustainable Urban forms for developing countries. London：Spon Press.

Taaffe E J. 1996. Geography of Transportation. New Jersey：Prentice Hall.

第六章

需求环境与基础设施建设

基础设施服务需求及其增长潜力是基础设施建设的基本动力，基础设施在需求增长的驱动下，不断扩展与升级，适应着需求的变化和要求。但基础设施并不是仅仅被动地适应于需求的发展，其在一定环境下可以刺激社会需求的增长。

最优基础设施能力问题——基础设施的经济供给与经济需求问题，是一个复杂且具有相当弹性的问题。满足特定人类群体各种需求的基础设施体系，是社会发展积极追求的目标。时间发展上不能满足需要的基础设施体系，可能对经济发展产生严重的影响，成为经济发展的瓶颈，制约经济的增长——导致生产能力的浪费。反之，预先投入大量的资金建设还没有需求的基础设施，即过分的资本物质化也是不适宜的——导致社会公共资本的沉淀和浪费。本章侧重分析论述需求与基础设施建设的关系，以及为满足未来需求的基础设施建设预测的一般方法与思路，最后将讨论基础设施供给与需求不匹配引起的后果，预测失真与失准对基础设施建设产生的影响。

第一节 需求增长与基础设施建设

一、经济社会的刚性需求与弹性消费

基础设施建设的经济社会需求是一个广泛笼统的范畴，包括经济活动需求、社会文化需求以及安全需求等许多方面。其需求类型、规模、方式、水平、标准，与特定需求群体所处的自然环境、生活水平、经济发展阶段和社会发展状态等有直接关系。不同发展阶段的社会群体，由于上述各个方面的期望不同，对基础设施的需求标准也不同，因而对特定时期基础设施的建设影响较大。例如，发达国家的居民，对卫生、出行、用水、用电等方面的标准远远高于发展中国家，这决定了相应基础设施的建设与发展。

（一）作为基础设施建设动力的社会需求

社会需求是基础设施建设的唯一动力。社会需求的大小、变化以及需求特征是基础设施建设的前提条件。基础设施的建设离不开社会需求，否则就失去了意义，造成社会财富的浪费和用之失当。因此，基础设施的建设，必须以社会需求为基本依据。处理好经济社会需求与基础设施建设的关系，对合理利用社会公共财富具有重要意义，直接影响着基础设施建设的最佳规模、模式问题。

作为基础设施建设的唯一动力，经济社会需求在以下方面左右着基础设施的建设。第一，决定着基础设施的建设规模与特征。许多基础设施的建设是以现实的需求和未来有限时段内可能出现的潜在需求为依据的。第二，引导基础设施的空间布局与网络发展模式。第三，影响基础设施服务网络的组织与运行机制。第四，决定着基础设施的技术经济发展水平；第五，决定着基础设施建成使用后社会与经济效益的实现。

（二）需求观念及标准与基础设施建设

需求观念与需求标准是确定一个地区基础设施最佳能力的两个核心因素，决定着基础设施的建设规模和建设标准。人们对基础设施服务的消费需求，与其消费能力和消费观念有直接关系，处于富足环境中的居民对基础设施服务需求及其质量上的追求，与处于贫困环境中的居民的追求肯定是有差异的，处于安全环境中的居民与处于危险环境中的居民对安全基础设施的需求和追求肯定不同，处于陆地与岛屿上的居民对交通运输基础设施的需求存在显著差异等。这就涉及需求标准问题，即以何种标准衡量区域基础设施最佳能力问题，这是最关键的。这方面的观念对地方管理者在实施基础设施建设时是最具影响力的。从经济社会资源合理化与合理利用角度看，基础设施建设的最佳目标应是满足大众需求为主，但也不能忽视特殊群体的特殊需求。

社会发展对基础设施服务的需求，需要通过对基础设施建设的不间断投入才能实现。这种投入能力或潜在投入能力的增长，在促进基础设施建设的同时，又有刺激或抑制需求增长的作用。如果投入能力大，可能形成超前于需求的基础设施建设状态；如果投入不足，可能会导致基础设施建设滞后于需求的局面。

（三）多样化需求与基础设施建设

多样化的需求环境为基础设施提供了多样化的发展环境。需求是多样化的，由此决定了多样化基础设施的建设。首先，人们在生产生活过程中的需求是多样的，并具有相应文化与经济色彩，因而导致对基础设施需求的多样性。单一的基础设施不仅不能满足人们的多样化需求，而且还会导致生存环境的单一化。其次，人们在生产与生活过程中需要的物质材料以及产品是多种多样的，要满足这些需求就需要相应的基础设施与之匹配。最后，人们在生产与生活过程中，自觉不自觉地遵循着经济节俭、高效便捷的原则，并孜孜不倦地追求着此目标，这需要建设服务于不同需求的基础设施，以实现基础设施服务的最优化和最佳经济效益。因此，需求多样化是基础设施多样化发展的基础。

（四）需求的可持续性与基础设施建设

需求的可持续性与稳定性以及空间集聚特征也是影响基础设施建设的关键因素，决定着基础设施建设的质量、规模与布局等。在一定历史时期内，人们的某些需求在规模、地点等方面具有持续长久性，这决定着基础设施建设的可持续问题，以及基础设施建设的服务年限等问题。

（五）硬软需求与基础设施建设

从需求本质或特征方面分析，影响或左右基础设施建设的需求可以分为硬需求和软需求两大类。分析认识这些需求与基础设施的关系，或其为基础设施建设所提出的要求，对确定合理的基础设施建设战略是非常重要的。所谓对基础设施建设的硬需求，是指社会需求对基础设施建设提出的硬性指标或目标、标准，只有这些指标达到了所要求的标准，需求才能实现，社会目标才能达到。所谓对基础设施建设的软需求，是指在实现硬需求过程中对基础设施服务在经济性、安全性、稳定性、便捷性以及安逸性等方面提出的需求，即感知方面和经济可行等方面的需求。上述两个概念比较抽象，但笔者认为特别重要。下列一个简单的例子可以使读者更明了这两个概念。即运 1 吨货物，或输 1 千瓦时电力、或输送 1 吨水、或运送 1 名旅客从甲地到乙地，这是对基础设施服务的硬需求，必须建设相应的基础设施这一需求才能实现，如果没有相应的基础设施，这些需求是无法实现的。而如何实现这一需求，即通过何种方式、用何种经济措施并在安全、便捷等方面达到某种要求，等等，这是对基础设施服务的软需求。以运输货物为例，可以用汽车运，也可以用铁路运，可以在很短的时间内运到，也可以用很长的时间实现其运输过程。安全性方面的需求也是如此。

硬需求和软需求都是基础设施建设所必须考虑的重要依据，二者缺一不可。硬需求决定基础设施建设的必要性、规模以及空间布局，软需求影响基础设施建设的类型、结构和技术经济水平，以及其所提供服务的技术经济特征。在基础设施建设过程中，充分考虑硬需求与软需求是非常重要的，处理好二者的关系，可以确定并规划出一条建设基础设施的经济、便捷之路。如果二者关系有失偏颇，则会导致基础设施建设畸形或失当，造成社会财富的浪费。如果过分强调满足社会对基础设施的硬需求，则可能会导致基础设施建设的低水平、低技术重复，使得先进的基础设施建设缺乏足够的动力，所创造的服务环境也可能是落后的或缺乏舒适感的。如果过分重视满足社会对基础设施的软需求，则可能导致基础设施建设过程中的"冒进"倾向，使基础设施建设投入与所产生的社会和经济效益失衡，尤其是"点状"基础设施建设往往易出现上述倾向。例如，以提高城市形象或引力而出现的小城市建大机场，大港口倾向，就是具体反映；再如，缺乏科学运量支持而主观建设高速铁路的倾向，也是过分强调了软需求的表现。

（六）虚实需求与基础设施建设

从需求存在的虚实性看，可分为现实需求与潜在需求，或期望需求。现实需求是可见的，包括其规模、持续时间是可以度量或预测的，其直接决定着基础设施的建设时序、规模和方式。潜在需求是指在未来一段时间内可能出现的需求，如何把握或度量潜在需求对基础设施建设的影响是非常重要的，因为基础设施的系统性和长远性决定其建设必须要充分考虑未来可能出现的需求。但如果对潜在的需求考虑不足，势必影响基础设施建设上的滞后或规模的偏小；如果对潜在需求考虑过大，又可能导致基础设施建设的规模过大，产生浪费。期望需求是指未来某一时刻期望出现的需求，这种期望需求往往是某些基础设施建设的依据，但存在非常大的不确定性。

二、需求目标及标准的约束与引导

（一）五种目标需求与基础设施建设

从经济社会活动行为方面分析，决定基础设施的目标需求主要体现在以下五个方面：①与人的生活与生存有关的基础设施需求。包括人们对居住、出行、卫生、供水、供电等基础设施服务的基本需求，满足这些需求是基础设施建设的主要目的之一。②与生产有关的基础设施需求。这些需求多为生产提供直接服务，或是提供原料、能源供应服务，或是提供产品输送服务，即基础设施是生产者与生产者联系的桥梁。③与生存安全有关的基础设施服务需求。如居住空间的安全防护等，包括抗拒自然灾害和人为灾害的基础设施需求等。④与生存环境改良和维护有关的基础设施需求。⑤ 与生活质量提高密切相关的基础设施需求，如娱乐需求、休闲需求，均需要有相应的基础设施提供服务。

另外，作为经济社会需求得以实现的必要条件的基础设施，又是刺激社会需求增长的主要因素，因为基础设施在提供服务的同时，也对其他行业提出消费需求。没有基础设施，许多社会需求是无法实现的，这在前几章中已经进行了比较详尽的论述。而且，随着基础设施体系的完善，或在特定地区的发展，又会引起某些社会需求的增长。因此，从理论方面分析，基础设施建设与社会需求增长间的关系，是彼此相互促进的。

（二）需求指标与基础设施建设

无论是何种基础设施，都是依据一定的需求标准与规模而建设的，这些标准多来自于人们生产与生活的基本需求，即对基础设施服务的需求标准。对基础设施服务的需求标准主要体现在以下几方面。

1. 人均需求

人均需求是许多基础设施建设的基本依据。例如，人均道路面积、人均绿地面积、人均用水量、人均用电量、人均能源消费量，是基础设施建设的基本依据。

上述需求标准，多是根据实际需求而确定的，然后再根据人口的地域分布与集聚特征，确定基础设施的建设规模与模式。在城市基础设施建设中，许多基础设施的建设是以人均需求指标和人口规模而建设的，即人均占有水平与集聚规模是基础设施建设的关键因素，如道路、绿地、生活用水设施、卫生设施、文化教育设施等基础设施的建设，均有相应的人均指标作为建设的基本依据。

不同的人均需求水准与人口规模对基础设施的建设规划十分重要，忽视人均指标这一依据，往往会使基础设施建设出现偏颇。

在实际进行基础设施规划建设中，针对不同的需求，都有相应的人均标准。在城市化地区，建设基础设施所依据的人均标准一般视人口集聚规模而定，并根据不同的区域自然环境而有所差别。一般情况下，人均生活用电量是按 1～3 千瓦时／（人·天）为标准来确定输变电基础设施建设规模的，给排水基础设施是根据 140～260 升／人·天来建设的，机场候机楼的规模是根据 0.1 平方米／（客·年）为标准建设的，等等。当然上述指标是指导性的，还需要根据具体情况进行修正。表6-1～表6-4是我国城市和国外重要城市的用水指标。

表 6-1　城市规模与用水量的关系 ［单位：升/(人·天)］

城市规模	北方			南方		
	综合用水量	居住用水量	公共用水量	综合用水量	居住用水量	公共用水量
特大	177	102.9	74.2	260.8	166.8	94.0
大	179	98.8	80.4	204	103.0	101.0
中	136	96.8	39.9	208	148.9	59.1
小	138	79.3	58.7	187.6	148.5	39.1

资料来源：侯捷，1998

表 6-2　部分国家城市人均生活用水量（1990 年）［单位：升/(人·天)］

城市名称	人均生活新水量	城市名称	人均生活用水量
曼谷	172.6	布达佩斯	237.7
汉城	181.2	贝尔格莱德	243.9
基辅	329.6	华沙	263.5
索菲亚	186.4	开罗	275.9
马德里	193.0	哈瓦那	299.9
布加勒斯特	200.3	莫斯科	494.6

资料来源：侯捷，1998

表 6-3　欧洲部分国家住宅用水量（20 世纪 90 年代）［单位：升/(人·天)］

国家	人均生活新水量	国家	人均生活新水量
瑞士	260	荷兰	173
奥地利	215	法国	161
意大利	214	英国	161
瑞典	195	比利时	116
丹麦	176	德国	135

注：本表摘自《城市生活用水现状及节水规划》（1998）

表 6-4　我国城市的人均基础设施拥有水平（2005 年）

城市规模	人均用水 （升/天）	人均用电 （千瓦时/年）	人均道路面积 （平方米）	人均拥有电话机数 （部）
超大城市	105.9	237.0	4.5	28
特大城市	69.3	280.6	4.7	19
大城市	81.3	242.0	4.9	17
中等城市	72.4	142.9	3.0	9
小城市	52.6	97.9	1.7	5

注：根据《中国城市统计年鉴》（2005）整理

2. 生产需求

和人均需求标准一样，有许多生产需求指标是基础设施建设的基本依据，如单位生产产生的运输量，单位产品需要的用水量、单位产品用电量，单位产品或产值产生的"三废"量等，均是相应基础设施建设的基本依据。虽然这些指标并不是硬性的，但对基础设施建设的确是重要的。这些指标比较多，不能一一列举，仅举部分企业与运输的关系以为参考（表6-5）。

表6-5　主要原材料工业部门单位产品的厂外运量（吨运量/吨产量）

企业类型		厂外运量	企业类型		厂外运量
冶金工业	钢	8 ~ 9	化学工业	纯碱	3 ~ 4
	铝	7		塑料	2 ~ 2.5
	铜	50 ~ 100		合成纤维	2 ~ 2.5
建材工业	水泥	2.5	纺织工业	棉纱	2.5 ~ 3.0
	玻璃	4 ~ 5			

资料来源：陆大道，1990

单位产值产生的运输、用电等也是基础设施建设的重要依据，虽然这方面的指标并不十分精确，并且具有动态性，但作为一个地区或国家整体交通运输基础设施建设的参考依据，却是有意义的，图6-1是我国20世纪80年代以来单位国内生产总值所产生的运输量，对我国的交通运输基础设施建设具有重要意义。在过去30年中，我国单位GDP所产生的货运量降低了2/3，单位GDP产生的货物周转量降低了一半，表明我国的经济质量发生了一定的良性变化。

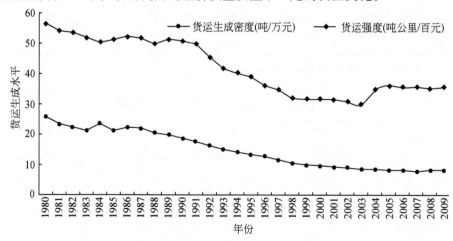

图6-1　我国单位国内生产总值的货运强度变化

基础设施与经济社会空间组织

单位产品的耗水量对与水有关的基础设施建设是十分重要的。尤其是对大耗水工业的发展，具有相应的水利基础设施和充足的水源保证对其生产的正常运转意义十分重大。表6-6是我国有关部门在进行城市工业发展规划中，对主要工业行业的生产用水指标所给定的参考指标，对供水基础设施的建设具有一定的参考意义。例如，造纸是一类高物耗的行业，每吨纸浆所需要的新水量达200立方米以上；化工产业也具有此类特征。

表6-6 主要工业行业单位产品的新水用量

产品名称	单位产品新水用量/单位产品	产品名称	单位产品新水用量/单位产品
棉纺织	2.5 立方米/百米	皮革加工	0.84 立方米/张
毛纺织	31 立方米/百米	硫酸	20～70 立方米/吨
丝织	3.7 立方米/百米	氯碱	15～20 立方米/吨
麻纺	760 立方米/百米	涂料	40～50 立方米/吨
粘胶	580 立方米/吨	三胶	145 立方米/吨
涤纶	47 立方米/吨	炼铁	8 立方米/吨
印染	2.0 立方米/吨	钢	4 立方米/吨
味精	150 立方米/吨	轧钢	5.5 立方米/吨
酒精	42 立方米/吨	医药	130～250 立方米/万元
啤酒	14 立方米/吨	彩色显像管	0.6 立方米/只
罐头	65 立方米/吨	机械	45 立方米/万元
纸浆造纸	210 立方米/吨	平板玻璃	0.82 立方米/重箱
纸	50 立方米/吨	水泥	0.80 立方米/吨
猪屠宰加工	0.55 立方米/头	载重汽车	18～30 立方米/辆
牛屠宰加工	1.20 立方米/头	轿车	10～20 立方米/辆
羊屠宰加工	0.40 立方米/只	火力发电	1.0 立方米/SGW
家禽屠宰加工	0.045 立方米/只		

资料来源：侯捷，1998

3. 安全需求标准

安全需求标准也是许多重要基础设施建设的重要依据，如防灾基础设施，维护性基础设施等。在防灾基础设施建设中，多根据人们的安全需求和安全预测，依据灾害发生的可能性和可能强度，按服务年限的需求建设相应的基础设施。如，对防洪基础设施的建设中，多以抵抗5年一遇，10年一遇、20年一遇、50年一遇、百年一遇等标准建设堤坝等设施。

（三）需求变化与基础设施建设

需求变化影响基础设施的使用时效与结构转变。随着人类经济社会的不断进步，人们的需求也会发生变化，这种变化对基础设施服务的需求也会产生影响，把握这种需求的变化，尤其是对需求变化的准确预测，可以对基础设施进行合理规划与建设，使其获得合理的效益，发挥有效的功能，引导社会资本的有效利用。否则将会导致社会财富的浪费，本章第三节将专门讨论需求变化所产生的副作用，并对典型例子进行剖析。

需求变化对基础设施建设与利用的影响，一般反映在对既有基础设施利用效率和利用寿命、基础设施类型的转变、基础设施地域空间布局转化、基础设施服务网络组织变化等方面。第一，需求的增长变化对基础设施的扩张有重要影响，一般情况下引导着基础设施的规模、地域布局的转变，并刺激新的基础设施的建设。第二，需求的消失或衰亡会导致既有基础设施经济社会效用的丧失，失去其经济社会意义。第三，需求的地域转变会导致基础设施网络在地域上的转变，及不同地区基础设施服务和固定设施的消长变化。我国大运河运输的衰落与沿线铁路运输的兴起就是最典型的例子，未来高速公路与铁路的需求竞争也会导致两种基础设施经济社会地位和效益的变化，尤其是在那些各种基础设施比较齐全的发达地区。已经初见端倪的信息流与交通流的需求转化也将引起相应基础设施社会效益的变化。第四，需求类型的转变会导致基础设施结构的变化，这主要是因为需要基础设施提供适合的服务。

（四）需求标准偏差与基础设施建设

需求标准偏差会导致基础设施建设的非合理化，对基础设施建设的影响体现在两个方面：一是过低的需求标准会引起基础设施建设的不足，不能保证经济社会的正常运转，成为经济社会发展的瓶颈，同时也很难为居民生存创造一个良好的环境，也不能为未来经济社会发展提供潜在保障。二是过高的需求标准会引起基础设施建设的冒进，造成社会财富的浪费。另外，过度的需求膨胀会造成基础设施的畸形发展。因此，在发展基础设施的有关理论中，根据其经济社会效益的原则，有不同的发展理论，最具特色的有两种理论或观点。

（1）"挤出理论"。即基础设施体系的发展以其提供的服务被最大限度地利用为原则，服务供给在最大能力下运转，使其发挥最大的利用效率。这样可以利用少投入而获得最大的经济回报。以这种理论发展起来的基础设施，与经济社会需求相比，始终是滞后的。这种发展模式可以在发展中国家的基础设施建设中发现许多例子。其最大的特点是社会公共资本可以被最大限度地利用，获得单位服务产出的最大化。这种发展模式，在社会资本短缺的状态下是一种有效的发展模式。但是，值得指出的是，这种发展会抑制需求的增长，或导致城市与产业发展环境的恶化。

（2）"宽松理论"。即以基础设施服务最大限度地满足经济社会需求为基本原则，经济社会可以在优良的基础设施环境中任意发展，不受或尽量少受基础设施的限制。这种发展模式可以在发达国家中发现许多例子。在这种理论指导下建设的基础设施体系，多是以充足的投入做后盾的，其所形成的经济社会发展环境对未来经济发展具有较强的刺激引导作用。

但是，从社会资源合理有效利用出发，过度发展和过低发展均是非合理化的。如何确定基础设施合理化发展的"度"，是一个极其难以解决的问题，也很难用某些定量指标来衡量。然而，这却是基础设施建设中必须解决的问题。

第二节　服务需求预测的一般方法

一、基础设施建设的主导因素

要正确分析基础设施的未来需求，必须首先分析影响基础设施需求的重要因素。归纳起来，影响基础设施建设的主要因素包括国民经济发展规模与潜力，区域城市化水平及其发展趋势，人口增长状态以及其生活水平变化，重要产业部门的发展，产业结构的变化趋势，居民生活质量的提高需求，等等。

（一）国民经济需求

关于基础设施需求的预测，首先预测的是对基础设施服务的需求，然后将其按一定的技术经济要求转换成对固相基础设施的需求，以及服务组织——空间网络组织和管理组织的需求。

国民经济发展状态与发展潜力是大多数基础设施建设的基本依据，对其进行预测，可以从几方面把握基础设施需求的增长。第一，国民经济的增长与规模是基础设施建设所需建设资金的基本来源和保障，尤其是在基础设施建设滞后的状况下，对其预测直接决定着基础设施建设规划的制定以及计划的实施。第二，国民经济的发展对基础设施服务提出相应要求，指导基础设施体系的建立与发展。

一般情况下，基础设施建设与国民经济发展间的关系，并无固定的函数关系，无精确的定量参数，但可以通过一种柔性的关系预测基础设施的服务需求，如弹性系数法、相关分析法等。

以 1952 ～ 1988 年的国民经济资料分析我国国民经济与货物运输发展的关系为例，所得定量结果可以反映国民经济与基础设施服务需求间的关系。货运量与社会总产值、工农业总产值的回归分析中，判别系数分别为 0.916 0 和 0.943 7（表 6-7），而货物周转量分别为 0.936 8 和 0.964 9。由此可见，无论选用哪种国民经济指标，相关程度均较高，同时不同时期相关有所差异。

各种货运方式受国民经济的影响程度不同。公路货物运输的变化与国民经济的变化关系最为密切，其货运量与社会总产值、工农业总产值的回归系数（1952～1988 年）分别为 0.900 2 和 0.923 7，周转量与两者的回归系数分别为 0.977 6 和 0.971 2。铁路、水运货运量和周转量的变化与国民经济的发展变化关系也较为密切。

表 6-7　货运量（G）增长与国民经济发展的相关分析

相关指标	1952 ～ 1988 年	1952 ～ 1978 年	1979 ～ 1988 年
社会总产值（X）	$G = 31195.58 + 40.20x$ $R^2 = 0.9160$ $D - W = 0.64$ $S.E = 80970$ $F = 381.57$	$G = 23709.22 + 34.10x$ $R^2 = 0.9114$ $D - W = 0.43$ $S.E = 17442$ $F = 257.3$	$G = 347679.49 + 23.64x$ $R^2 = 0.9358$ $D - W = 0.68$ $S.E = 47946$ $F = 116.57$
工农业总产值（Y）	$G = 14185.45 + 53.48x$ $R^2 = 0.9437$ $D - W = 0.65$ $S.E = 66281$ $F = 586.68$	$G = 27129.54 + 40.29x$ $R^2 = 0.9015$ $D - W = 0.45$ $S.E = 18393$ $F = 228.86$	$G = 294045 + 34.38x$ $R^2 = 0.9673$ $D - W = 0.87$ $S.E = 34231$ $F = 236.40$

基础设施与经济社会空间组织

（二）城市化

许多基础设施与城市化的发展有直接关系，对城市化的发展与基础设施建设间关系的分析，可以预测基础设施的需求。影响基础设施建设的城市化指标包括：城市化发展水平，城市化发展趋势与结构转化，城市人口的集聚特征与收入水平，一定地域空间范围内城市体系的发展趋势及其在区域经济中的作用等。例如，近年来我国城市群的建设与发展，就对基础设施建设提出了新的课题：模式与空间体系如何构建？这需要缜密的研究、规划才能得出结论。

（三）人口

人口，包括人口的分布特征、消费特征和收入水平等，是影响基础设施建设的最主要因素之一，上述指标的变化与发展，直接左右着基础设施的建设。因此，预测人口的增长，可以依据一定的相关关系预测基础设施的需求。从历史经验看，人均收入水平的提高是预测基础设施建设程度和水平的关键因素。

（四）主导产业

许多基础设施建设与主导行业的发展关系密切，即某些主导行业发展是相应基础设施建设的依据。因此，分析预测这些行业的发展也可以确定基础设施的需求发展。从工业化进程看，工业化初期和中期产业发展迅速，对基础设施的服务需求比较强烈；重化工产业在原材料、能源、水资源等方面消耗量比较大，产业的运输量也比较大，排放的污染物也比较多；这些特征都是基础设施建设预测需要考虑的主要因素。

二、回归预测方法

（一）回归预测方法基本步骤

回归预测方法是预测基础设施服务需求的基本方法，其特点是根据基础设施建设与其他因素的关系，以及这些因素的历史发展资料，追求它们之间的发展关系，以此推断未来一定时期基础设施的需求。在进行基础设施服务需求预测时，可根据具体情况，采用一元线性回归预测方法，一元非线性回归预测，二元线性回归预测，二元非线性回归预测，多元线性回归预测，多元非线性回归预测，时序回归预测等模型。其主要原理是利用历史资料得到的参数，并已知相关因素发展结果的前提下，预测基础设施服务需求的可能规模，然后再将其转化为对固相基础设施的需求和服务发展的需求，用以指导其规划与建设。回归预测的一般步骤如下（图6-2）。

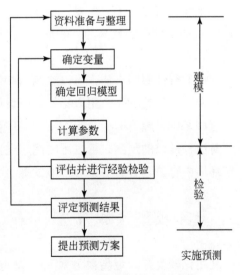

图6-2 回归预测的一般步骤

（二）回归预测方法一般形式

（1）一元线性回归预测的一般形式是

$$Y_i = b_o + b_1 x_i$$

其中，Y_i 是预测期基础设施服务的需求量，x_i 是相应时间相关因素的发展值。b_o 和 b_1 是根据历史发展资料所确定的参数。

上述预测方法在实践中比较常用，对预测运量、用水、用电等有一定应用价值，然后再根据预测到的数值，就可以分析未来的基础设施需求，包括固相基础设施的需求，基础设施服务网络的需求等。所依据的相关因子（因变量）可以是人口、公民生产总值、某一行业的产品产量等。

利用一元回归方法预测，虽然对未来基础设施规划可以提供一定的参考依据，但过分依靠其预测结果也会出现偏差，因为基础设施需求是受多种因素的影响。

（2）二元线性回归的一般形式是

$$Y_i = b_o + b_1 x_{1i} + b_1 x_{2i}$$

二元回归预测的方法与一元线性回归方法基本相同，一般情况下所选择的变量多是与基础设施需求相关的变量，如人口、国民生产总值等。

（3）非线性回归预测的一般形式是

$$Y_i = b_o + b_1 x_i + b_2 x_i^2 + \cdots + b_n x_i^n + u$$

利用非线性回归方法，可以预测那些复杂变化的需求，使预测在某些情况下更接近实际情况的变化，用以指导基础设施建设。

有些基础设施具有自回归特征，即随着时间的变化其自身有一定的发展特征。对这种需求的预测，可以用时间序列回归分析方法对其发展进行预测，这在一定环境中也是具有重要参考价值的。

三、复杂模型预测方法

利用比较复杂的定量模型对基础设施服务需求进行预测也是比较常用的方法。这类模型比较多，每一种模型都从不同角度，在分析基础设施服务需求与有关因素间基础上，对基础设施的未来需求进行预测。一般比较常用的模型有投入－产出模型，引力模型，空间相互作用模型，空间互动模型，O-D 流模型等。上述模型首先对基础设施服务流的需求进行预测，然后用其指导固相基础设施的建设和基础设施服务组织网络的建设。

（一）投入 – 产出模型

投入 – 产出模型最初是为了分析经济结构和各行业间的关系而设计的，主要目的是追求经济社会系统中各个行业、各部门间的定量关系。利用其进行基础设施服务需求分析与预测时，也是建立在各类基础设施服务需求与经济社会各部门存在联系这一基础之上的。

投入 – 产出的一般形式是

$$T^{pq} = \sum_{i}^{n} \sum_{j}^{n} T_{ij}^{pq}$$

$$T^{q} = \sum_{p}^{m} T^{pq}$$

$$T_{ij}^{pq} = a_{ij}^{pq} E_{p}$$

其中，p 是行业，q 是基础设施服务的种类，T_{ij}^{pq} 是 p 行业生产经营活动中 i 区域流向 j 区域的 q 种基础设施服务流，T^{pq} 是 p 行业对 q 种基础设施服务的总需求，a_{ij}^{pq} 是系数，E_{p} 是行业 p 的产出量。因此有

$$\sum_{j}^{n} T_{ij}^{q} = O_{i}^{q}$$

$$\sum_{i}^{n} T_{ij}^{q} = D_{j}^{q}$$

其中，O_{i}^{q} 与 D_{j}^{q} 分别是区域 i 与区域 j 发出和获得的服务流。

在进行基础设施服务需求的预测过程中，首先要根据历史的资料取得参数，然后对其进行检验修正，并对外生变量，如国民生产总值、行业产值、产品产量进行预测，最后可以根据外生变量预测基础设施的服务需求。

一般情况下，在实际应用中，会根据具体情况对投入 – 产出模型进行改造，使其更实用。例如，对运输的需求（运量）预测，则可以对此模型进行必要改造，成为 $O - D$ 模型。

（二）引力模型

引力模型也是分析基础设施服务流的一种广泛模型，它的形式与物理学的万有引力定律近似而得名。一般应用此模型进行基础设施服务需求预测时，多用其对那些具有空间矢量特征的服务流进行预测，如信息流、交通流、客货流等。其一般形式为

$$X_{ij} = k \frac{V_i^{\alpha} U_j^{\beta}}{R_{ij}^{\gamma}}$$

其中，V_i、U_j 是 i 地和 j 地的相关总量指标，在进行基础设施服务流分析中这些指标可以是人口、国民经济产值、产品产量等，R_{ij} 为两地间的距离，α、β、γ 为模型的指数参数，依据实际情况而定，k 为模型常数。模型满足下列条件，其中，O_i、D_j 分别是区域 i 的输出总量和区域 j 的输入总量。

$$O_i = \sum_j^n X_{ij}$$

$$D_j = \sum_i^n X_{ij}$$

$$T = \sum_i^n O_i = \sum_j^n D_j$$

在进行基础设施服务流预测时，与投入－产出模型一样，首先要进行相关因素的预测，然后再根据模型推算基础设施服务流的需求。利用引力模型进行预测有其显著特点，但也存在明显的缺点。即基础设施服务需求是受多种因素的复杂作用，这些因素在模型中并不能完全反映出来，再者，因素与服务流间的关系，也很难用模型中的参数精确反映或描述出来。因此，利用模型进行预测，应根据实际情况进行经验判断，对预测结果进行适当修正。

（三）空间相互作用模型

空间相互作用模型的基本原理是基于下列假设建立的，即不同空间中存在着各自的因素，这些因素与其他空间区域中的因素存在着相互作用，在这种相互作用引力下，区域间就产生了物质流或能量流、信息流，而且这种流遵循着一定的函数关系或规律。这种流是基础设施建设的基本依据。空间相互作用模型的一般形式是

$$X_{ij} = A_i O_i B_j D_j f(r_{ij})$$

$$f(r_{ij}) = e_{ij}^{-\beta\gamma}$$

$$\sum_j^n x_{ij} = O_i$$

$$\sum_i^n x_{ij} = D_j$$

其中，X_{ij} 是区域 i、j 间的基础设施服务流，A_i、B_j 是两区域的因子，O_i、D_j 分别代表两区域发出的和到达的基础设施服务流。

$f(r_{ij})$ 是距离衰减函数，其有多种形式，其常用的是指数型函数和幂函数

当距离函数确定并满足下列条件时，比例因子可以利用下式计算

基础设施与经济社会空间组织

$$A_i = \cfrac{1}{\displaystyle\sum_j^n B_j D_j f(r_{ij})}$$

$$B_j = \cfrac{1}{\displaystyle\sum_i^n A_i O_i f(r_{ij})}$$

空间相互作用模型有下列优点：第一，在详细的基期资料难以获得的情况下，仍能预测各地间的基础设施服务流；第二，可以根据实际情况确定不同的建立衰减函数，以便体现距离因子对基础设施服务流的影响；第三，模型中的 A_i 和 B_j 体现地区间基础设施服务流受一地被其他地区吸引以及其他地区吸引强度的影响，具有较强的实际意义；第四，可以根据情况将模型扩大成其他形式，通用性较强；第五，可以用于规划和区位分析。

（四）空间互动模型

空间互动模型是美国学者于 20 世纪 70 年代提出来的，被称为系统模型。它的一般形式是

$$D_j = B_j^\beta W_j$$

$$X_{ij} = A_1^{\alpha-1} V_i B_j^{\beta-1} W_j t_{ij}$$

$$O_i = A_i^\alpha V_i$$

$$A_i = \sum_j^n B_j^{\beta-1} W_j t_{ij}$$

$$B_j = \sum_i^n A_i^{\alpha-1} V_i t_{ij}$$

其中，X_{ij} 是 i 地发往 j 地的基础设施服务流，O_i、D_j 分别是 i 地发出的服务流总量和 j 地到达的服务流总量，V_i 为 i 地因起基础设施服务流量的总指标，W_j 为引起 j 地基础设施服务流流入的总量指标，A_i 是系统对 i 地的拉力强度，B_j 是系统对 j 地推力强度，α、β 是强度常数系数，t_{ij} 是两地间的关系系数。模型满足下列条件

$$O_i = \sum_j^n X_{ij}$$

$$D_j = \sum_i^n X_{ij}$$

$$X = \sum_i^n O_i = \sum_j^n D_j = \sum_i^n \sum_j^n X_{ij}$$

$$V = \sum_i^n V_i$$

$$W = \sum_j^n W_j$$

此模型具有较好的通用性，但比较复杂。

第三节　期望需求失真与基础设施建设

本节将重点讨论期望需求失真与基础设施建设、利用的关系，以及所产生的经济社会后果，例如预测需求低于实际需求发展所引起的经济社会效应，需求衰退、消失对基础设施利用所产生的不利影响，系统优化产生期望需求转变而引起的基础设施利用与建设问题等。

一、服务需求预测偏差与基础设施建设

（一）预测需求偏差与基础设施短缺或过剩

对基础设施服务需求的预测，与实际发展可能存在两种结果，一是预测的期望需求过高，二是预测的期望需求过低，导致基础设施建设所依据的虚拟需求环境失真，其结果必然是引起基础设施建设偏离正确的轨道。

虽然"过高"和"过低"一般难以给出精确的量化指标，但可以通过基础设施提供的供给能力和经济社会对其服务需求间的差别得到定量衡量。到目前为止，还没有学者对这一问题给出相应的判断标准，即使是对单一的基础实施服务需求也是如此。笔者根据实际研究的工作经验并考虑到基础设施服务的实际经济效果的合理体现，给出下列判断标准，判断需求预测的"过高"和"过低"的界限。如果 S 代表基础设施的供给能力，D 代表对基础设施服务的需求，供给与需求间的协调度为 C，则

$$C = S/D$$

如果 C 大于 1.5，可视为供给超级过剩，在 1.5～1.25 为供给过剩，小于 0.75 可视为供给严重不足，在 0.9～0.75 可视为供给不足。前两者表现的是期望需求过高，基础设施是在乐观的需求增长下建设的，而实际的需求增长并没有达到期望的需求结果，因而导致基础设施建设规模过大；后者表现的是期望需求判

断过低，基础设施是在悲观的需求增长前提下建设的，而实际的增长结果超过期望增长，从而导致基础设施服务能力的滞后与短缺。当然，基础设施服务供给的短缺可能是在建设资金不足的情况下发生的，这种情况虽然与预测的需求有关系，但多数情况下是由于社会建设能力和政策决定的。

从总体上评价供给与需求间的协调关系有一定难度，但评价微观的基础设施建设中二者间的关系，则是比较容易的，也具有实际意义。

由于需求是基础设施建设的基本依据和前提，基础设施服务的期望需求预测的失真，无论是过高还是过低，都会引起直接的经济后果，即社会财富的浪费，前者造成社会公共财富的浪费，后者通过抑制其他行业的发展造成相关生产率或劳动生产的降低，导致设备和资本效率的降低。

从基础设施所提供的经济社会发展环境看，在"过高"期望需求建立起来的基础设施体系，无论是一个地区还是一个国家的基础设施体系，其提供的发展环境或投资环境是有利的，如果基础设施的质量也比较好，则提供的发展环境可能是优良的，是吸引投资的一个有利条件。在"过低"的期望需求判断支配下建设的区域基础设施体系，由于其提供的服务不能满足经济社会的要求，因而其营造的发展环境是不利的，是制约经济进一步发展的因素，不利于经济社会的进一步发展和吸引投资。

（二）预测时段与区域偏差对基础设施建设的影响

期望需求预测偏差有时还表现在预测时段方面，即虽然有期望需求，但此期望需求没有在期望的时间中出现，或是提前出现，或是滞后出现，两种现象同样引起基础设施的超前投入或滞后投入，造成浪费。

期望预测失真还表现在地区方面，这方面的偏差对基础设施建设的影响非常大，往往导致基础设施在区域上的重复建设而失去合理的规模和经济效益，同样造成社会资本的浪费。最突出的是就某些基础设施建设的前提研究中，把服务的地域范围或腹地不合理地重复计算，导致期望需求过大，引起基础设施建设规模偏大，而最终则没有期望的需求出现。这种现象往往在城市化地区建设"点状"基础设施建设中出现上述问题。

二、盈利基础缺失与基础设施建设

（一）盈利与基础设施持续发展

基础设施建设中可能出现的另一个问题是缺乏竞争和盈利基础的基础设施建

设，这仍然与基础设施服务需求的预测有关。因为人们在享受基础设施提供的服务时，仍然遵循着经济高效的原则，尤其是在具有多种基础设施服务可以选择的情况下，期望需求预测必须考虑基础设施行业间服务的竞争问题，否则期望需求会由于竞争因素的影响而发生偏差，导致基础设施建设决策的失误。

在已经存在一定规模或服务能力的状况下，新的基础设施建设或升级，应对服务竞争问题给予充分重视，在此前提下才能客观地分析预测基础设施服务的需求与分配问题。

在基础设施建设过程中，从基础设施服务短缺状态向基础设施服务富余状态转化阶段，往往会出现基础设施建设盈利基础丧失的问题。其原因是：在短缺环境下，基础设施可以获得较好的社会回报，而效益与成本问题则成为次要问题；然而，随着那些有效率和效益的新的基础设施介入，以及服务供给能力的改善，有些缺乏竞争优势的基础设施的利用问题就会变得突出起来，被淘汰出局。而那些新建的基础设施，如果缺乏竞争优势，会在建成之始就陷入经营困境。

（二）缺乏竞争与盈利基础的结果

缺乏竞争与盈利基础缺失的基础设施建设会导致社会财富的浪费。在竞争环境下，缺乏盈利基础的基础设施建设，会使基础设施建设的经济社会效益难以达到期望的效果，成为社会的负担，或由于缺乏竞争力而被弃置不用，造成社会财富的浪费。这方面的例子不胜枚举，在交通运输、信息等领域都不同程度地存在。20世纪80年代我国在辽东半岛建设的鲅鱼圈煤炭专用码头就是一个明显的缺乏竞争基础的基础设施建设项目，最终导致其利用价值的丧失，改作他用，造成了国家财富的浪费（专栏6-1）。

专栏6-1　缺乏竞争基础的鲅鱼圈煤炭专用码头建设

鲅鱼圈港位于辽宁省辽东湾北部，背靠我国两大经济聚集地带之一的辽中地区和东北经济区，其建港的自然条件、区域经济条件和陆路交通条件非常优越，具有广阔的发展前景。其陆运条件优越，距东北交通大动脉——哈大铁路线仅9公里，距沈（阳）－大（连）高速公路只7公里。通过这两条主要交通线南达大连，北可联沈阳、鞍山、抚顺、长春、哈尔滨等重要铁路中心。陆上交通距沈阳240公里，鞍山130公里，大连210公里。海上距大连港156海里，秦皇岛港130海里。

但是，20世纪80年代末期建成的专用煤码头，由于缺乏需求基础和竞争优势，建成之后并没有发挥应有的作用。

20世纪80年代初期，我国的交通运输基础设施基础的供给能力远远落后于经济发展的要求，使得交通运输在短缺状态下为国民经济服务，交通运输基础设施建设的合理经济效益问题与竞争优势问题还未被引起广泛的重视，加之东北能源的短缺状况越来越严重，进出山海关的铁路运输远不能满足需要，严重影响了重工业基地经济的正常发展。

在上述大背景下，国家计划开辟新的能源运输通道，自1984年始在鲅鱼圈开工建设一个3万吨级煤炭专用码头，年吞吐能力500万吨，并配有自卸船和输送皮带。总投资为2.7亿元（当时的投资价格），1987年建成。

然而，此码头自建成伊始就未能发挥作用，关键问题是忽视了基础设施服务的盈利基础这一关键因素。由于其到秦皇岛只有130海里，海运的优势根本体现不出来，而经过铁路到辽东半岛的铁路运输由于不经过中转而具有明显的优势。例如，1吨晋煤经铁路到秦皇岛中转到鲅鱼圈港再上岸到辽东半岛用户的运费，比经铁路直接运到辽东的运费高23%，这就使鲅鱼圈港在煤炭运输市场竞争中无任何优势，从而成为无效投资的典范。当然，期望中用户消失（鲅鱼圈电厂未能建设）也是原因之一。但最主要的是在建设之前的决策中就忽略了盈利基础这一因素。

注：根据作者调研资料整理

三、服务系统优化与基础设施建设

（一）系统优化升级对基础设施建设的影响

系统优化或升级，对局部基础设施的影响主要是通过服务成本的优劣反映出来。一般情况下，系统优化对局部基础设施建设的影响主要体现在下列几个方面：第一，可能引起局部基础设施利用价值的提高或降低，通过服务成本竞争，尤其是在服务同一对象的多方式基础设施服务竞争中，那些有优势的局部基础设施的利用价值提高，其利用效率和经济效益也会相应提高，导致其地位和存在价值提升。而那些缺乏竞争优势的基础设施会在竞争中失去利用价值，被淘汰出局或陷入经营困境。第二，可以促进局部基础设施管理利用水平的提高，消除不利的管理，提高其利用和竞争能力。第三，可以促进局部基础设施技术水平的升级，以适应系统优化的要求。第四，促进基础设施体系各个环节的有机联系，形成有机的服务网络。

由于多数基础设施在空间上是网络形的，其形成的服务网络在区域上是相互关联的，此区域基础设施的建设往往会影响到彼区域基础设施功能的发挥。然而，有时候，基础设施的建设往往仅考虑地方需求，而忽略全局的变化和改善可能产生的影响，从而使得期望需求的预测出现偏差，导致基础设施建设作用的降低或意义的丧失，引起社会财富的浪费。

基础设施的期望需求分析就像企业进行市场分析一样，必须从全局进行综合分析，才能使基础设施建设决策更科学更准确。实际上系统环境改善引起局部基础设施作用的减低或利用价值的消失，是比较难以把握的。

（二）系统优化升级对局部基础设施的影响

系统优化可能使局部基础设施失去利用价值。系统优化会导致某些局部基础设施建设所依据的期望需求消失，从而导致其利用价值的降低或消失。以运输煤炭为主的襄樊余家湖港煤炭码头的建设就是这种现象中的典型例子（专栏 6-2）。表 6-8 是 20 世纪 90 年代中期铁路直达煤炭和铁水联运（经余家湖）煤炭的运输价格，显然，中转运输无竞争优势，其吨煤的运输价格比铁路直达高10%～20%。

专栏 6-2　全国运输系统优化引起余家湖港煤炭码头失去利用价值

余家湖港位于湖北省北部，汉水之滨，具有较好的地理区位，水运条件优良，是较好的水运基础设施。其临近能源基地，长江中下游地区是能源匮乏地区，理论上余家湖作为能源运输中转港具有比较有利的条件。

20 世纪 80 年代末期，由于我国经济经过近 10 年的高速发展，交通基础设施明显滞后于经济的发展，加之经济增长在地区上表现出明显的倾向：缺能的南方地区发展迅速，而其又远离能源生产地区，这样就引起了远距离大宗煤炭流的持续增长，给运输造成了巨大压力，客观上需要建设新的能源运输通道。在此背景下，国家计划建设焦枝（到襄樊）-余家湖-汉江-长江铁水煤炭联运通道，重点对汉江进行治理，提高航道等级，建设吞吐能力 500 万吨的余家湖煤炭中转港，总投资 2.7 亿元（1990 年价），于 1994 年建成。煤炭的主要用户是武汉钢铁公司的自备电厂。然而，这一基础设施工程却未发挥应有的作用。

究其原因，就是忽略了全国性煤炭运输系统的优化可能带来的冲击。在余家湖建设时期，我国的铁海联运系统和陆路铁路干线系统也在加速建设之中，并同时在20世纪90年代中期形成能力，大大缓解了能源运输的紧张局面，用户开始追求利用运费低廉的铁路直达运输。而经港口中转的汉江铁水联运由于缺乏竞争优势，其期望需求的用户消失，最终导致其利用价值的消失，成为无效的基础设施建设项目。

表6-8 煤炭运输的运距与运费比较（武钢自备电厂为用户）

序号	运输方式	铁路			水运（汉江）		中转		合计	
		经由	运距（公里）	运费（元/吨）	运距（公里）	运费（元/吨）	中转港	运费（元/吨）	运距（公里）	运费（元/吨）
汾西矿										
1	铁水联运	孟塬、洛阳、余家湖	1066	41.06	532	17.84	余家湖	2.75	1598	61.65
2	铁水联运	月山、洛阳、余家湖	980	37.75	532	17.84	余家湖	2.75	1512	58.34
3	铁路直达	孟塬、郑州、武昌、武钢	1478	56.9					1478	56.9
4	铁路直达	月山、洛阳、郑州、武钢	1392	53.39					1392	53.59
5	铁路直达	月山、新乡、郑州、武钢	1307	50.3					1307	50.3
6	铁路直达	洛阳、宝丰、武昌、武钢	1369	52.7					1369	52.7
7	铁路直达	洛阳、襄樊、武昌、武钢	1305	50.24					1305	50.24
8	铁路直达	孟塬、洛阳、襄樊、武昌、武钢	1391	53.55					1391	53.55
9	铁路直达	孟塬、洛阳、宝丰、武昌、武钢	1455	56.22					1455	56.22
晋东南矿										
1	铁水联运	长治北、月山、洛阳、余家湖	685	26.38	532	17.84	余家湖	2.75	1217	46.97

序号	运输方式	铁路			水运（汉江）		中转		合计	
		经由	运距（公里）	运费（元/吨）	运距（公里）	运费（元/吨）	中转港	运费（元/吨）	运距（公里）	运费（元/吨）
晋东南矿										
2	铁路直达	长治北、邯郸、新乡、武昌、武钢	1167	44.93					1167	44.93
3	铁路直达	长治北、月山、新乡、武昌、武钢	1011	38.92					1011	38.92
4	铁路直达	长治、月山、洛阳、武昌、武钢	1096	40.19					1096	40.19
5	铁路直达	长治北、洛阳、宝丰、武昌、武钢	1073	41.3					1073	41.3

注：①运费是 1995 年的标准；②作者根据调研资料整理

四、服务需求衰退与基础设施利用

（一）需求衰退对基础设施利用的影响

期望需求衰退会导致基础设施利用的不充分和服役时间的缩短。一般情况下，无论是单个的基础设施建设项目，还是以区域为单元建设的基础设施体系，或是以行业部门为主体建设的基础设施网络，都存在一定的使用寿命，并按照一定的规模、标准建设的，其最主要的依据是需求。由于期望需求的衰退或不足，必然导致基础设施能力的过剩，直接结果是造成投资的损失。引起期望需求衰退的原因比较复杂，具体情况还需要具体分析，但其造成的结果却是一致的。尤其是那些专业性比较强的基础设施，其期望需求衰退对其影响是严重的，直接导致其运营效益的降低。

（二）需求消失对基础设施利用的影响

期望需求消失必然导致基础设施失去利用价值，直接结果是造成投资的损失。引起期望需求衰退与消失的原因比较复杂，具体情况还需要具体分析，但其造成的结果却是一致的。

尤其是那些专业性比较强的基础设施，其期望需求的消失对其影响是致命的，直接导致其利用价值的丧失。因此，对这类基础设施的建设，准确的需求预测是至关重要的。如果期望需求的消失与基础设施的使用寿命的终结是一致的，那么，基础设施的建设是合理的，即使其未能实现其预期的经济社会效益。

期望需求消失导致基础设施利用价值的丧失的例子不胜枚举，更为遗憾的是，基础设施还没有建成，其期望需求就已经消失，这纯粹是预测分析不足或决策失误所致。二滩水电站过木机道的建设就是典型例子（专栏6-3）。

专栏6-3　期望需求消失导致二滩电站出现巨额投资失误

随着国家对长江上游实施天然林保护工程，1995 年开建的二滩水电站过木机道工程随之停建。已耗资 8 亿多元的先期工程如今成了毫无用处的"摆设"。这一事例充分反映出基础设施建设中重视需求分析的重要性。出现这一结果，是由于对期望需求认识不足和期望需求过高所至，最终导致决策的失误。此前在四川修建的铜街子、龚嘴、宝珠寺等水电站都耗巨资修建了过木机道，但最后都因无木可过闲置无用，造成巨大浪费。

由于二滩水电站所在的雅砻江沿岸流域属于我国三大林区之一的四川林区的重要部分，自 20 世纪 50 年代开伐以来，年伐木量高峰时达 100 余万立方米。因此林业部门要求二滩电站配套建设相应的过木机道。1983 年 9 月，经国家计委审定，二滩水电站过木机道按年过木量 110 万立方米的规模设计。按 1996 年审定的概算，投资高达 12.6 亿元，全部打入二滩电站的投资总额里。

由于历史原因及当时对生态环境整体效应的认识不足，加之各大林区大规模集中过伐、自然灾害严重，雅砻江生态环境已变得极其脆弱，泥石流、水土流失大规模发生，森林覆盖率已由解放初期的 40% 以上降到 20 世纪 90 年代末的 13% 以下，出现了明显的资源危机，木材产量已逐年下降。有关人士认为，二滩水电站运行期间的年过木量不会超过 40 万立方米，雅砻江流域森林资源遭受严重破坏的状况迟早会引起国家的重视，因此木材产量还将大幅下降，故而建议取消过木机道，改水运为陆运，以避免投资浪费。

遗憾的是，这些真知灼见当时并未引起有关投资决策部门的重视。有关部门虽然对投资建设规模进行了调整，但仍然决定建设，按 60 万立方米的年过木量进行设计，土建和设备投资 9.5 亿元。1995 年，过木工程正式动工。到 1998 年国家下令停建时，工程已进入收尾阶段。

资料来源：《经济参考报》，1999 年 11 月 24 日

参 考 文 献

陈航，张文尝，金凤君，等.2007. 中国交通地理. 北京：科学出版社.

邓淑连.2003. 中国基础设施的公共政策. 上海：上海财经大学出版社.

高小真.1991. 运输系统的区域效应研究. 地理学报，46（1）：92-102.

恭定勇，蒋爱民.2004. 基础设施建设与城市经济增长的关系. 城市问题，117（1）：46-50.

侯捷.1998. 中国城市节水2010年技术进步发展规划. 上海：文汇出版社.

金凤君，戴特奇，王姣娥.2005. 中国交通投资经济效益的量化甄别. 铁道学报，27（3）：9-14.

金凤君，刘毅.2000. 青藏高原产业发展的交通运输门槛研究. 自然资源学报，15（4）：363-368.

金凤君，王姣娥，孙炜，等.2003. 铁路提速的空间经济效果评价. 铁道学报，25（6）：1-7.

金凤君.1995. 运输联系与经济联系共存发展研究. 经济地理，13（1）：76-80.

金凤君.2000. 华北平原城市用水问题研究. 地理科学进展，19（1）：17-24.

金凤君.2001. 基础设施与人类生存环境关系之研究. 地理科学进展，20（3）：276-285.

金凤君.2004. 基础设施与区域经济发展环境. 中国人口·资源与环境，14（4）：70-74.

娄洪.2003. 公共基础设施投资与长期经济增长. 北京：中国财政经济出版社.

陆大道.1990. 中国工业布局的理论与实践. 北京：科学出版社.

陆大道，刘毅，樊杰，等.2000. 1999中国区域发展报告. 北京：商务印书馆.

荣超和.1994. 论运输化. 北京：中国铁道出版社.

唐建新，杨军.2003. 基础设施与经济发展——理论与政策. 武汉：武汉大学出版社.

魏后凯.2006. 现代区域经济学. 北京：经济管理出版社.

杨吾扬，张国伍，等.1986. 交通运输地理学. 北京：商务印书馆.

张敦富.1999. 区域经济学原理. 北京：中国轻工业出版社.

张允宽，等.2002. 中国城市基础设施投融资改革研究报告. 北京：中国建筑工业出版社.

周一星.1995. 城市地理学. 北京：商务印书馆.

左大康.1990. 现代地理学词典. 北京：商务印书馆.

Antle J M. 1983. Infrastructure and Aggregate Agriculture Productivity：International Evidence. Economic Development and cultural Change, 31（3）：609-619.

Banister D, Berechman J. 2002. Transport Investment and Economic Development. London：UCL Press.

Elhance A P, Lakshamanan T R. 1988. Infrastructure-Production System Dynamics in National and Regional Systems：An Economic Study of the Indian Economy. North-Holland：Regional Science.

Munnell A H. 1992. Policy Watch：Infrastructure Investment and Economic Growth. In Journal of Economic Perspectives, 6（4）：189-198.

Wilson A G. 1981. Geography and The Environment：Systems Analytical Method. N. Y. ：John Wiley & Sons Ltd.

基础设施与经济社会空间组织

第七章

基础设施空间服务评价方法

　　基础设施是构成城市和区域系统的基础要素，基础设施建设在对区域经济社会产生积极推动作用的同时也会对区域生态环境造成消极影响。基础设施从投资建设到发展完善的每一环节无不对空间经济社会产生深远影响。本章以实用为目标从定量模型应用角度，阐述评价基础设施所营造的经济社会发展条件与环境的方法，主要从基础设施投资的效率、基础设施的空间服务范围、基础设施的空间服务潜力、基础设施与区域发展的耦合性、基础设施空间服务可持续性等方面进行定量分析方法的探讨与介绍。

第一节　基础设施投资效率评价

一、投资效率评价的定量方法

　　基础设施投资与经济发展有密切的关系，科学认识二者的相互作用关系对认识基础设施与经济发展的关系十分必要。国外对这一领域已做了大量定性和定量的研究，其结论和观点差别较大（周江评，2003）。具有代表性的世界银行的研究发现，全球平均的基础设施投资每增长1%，对应GDP增长1%（世界银行，1994），但欧美等发达国家的研究并不支持上述结论。由此看出，由于资料、发展阶段的不同，即使是使用同一个模型进行分析，也可能得到不同的结论，但这并不能否认定量或模型分析的重要性，关键是需要因地制宜地判别不同的状况。一般情况下，可利用生产函数模型分析基础设施投资与经济增长间的关系，由此判断彼此的相互作用强度。此外，还可以用弹性系数等方法进行分析。

（一）弹性系数法

　　投资弹性系数，是指经济增长率与投资增长率之比，反映投资增长对经济增长的拉动作用，说明投资增长1个百分点带动经济增长多少个百分点。弹性系数法通过固定资产投资增长速率对经济增长速率的弹性系数考察二者之间的整体关系，反映二者的相对关系。

在分析基础设施投资与区域经济发展之间的关系时，弹性系数分析方法被广泛应用，主要是考察历史时期作为宏观经济发展投入的基础设施与经济增长间的关系，并可推导未来基础设施投入的强度或作用。但这一方法过于简单，无法对经济发展与基础设施投入间关系给出具有较高精确性的结论。

以交通投资对 GDP 增长分析为例，二者的弹性系数年度变化比较大，说明交通投资的增量与 GDP 的增长并不表现为一一的对应关系。这从另一侧面反映了交通运输建设的特性——存在非经济原因的交通建设，或经济的发展并非仅受交通投资的影响。过去 50 年我国交通投资对 GDP 增长的年均弹性系数为 0.34。如果扣除不正常的年份（在这里定义"不正常"是指弹性系数为负值或者弹性系数的绝对值大于 3 的值），则平均值为 0.344 2，其中 1978 年以前平均为 0.207 3，1978 年以后平均为 0.435 4（即 1978 年以来交通运输业投资额每增加 1 个百分点，GDP 平均增加 0.435 4 个百分点）。交通投资对 GDP 的弹性系数变化见图7-1和表 7-1。

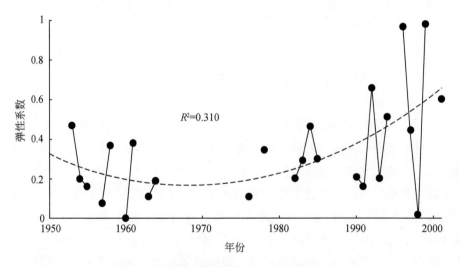

图 7-1　交通运输业投资对 GDP 的弹性系数

弹性系数法相对简单，其结果只能反映投资与国民经济增长关系的大致趋势。但若分析投资的长期综合效应，包括直接效应和间接效应，当年效应和滞后效应，则需要在自回归分布滞后模型中进一步考察。如若进一步分析当前扩大投资的利弊，即在现有经济系统条件下继续追加投资能否有利于促进经济增长，则要借助于生产函数模型。

表 7-1　交通运输基本建设投资额对 GDP 的弹性系数（1953～2001 年）

年份	GDP 增长率（%）	投资增长率（%）	弹性系数	年份	GDP 增长率（%）	投资增长率（%）	弹性系数
1953	15.6	33.4	0.47	1983	10.9	37.0	0.29
1954	4.2	21.4	0.20	1984	15.2	32.4	0.47
1955	6.8	42.3	0.16	1985	13.5	44.3	0.30
1956	15.0	−15.2	−0.99	1986	8.8	0.5	17.60
1957	5.1	61.9	0.08	1987	11.6	−0.9	−12.89
1958	21.3	58.0	0.37	1988	11.3	−1.1	−10.27
1959	8.8	2.7	3.26	1989	4.1	−31.5	−0.13
1960	−0.3	−72.1	0.00	1990	3.8	18.3	0.21
1961	−27.3	−71.1	0.38	1991	9.2	56.1	0.16
1962	−5.6	60.4	−0.09	1992	14.2	21.5	0.66
1963	10.2	92.5	0.11	1993	13.5	66.8	0.20
1964	18.3	94.0	0.19	1994	12.6	24.7	0.51
1976	−1.6	−15.2	0.11	1995	10.5	1.3	8.08
1977	7.6	−15.5	−0.49	1996	9.6	9.9	0.97
1978	11.7	34.4	0.34	1997	8.8	19.8	0.44
1979	7.6	−9.5	−0.80	1998	7.8	53.6	0.02
1980	7.8	−5.3	−1.47	1999	7.1	7.2	0.99
1981	5.2	−40.3	−0.13	2000	8.0	0.4	20.00
1982	9.1	44.6	0.20	2001	7.0	11.7	0.60

（二）回归滞后分析法

在现实经济活动中，解释变量对被解释变量的影响作用往往不会在短时间内完成，在这一过程中通常都存在时间上的"滞后"，即解释变量需要通过一段时间才能完全作用于被解释变量。此外，由于经济活动的惯性，一个经济指标以前的变化态势往往会延续到本期，从而导致被解释变量的当期变化同其自身过去取值水平也密切相关。

在回归模型中，把滞后变量引入回归模型，这种回归模型称为滞后变量模型；如果滞后变量模型的解释变量既包括自变量的当期值和滞后值，又包括被解

释变量的若干期滞后值，即模型为

$$Y_t = \alpha + \beta_1 Y_{t-1} + \beta_2 Y_{t-2} + \cdots + \beta_p Y_{t-p} + \gamma_0 Y_t + \gamma_1 X_{t-1} + \cdots + \gamma_q X_{t-q} + u_t$$

$$(7\text{-}1)$$

具有这种滞后分布结构的模型称为自回归分布滞后模型。其中，p、q 是滞后长度。显然投资与经济增长的关系具有自回归分布滞后的特征。

以东北地区的固定资产投资为例，以 1985 年以来东北地区固定资产投资总额和生产总值建立投资与 GDP 的回归分布滞后模型为

$$y_t = 0.269 + 1.457 y_{t-1} - 0.513 y_{t-2} + 0.310 x_t - 0.279 x_{t-1} \qquad (7\text{-}2)$$

由此可计算东北地区经济增长关于固定资产投资的长期弹性为 0.55，也即固定资产投资总量每增加 1%，地区生产总值总量平均增加 0.55%。

（三）生产函数法

基础设施作为宏观经济过程的一种投入，可以在生产函数中与劳动力和其他资本投入一起进行分析，从而考察其对经济的贡献力（Banister et al.，2001）。柯布 - 道格拉斯生产函数经过改良，可以分析基础设施投资与经济增长的关系，即

$$Y_t = (\mathrm{MFP})_t \, L_t^{\alpha} \, K_{P,t}^{\beta} \, K_{G,t}^{\gamma} \qquad (7\text{-}3)$$

其中，Y 一般是 GDP，MFP 是技术影响系数，L、K 分别是劳动投入、资金投入，P、G 是私人投资和公共投资，t 是时间。这一模型可以分析同一时期如当年基础设施投资与经济增长的关系。但众所周知，作为一种投入，基础设施投资会对国民经济产生乘数效应、挤出效应（crowding-out effect）和衍生效应（spin-off effect）的综合影响；从时序上也存在同期效应和滞后效应。为考察这一滞后效应，西方学者往往采用滞后一年（或一期）的模型加以考察（Heertje，2001），模型为

$$\Delta Y_t = a_0 + a_1 \Delta K_{G,t-1} + a_2 \Delta K_{P,t} + a_3 \Delta L_t \qquad (7\text{-}4)$$

但这一模型的构建又过于武断，尤其是以年度为时段的分析。基础设施对经济发展具有长远的影响力，投资的经济效应更反映在其投入后的一段时期内。这里的"一段"有多长，效应有多大，是具有特别的实践理论研究意义的科学焦点。

因此，可考察基础设施投资的当年效应和滞后效应，构建改良的生产函数模型。当年效应主要包含发生在当年的直接效应。滞后效应主要包含发生在后续年份的乘数效应和外部性。其模型可采用对数形式的柯布 - 道格拉斯函数

基础设施与经济社会空间组织

$$Y_t = \zeta L_t^{\alpha} K_t^{\beta} \prod_{i=0}^{n} X_{t-i}^{a_i} \tag{7-5}$$

其中，L 是从业人员数，K 是不含 X 的固定资产总投资，X 是基础设施建设投资额。化为对数回归模型是（假设技术的贡献保持恒定 ζ）

$$\ln Y_t = \ln\zeta + \alpha\ln L_t + \beta\ln K_t + \sum_{i=0}^{n} a_i\ln X_{t-i} \tag{7-6}$$

利用上述模型，可以分析全国基础设施投资的效果，也可分析某一地区基础设施投资的效果。

（四）相关分析法

即选择基础设施提供的服务能力或服务产生的产品如货运量（能力）、供电量（能力）、供水量（能力）等为指标，或其投资规模，利用相关分析的方法，分析其与经济增长间的关系，以此判别基础设施对区域经济发展的作用。这类方法应用的比较广泛，定量分析的形式也多种多样，主要根据分析的目的来确定。

利用此方法，可以从要素相关的基本理论出发，简单易行，直观明了。但也存在精度的问题。例如，图 7-2 是新中国成立以来我国交通基本建设投资与经济增长间的关系（金凤君等，2005），以此看出，在不同的历史阶段，二者的相关关系是不同的。这与弹性系数分析方法一样，仍不能判别基础设施投资与区域经济增长的精确定量关系。但是，这一方法可以帮助我们从历史变化的角度认识基础设施投入的经济效应趋势或变化规律。

二、投资效果的案例分析

20 世纪 80 年代以来，我国交通总投资规模持续扩大。20 世纪 90 年代之前，投资规模虽然持续扩大，但总体规模很小，1990 年投资规模为 2042.2 亿元（可比价）；自此之后，交通投资规模迅速扩大，尤其是 1998 年亚洲金融危机后，其投资规模持续迅速增长。进入 21 世纪以来，交通投资规模的扩大非常快，尤其是 2004 年国家制定《铁路中长期规划》、《国家高速公路网》等交通中长期规划以来，我国交通建设的投资规模呈现"飞跃式"的发展，2008 年交通投资规模为 17 024 亿元，保持着两位数的持续的增长速度，2010 年交通投资规模达 3 万亿元。

为定量考察我国大规模交通基础设施投资的经济效益，综合运用滞后分析和生产函数法对过去 50 年我国交通运输基础设施投资与经济发展关系，可以定量

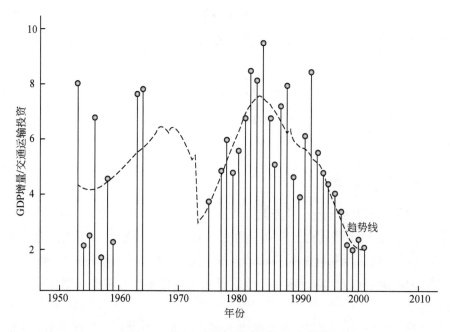

图 7-2　交通运输基本建设投资的经济效应

刻画我国交通投资与国民经济的历史关系。

通过滞后分析发现，我国交通投资与经济发展滞后 5 年的分析效果最佳（金凤君等，2005）。利用 Y、L、K 和诸 X 的数据，运用生产函数模型，求得回归为

$$\ln Y_t = -3.112 + 0.835\ln Y_t + 0.327\ln K_t + 0.043\ln X_t + 0.048\ln X_{t-1}$$
$$+ 0.049\ln X_{t-2} + 0.046\ln X_{t-3} + 0.039\ln X_{t-4} + 0.028\ln X_{t-5} \qquad (7-7)$$

由上述模型公式，求得我国 GDP 对交通投资的总弹性系数为 0.253（滞后系数和），即过去 50 年来我国交通投资对经济增长的平均贡献率为 0.253。模拟结果与国外类似研究相比，具有相同的数量级。如 1989 年 Aschauer 分析美国 20 世纪 40 ~ 80 年代数据，发现基础设施的产出弹性为 0.24 ~ 0.39。但是最近的研究则表明贡献系数要低得多。

改革开放后，我国国民经济约 5 年出现一次波动，与基础设施平均建设周期大约为 5 年相接近。生产函数模型求得的我国交通投资与经济发展滞后长度为 5 年的结果支持了这一判断。说明我国的交通投资，具有 5 年左右的影响力，而且对经济的促进作用也比较显著（0.253）。模拟结果还说明第二年和第三年的影响力超过当年，在第三年达到最大，这符合交通投资的规律。

进一步对我国交通投资效果进行阶段性评价，分别对 1978 ~ 1992 年和

基础设施与经济社会空间组织

1992~2001 年的相关数据进行分段回归，结果表明，我国交通滞后效应作用时间在变短，从 6 年左右减少为 3~4 年，但是，和预期的一样，滞后项系数总和在增大，即滞后效应的总弹性系数在变大（分别为 0.04 和 0.14，由于自由度下降，模型拟合优度受到一定影响）。这说明交通投资的作用发挥在 20 世纪 80 年代之后呈现越来越快的趋势，而作用的强度在增加。合理的解释是我国经济发展速度快于交通投资的速度，因此滞后效应很快饱和，后一阶段的弹性系数总和大于前一阶段。

第二节　基础设施空间服务范围评价

一、空间服务范围评价的基本方法

基础设施作为区域发展的支撑条件，其空间连通性和空间服务范围直接决定着区域发展的环境和潜力。随着计算机技术的进步和 GIS 技术的应用，利用空间统计与评价方法分析基础设施体系与区域发展关系的研究越来越普遍，取代了以往的定性描述和简单的数理统计分析。其核心是围绕主要交通或通信干线、水利工程或网络、点状重大基础设施、核心城镇或枢纽，选择一些可刻画空间范围的指标，利用 GIS 和空间统计的手段，评价基础设施的服务水平以及对经济社会的支撑能力。常用的一般方法或模型有自然距离法、交通距离法、时间距离法、流量距离法、能力距离法、拓扑距离法等。

（一）自然距离法

一般是以所评价的基础设施线或点为轴，按照一定的自然距离向两翼或外围扩展，以此评价或分析基础设施的空间服务范围以及对此空间内经济社会活动的支撑能力。利用这一方法，可以评价一条交通干线对两翼的辐射能力、水利工程可能的供水半径、电力设施可能的供电范围、港口可能的服务腹地等，并可进一步分析基础设施与经济社会发展在空间上的相互关系。这一方法简便易行，在 GIS 技术支撑下也容易实现，但忽略了基础设施所处的自然环境和社会基础，评价结果上过于简单化。

图 7-3 是 21 世纪初按自然距离 50 公里和 100 公里为半径的我国机场的空间服务范围，按照 50 公里指标，我国机场服务的国土面积占全国国土总面积的

15.0％，服务的经济总量占全国经济总量（GDP）的57％，服务的人口占全国总人口的31％；如果按100公里为服务半径计算，则上述指标分别是37％、82％和61％。这隐含着以机场为基础设施支撑的产业，必将布局在这些区域之中。

图 7-3　交通圈理念下机场服务的空间态势（2002）

（二）交通距离法

此方法与自然距离法类似，但进一步考虑了交通条件。以所评价的基础设施线或点为轴，按照地面交通线网条件，根据实际交通距离向两翼或外围扩展，以此评价或分析基础设施的空间服务范围以及对此空间内经济社会活动的支撑能力。此方法多用于港口、城镇的腹地分析、产业布局的市场分析等方面。在进行空间统计分析上，比用自然距离法更符合实际。例如，随着我国高速公路的发展，主要核心城市的发展环境和发展区位正在发生变化，由此可能影响其经济的发展潜力和空间发展结构（表7-2）。

基础设施与经济社会空间组织

表 7-2　主要城市 200 公里服务圈的基本概况（高速公路，2003）

城市	100 公里交通圈		200 公里交通圈	
	人口（万人）	面积（平方公里）	人口（万人）	面积（平方公里）
北京	1 717	17 951	3 459	40 612
上海	2 496	14 978	4 331	31 963
广州	1 416	19 902	2 443	42 187
成都	1 211	14 066	1 982	28 292
西安	1 008	14 340	1 412	28 812
昆明	471	13 318	720	24 291
沈阳	1 229	18 862	2 032	41 578
乌鲁木齐	265	—	368	—
郑州	1 032	12 013	2 290	26 934
武汉	1 140	12 952	1 506	20 237

（三）时间距离法

这一方法在交通基础设施以及服务体系的评价中应用的比较多，主要是依据一定的技术标准和组织模式，以旅行时间为衡量指标，评价基础设施的空间服务能力和服务环境，并进一步探索基础设施与区域经济发展的关系或对区域、城镇发展环境进行评价。一般是以所评价的基础设施线或点为轴，按照一定的交通时间向两翼或外围扩展，分析基础设施的服务范围。时间距离法较自然距离法和交通距离法更合理，同实际情况更吻合，因此应用也更加广泛。

以我国铁路提速产生的效果为例。自 1996 年以来，我国铁路网已经进行了 6 次大面积提速。从时间节省角度来说，铁路提速直接或间接拉近了区域内两点间的时空距离，提高了铁路设施的利用效率，也改变了不同区域的发展环境。表 7-3 是按照时间指标反映的主要城市腹地的变化情况，可以看出，这些城市的影响范围大幅度扩大。以 4 小时为服务指标，1995 年北京服务 10 个城市，2004 年达到 14 个，服务的面积占全国的比重从 1.57% 提高到 2.38%，服务的人口从 5.3% 提高到 7.49%，服务的 GDP 比重从 7.7% 提高到 13.03%。这些数据表明，基础设施技术和管理水平的提高，对区域发展的影响是至关重要的，这在发展中国家常常被忽视。

表 7-3 主要铁路枢纽 4 小时交通圈辐射范围概况 （1995~2006 年）

城市	1995 年						2006 年					
	地级市	国土		人口		GDP		地级市	国土		人口		GDP
		面积	比例（%）	数量	比例（%）	规模	比例（%）		面积	比例（%）	数量	比例（%）	规模	比例（%）
北京	10	15.11	1.57	6414.2	5.30	4491.2	7.71	14	22.87	2.38	9630.4	7.49	11308.7	13.03
上海	8	5.82	0.61	4598.3	3.80	5923.2	10.17	13	8.84	0.93	6649.2	5.17	18727.7	17.87
广州	6	4.96	0.52	2006.6	1.66	3157.7	5.42	9	9.51	0.99	3063.5	2.38	8605.8	8.21
郑州	16	12.16	1.27	5840.0	4.82	2460.9	4.22	27	27.10	2.82	14923.4	12.05	9980.2	11.39
武汉	7	5.81	0.60	2272.2	1.88	1935.6	3.32	18	21.09	2.20	9076.4	7.06	9030.6	8.62
沈阳	14	19.55	2.04	3870.0	3.20	2805.3	4.82	16	23.30	2.43	6111.6	4.76	10996.9	10.49
成都	2	1.83	0.19	1338.7	1.11	875.3	1.50	12.06	1.25	5074.3	3.94	5016.9	4.79
兰州	4	5.81	0.60	816.3	0.67	342.1	0.59	5	9.55	0.99	1160.6	0.90	733.9	0.70

注：地级市个数统计以 2006 年为准，GDP（亿元）和面积（万平方公里）为 2006 年数据，人口（万人）为 2004 年数据，比例为占全国比例（%）

资料来源：根据《中国城市统计年鉴》（1996 年，2007 年）整理

（四）流量距离法

流量距离法以既有的基础设施网络为背景，以历史时期形成的客流、货流、信息流、能量流、水资源流等为基础，依据一定的模型，选取特定的阈值，评价基础设施的空间服务能力以及基础设施与区域发展的关系。以此判定区域经济发展网络的层次与关联程度，以及空间集聚、扩散模式。

（五）能力距离法

能力距离法以既有的基础设施网络为背景，在充分划分不同基础设施服务能力的基础上，依据一定的模型，选取特定的阈值，评价基础设施的空间服务范围以及基础设施与区域发展的关系。以此判定区域经济发展网络的层次与关联程度，以及可能引起的空间集聚、扩散环境和模式。综合性的基础设施走廊或节点的集聚能力比较强，一般情况下是区域经济的集聚区域。

（六）拓扑距离法

拓扑距离法利用拓扑学的原理，将基础设施网络和其连接的点（城镇等），抽象成为拓扑里的点与线的关系，形成拓扑网络，然后再根据不同的模型和需求，分析基础设施的空间服务范围和在区域发展环境营造中的作用，以及不同类型节点

基础设施与经济社会空间组织

的发展潜力等。这一方法在评价交通网络或交通枢纽发展区位或潜力中经常应用。

二、交通基础设施空间服务案例分析

（一）交通基础设施网络的空间服务范围评价

以 21 世纪初我国的交通基础设施网络为评价对象，可以得出一系列的特征与结论。以地面交通时间 1 小时计算，并以县级行政单元为统计单位，21 世纪初我国能享受到铁路、高速公路和航空服务的国土如图 7-4 和表 7-4 所示。2003 年铁路运输服务国土面积比重为 50.2%，高速公路为 25.6%，航空为 20.6%；我国 83.6% 的人口能在 1 小时内享受到铁路运输服务，高速公路为 71.7%，航空为 41%；铁路运输服务的 GDP 比重约占 92.5%，高速公路为 87.3%，航空为 63.3%。同时不断完善的交通设施开始发挥对产业和人口的空间引导作用，大型综合交通走廊逐步成为生产力布局的主要轴线。20 世纪 80 年代综合国土规划确定了全国开发轴线及重点区，经过多年建设与发展，这些地区在提升全国经济实

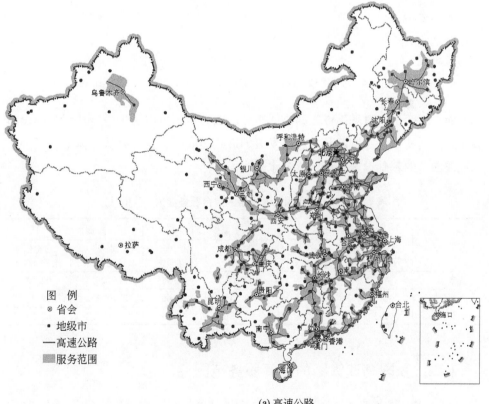

图 例
⊙ 省会
• 地级市
— 高速公路
▨ 服务范围

(a) 高速公路

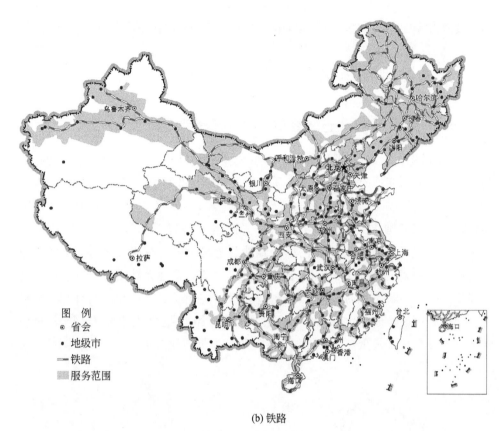

(b) 铁路

图7-4 我国交通基础设施网络的空间服务水平（1小时）

力方面贡献突出。对基础设施的空间服务范围分析，可以更进一步认识基础设施影响的空间特征，并判断其对经济发展的影响。同时，也可以从总体上判断一个区域或国家的基础设施总体的服务水平。

表7-4 2003年我国交通网络的综合服务能力（1小时）

交通方式	服务国土		服务人口		服务产业	
	规模（万平方公里）	占全国比重（%）	规模（万人）	占全国比重（%）	规模（亿元）	占全国比重（%）
铁路	481.8	50.19	107 963	83.55	128 029.5	92.52
高速公路	246.2	25.6	92 605.9	71.66	120 777.2	87.3
航空	198.1	20.64	52 921.2	40.95	87 637.4	63.33

（二）我国高速铁路的空间服务范围评价

2004年，国务院审议通过的《中长期铁路网规划》中提出修建"四纵四横"

基础设施与经济社会空间组织

客运专线，客车速度目标值达到 200 公里/小时以上，这奠定了我国高速铁路网发展的雏形。自此之后，我国进入了高速铁路快速建设的时代，截至 2010 年年底，我国铁路营业里程达到 9.1 万公里，跃居世界第二位，其中高速铁路运营里程达到 8358 公里，位居世界第一。大规模高速铁路的建成运营，将极大地优化交通基础设施的空间服务范围。

对于高铁空间服务范围的衡量，无论以交通距离法还是时间距离法都可以得出相同的结论。从交通距离来看，我国现有高铁站点 50 公里内服务的国土面积、人口和 GDP 总量分别占全国的 12.38%、48.59% 和 63.54%（表 7-5）。而按规划的高铁站点计算，则相应比例达 39.28%、80.51% 和 88.0%。如果将高铁站点的空间服务距离进一步扩大到 100 公里，则至 2015 年我国高速铁路网络全部建成后，全国 53.7% 的国土面积、93.45% 的人口和 96.15% 的 GDP 可以享受到的高铁服务（依现有情况计算）。从高铁可达的时间距离来看（表 7-6）。中国已有高铁站点 1 小时范围内可服务全国国土面积的 14.6%、人口的 53.9% 和经济总量的 69.9%，其所服务的国土面积、人口和 GDP 比重较 50 公里空间服务范围的比例均相应有所增加。至我国高铁网络基本建成以后，其 1 小时范围内服务的国土面积、人口和经济总量的比重可分别占到全国的 40.9%、84.5% 和 90.6%。但无论采用何种方法，相同尺度上高铁站点所服务的 GDP 比例均高于人口比例，而国土面积比重相对最低。因此，我国高铁建设为经济和人口服务的倾向较为明显，服务范围的空间格局与中国当前人口、经济的空间分布以及地形特征基本吻合（图 7-5）。

表 7-5　我国高速铁路的空间服务水平概况（2010 年）（单位:%）

	国土面积		人口		GDP	
	50 公里	100 公里	50 公里	100 公里	50 公里	100 公里
现状	12.38	19.12	48.59	64.21	63.54	76.62
规划	39.28	53.70	80.51	93.45	88.00	96.15

表 7-6　中国高铁不同时间可达范围覆盖的社会经济指标比重（单位:%）

可达时间	国土面积		人口		GDP	
	现状	规划	现状	规划	现状	规划
0.5 小时	8.95	30.20	37.59	67.20	54.90	79.03
1 小时	14.55	40.89	53.92	84.46	69.62	90.61
1.5 小时	19.21	52.39	64.07	92.23	76.56	95.48
2 小时	22.64	57.44	70.24	94.65	81.22	96.71

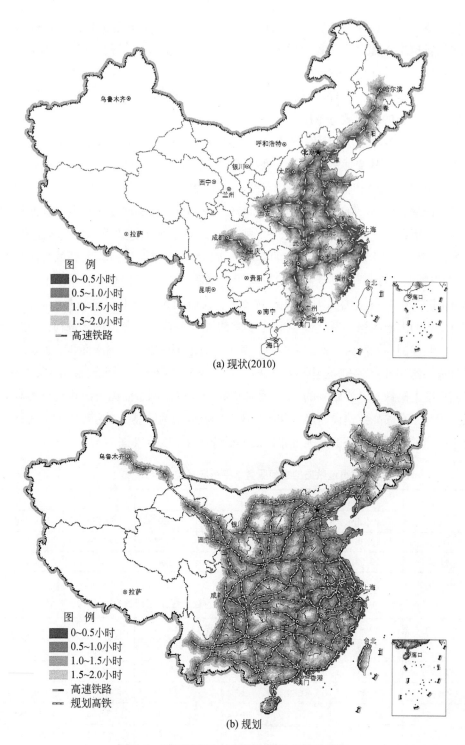

基础设施与经济社会空间组织

图 例
■ 0~0.5小时
■ 0.5~1.0小时
■ 1.0~1.5小时
■ 1.5~2.0小时
━ 高速铁路

(a) 现状(2010)

图 例
■ 0~0.5小时
■ 0.5~1.0小时
■ 1.0~1.5小时
■ 1.5~2.0小时
━ 高速铁路
┅ 规划高铁

(b) 规划

图 7-5　时间距离法计算的高铁站点服务范围

从高铁站点的时间可达范围来看，东部地区高铁站点 1 小时的服务范围基本上已经形成连续的地带，覆盖了所有的大城市密集区，尤其是京津冀、长江三角洲和珠江三角洲地区。按照规划，除个别地区外，未来东部地区几乎所有的国土面积在 2 小时范围内均可享受到高铁服务。而西部和东北地区，仍有大部分空白服务区域，当然这与这些地区的自然环境密切相关。

第三节　基础设施空间服务潜力评价

一、空间服务潜力评价的基本方法

基础设施是区域发展的支撑条件，其通过塑造发展区位或营造发展环境来影响区域经济发展的能力、类型、市场、空间布局模式等。除了定性的描述外，可利用一系列定量的方法或定量与定性相结合的方法，评价基础设施对经济发展区位或发展环境的作用强度，或相互的优劣程度。从区位评价角度看，一般是立足某一特定基础设施体系，用空间相互作用法、最小成本法、最小距离法、特殊阈值法或因素集成法等对某些对象的发展区位和发展环境进行评价。

（一）空间相互作用模型

城市间或区域间的相互作用潜力的大小与基础设施有直接的关系。从定量分析角度看，主要集中在如下几方面。一是在既有的基础设施支撑下，以已经发生的特定结果为基础，评价或模拟不同城市间、地区间的相互作用关系，以此分析基础设施的作用及其效果。另一方面是利用某些特定的要素，评价区域间的作用潜力，为相关的行动提供决策依据。空间相互作用的主要分析模型有重力模型和阿隆索（Alonso）模型，二者在评价基础设施空间服务潜力方面具有独特的优势。

重力模型是基于空间相互作用理论和实证研究中得到广泛应用的基础模型，关于重力模型的理论与实证研究，学术界主要有两种思路。传统的研究思路是根据已知的节点质量和距离数据求解空间联系，其中，节点质量多采用人口或者 GDP 数据。另一种研究思路为反推重力模型，即根据已知的空间联系和距离数据求解节点质量及相关参数（金凤君等，2011）。传统重力模型为

$$I_{ij} = k\frac{P_i^\beta P_j^\gamma}{D_{ij}^\alpha} \tag{7-8}$$

其中，I_{ij}为从城市（区域）i到城市（区域）j的相互作用强度，如客流量、货流量或具有特定含义的反映基础设施服务或支撑能力的度量值，P_i为城市（区域）i表示"质量"的规模，如人口、经济总量等，P_j为城市（区域）j表示"质量"的规模，D_{ij}为在特定基础设施网络支撑下i和j之间的"距离"。

由重力模型可以看出，城市（区域）间的作用强度大小除同城市（区域）的"质量"规模有关，还与两城市（区域）间的"距离"密切相关。通常，城市（区域）间的"距离"既可以用交通距离来衡量也可以用时间距离来衡量，而无论是交通线路长度还是运输的旅行时间，均反映了交通基础设施的发达水平。在交通基础设施发达的地区，两城市（区域）间的"距离"小，空间相互作用强，城市之间、城市与区域之间的物质、能源、人员、资金、信息等的交换和联系就越密切，最直观的反映就是基础设施的空间服务潜力大。

与重力模型不同，阿隆索模型是在特定基础设施网络或服务体系的支撑下，研究"区域流"的代表性模型方法，其基本假设是：一个封闭的空间内有 N 个区域，每个区域具有输出流（O_i）和输入流（D_j）两种流，任意一对区域间的作用力描述为

$$T_{ij} = A_i B_j O_i D_j f(c_{ij}) \tag{7-9}$$

其中，A_i 和 B_j 是常数，c_{ij} 是衡量区域 i 和 j 之间的距离因子，$f(c_{ij})$ 是距离函数。

运用重力模型或阿隆索（Alonso）模型评价方法可以评价不同区域间的相互作用强度，基础设施的空间服务潜力，或基础设施服务与经济联系之间的关系等。

（二）最小成本法

公共基础设施可以看做是微观生产的免酬因素（未付报酬因素），它的作用是通过提供服务引起劳动力和资本效益的提高并反映在企业的生产函数中，如集聚产出和生产率等。第一，基础设施服务（如运输、供水、电力，信息等）是生产的中间投入，任何这种服务成本投入的减少都会提高生产的效益。第二，基础设施服务的改善提高其他生产要素（劳动力和其他资本）的产出率。例如，基础设施保障了生产从手工向机械化的转变、减少了工人的通勤时间、促进了信息交流的进步，等等，由此导致生产要素产出率的提高。第三，某一地区基础设施的存在会导致资源的流入，这可以减少此地区生产要素的投入成本和交易成本，使生产环境变的相对优越、生产效率得到提高、或生产的经济效益得到发挥。

因此，在特定基础设施体系的支撑下，拥有最小服务成本支出的区域或地点，或以最小支出获取最佳资源、市场的区域，一般是发展区位优越的区域。在交通网络系统中，针对某一区位的评价，一般模型为

$$T_i = \sum \sum C_{ij} D_{ij} \tag{7-10}$$

其中，C_{ij} 和 D_{ij} 分别是运输成本和距离，如果某地点的 T_i 最小，则表明发展某一经济类别的区位最优。即运输成本最小的区域，一般是发展条件和潜力最好的区域。此外，利用这一模型，可以评价不同地点在某一市场或某一经济活动中的相对差异。

（三）最小距离法

克服空间距离是多数基础设施建设的目的之一，距离往往也是成本的最主要影响因素。因此，在特定基础设施支撑下，最小的距离也就预示着最小的支出和最佳的发展区位。如耗水的产业往往选择在靠近水源地的地区，耗能的产业临近能源供应地等，都是从距离方面考虑的。从系统角度看，在多个地点的系统中，只有系统距离最短才是最优的。在交通运输系统中，一般的最短距离模型表示为

$$D_m = \min \sum D_{ij} \tag{7-11}$$

其中，D_{ij} 可以是运输距离，也可以是拓扑学中的步数，用以评价某地的区位或某些地点的相互差异。尤其是某些对距离敏感的产业或经济活动，其区位的选择中进行距离为指标的评价是非常重要的。

最小距离法在评价道路基础设施的空间服务能力方面得到了广泛的应用，依据最小距离法可以较为直观的反映道路交通基础设施的空间服务差异。从系统角度看，在全国铁路运输网络中，以距离为指标评价反映出的区域差异比较显著（图7-6）。图中数值是任何一座城市到全国其他城市的总距离与所有城市总距离平均值的比值。可以看出，我国东部的区位是相对比较优越的。

（四）特殊阈值法

由于基础设施的类型不同，以及服务能力上的差别，对区域发展环境和区位的作用也是不同的。因此，在评价或模型构建中，可以用阈值法或权重法对基础设施进行评价，以此反映区位的差异和发展环境的优劣。一般情况下是用 0－1 函数的辨别方法对基础设施进行分析，描述某一地点基础设施的服务状态以及不同地点间的差异。也可以用权重赋值的方法，对不同的基础设施进行赋值，然后进行综合分析与判断。

图 7-6　我国铁路交通网络连通性评价（2000 年）

（五）因素集成法

将不同的基础设施按照一定的方法或模型进行综合集成，以此判别基础设施提供的发展环境的优劣和区位的差异。这一方法用得比较多，但模型庞杂，多是根据不同的对象设计不同的模型。这些模型可以是定性的概念模型，也可以是定量的判断模型或模拟模型。

例如，近年来围绕全球化的发展，"世界城市"、"世界航运中心"、"总部经济"等也逐渐成为研究的热点，但如何评价不同城市的环境和潜力则有不同的观点和结果。依据交通基础设施，可以用"五港"模式对具有全球潜力的城市进行评价，所谓"五港"模式，即选用"海港"、"空港"、"商港（商业中心）"、"技术港（技术中心）"和"休闲港（休闲中心）"作为指标进行评价，来判断不同城市的环境差异和区位差异（图 7-7）。

这一分析方法既可以达到定性概念化的分析，也可以通过赋值和权重的方法，进行定量判断，甄别基础设施支撑下不同区域或区位的综合发展环境。图

基础设施与经济社会空间组织

7-8是利用此方法对东亚主要城市香港、新加坡和上海在经济全球化背景下作为经济枢纽潜力的评价。可以直观反映不同城市所具有的优势和差异。综合分析，在20世纪末，三地存在比较大的差异。香港和新加坡具有非常突出的优势，而上海则存在明显的劣势。但是，经过过去十年的发展，情况发生了非常大的变化。上海在综合方面的优势有了非常显著的提升，与香港和

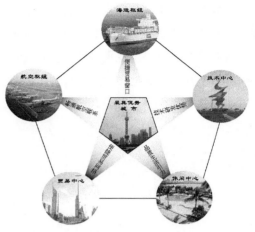

图 7-7　世界性城市发展的"五港"模式

新加坡的差距显著缩小，正在全球网络中发挥越来越重要的作用。

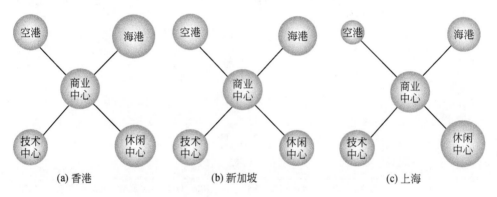

图 7-8　全球背景下经济枢纽的优势比较（20 世纪末）

二、空间距离衰减的案例分析

交通基础设施深刻影响着城市之间的相互作用，公路、铁路、航空等交通运输方式在市场经济的背景下以其各自的优势承担了城市群内部与城市群之间不同性质各种层次的交流。由于城市群分异的加强，铁路与航空客运更能体现城市群之间的相互作用。

以铁路客流为例，用传统重力模型拟合我国200多个城市之间的铁路旅客流，结果表明铁路客运随距离衰减的规律逐渐增强。选取北京、上海、广州三大中心城市进行典型分析，其空间衰减规律如图7-9所示，纵轴输出强度是指占输出总量的比值（总量为1），发现旅客流有距离衰减的趋势，但周期呈现波动规律，比如北

京约 500 公里出现一个峰值, 其他城市的特征与之类似。这主要是铁路网络的中心节点结构影响了铁路客流的空间分布, 从而出现跳跃式递减 (戴特奇等, 2005)。

从图 7-9 中可以发现我国铁路客流有明显的空间层次化趋势, 城市群的空间结构在铁路客流的层次上有中心极化和区域重组的趋势。随着经济的发展, 我国部分城市的空间相互作用逐步升级, 其背后的潜在动力是城市间交通基础设施的逐步完善。

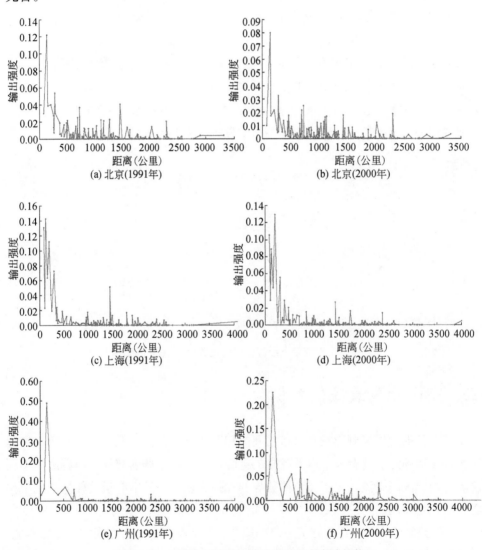

图 7-9   主要中心城市铁路旅客流距离衰减趋势

在重力模型的基础上, 利用逆向重力模型可以进一步评价城市的发展质量, 即根据已知的空间联系 (交通基础设施服务的客流) 和距离 (交通距离) 数据

基础设施与经济社会空间组织

求解节点质量及相关参数。

　　基于逆向重力模型，采用标准代数算法，使用面板数据（matlab）的矩阵运算和编程功能，将对应的城际铁路 O－D 客流和距离数据，对 27 个省会城市和 4 个直辖市的城市质量进行测算，结果见图 7-10（金凤君等，2011）。

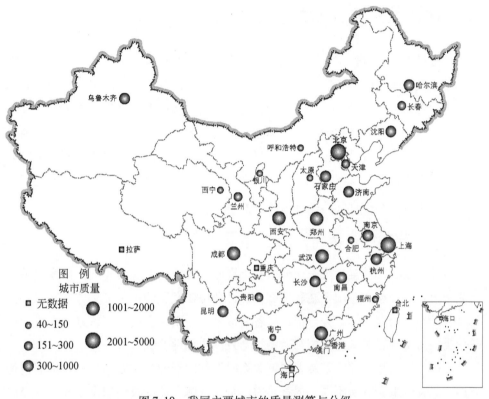

图 7-10　我国主要城市的质量测算与分级

　　根据计算结果，将所有 31 个研究城市划分为五个等级。北京、上海为第一等级，城市质量在 2000 以上，其中，北京城市质量为 4771，居全国之首；广州、成都、西安、武汉、郑州等 5 个城市为第二等级，城市质量介于 1000～2000；南京、昆明、乌鲁木齐、杭州、沈阳、济南、哈尔滨、南昌、石家庄、长沙等 10 个城市为第三等级，城市质量介于 300～1000；长春、天津、兰州、贵阳等 4 个城市为第四等级，城市质量介于 150～300；南宁、太原、合肥、福州、呼和浩特、西宁和银川等 7 个城市为第五等级，城市质量低于 150。总体来看，31 个研究城市等级结构呈现"纺锤体"特征，同我国交通基础设施的区域发展水平基本保持一致，交通基础设施发达的城市，其质量也较高，反映了交通基础设施对城市发展的服务支撑能力。

第四节　基础设施与经济发展的耦合性评价

一、耦合性关系评价的基本方法

基础设施与区域经济社会之间具有互相影响、互相促进和制约的关系。一方面，基础设施作为区域发展的重要区位影响因素，深刻影响着区域经济的空间结构，制约着区域空间结构的发展方向；另一方面，区域发展进程的推进会对基础设施产生需求，影响基础设施的规模和运行的效率。因此，促进基础设施与区域经济社会的协调发展具有重要意义。当前，有关协调性的评价方法主要以定量分析为主，常用的方法既有传统的指标体系法、数据包络分析法、灰色系统协调分析法等，也有新兴的神经网络分析法和分形理论法等。

（一）指标体系法

指标体系法的基本思想是在分析基础设施和区域经济社会发展指标及其关系的基础上，通过建立基础设施和区域经济社会协调发展的评价指标体系，对各指标进行标准化处理和主成分分析，将各主成分得分结合主成分权重进行综合计算并分类，得出各区域基础设施和经济社会发展协调性的综合得分。

指标体系法是在评价某两者协调关系时经常用到的方法之一。在指标的构建方面，尽管侧重点有所不同，但都是力求全面、综合地反映基础设施或区域经济的总体发展特征。在具体方法上，因对协调度理解和定义的不同，其所用的评价模型也有所不同，但都是通过对若干统计指标的综合计算，形成一定的标志数值，从而得到直观整体性的评价。

指标体系评价法虽然应用比较广泛，但易受主观性因素的影响，不同的指标选取或权重赋值会产生评价结果的细微波动。为更好地反映因指标或权重产生评价结果的差异，协调度不应是一个确定的值，而是一个区间。

例如，杜渐等人从公路建设水平、公路运行水平和公路消耗水平三个方面选取 15 个指标，建立了公路运输与经济社会协调发展的评价指标体系，运用 SPSS 统计软件对样本数据进行标准化处理和主成分分析，将各主成分得分结合主成分权数进行综合计算，得出各区域的综合得分，按综合得分对各区域的公路运输与经济社会协调发展程度进行了归类分析（杜渐等，2009）。

（二）数据包络分析法

数据包络分析（data envelopment analysis，DEA）是一种对同类型的具有多输入、多输出的投入产出系统的相对运行效率进行比较评价的系统分析方法。它无需假定输入输出之间的函数关系，以系统中的实际决策单元为基础，利用观测到的有效样本数据，采用线性规划技术确定系统的有效前沿面，进而得到各决策单元的相对效率以及资源输入剩余和输出亏空等方面的信息，已在许多领域得到了广泛应用（武旭等，2005）。

设有 n 个决策单元 DMU，每个单元都有 m 种类型的"输入"以及 s 种类型的"输出"，则数据包络分析的相关模型可表达为

$$\min(\theta - \varepsilon(e_1^t s^- + e_2^T s^+)) \tag{7-12}$$

$$\text{s. t.} \begin{cases} \sum_{j=1}^{n} \lambda_j x_j + s^- = \theta x_i \\ \sum_{j=1}^{n} \lambda_j y_j - s^+ = y_i \\ \lambda_i \geq 0, s^- \geq 0, s^+ \geq 0 \end{cases}$$

其中，$s^- = (s_1^-, s_2^-, \cdots, s_m^-)$ 是 m 项输入的松弛变量，$s^+ = (s_1^+, s_2^+, \cdots, s_s^+)$ 是 s 项输出的松弛变量，$\lambda = (\lambda_1, \lambda_2, \cdots, \lambda_n)$ 是 n 个 DMU 的组合系数，$e_1^T = (1, 1, \cdots, 1)_{1 \times m}$，$e_2^T = (1, 1, \cdots, 1)_{1 \times s}$，$\varepsilon$ 是一个很小的正数（一般取 $\varepsilon = 10^{-6}$）。

根据模型最优解 λ^*，s^{-*}，s^{+*}，θ^*，有如下结论：①当 $\theta^* = 1$，且 $s^{-*} = s^{+*} = 0$，则称 DMU 为 DEA 有效；②当 $\theta^* = 1$，且 $s^{-*} \neq 0$ 或 $s^{+*} \neq 0$，则称 DMU 为 DEA 弱有效；③当 $\theta^* < 1$，则称 DMU 为 DEA 无效。

运用数据包络方法，将基础设施和区域经济分别作为输入输出的投入产出系统，可以对基础设施与区域发展的协调性进行评价。该方法不但可以减少主观因素的影响，而且通过对输入输出指标的调整，可以分析决策单元无效的主要原因及其对决策单元有效性系数贡献的大小，从而找出发展不协调的原因和改进的方向。

武旭等人运用数据包络分析法对 1990～2003 年我国交通运输与经济协调度进行了计算，结果表明，进入 20 世纪 90 年代以来，我国经济快速发展，交通运输的发展却滞后于经济的发展，越来越成为国家经济发展的制约因素，交通运输系统对经济系统的协调度逐年下降。随着交通问题开始受到关注，国家和各地方政府加大了对交通运输的投入，经济系统对交通运输系统的协调度有所回升，而且近年来一直保持在较高的水平（武旭等，2005）。

（三）灰色系统协调分析法

指标体系法和数据包络分析法适应于交通、经济指标的相关信息都比较完全

的情况，然而，实际操作中会遇到由于输入数据不明确或者缺乏而难以建立完整模型的情况，而且，由于基础设施与经济系统不是客观实体，仅是抽象的对象，没有明确的"内"、"外"关系，因此难以分析输入（投入）对输出（产出）的影响（汪传旭，1998）。此时，运用灰色系统协调分析法分析基础设施与区域发展的相互协调发展问题具有独特的优势。

灰色系统是指既含有已知信息又含有未知信息的系统，灰色模型（Grey model，GM 模型）是灰色系统理论的基本模型。为分析基础设施与区域经济社会的协调发展情况，以 a 表示基础设施或区域经济社会的自我发展系数，用以反映交通或经济系统有无自我发展能力；以 b 表示基础设施和区域经济社会的相互协调发展系数，用以反映基础设施和经济系统之间是否存在协调。运用灰色系统理论的 GM（1，N）模型可以求解上述两个系数（汪传旭，1998）。

令 $X_1^{(0)}$ 为系统行为变量，$X_i^{(0)}$ （$i = 1，2，\cdots，N$）为系统作用变量，且

$$X_1^{(0)} = (X_1^{(0)}(1), X_1^{(0)}(2), \cdots, X_1^{(0)}(n)) \tag{7-13}$$

$$X_i^{(0)} = (X_i^{(0)}(1), X_i^{(0)}(2), \cdots, X_i^{(0)}(n)) \tag{7-14}$$

设 $X_i^{(1)}$ 为 $X_i^{(0)}$ 的一次累加生成序列，用 k 表示年份，则称

$$X_1^{(0)}(k) + a Z_1^{(1)}(k) = \sum_{i=2}^{N} b_i X_i^{(1)}(k) \tag{7-15}$$

$$Z_1^{(1)}(k) = 0.5 X_1^{(0)}(k) + 0.5 X_1^{(1)}(k-1) \tag{7-16}$$

为 GM（1，N）的灰微分方程。其一般形式可以表示为

$$(1 + 0.5a) X_1^{(0)}(k) + 0.5a X_1^{(1)}(k-1) = \sum_{i=2}^{N} b_i X_i^{(1)}(k) \tag{7-17}$$

在式（7-17）中，若 $a > 0$，表示系统没有自我发展能力；若 $a < 0$，表示系统具有自我发展能力。若存在某个 $b_i \geq 0$（$2 \leq i \leq N$），则表示系统的作用变量 X_i 对行为变量 X_1 起正向推动作用；若对 $2 \leq i \leq N$，X_i 均对 X_1 起正向推动作用，则表示系统的行为变量 X_1 和作用变量 X_i 是协调的。

依据灰色系统协调分析模型，汪传旭等人以交通运输和经济的综合指标值分别作为作用变量和行为变量，对我国 1985～1995 年的交通运输和经济发展的协调性进行了分析，结果表明这一期间我国交通运输和经济发展的协调性并不理想（汪传旭，1998）。

（四）神经网络分析法

神经网络是由具有适应性的简单单元组成的广泛并行互连的网络，它的组织能够模拟生物神经系统对真实世界物体做出交互反应。神经网络是典型的多层网络结构，它往往通过把问题表达成单元间的权重值来解决问题，其主要作用就是

基础设施与经济社会空间组织

有效求出两组（输入和输出）变量之间的关系。

　　神经网络分析法的基本工作原理是将 n 个不同的输入单元 X_i 通过中间节点（隐层节点）作用于输出节点，经过非线性变换，产生输出单元 Y_j，通过调整输入单元与隐层节点的联系强度 W_{ij} 和隐层节点与输出单元的联系强度 T_{ij}，使输出值 Y 与期望输出值 t 之间的偏差沿梯度方向下降，并经过反复学习训练直至输出值与期望值的误差控制在要求范围之内。

　　在建立神经网络综合评价模型时，设置输入层节点数为相应的评价指标个数 n，隐含层节点数为 m（m 根据实际情况取值，一般隐含层节点数 m 应大于输入层节点数 n），而输出层节点数为 p；输入层至隐含层的连接权为 W_{ij}（$i = 1$，2，$\cdots$，n；$j = 1$，2，$\cdots$，m），隐含层至输出层的连接权为 T_{ij}（$i = 1$，2，$\cdots$，n；$j = 1$，2，$\cdots$，m）；θ_j 和 θ_r 分别为隐含层、输出层阈值；各神经元的激活函数一般为可微函数，通常有线性、双曲正切、半升梯形和 Sigmoid 型函数等，其中 Sigmoid 型函数应用最广，具有较好的适应性，其形式如下：$f(x) = 1/(1 + e^x)$（谢洪新等，2005）。神经网络的评价模型如图 7-11 所示。

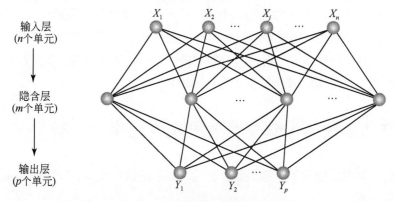

图 7-11　神经网络综合评价模型

　　神经网络综合评价法能够避免评价指标权重的烦琐计算以及人为的主观臆测性，其通过网络的自身学习训练及输入特征模式验证，得出各层次间关联关系及各层单元阈值，能够提高综合评价结果的客观性。

（五）分形理论法

　　分形是指在其组成部分以某种方式与整体相似的几何形态，或者只在很宽的尺度范围内，无特征尺度却又自相似性和自仿射性的一种现象（范冬等，2011）。分形理论主要表征了通常的几何变换下具有不变性，即标度无关性。其中自相似原则和迭代生成原则是分形理论的重要原则。自相似性是从不同尺度的对称出发，意味着递归，自相似性可以是完全相同，也可以是统计意义上的相似。

分形理论主要用于解决非线性世界里一些具有随机性和复杂性特征的问题，认为那些外在极不规则和支离破碎的几何体有着内在的规律性和相似性（张英辉，2008）。分维是分形特征的定量描述，是表示自相似性的随机形状和现象的主要特征参数。

分形理论是解决基础设施与区域发展耦合性分析的有效手段之一，20世纪80年代以来，国外学者已经证明城镇体系具有分形特征，在城镇体系的等级规模和结构特征中，城镇的生长发育具有明显的自相似性。同时，随着分形理论开始引入对交通网络的研究，有关学者开始利用分形理论进行交通网络的形态分析，得到交通分形的基本规律。这样，为城镇体系和交通网络在空间上进行耦合分析提供了可行性。

基于分形理论，评价城镇体系和交通网络耦合性的基本步骤如下：首先，建立交通网络和城镇体系间的关联，采用协调度等概念，构建二者之间进行耦合的指标。然后，通过给不同的道路等级赋予相应的权重，得到复合交通条件下的道路网络分形特征（长度维度＋分枝维度）；同时，对城镇体系赋予中心性指数，得到符合经济社会特征的城镇群体分维度，在此基础上依据城镇体系分形和交通网络分形的基本属性，对二者进行空间嫁接；最后，通过构建二者关联的协调性指数，得到二者之间的耦合关系（张兵，2007）。

二、交通建设与城镇体系发展耦合的案例分析

以陆路快速交通为例，基于分形理论，对陆路快速交通和城镇体系的耦合性进行评价分析。

在分形分析中，城镇体系和交通网络存在分形结构，也就是说，在城镇体系和交通网络中，分形体可以通过一定的表达来显示。基于城镇体系和交通网络实际上的分维特征，对分维度的算法进行一定的改进，改变以往求分形时的均质化特征，加入其内部差异，在此基础上进行公路交通网络和城镇体系网络的关联分析，可以得出快速交通状况下城镇体系分维的变化和交通网络分维变化关系，进而可以研究陆路快速交通状况下对城镇体系空间形态的关联和影响。

基于分形理论，有关研究（张兵，2007）利用长度维度和分枝维度对全国重点城镇周边的公路网络进行了判定，同时引用城镇体系空间结构的分维测度，通过逐级网格化得到全国主要城市周边200公里范围内的分维度。由此得到1990年全国重点城市交通维度和城镇体系分维如表7-7所示。

表 7-7　我国重点城市交通维度和城镇体系分维（1990 年）

城市	交通维度	城镇体系维度	城市	交通维度	城镇体系维度
成都	1.4283	1.4681	沈阳	1.3933	1.3514
重庆	1.47	1.5246	济南	1.5427	1.4021
西安	1.4249	1.3714	北京	1.6641	1.5556
昆明	1.3639	1.3641	天津	1.6021	1.3641
郑州	1.5102	1.4677	广州	1.6133	1.4797
南京	2.028	1.4163	杭州	1.5053	1.5603
合肥	1.987	1.5268	上海	1.7025	1.4428
南昌	1.5459	1.5101	长沙	1.5571	1.4989
拉萨	1.3194	1.0611	南宁	1.2725	1.3365
太原	1.3552	1.3062	西宁	1.1266	1.217
福州	1.314	1.392	贵阳	1.2971	1.4302
海口	1.4455	1.1987	石家庄	1.5525	1.549
长春	1.1013	1.2974	哈尔滨	1.3739	1.1624
兰州	1.2786	1.2144	乌鲁木齐	1.1005	0.8591
武汉	1.5459	1.3869	呼和浩特	1.1072	1.1677
银川	1.4536	1.1071			

选用 1990 和 2002 年两个时间段对城镇体系和交通网络在空间的关联进行耦合，利用协调度进行对比分析，在空间上得到交通网络和城镇体系分维度在两者之间的关联（表 7-8）。

表 7-8　重点城市的路网分维（RF）和城镇体系分维（CF）的关联（1990 年）

交通维度 ＼ 城镇体系	稳定型 （1.5 < CF ≤ 1.75）	一般稳定型 （1.3 < CF ≤ 1.5）	弱稳定型 （1 < CF ≤ 1.3）
优化型（1.5 < RF ≤ 1.75）	南昌、合肥、石家庄、北京、杭州	广州、长沙、济南、南京、上海、郑州、武汉、天津	
良好型（1.3 < RF ≤ 1.5）	重庆	成都、福州、西安、昆明、沈阳、太原	拉萨、银川、哈尔滨、海口
较差型（1 < RF ≤ 1.3）		南宁、贵阳	乌鲁木齐、呼和浩特、兰州、西宁、长春

采用协调度表示两者之间的关联，依据交通分维 - 城镇体系分维的关联关系，定义优化 - 稳定型、良好 - 一般稳定型、较差 - 弱稳定性分别为高度协调、中度协调、低度协调；定义优化 - 一般稳定型、优化 - 弱稳定型、良好 - 弱稳定型为交通优先型；定义良好 - 稳定型、较差 - 稳定型、较差 - 一般稳定型为交通滞后型。在空间上对二者进行关联，得到 1990 年、2002 年带权重的交通网络维度和城镇体系维度的协调度（图 7-12）。

第七章　基础设施空间服务评价方法

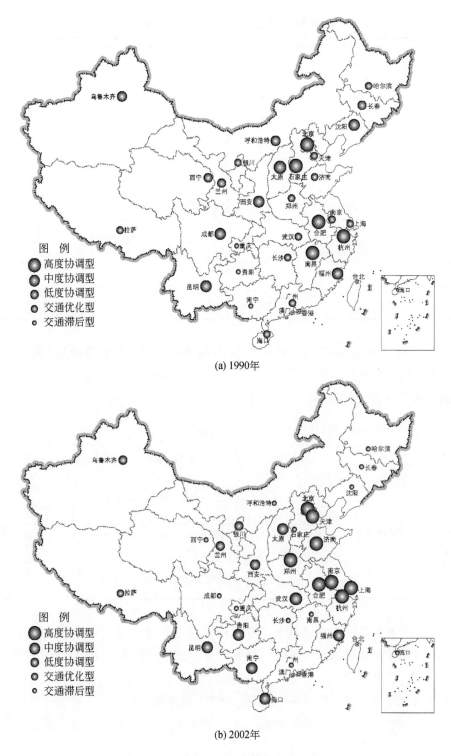

基础设施与经济社会空间组织

(a) 1990年

图 例

● 高度协调型
● 中度协调型
● 低度协调型
◦ 交通优化型
· 交通滞后型

(b) 2002年

图 例

● 高度协调型
● 中度协调型
● 低度协调型
◦ 交通优化型
· 交通滞后型

图 7-12　交通网络与城镇体系的协调关联

1990 年的交通网络和城镇体系的协调度中，由于没有叠加高速公路，同时保留了所有的等级公路，公路交通和城镇体系协调度相对较好，其中，仅南宁、贵阳、重庆三个重点城市处于交通滞后型，1/3 的重点城市处于交通优化型，说明交通网络和城镇体系在相互发育的过程中，城镇体系受到交通网络的优化引导功能较强，南昌、合肥、石家庄、北京、杭州五个城市处于高度协调型，依据积累循环效应，高速协调型的交通网络和城镇体系无疑在空间上能够获得较好的发展空间和机遇，有利于城镇体系得到较好的发育；其余城市处于中度协调和低度协调；整体在空间分布上，交通网络发育程度要优于城镇体系。

在 2002 年的协调度图上，华东地区的重点城市的城镇体系得到非常好的发展，其中，长三角地区和京津冀地区、山东半岛地区城镇体系处于高度协调和中度协调，但在珠三角地区，虽然整体公路交通发展较快，截至 2002 年，城镇体系的发展远远快于交通体系，造成交通发展相对滞后。在 2002 年以后，珠江三角洲地区的道路网络得到大力发展，交通对地区的发展逐步起到应有的先导和协调功能。同样在成渝地区、中部地区以及东北地区，交通网络相对滞后于城镇体系发展，这在一定程度上需要对道路体系进行升级，另一方面，需要进行大规模的陆路快速交通的建设，这在一定程度上反映了 20 世纪 90 年代以来的城镇体系交通协调型和交通先导型的交通网络和城镇体系加快促进了城镇体系的快速发展，另一方面，尽管 10 多年来我国高速公路的大力发展，但在 2002 年，高速公路里程仅为 2.51 万公里，在公路系统比例中占 1.4%，仅为美国的39.6%；而 1999 年，美国高速公路占公路网络的 1.4%，高速公路总里程为6.34 万公里。在城镇体系发展的过程中，中西部的城镇体系发展无疑快于路网的发育，在西部大开发以后，西部地区的高速公路得到显著的发展，但城镇体系发展和交通网络的发育协调度之间具有一定的缓冲性，需要进一步提升路网的发育程度，在空间上促进二者之间的发育和发展。

第五节　基础设施空间服务可持续性评价

一、空间服务可持续性评价的基本方法

基础设施是区域发展的有力支撑，应具有持续有效地为区域发展提供空间服务的能力。对基础设施空间服务可持续性的评价实质上就是对基础设施可持续性

发展水平的评价。基础设施的可持续发展是指功能、经济、资源、环境相互协调，既能满足现在的需求，又不对未来构成危害的发展。基础设施可持续性评价是多层次多维度的综合评价，常用的评价方法主要包括综合指数评价法、模糊综合评价法、全寿命成本分析法、物元分析法以及情景分析法等。

（一）综合指数评价法

综合指数评价法的基本原理是将分散的信息通过模型集成，再进行综合值的分级，来评价基础设施可持续的综合水平。其主要评价程序是：指标选取—指标量化—权重赋值—指标集成—综合评价。

综合指数评价法最为重要的是确定评价指标体系，指标体系的选取直接影响着评价的结论，其建立应遵循定性分析与定量研究相结合的原则，定性分析主要考虑评价指标的完备性、针对性、稳定性、独立性等因素，主观确定指标和指标结构；定量研究则是通过一系列检验，使评价指标体系更加科学和合理（张生瑞等，2005）。基础设施可持续发展评价指标体系不仅应表现出基础设施可持续发展的现状，而且还应反映出可持续发展的能力与趋势，因此评价指标体系可从可持续发展水平、可持续发展能力和协调能力等三个方面进行考虑（宋孝斌，2007）。

综合指数评价法简单易行，在实际操作中得到广泛应用，但缺陷是无法识别单指标的基础设施系统可持续性水平，也会遗漏指标间的一些分异信息。

（二）模糊综合评价法

模糊综合评价法是借助于模糊数学刻画现实世界中具有模糊性的指标，它可以将不易量化的指标定量化并进行综合评价。其基本原理是首先确定被评价对象的因素（指标）集合评价（等级）集，然后分别确定各个因素的权重及它们的隶属度向量，获得模糊评判矩阵，最后把模糊评判矩阵与因素的权向量进行模糊运算并进行归一化，得到模糊综合评价结果。

在进行模糊评价时，权重对最终的评价结果会产生很大的影响，不同的权重有时会得到完全不同的结论。因此，权重选择的合适与否直接关系到模型的成败。确定权重的方法主要有层次分析法、德尔菲（Delphi）法、加权平均法、专家估计法等。

模糊综合评价方法应用隶属函数刻画了评价对象的分级界线的模糊性，比较客观地反映了实际情况，但该法强调极值作用，信息损失多，并且和层次分析法一样，对权重值的确立主观性太强。

（三） 全寿命成本分析法

全寿命成本分析（life-cycle costing analysis，LCCA）法最早由美国军方于20世纪60年代提出，20世纪80年代开始逐渐应用到道路交通行业。

全寿命成本分析"是一个程序和方法，用于评价可行计划项目的总经济价值，包括初始成本和经折现的进一步成本——整个寿命期内的维护、修复、重建和表面翻新处理成本"（美国法典，USC）。全寿命成本计算方法和其他成本计算方法显著不同的是在一个更长的决策时间域内进行分析和决策。全寿命成本分析法认为，在决策中应该选择全寿命周期成本最低的方案，而不是初始成本最低的方案（王玉倩等，2008）。

全寿命成本分析法侧重于基础设施经济效益的分析，通过对基础设施对各种可能发生的成本进行计算分析，对基础设施的可持续发展水平做出评价（Haimes，1992）。

（四） 物元分析法

物元分析理论最早由我国数学家蔡文提出，由物元理论和可拓集合理论组成。其中，物元理论研究事物的可变性，研究事物变化的条件、途径和规律，探索使事物转化的方法，而可拓集合论则是物元分析的数学工具。

错综复杂事物的基本单元称为物元。物元分析法以物元模型和可拓集合、关联函数理论为基础，解决不相容问题，是一种多元数据量化评价方法。其基本原理是首先确定各评价指标的备选集，再将待评指标物元的指标特征值代入各等级的集合中进行物元变换，计算待评物元与各评价等级集合的关联度，选取最大关联度中的最大值对应的等级作为待评物元的隶属等级。它的特点是将"是"与"非"定性描述转化为定量的描述，其核心是可拓域的确定，实现手段是可拓域中元素的物元变换（马晓松等，2009）。

利用物元分析方法，可以建立事物某特征多指标性能参数的评定模型，定量表示评定结果及较完整地反映事物的综合水平，并便于计算机编程处理。

（五） 情景分析法

情景分析法是在推测的基础上，对可能的未来情景加以描述，同时将一些有关联的单独预测集形成一个总体的综合预测。所谓情景，既不是预言，也不是预测，它只是展示了未来可能的发展方向。

情景分析法的基本工作原理是首先选择主要影响因素，确定评价指标；然后将关键影响因素的具体描述进行组合，形成多个初步的未来情景描述方案；同时选择适合的定量分析工具，对一些指标进行量化，借助模型工具得出不同情景下的发展状况，然后对这些结果进行比较、分析，得出相应的评价结论。

情景分析方法只是为我们的研究工作提供一个平台，拓宽和理顺我们的研究思路，使我们能够充分考虑未来经济社会发展的各种不确定性因素对该研究对象的作用和影响，对未来可能的不确定影响因素进行分类、组合，设计出该领域发展最可能的情景（朱跃中，2001）。

二、交通行业碳排放的案例分析

在实际应用中，各种评价方法各有利弊，均有较为广泛的应用基础。有关学者运用综合指数评价法提出采用居民出行满意度、交通功能适应度、环境资源影响度和交通发展协调度等4个方面24项指标组成的评价指标体系，对城市交通可持续发展进行综合分析评价（陆建等，2004）；在城市基础设施建设项目评价指标体系的基础上，建立了城市基础设施建设项目评价的模糊综合评价模型（孙晓光等，2005）；基于压力－状态－响应概念模型构建评价指标体系，将可持续标准、评价指标及其评价值作为物元，应用物元分析方法建立了基础设施系统可持续评价物元模型（韩传峰等，2009）。全寿命成本分析法运用于评估基础设施的可持续发展在国内研究和应用相对较少，其在国外的成熟应用无疑为国内研究基础设施的可持续发展评价提供了新的方法和思路。

很多情况下，对基础设施可持续性的评价会受多种因素的影响，因此，单纯的预测和评价具有不可确定性，选取科学的分析模型，再辅以合理的情景设定，有助于获得理想的评价结果。

以交通运输碳排放对可持续发展的影响为例，通过合理的情景假定来考察不同假设条件下交通运输部门的碳减排潜力。

交通运输部门碳排放的计算主要是基于指数分解法的思想，其碳排放基本模型

$$ C = \sum_{ij} C_{ij} = \sum_{ij} \frac{C_{ij}}{E_{ij}} \times \frac{E_{ij}}{V_i} \times \frac{V_i}{V} \times V \tag{7-18} $$

其中，C 是交通运输碳排放量，C_{ij} 是 i 种交通方式 j 种能源的碳排放量，E_{ij} 是 i 种交通方式 j 种能源的消费量，V_i 是 i 种交通方式的换算周转量，V 是总换算周转

量。分别定义 $F_{ij}=\dfrac{C_{ij}}{E_{ij}}$ 为能源排放强度，即 i 种交通方式消费单位 j 种能源的碳排放量；定义 $I_{ij}=\dfrac{E_{ij}}{V_i}$ 为交通能源效率，即单位换算周转量的能源消耗；定义 $R_i=\dfrac{V_i}{V}$ 为交通运输结构，即 i 种交通方式占总交通换算周转量的比重。则式（7-18）可以写为

$$C = \sum_{ij} F_{ij} I_{ij} R_i V \qquad (7\text{-}19)$$

利用 LMDI 分解法可以计算我国各历史时期交通运输部门能源消耗导致的碳排放量。情景间假设条件的不同主要体现在交通运输部门节能减排途径的实施上，根据碳排放模型，交通运输部门的减排途径主要包括控制交通能源排放强度、提高交通能源利用效率、优化交通运输结构、调控交通运输需求四个方面。根据各减排途径的实施力度，设置以下情景（表7-9）。

表 7-9　交通运输行业碳排放情景参数设置（单位:%）

减排途径	时段	情景一	情景二	情景三
控制交通能源碳排放强度（降低）	2008～2015 年	3	5	10
	2015～2020 年	5	10	15
提高交通能源利用效率（升高）	2008～2015 年	3	5	10
	2015～2020 年	5	10	15
优化交通运输结构（公路比重降低）	2008～2015 年	5	8	12
	2015～2020 年	8	12	15
调控交通运输需求（总换算周转量提高）	2008～2015 年	50	40	30
	2015～2020 年	40	30	20

情景一：低度减排情景。该情景假定 2008～2015 年，单位交通能源碳排放强度降低 3%；交通能源利用效率提高 3%，即单位周转量能源消耗降低 3%；交通运输结构中公路所占比重降低 5%；交通运输换算周转量提升 50%。2015～2020 年，单位交通能源碳排放强度降低 5%；交通能源利用效率提高 5%；交通运输结构中公路所占比重降低 8%；交通运输换算周转量提升 40%。

情景二：中度减排情景。该情景假定 2008～2015 年，单位交通能源碳排放强度降低 5%；交通能源利用效率提高 5%；交通运输结构中公路所占比重降低 8%；交通运输换算周转量提升 40%。2015～2020 年，单位交通能源碳排放强度降低 10%；交通能源利用效率提高 10%；交通运输结构中公路所占比重降低

12%；交通运输换算周转量提升 30%。

情景三：高度减排情景。该情景假定 2008～2015 年，单位交通能源碳排放强度降低 10%；交通能源利用效率提高 10%；交通运输结构中公路所占比重降低 12%；交通运输换算周转量提升 30%。2015～2020 年，单位交通能源碳排放强度降低 15%；交通能源利用效率提高 15%；交通运输结构中公路所占比重降低 15%；交通运输换算周转量提升 20%。

交通运输碳减排总量为各种减排途径导致碳排放减少量的总和，其计算公式为

$$Q_c = \sum_k Q_{kc} \tag{7-20}$$

其中，k 是减排途径的种类，Q_c 是交通运输碳减排总量，Q_{kc} 是第 k 种途径的碳减排量。根据上文的情景设定，将四种减排途径的减排潜力进行加权计算，得到不同情景下碳减排量的情况如表 7-10 所示。

表 7-10　不同情景下交通运输行业碳减排量（单位：10^4 吨碳）

年份	情景	碳减排量
2015	情景一：低度减排情景	1145
	情景二：中度减排情景	1733
	情景三：高度减排情景	3101
2020	情景一：低度减排情景	2522
	情景二：中度减排情景	4124
	情景三：高度减排情景	4881

依据碳排放模型和情景分析法，可以计算出，按照低度减排的情景发展，2015 年我国交通运输部门可实现碳减排量 1145 万吨，2020 年可减排 2522 万吨；随着能源技术的进步、运输结构的优化以及运输需求调控力度的加大，各减排途径如果按中度减排的情景发展，则交通运输部门碳排放量减排潜力有望于 2015 年实现碳减排 1733 万吨，2020 年实现碳减排 4124 万吨；针对交通运输部门的减排压力，若能采取更大力度的减排措施，即达到情景三设定的情形，则 2015 年可实现碳减排 3101 万吨，2020 年实现碳减排 4881 万吨。

本案例是计算模型与情景分析相结合的典型案例，可以看出，情景分析法在评价基础设施可持续发展方面，尤其是在对未来的可持续发展水平的评估预测方面具有独特的优势。

基础设施与经济社会空间组织

参 考 文 献

戴特奇，金凤君，王姣娥．2005. 空间相互作用与城市关联网络演进——以我国 20 世纪 90 年代城际铁路客流为例．地理科学进展，24（2）：80-89.

杜渐，刘小明．2009. 我国区域公路运输与社会经济协调发展的主成分分析．北京工业大学学报，35（5）：639-646.

范冬，张琳，杨晶．2001. 基于分形理论的山东省城市体系研究．山西建筑，27（7）：11，12.

韩传峰，刘亮，王忠礼．2009. 基于物元分析法基础设施系统可持续性评价．中国人口、资源与环境，19（2）：116-121.

金凤君，戴特奇，王姣娥．2005. 中国交通投资经济效应的量化甄别．铁道学报，27（3）：9-14.

金凤君，刘鹤，许旭．2011. 基于逆向重力模型的城市质量测算及其影响因子分析．地理科学进展，30（4）：485-490.

陆建，王炜．2004. 面向可持续发展的城市交通系统综合评价方法研究．土木工程学报，37（3）：99-104.

马晓松，艾力·斯木吐拉，周家甄．2009. 基于物元分析的公路建设项目可持续发展评价．交通科技与经济，56（6）：1-4.

世界银行．1994. 世界发展报告．北京：中国财经出版社．

宋孝斌．2007. 中国城市交通可持续发展水平的综合评价与对比分析．辽宁工程技术大学学报（社会科学版），（2）：148-150.

孙晓光，韩文秀．2005. 城市基础设施建设项目评价研究．华北工学院学报，26（4）：309-312.

汪传旭．1998. 交通运输与经济协调发展分析模型及其应用．上海海运学院学报，19（4）：28-33.

王玉倩，阮欣，陈艾荣．2008. 全寿命成本分析法在侧风影响下桥梁行车安全决策中的应用．公路交通科技，25（10）：94-98.

武旭，胡思继，崔艳萍，等．2005. 交通运输与经济协调发展评价的研究．北京交通大学学报（社会科学版），4（2）：10-14.

谢洪新，肖慎，杨海荣，等．2005. 神经网络在高速公路网综合评价中的应用．公路交通科技，22（8）：106-109.

张兵．2007. 陆路快速交通的区域效应研究．北京：中国科学院地理科学与资源研究所博士学位论文．

张生瑞，邵春福，严海．2005. 公路交通可持续发展评价指标及评价方法研究．中国公路学报，18（2）：74-78.

张英辉．2008. 基于分形理论的河北省城市体系规模结构研究．商场现代化，（1）：313-315.

周江评．2003. 要想富，慎修路——西方学者对交通投资与经济发展关系研究及其对我国的启示. 国外城市规划, 18（4）: 49-55.

朱跃中. 2001. 未来中国交通运输部门能源发展与碳排放情景分析. 中国工业经济, （12）: 30-35.

Banister D, Berechman Y. 2001. Transport investment and the promotion of economic growth. Journal of Transport Geography, 9（3）: 209-218.

Haimes Y Y. 1992. Sustainable development: a holistic approach to natural resource management. Systems, Man and Cybernetics, Ieee Transactions On, 22（3）: 413-417.

Heertje A. 2001. Analytical transport economics: an international perspective. Northampton, MA: Edward Elgar Pub.

基础设施与经济社会空间组织

第八章

我国交通网络的空间效应

　　交通基础设施是一个国家进行经济社会空间组织的重要依托。其发展水平的高低——保障能力的大小、质量的优劣、布局的狭广、服务的好坏等直接关系到国土开发的结构和功效空间体系的建构，以及未来的发展状态和潜力。交通基础设施建设是我国产业布局和城市发展的重要支撑，交通网络的扩展和升级，对塑造国土开发结构、提高国土开发效率、改善区域差异、优化生产力布局和推动城镇体系发展等发挥着重要的作用。本章重点分析现代交通出现以来，其建设过程中产生的空间效应，包括国土空间结构的演化、空间优势的塑造和迈向中等发达国家的支撑能力水平等。总体看，经过100多年的建设，我国无论是交通基础设施的建设，还是技术水平和能力的提高，或是运输组织的优化等方面，均具备了走向复兴的基础，相对于国民经济的发展而言逐渐从滞后型转向适应型到超前型发展时期。未来应遵循"效率国土"的发展模式，强化其对经济社会空间组织的引导作用，促进国土资源高效率、节约集约开发利用，营造出多样的城市、繁荣的经济、丰富的生活和宜居的环境。

第一节　交通基础设施建设的历史贡献

一、交通基础设施建设的历史进程

　　19世纪30年代我国海上运输开始出现蒸汽机船，1876年和1906年我国国土上开始建设第一条铁路和第一条公路，开启了现代交通的建设。在过去100多年中，铁路的建设主导了交通基础设施的方向和空间布局，是影响国土开发结构的主要交通运输方式。这一发展格局仅在近30年才发生了一系列重大变化。为了使空间效应分析体现历史可比性，定义2000年作为基准年，把地市级地域行政单元抽象为空间节点并假定这些地域单元不随时间而变化，以铁路网扩展分析为主线。在这一原则的基础上，中国内地被划分为330个空间节点（不包括海南省、台湾省及香港、澳门地区及沿海岛屿）。历史时期铁路网的扩张和优化程度的分析，采用逆向追溯的方法从2000年节点系统中筛选相应阶段的节点。总体而言，交通基础设施网络对国土空间开发与利用的支撑作用大致经历了局部建设、有限保障、全面支撑和优化引领四个历史时期。

（一）局部建设阶段（1949年前）

自建设第一条铁路到中华人民共和国建立的1949年，是我国交通基础设施网络的局部建设阶段，其对经济社会的发展和空间结构的影响也是局部的。73年间，在目前的国家版图内共建设了2.2万公里的铁路、8万公里的公路。虽然对当时的资源开发和产业发展发挥了一定的支撑作用，但对我国国土开发和经济社会空间组织的影响是局部的，大部分地区的城市发展、资源开发和产业布局都受到交通运输条件落后的严重束缚。

（1）交通基础设施网络扩展缓慢。这一时期是我国社会政治剧烈变革的时期，交通的建设充分反映了政治、军事、国土安全、资源开发与殖民控制等深刻内涵。虽然太平天国时期和民国时期都对建设全国的铁路网和港口提出了宏伟设想（孙中山，1919），但由于交通基础设施的建设缺乏有力的规划和实施手段，网络扩展缓慢，在空间上呈现零散建设的格局；相对于我国广袤的国土而言，不能促进国土的大规模开发。到1895年全国仅修建了415公里铁路，1895~1949年的55年间平均每年仅修建铁路389公里，这一时期公路也仅建设了10万公里左右。而美国在1850~1890年40年间，就建设了16万公里的铁路，每年修建铁路4000公里。

（2）交通基础设施的建设主要集中在东北和华北地区。到1949年，全国铁路的60%分布在东北和华北地区；公路主要分布在京广铁路以东地区，占全国里程的65%左右。以铁路为例，东北地区是主要建设区域，到1937年东北地区铁路里程已突破1万公里，占全国的比重在40%以上，这种状况一直保持到20世纪的50年代（1937年45.9%，1945年44.4%，1951年44.4%）。相应地，广大的中南、西南、西北地区，铁路总里程只有4630公里。因此，这一时期是中国铁路建设的"东北时代"，其他区域的现代交通建设和路网扩展缓慢。

（3）支撑了少数城市的发展、部分地点的资源开发和少数工业城镇的建设。从铁路的联通性看，1911年铁路网络连接的地域单元只有62个，这些节点主要集中在长江以北地区、以北京为中心向各地扩展；到1949年，目前全国330个地域单元中只有131个有铁路联通，所占比例不到40%。其中华北和东北的地域单元达 38 个,该区域主要城市已经有铁路连通。这一地域空间网络格局,只对少数城市的发展起到了推动作用,如北京、天津、武汉、上海、沈阳、长春等;同时也促进了少数新城市的诞生和发展,如哈尔滨、郑州、石家庄等城市;从交通基础设施建设与城市发展的相互关系看,该时期我国城市的发展主要受内河水运、历史形成的交通走廊效应和铁路的共同影响。由于铁路建设,东北地区和华北地区的能源资源与矿产资源开发使其成为我国的先发地区和重要基地,煤炭和主要矿产资源的产量占全国的 70% 以上。在此基础上,形成了包括唐山(开滦)、淄博(博山)、枣庄、井陉、焦作、阳泉、大同、抚顺、阜新、萍乡等一批能源城镇和宣化、鞍山、本溪等冶金工业城镇,以及上海、青岛、天津、沈阳、武汉等一批制造业中心。

(二)有限保障阶段(1950~1980 年)

自新中国成立到实施改革开放的 20 世纪 70 年代末(1980 年),经过 30 年持续的投入与建设,我国基本形成了覆盖绝大部分国土的交通基础设施网络,为经济社会空间发展格局的形成提供了重要保障。但从保障能力看,在能力、质量、安全和便捷性等方面是有限的,仍属于滞后型发展模式,其供给的不足是制约经济社会发展的主要因素。

(1)交通基础设施网络规模已经达到一定规模。这一时期是我国实施计划经济的时期,国家为了改善交通运输业落后的面貌,持续实施了一系列交通建设计划,使得交通线网里程迅速增加,到 1980 年,全国的交通线路总里程已经达到 125.4 万公里,其中铁路 5.3 万公里,公路 88.8 万公里,内河航道 10.9 万公里,民用航空线 19.5 万公里。上述线网规模,为我国城市发展、产业布局和资源的开发提供了重要支撑。

(2)空间服务范围达到了一定水平。①作为主导交通方式的铁路,其网络已经覆盖除西藏以外的全部省区市,在地级行政单元中,到 1980 年已经有 217个连接到全国统一的铁路网中,占总节点数的 65%;公路网密度达到 9.25 公里/百平方公里。②内陆地区交通基础设施建设成效明显。新中国成立至 20 世纪 60年代中期,我国实施了"以内地为重点,沿海与内地兼顾"的区域政策,铁路建设兼顾内地和沿海,保障了重点工业的建设,为成都、重庆、西安、兰州等工业城市建设提供了交通条件,沿铁路干线建成了辽中南、包头、武汉、哈尔滨等工业基地;公路建设则改善了内陆地区的交通环境,成为连接城乡及铁路站场、港口的集疏运线路,为经济发展提供了一定保障;江河整治则为沿岸工业布局和经济发展提供了便利条件,尤其是长江干流优良的运输条件促进了沿江工业基地的建设和上海、南京、武汉、重庆等经济中心的发展，长江三角洲水运网的整治则促进了该地轻重工业的发展。沿海港口及兰烟、黎湛、鹰厦等铁路的建设则促进了海运业的发展。20 世纪 60 年代中期到 70 年代末期，"三线建设"是国家经济建设的重点，交通建设也体现了这一空间特征。交通新建干线集中在"三线"地区，对内迁企业的建设和投产起到了保障作用；公路建设有所加强，基本形成了具有一定规模的网络体系；沿海港口的地域体系初步形成（陆大道等，2003）。

（3）服务能力滞后于经济社会发展要求。主要体现在以下几方面，一是能力不足，不能满足经济社会发展对交通运输的需求，工业生产、资源开发存在以运定产的现象。二是技术水平较低，运输线路的等级、技术标准等处于比较低的层次，运输技术与当时的世界先进水平存在非常大的差距。三是由于持续的内陆交通建设，造成东部沿海地区运输能力的不足。这一时期交通建设重点集中于中西部地区，而京广线及其以东铁路线承担着全国铁路 80% 的运量，致使运输紧张局面加剧，制约了东部地区的经济发展。同时忽视了北方能源通道的建设，影响了全国能源供应保障体系的建设。

（三）全面支撑阶段（1981～2005 年）

自实施改革开放初期（1981 年）到 21 世纪初叶（2005 年），是我国交通基础设施建设快速发展的时期。经过 20 多年持续的大规模投入与建设，基本建成了与经济社会发展要求相适应的交通基础设施体系，解决了交通基础设施建设长期滞后于经济社会需求的局面。在能力、质量、安全和便捷性等方面取得了质的飞跃，为现代化综合运输体系的建设奠定了坚实基础，全面支撑经济社会发展的交通运输保障局面基本形成。

（1）初步具备了建立现代化综合交通运输体系的基础，运输能力显著增强。到 2005 年年底，我国交通网总里程达到 210 万公里，比 1978 年增长近 1 倍，比 1995 年增长 56%。铁路营运里程达 7.54 万公里，基本形成了覆盖全国的铁路网络。公路里程 193.1 万公里，等级路里程占 82.4%，形成了以高速等级公路为骨架、密度较高的公路网络。沿海港口拥有生产性泊位 4298 个，其中深水泊位 847 个，拥有可以停泊 30 万吨级船舶的泊位。内河航道 12.33 万公里，其中等级航道占 49.3%，以长江、珠江和京杭大运河为主航道的内河运输网稳定发展。民用运输颁证机场 142 个，其中可以起降 200 座以上的大型飞机机场 58 个，以枢纽机场、干线机场和支线机场相配合的机场体系正在形成。

（2）技术装备水平显著提高，交通现代化步伐加快。到 2005 年年底铁路复线里程和电气化里程分占营运里程的 34% 和 26%。经过 1996～2007 年的 6 次客

基础设施与经济社会空间组织

运提速，大部分主干线客车时速达到了 160 公里；全国形成了以北京、上海、广州为中心的三个"提速圈"，半径 500 公里内的城市可以"朝发夕至"，1200～1500 公里的城市可以实现"夕发朝至"，2000～2500 公里的城市可以"一日抵达"，在中长途客运中提高了竞争力，为乘客提供了更加便捷和实惠的出行条件（王姣娥等，2005）。铁路重载技术实现了新突破，开行了 2 万吨煤炭重载列车。港口集装箱、油气和大宗散货等大型专业化码头发展迅速，10 万吨级以上泊位超过 40 个。三大枢纽民航机场（北京、上海、广州）初具国际水准。

（3）达到了与经济社会发展要求基本适应的服务能力和水平。①从空间服务水平看，到 21 世纪初，已有 297 个地级行政单元连接到全国统一的铁路网中，占总地域单元总数（330 个）的 90%（金凤君等，2004）；公路网密度达到 20 公里/百平方公里，比 1980 年提高了 1 倍多；沿海的港口体系已经形成，基本上能够满足国际贸易的需求和国内区域间水运货物交流的需求。②按照 1 小时空间服务能力度量，到 21 世纪初，我国的铁路、高速公路和机场覆盖的国土面积分别为 50.2%、25.6% 和 20.6%，覆盖的人口分别为 83.6%、71.7% 和 40.9%；覆盖的经济总量分别为 92.5%、87.3% 和 63.3%，基本上能够适应经济社会区域布局的要求。③形成了与国民经济相适应的运输系统。包括比较完善、高效衔接、运输能力强大的能源运输系统，与国际贸易基本适应的海洋运输系统，与居民出行需求基本适应的旅客运输系统（包括铁路、公路和民航），与城市群发展需求初步适应的区域交通系统。

（四）优化引领阶段（2006 年～）

自 2005 年以来，我国交通基础设施建设在满足国民经济基本需求的情况下，总体上看呈现出超前建设的特征和趋势，其所形成的作用开始成为优化经济社会空间布局和效率的重要因素。主要标志是以提升速度为特征的高速交通网络建设、以提升效率和功能为特色的网络系统优化建设、以优化城市群空间结构与效率为目标的综合运输体系建设，其时空收敛效应正在成为促进经济社会空间结构演进的最重要动力，时空关系正在由于交通基础设施的建设而改变；交通系统的建设已经成为城市群地区空间结构形成和重构的依托；铁路、公路、民航等运输方式在巩固、扩大自身服务市场的同时，不得不考虑来自于彼此的竞争压力和客观的合作要求。

（1）高速交通网络的建设。按照我国的交通规划，在未来我国将建成联系主要城市、重要经济集聚区的高速交通基础设施网络，以此为支撑的快速运输服务网络也将形成。主要体现在：①1.6 万公里的快速客运专线网络将在 2013 年左右建成。根据《铁路中长期发展规划》，我国将建设"四纵四横"的高速铁路客运通道，环渤海、长江三角洲、珠江三角洲等城镇密集区将建设城际快速客运轨道，快速客运专线达 1.6 万公里以上，时速达 250 公里或以上，预计将于 2013 年左右形成连接全国主要大中城市的快速客运网络。届时，我国主要特大城市间旅行 1000 公里范围内实现"半日往返"，2000 公里范围内实现"一日往返"。②接近 10 万公里的高速公路网络将在"十二五"时期建成。到 2010 年年底全国的高速公路总里程已达 7.4 万公里。根据我国高速公路建设的基本态势，再经过 3 到 5 年的建设，我国的高速公路总里程将接近 10 万公里。这一网络将连接绝大部分城市，并在重要的城市化地区形成高密度的区域网络。③以 200 个以上机场为支撑的航空网络将在"十二五"时期建成。进入 21 世纪以来，我国机场建设步伐加快，航空运输网络快速拓展，目前已经覆盖了我国主要的大中城市。按照我国建设民航强国的战略，机场数量和网络规模将进一步拓展，预计在未来 5 年，我国的机场数量将达到约 240 个，这些机场在 100 公里服务范围内将服务我国 80% 以上的人口和 90% 以上的经济。

（2）城市群地区高速交通体系的形成。从建设趋势上看，围绕城市群的发展，现代化的交通运输系统正在形成过程中，包括高速公路网络、城际轨道、城市地铁网络等。这一系统的逐步形成，正在成为我国城市群地区空间结构重构的主导影响力量，将对我国城市群地区的发展产生深远影响。

（3）综合运输走廊的形成。交通网络发展理论表明，大能力、现代化、高技术的综合运输走廊形成是一个地区或国家综合交通网络发展成熟的主要标志，是空间经济系统的主要支撑。从发展趋势看，在我国的国土范围内，一系列层次分明的现代化综合运输走廊正在形成中，将成为优化我国经济社会空间形态和格局的重要动力。

二、交通基础设施建设的空间组织作用

总结百年来我国交通基础设施建设对经济社会空间组织的影响，可以发现其规模、布局、网络结构和技术的不断发展，在营造国土开发环境、构建国土开发结构、参与国际经济分工和优化功效空间体系等方面发挥了重要作用。

（一）营造国土开发环境的先导作用

一个国家或地区的国土开发环境是由多种因素与关系构成的，而这一环境的状态直接决定着国土开发的模式与进程。将交通基础设施置于所有因素构成的序列中进行考察，可以发现，其在营造我国国土开发环境中发挥了先导作用。主要

体现在下列几方面。①大规模国土开发格局形成的先导性基础。从初期的东北地区资源的开发，到后来的内地和三线地区的建设，以及目前形成的相对均衡的国土开发环境，都是以交通运输体系的先导建设为基础的。②现代交通基础设施建设的时序和空间布局，基本决定了我国国土开发的空间时序，也决定了宏观区域经济发展的阶段和成熟程度。同时，交通基础设施的建设对国土开发的空间模式产生了深刻影响。③交通基础设施的建设在集聚其他开发要素或条件中发挥了先行和核心作用。纵观我国国土开发环境的形成，包括社会、政治、经济等方面的主要要素，主要是围绕交通基础设施的基本条件构建或建构的。如我国能源开发空间环境的形成，沿海地区对外开放格局的最终形成，都是首先围绕交通条件和能力展开的。④交通基础设施网络在不断完善过程中，所营造的综合运输成本环境，对宏观区域和微观区域的发展和竞争力的形成，发挥了最基础的作用。总结我国区域开发的格局和竞争力的状态，无不与交通区位、网络的便捷程度、运输费用的高低有密切而深远的关系。多数情况下，交通区位是资源开发、产业布局和城市建设的首要条件。

（二）构建国土空间开发结构的支撑作用

交通基础设施网络在百年的建设与空间扩展中，对我国国土开发空间结构的支撑作用主要体现在如下几方面。第一，支撑了宏观发展轴线的形成与增长。在现代交通运输出现之前，水运是我国交通运输的主要方式之一，即使在铁路、公路运输出现之后，仍发挥着重要作用。因此，长江沿线、沿海一直是我国发展的主要轴线。随着京沪、京广、哈大、陇海等铁路的建设，以此为支撑的沿线地区逐渐成为国土开发的主要轴线。总体看，随着交通基础设施网络的完善，我国国土开发的主要轴线已经逐渐成熟，在经济社会发展中发挥着重要作用。表8-1是主要发展轴线的基本情况。第二，支撑了城市圈、能源基地等核心区域的发展，提升了其在国家宏观经济格局中的地位和作用。京津冀、长江三角洲、珠江三角洲、辽中南、长江中游城市群地区是我国现代交通的先行地区，这些区域的交通建设有力地支撑了其经济社会和城市的发展。第三，支撑了国土均衡开发格局的形成。随着交通建设的逐步完善，成渝地区、山东半岛、海峡西岸、哈（尔滨）大（庆）齐（齐哈尔）、长（春）吉（林）、长（沙）株（洲）（湘）潭、郑（州）洛（阳）、北部湾沿岸、关中、天山北麓、呼包鄂等地区逐渐成为区域经济发展的核心区域，促进了国土均衡开发格局的形成。交通基础设施在促进这些地区空间形态形成、内外经济联系、国土开发效率等方面发挥了重要作用。第四，在交通基础设施网络的支撑下，我国的能源开发与保障格局逐步形成。包括国内能源基地的建设和国际能源保障体系的建设，都与我国交通基础设施体系的建设密切相关。

表8-1　我国主要运输通道沿线城镇与经济概况（2009 年）

名称	地级以上城市	GDP		人口	
		规模（亿元）	比重（%）	规模（万人）	比重（%）
沿海轴线	丹东、大连、营口、盘锦、锦州、葫芦岛、秦皇岛、唐山、天津、沧州、滨州、东营、潍坊、烟台、威海、青岛、日照、连云港、盐城、南通、上海、苏州、嘉兴、杭州、绍兴、宁波、舟山、台州、温州、宁德、福州、莆田、泉州、厦门、漳州、潮州、汕头、揭阳、汕尾、惠州、深圳、东莞、中山、珠海、广州、江门、阳江、茂名、湛江、北海、钦州、防城港	129 122	37.59	24 681.7	18.49
京沪轴线	北京、天津、廊坊、沧州、德州、济南、泰安、济宁、枣庄、蚌埠、宿州、徐州、滁州、南京、镇江、常州、无锡、苏州、上海	72 830	21.20	12 713.8	9.53
京广轴线	北京、保定、石家庄、邢台、邯郸、安阳、鹤壁、新乡、郑州、许昌、漯河、驻马店、信阳、孝感、武汉、咸宁、岳阳、长沙、株洲、衡阳、郴州、韶关、清远、广州	53 222	15.50	15 026.7	11.36
京九轴线	北京、廊坊、沧州、衡水、邢台、聊城、菏泽、濮阳、商丘、亳州、阜阳、信阳、黄冈、九江、南昌、宜春、吉安、赣州、河源、惠州、东莞、深圳	42 181	12.28	13 319.5	9.98
长江轴线	上海、南通、苏州、无锡、泰州、常州、镇江、南京、扬州、马鞍山、芜湖、巢湖、铜陵、池州、安庆、九江、黄冈、黄石、鄂州、武汉、咸宁、岳阳、荆州、宜昌、恩施、重庆、泸州、宜宾	64 925	18.90	16 172.0	12.12
陇海兰新轴线	连云港、徐州、宿迁、商丘、开封、郑州、洛阳、三门峡、渭南、西安、咸阳、宝鸡、天水、定西、兰州、武威、金昌、张掖、嘉峪关、酒泉、哈密、吐鲁番、乌鲁木齐、昌吉、石河子、博尔塔拉	21 391	6.23	9 172.0	6.87
哈大轴线	大连、营口、鞍山、辽阳、沈阳、本溪、铁岭、四平、长春、松原、哈尔滨	20 036	5.83	4 602.9	3.45
沪昆轴线	上海、嘉兴、杭州、绍兴、金华、衢州、上饶、鹰潭、抚州、南昌、新余、宜春、萍乡、株洲、湘潭、长沙、娄底、怀化、凯里、都匀、贵阳、安顺、六盘水、曲靖、昆明	43 236	12.59	11 307.1	8.47

注：比重为占全国总量比重

资料来源：根据《中国区域经济统计年鉴 . 2010》整理

基础设施与经济社会空间组织

（三）参与国际分工的保障作用

现代交通运输体系的建设是我国参与国际分工的重要保障。尤其是改革开放以来，海洋运输的快速发展大大提升了我国参与国际分工的能力。使我国外贸运输能力从 1978 年的 7000 万吨提高到 2010 年的 24.6 亿吨，外贸进出口额从 206 亿美元增长到 29 700 亿美元。

交通基础设施建设在促进我国参与国际经济合作与分工中发挥了如下作用：①窗口作用。近 30 年来，我国现代化港口、机场的建设，形成了一批对外交流的窗口，如上海、深圳、广州、青岛、天津、宁波、大连的港口，已经成为我国对外贸易交流的重要口岸，提高了我国参与国际经济的竞争力和影响力。2010 年，全球货物吞吐量排名前 10 位的大港口中，中国内地占 8 席，全球 20 大集装箱港口中，中国内地占 7 席。②集装箱运输体系的建设保障了对外贸易网络的形成。以我国沿海港口为基础，我国建立了覆盖全球的运输网络，促进了我国经济与世界各地的交流。③形成了港口体系建设与贸易发展互动发展的关系，保障了我国主要地区对外经济的发展。交通基础设施的建设与完善，促进了我国以珠江三角洲和长江三角洲地区为龙头的对外经济格局的形成。

（四）优化功效空间体系的引导作用

交通基础设施的建设在优化我国国土空间开发体系方面发挥着越来越重要的作用。第一，提高了各类经济空间的功能与效率。以城市为例，交通基础设施的建设提高了我国绝大多数城市的集聚能力和承载能力，在发展质量与效率提升方面发挥着越来越重要的作用。由于基础设施支撑网络的完善，已经成为城市空间开发指引的一大要素。第二，促进了都市圈、城市群地区空间结构的优化和分工联系的加强。第三，改善了各类空间经济社会发展的外部环境和联系，促进了空间级序的形成。

第二节　区域交通优势的评价与结论

交通基础设施既是长期经济发展积累的结果，又是未来经济社会发展的重要支撑。经过长期的建设和发展，我国已经形成了比较完善的基础设施网络和保障水平较高的运输体系，但空间分布是非常不平衡的，所反映的交通优势差异明显。认识交通网络的支撑能力、不平衡性和区域交通优势程度的差异，是确定区域功能、引导区域合作和促进经济社会要素合理流动的重要依据。

一、交通优势评价的指标与方法

（一）指标确定的基本原则

作为区域发展最重要的基础设施，交通运输存在不同的类型，其设施网络依据不同的技术规范表现出不同的质量和能力差异，对区域发展的影响既反映在空间点上，也表现出廊道特征，进而影响区域的总体优势程度。因此，交通优势评价指标与集成需从"质、量、势"三方面和"点、线、面"三个层面综合考虑，系统概括交通基础设施所营造的空间优势。"量"是指设施的规模，"质"是指设施的技术与能力特征，"势"是指个体在整体中具有的某种优势状态。"点"指中心城市优势与影响程度，"线"主要指交通干线对各区域通达性的影响程度，"面"则主要反映各地域的一般交通优势程度（金凤君，2008）。具体集成性指标在技术实施层面包括的指标如表8-2所示，评价的地域对象以县级行政单元为主，为分析准确，考虑到城市建成区的一致性，对其进行整合，遂将全国2860个单元整合为2378个，以下统计的分析均以这一数据为准。

表8-2　区域交通优势评价指标

类型	一级指标	二级指标
交通线网密度	绝对交通网密度	
交通干线影响度	铁路技术等级	复线铁路
		单线铁路
	公路技术等级指标	高速公路
		国道公路
	港口技术等级指标	主枢纽港
		一般港口
	机场技术等级指标	干线机场
		一般机场
区位优势度	评价指标	与三大中心的通达性
		与区域中心城市的通达性
		与重要陆路口岸的通达性

（二）交通设施网络密度

交通设施网络密度是评价交通设施保障水平的重要指标，包括公路、铁路和内河航道等线路网络密度。鉴于公路交通的便捷性与普适性，采用公路网络密度进行分析，该指标主要指各县公路通车里程与各县土地面积的绝对比值，其值越大，表明公路网越密集，对区域发展的支撑能力也越强。具体计算如下：

设某县 i 的交通线网密度为 D_i，L_i 为 i 县域的交通线路长度，A_i 为 i 县域面积，则其计算方法为

$$D_i = L_i/A_i, i \in (1,2,3,\cdots,n) \tag{8-1}$$

（三）交通干线影响度

交通干线是区域对外联系和经济社会活动布局的重要依托。与重要或大型交通设施的距离远近直接体现了交通设施对区域发展的支撑能力与影响程度。交通干线影响度越高，交通条件越优越，对外联系潜力也越大。交通干线主要指大型交通设施，包括铁路、公路、港口和机场四类。具体评价依据交通干线的技术 – 经济特征，按照专家智能的理念，采用分类赋值的方法进行评价。具体赋值见表 8-3 所示。计算方法如下：

$$C_i = \sum_{m=1}^{M} c_{im}, i \in (1,2,3,\cdots,n), m \in (1,2,3,\cdots,M) \tag{8-2}$$

其中，C_i 是县 i 的交通干线影响度，c_{im} 是 i 县 m 种交通干线的技术水平，即权重赋值。

表 8-3　干线技术水平权重赋值

类型	子类型	等级	标准	赋值
铁路	铁路 A_{i1}	1	拥有复线铁路	2
		2	30 公里距离	1.5
		3	60 公里距离	1
		4	其他	0
	单线铁路 A_{i5}	1	拥有单线铁路	1
		2	30 公里距离	0.5
		3	其他	0
公路	高速公路 A_{i2}	1	拥有高速公路	1.5
		2	30 公里距离	1
		3	60 公里	0.5
		4	其他	0
	国道公路 A_{i6}	1	拥有国道	0.5
		2	其他	0

类型	子类型	等级	标准	赋值
水运	港口 A_{i3}	1	拥有主枢纽港	1.5
		2	30公里距离	1
		3	60公里	0.5
		4	其他	0
	一般港口 A_{i7}	1	拥有一般港口	0.5
		2	其他	0
机场	干线机场 A_{i4}	1	拥有干线机场	1
		2	30公里距离	0.5
		3	其他	0
	支线机场 A_{i8}	1	拥有支线机场	0.5
		2	其他	0

（四）区位优势度

区位优势度以距全国中心城市的交通距离为度量对象进行分类赋值，距离数据采用最短路径方法获取。具体分类赋值依据1991年和2000年我国客流与货流的距离衰减规律，分段进行权重赋值，如表8-4所示。根据城市的重要性将中心城市分为三个层面：三大中心城市、区域中心城市和重要陆路口岸；其中三大中心城市包括北京、上海和广州，区域中心城市包括天津、石家庄、太原、呼和浩特、沈阳、长春、哈尔滨、南京、杭州、合肥、福州、南昌、济南、郑州、武汉、长沙、南宁、重庆、成都、贵阳、昆明、拉萨、西安、兰州、西宁、银川、乌鲁木齐、大连、宁波、厦门、青岛、深圳等，重要陆路口岸包括黑河、绥芬河、珲春、满洲里、二连浩特、伊宁、塔城、博乐、瑞丽、畹町、河口、凭祥和东兴、丹东等。

表8-4 距离中心城市的权重赋值

级别	距离（公里）	赋值
1	0～100	2.00
2	100～300	1.50
3	300～600	1.00
4	600～1000	0.50
5	>1000	0.00

（五）交通优势度集成

根据一定原则，将交通网络密度、交通干线影响度和区位优势度进行无量纲化处理，然后进行加总，所得数值可以视为区域交通优势程度差异的度量标准，并以此进行分等定级。具体集成方法如下：

设县 i 的交通优势度函数为 $F(x)$，公式如（8-3）所示。

$$f(x_i) = \sum_{i=1}^{e} (D'_i \times w_1 + C'_i \times w_2 + S'_i \times w_3), i \in (1,2,3,\cdots,n) \quad (8-3)$$

其中，D'_i、C'_i 和 S'_i 分别是交通网络密度、交通干线影响度和区位优势度的无量纲值，w_i 是三种指标的权重阈值。为简化处理，w_i 权重阈值均为 1。

二、交通优势的地域分异特征

（一）交通优势地域分异基本格局

利用前一小节的指标进行集成，分析经过百年建设形成的交通基础设施网络所营造的交通优势度空间特征，结果见图 8-1 和表 8-5。按照统计学中的发生频率，以 1.83、1.18、0.81 和 0.46 为阈值，将其分为以下五级，分别定义为交通优势突出区域、显著区域、中等区域、较低区域和缺乏区域，基本特征是：①交通优势度高于 1.83 的县级政区大约有 41 个，约占全国县级政区总量的 1.72%，覆盖了我国 0.34% 的国土面积、6.35% 的人口和 20.06% 的 GDP，是交通优势最为突出的区域。这些县级政区主要分布在京津冀、长江三角洲、珠江三角洲等城镇密集区以及区域中心城市的周边地区。②交通优势度介于 1.18～1.83 的县级政区大约有 305 个，约占全国县级政区总量的 12.83%，覆盖了我国 3.96% 的国土面积、21.21% 的人口和 36.77% 的 GDP，是交通优势较为显著的区域。这些县级政区主要分布在京津冀、长江三角洲、珠江三角洲等城镇密集区的周边地区，以及区域中心城市的周边地区。③交通优势度介于 0.81～1.18 的县级政区大约有 854 个，约占全国县级政区总量的 35.91%，覆盖了我国 15.69% 的国土面积、39.63% 的人口和 28.32% 的 GDP，是交通优势处于平均水平的区域。这些县级政区主要分布在东部沿海地区，同时在中部地区也有一定的分布，在西部少数区域中心城市的周边地区也有零星分布。④交通优势度介于 0.46～0.81 的县级政区大约有 800 个，约占全国县级政区总量的 33.64%，覆盖了我国 26.17% 的国土面积、27.41% 的人口和 12.59% 的 GDP，是交通优势低于全国平均水平但又存在一定条件的地区。这些县级政区主要分布在西部的内蒙古和甘肃中东部、陕西、宁夏、四川、贵州和云南，同时在中部的湘西、鄂北、鄂西、豫西等地区有一定规模的分布，而且在东部省份内有小面积的分布，且主要分布在桂北、江西与福建交界的武夷山区。⑤交通优势度小于0.46的县级政区大约有378个，约占全国县级政区总量的15.9%，覆盖了我国53.84%的国土面积、5.41%的人口和2.26%的GDP，居于交通设施相对落后、区位边远地区。这些县级政区主要分布在西部地区，尤其集中在新疆、西藏、青海、川西、甘西、滇西，同时在中部的内蒙古西部和北部、黑龙江北部以及鄂西北等地区。

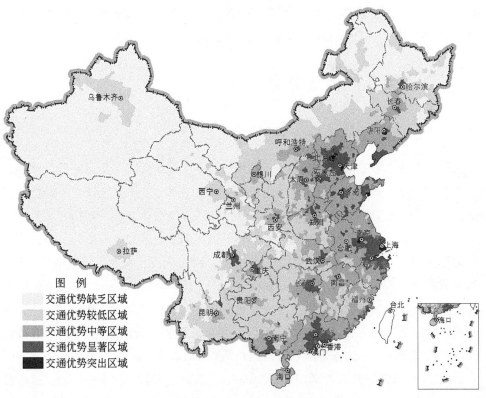

图8-1　我国交通优势的地域分布格局

表8-5　我国县级地域单元交通优势（度）特征

级别	分级阈值	县级政区		面积覆盖		人口覆盖		GDP覆盖	
		数量	比重	面积	比重	人口	比重	GDP	比重
突出区域	$F(x) > 1.83$	41	1.72	3.26	0.34	0.8	6.35	4.08	20.06
显著区域	$1.18 < F(x) \leqslant 1.83$	305	12.83	37.98	3.96	2.67	21.21	7.48	36.77
中等区域	$0.81 < F(x) \leqslant 1.18$	854	35.91	150.60	15.69	4.99	39.63	5.76	28.32

基础设施与经济社会空间组织

级别	分级阈值	县级政区		面积覆盖		人口覆盖		GDP 覆盖	
		数量	比重	面积	比重	人口	比重	GDP	比重
较低区域	$0.46 < F(x) \leqslant 0.81$	800	33.64	251.26	26.17	3.45	27.40	2.56	12.59
缺乏区域	$F(x) \leqslant 0.46$	378	15.90	516.90	53.84	0.68	5.41	0.46	2.26

注：①单位：县级行政区数量（个），面积（万平方公里），人口（亿人），GDP（万亿），比重为占全国比重（%）；②根据《中华人民共和国行政区划简册2007》整理

（二）交通优势度差异的形成原因

交通优势度的基本格局与空间特征，是中国交通基础设施建设长期积累和经济社会要素布局、自然区位、地形地貌等方面相结合的结果。①20 世纪以来，我国的经济与人口主要分布在东中部地区，地域分布相对集聚，这促使我国交通基础设施的建设主要集中在东部和中部地区，尤其是沿海地区的城市群和中部的城镇密集区及区域性中心城市拥有较大规模的交通设施。交通基础设施的分布格局决定了各县级地域的交通优势存在很大差异。②交通设施作为商品和居民出行的载体或通道，其建设具有典型的网络性特征，实现不同地区的联通是交通建设的根本目的，这促使部分不发达地区也有一定规模的基础设施。③我国重要的区域中心城市主要集中在东部地区，西部地区虽存在各自的区域中心城市，但各县级政区管辖的地域面积较大，这影响了其同区域中心城市的交通联系，进而决定了其区位优势程度的差异。④地理环境的自然本底也是决定我国交通优势空间差异的重要因素，其中地形地貌对全国交通设施的空间网络格局和各区域的交通方式结构都有重要影响，由此对各县级地域的交通优势产生了影响。

三、廊道优势的地域影响特征

（一）廊道优势的基本格局

交通廊道不仅表现为同种交通设施的技术等级，而且表现为不同交通方式的构成；各种交通设施形成的综合性交通廊道，更能体现出不同区域的交通优势差异（图8-2，表8-6），本处用交通干线影响度来度量廊道优势。根据县级地域在不同区段上的发生频率，以 10.5、5.5、3 和 1.5 为阈值，将其分为五级，分别是交通干线影响突出区域、显著区域、中等区域、较低区域和缺乏区域。基本特征是：①交通干线影响度高于 10.5 的县级政区大约有 75 个，约占全国县级政区

总数的 3.15%，覆盖了全国 0.87% 的国土面积、11.36% 的人口和 29.37% 的 GDP 规模，是我国主干交通设施的主要影响区域。这些县级地域呈现较为分散的空间格局，且覆盖范围较小，但主要围绕各区域中心城市包括省会城市和副省级城市进行分布，而京津地区的覆盖范围相对较大。②交通干线影响度介于 5.5 ~ 10.5 的县级政区大约有 318 个，约占全国县级政区总数的 13.37%，覆盖了全国 5.80% 的国土面积、20.57% 的人口和 29.61% 的 GDP 规模，是我国主干交通设施影响较为显著的区域。这些县级地域的分布略呈条带状并相互交织，其中京广、陇海、哈大等条带区域较为明显，同时在其他地区零星分布。③交通干线影响度介于 3 ~ 5.5 的县级地域大约有 608 个，约占全国县级地域总数的 25.57%，覆盖了全国 14.16% 的国土面积、27.56% 的人口和 21.5% 的 GDP 规模，主干交通设施对这些地区有着相对较高的影响和辐射能力。这些县级地域主要分布在中东部地区，尤其集中在华北平原，但总体分布相对分散，覆盖面积较大。④交通干线影响度介于 1.5 ~ 3 的县级地域约有 531 个，约占全国县级政区总数的 22.33%，覆盖了全国 16.08% 的国土面积、20.17% 的人口和 11.21% 的 GDP 规

基础设施与经济社会空间组织

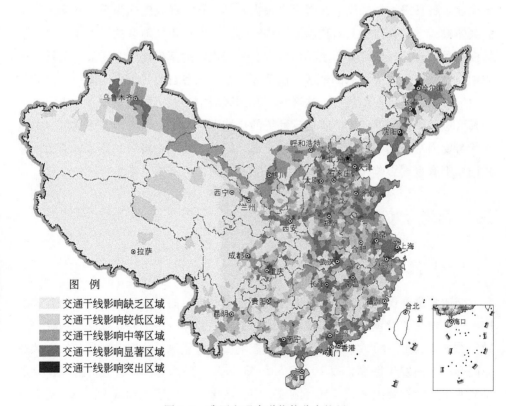

图例

交通干线影响缺乏区域
交通干线影响较低区域
交通干线影响中等区域
交通干线影响显著区域
交通干线影响突出区域

图 8-2 我国交通廊道优势分布格局

模，主干交通基础设施对这些地区的影响和辐射能力相对较低。这些县级地域主要分布在中部和西部的四川、甘肃、宁夏、云南、贵州等省份，但较为分散。⑤交通干线影响度低于 1.5 的县级政区大约有 846 个，约占全国县级政区总数的 35.58%，覆盖了全国 63.09% 的国土面积、20.34% 的人口和 8.31% 的 GDP 规模，是我国大型或重要交通基础设施服务和辐射的薄弱地区。这些县级政区的分布呈现相对集中的格局，主要分布在新疆、西藏、青海、内蒙古、川西、鄂西北、滇西，同时云贵高原和南岭地区也有较大面积的分布。

表 8-6 我国交通廊道优势（交通干线影响度）特征

分级		县级政区		面积覆盖指标		人口覆盖指标		GDP 覆盖指标	
级别	阈值	数量	比重	面积	比重	人口	比重	GDP	比重
突出区域	$C_i > 10.5$	75	3.15	8.36	0.87	1.43	11.36	5.97	29.37
显著区域	$5.5 < C_i \leqslant 10.5$	318	13.37	55.72	5.80	2.59	20.57	6.02	29.61
中等区域	$3.0 < C_i \leqslant 5.5$	608	25.57	136	14.16	3.47	27.56	4.37	21.50
较低区域	$1.5 < C_i \leqslant 3.0$	531	22.33	154.44	16.08	2.54	20.17	2.28	11.21
缺乏区域	$C_i \leqslant 1.5$	846	35.58	605.66	63.09	2.56	20.34	1.69	8.31

注：①单位：县级行政区数量（个），面积（万平方公里），人口（亿人），GDP（万亿），比重为占全国比重（%）。②根据《中华人民共和国行政区划简册 2007》整理

（二）廊道优势的地域特征

第一，廊道优势呈现较为明显的东西地带差异。东中部地区有明显的优势，而西部地区则优势较低；这说明交通干线对中东部尤其东部有着较强的支撑能力和保障水平，与外界区域及相互间的联系能力较强，而西部地区则较低。第二，中东部的南北方间有着明显的空间差异。北方地区包括华北平原、山东半岛和中原地区的廊道优势明显，对外联系的能力较强；南方地区则主要呈现条带状特征，其间大面积地区廊道优势较低，而且东南沿海的优势也较低，对外联系的能力弱。第三，主要城镇密集区的廊道优势高。这主要包括京津冀、长江三角洲、珠江三角洲、辽中南、山东半岛、中原城市群等，其次是武汉都市圈、长株潭城市群、昌九地区、关中平原等有着较明显的廊道优势，这说明我国主要城镇密集区具有较强的交通干线支撑能力和保障水平，对外联系能力也比较强。第四，部分地区主干交通基础设施的汇集使得其呈现中心极化现象。在西部地区，围绕省会城市的周边地区往往具有较高的廊道优势，主要包括成渝地区、昆明、南宁、贵阳、银川等，反映了西部省会及周边地区有着较好的交通设施支撑能力和保障

水平，对外联系能力相对较高；在东北和西北地区，核心区域呈现明显的廊道优势，并具有较高的对外联系能力，其中东北地区主要是大连 - 沈阳 - 长春 - 哈尔滨沿线区域，西北地区则是兰州 - 河西走廊 - 乌鲁木齐沿线地区。

四、区位优势的地域分布差异

（一）交通区位优势格局

区域中心城市对各地区的经济社会发展具有重要意义，并具有统领空间结构的能力；与中心城市的距离远近直接影响其区位优势和接受其辐射的能力，进而决定了各地区的发展潜力。北京、上海和广州是我国最为主要的中心城市，并是京津冀、长江三角洲、珠江三角洲三大城镇密集区的核心城市，对全国各地区的发展具有重要的影响作用；与三大中心城市的距离远近，直接影响到各地区是否能够吸收其经济社会辐射，有必要独立考察三大中心城市的空间作用机制。县级地域单元的区位优势度见图8-3和表8-7。

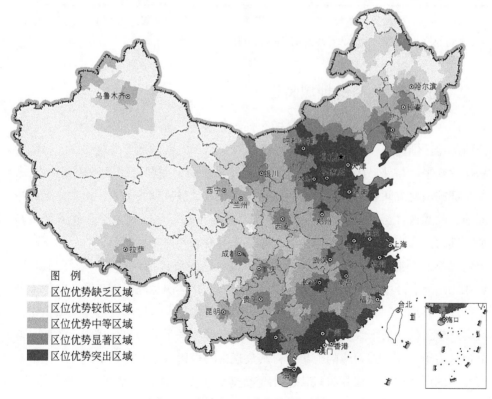

图 例
区位优势缺乏区域
区位优势较低区域
区位优势中等区域
区位优势显著区域
区位优势突出区域

图 8-3　我国交通区位优势的地域格局

表 8-7　我国县级地域单元区位优势概况

级别	分级阈值	县级政区		面积覆盖		人口覆盖		GDP 覆盖	
		数量	比重	面积	比重	人口	比重	GDP	比重
突出区域	$S_i > 2.0$	541	22.75	86.57	9.02	3.92	31.16	10.95	53.86
显著区域	$1.5 < S_i \leq 2.0$	703	29.56	142.46	14.84	4.17	33.15	5.31	26.12
中等区域	$1.0 < S_i \leq 1.5$	569	23.93	167.86	17.48	2.83	22.50	2.84	13.97
较低区域	$0.5 < S_i \leq 1.0$	353	14.84	189.8	19.77	1.26	10.02	0.91	4.48
缺乏区域	$S_i \leq 0.5$	212	8.92	373.31	38.89	0.41	3.18	0.32	1.57

注：①单位：县级行政区数量（个），面积（万平方公里），人口（亿人），GDP（万亿），比重为占全国比重（%）；②根据《中华人民共和国行政区划简册2007》整理

　　根据县级地域在区位优势度不同区段上的发生频率，以 2.0、1.5、1.0 和 0.5 为阈值，将其分为区位优势突出区域、显著区域、中等区域、较低区域和缺乏区域五级。基本特征是：①区位优势度高于 2.0 的县级政区有 541 个，约占全国县级政区总数的 22.75%，覆盖了全国 9.02% 的国土面积、31.16% 的人口和 53.86% 的 GDP 规模，是我国交通区位条件最好的区域，是我国产业和人口的主要承载区。这些县级地域的分布呈现高度集聚，主要集中在京津冀、长江三角洲和珠江三角洲地区，在其他地区也有少数分布。②区位优势度介于 1.5 ~ 2.0 的县级地域有 703 个，约占全国县级政区总数的 29.56%，覆盖了全国 14.84% 的国土面积、33.15% 的人口和 26.12% 的人口，是我国交通区位条件的显著区域。这些县级地域主要分布在沿海省市，同时在内陆的省会中心城市周边地区也有分布。③区位优势度介于 1.0 ~ 1.5 的县级地域大约有 569 个，约占全国县级政区总数的 23.93%，覆盖了全国 17.48% 的国土面积、22.5% 的人口和 13.97% 的 GDP 规模，是具有一定交通区位优势的区域。这些县级地域主要分布在中部地区以及西部的部分地区。④区位优势度介于 0.50 ~ 1.0 的县级地域有 353 个，约占全国县级地域总数的 14.84%，覆盖了全国 19.77% 的国土面积、10.02% 的人口和 4.48% 的 GDP 规模，是我国交通区位条件相对较低的区域。这些县级地域主要分布在西部地区，中部的鄂西地区和东北地区也有少量分布。⑤区位优势度等于或低于 0.5 的县级地域有 212 个，约占县级地域总数的 8.92%，覆盖了全国 38.89% 的国土面积、3.18% 的人口和 1.57% 的 GDP 规模，是我国交通区位条件较低的区域。这些县级地域主要分布在西部地区和东北北部边缘地区。

（二）区位优势空间分布特征

　　第一，全国各地的交通区位优势度具有明显的空间差异，呈现由沿海向内陆

第八章　我国交通网络的空间效应

依次递减的宏观态势；东部地区的交通区位优势明显，中部地区次之，西部的区位优势度整体较低，尤其西北地区、东北边缘地区和部分西南、中南地区的交通区位优势度最低。第二，在全国范围内，围绕区域性中心城市，交通区位优势呈现向四周地区逐步降低的距离衰减现象，较高的地区在全国形成镶嵌式的空间布局。第三，形成优势明显的集聚区。在东部地区，京津冀、长江三角洲与珠江三角洲有着明显的交通区位优势，连接成面且覆盖地域广，内部基本均质化，成为优势最突出的地区。同时，围绕三大城镇群的周边地带也有明显的交通区位优势；在华北，以京津影响区为核心，向石家庄、济南、太原等城市影响区延伸，并连接成片，这反映了这些地区能便捷地接受中心城市包括北京、天津、石家庄、济南、太原等，尤其是前两者的辐射，具有较高的发展潜力；在长江三角洲，以上海影响区为核心，分别向南京和杭州的影响区进行连接，并延伸到合肥和宁波的影响区，形成大面积的优势地区；在珠江三角洲，广州和深圳的影响区连接成片，虽然交通区位优势明显，但覆盖范围较小。这种格局反映了三大城镇群具有最高的发展潜力。第四，部分地区具有相对明显的交通区位优势度。其中，辽东半岛、闽东南、北部湾、长株潭城市群、关中城市群等地区具有较明显的区位优势，但同京津冀、长江三角洲和珠江三角洲相比，无论优势水平还是覆盖范围，都相差甚远；其他地区均围绕中心城市形成较高的交通区位优势，覆盖范围较小，同以上地区相比具有较大差距，但已成为各省区最具发展潜力的地区。第五，陆路边境口岸的周边地区具有一定的交通区位优势，包括满洲里、阿拉山口、丹东、瑞丽、凭祥等；部分口岸和邻近的中心城市连接，形成具有一定交通区位优势的开放地区，包括乌鲁木齐－阿拉山口、沈阳－丹东、南宁－凭祥和东兴等。

第三节　交通网络扩展与国土开发

一、交通路网扩展与国土开发进程

基础设施在百年的建设与发展过程中，营造出众多区位（地点）、廊道和网络优势，这些优势转化为经济成本或效应，对我国国土开发和经济社会空间结构的形成与发展产生了深远影响。总结起来，我国交通基础设施路网的空间扩展呈现出"核心－边缘"递推式扩展模式特征，由此导致了我国空间经济结构也呈现出相应的演进特征。

（一）递推式空间演进

（1）全国国土开发的"核心－边缘"递推式演进。从政治、经济、军事、国土安全、资源开发等多要素衡量，20 世纪 80 年代以前我国的核心区域由长江以北、京广线以东地区构成，包括东北的大部分地区，华北的大部分地区和华东的大部分地区。交通基础设施建设服从了这一基本格局，所营造的交通环境造就了这一区域近百年的发展优势。除前一节反映的地域优势外，铁路网所营造的空间可达性优势充分反映了这一点（图 8-4）。20 世纪前半叶，铁路的建设可以归纳为"华北－东北"时代，辛亥革命时已经形成雏形，之后又经过 30 年的建设形成了完善的网络。此时期全国建设的 35 条重点铁路中，有 22 条分布在华北和东北地区，其铁路里程占全国的比重始终保持在 70% 以上。从而使这一地区成为我国工业发展的先驱区域，形成了辽中、京津唐、山东半岛等工业集聚区，体现出铁路建设与经济发展的空间耦合特征。铁路的建设使得东北地区的资源得到

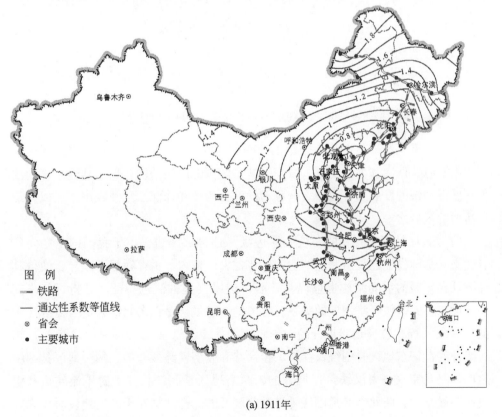

图 例

— 铁路
— 通达性系数等值线
◎ 省会
● 主要城市

(a) 1911年

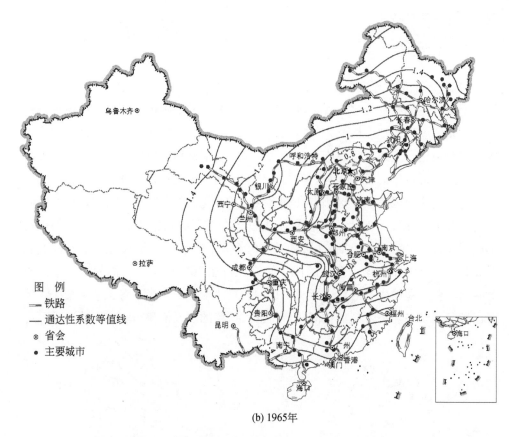

(b) 1965年

图 8-4　我国铁路通达性演化特征（1911～1965 年）

开发，许多重工业产品产量占全国的 50%～90%。20 世纪后半叶，铁路网逐步向东南沿海、西南和西北扩展，改变了这些区域的发展条件，加之其他条件的改善，使得经济的发展重心也随之南移，长江三角洲和珠江三角洲经济迅速成为最具活力的区域之一。

　　（2）大区域国土开发的"核心－边缘"递推式演进。由于我国国土空间广袤，交通基础设施建设所营造的空间优势在大区域内部也存在显著差异，使得其经济社会发展的空间结构也呈现"核心－边缘"递推演进特征。分析百年来交通建设与各大区域经济发展的关系，总体的演进规律是：东北地区是围绕哈（尔滨）－大（连）铁路逐步展开的；华北地区是围绕京（北京）－山（海关）轴线展开的；华东地区是围绕长江、沪宁铁路和胶济铁路展开的，华中地区是围绕京广铁路（京汉—粤汉铁路）展开的，西南地区是围绕长江上游干流航道和宝成铁路展开的，西北地区是围绕陇海铁路展开的。上述交通干线的建设时序和能力的提升，决定了大区域国土开发的进程和在国家发展格局中的地位；以这些干

基础设施与经济社会空间组织

线为骨架的交通网络的扩展进程和以网络为基础的服务系统的成熟程度，决定了该区域国土开发的进程。

（3）城市群地区"核心－边缘"结构的逐渐形成。我国城市群地区空间结构的形成和发育程度与交通基础设施建设及其网络的完善关系密切。交通基础设施网络在形成过程中，首先促进了中心城市的增长，这些城市包括北京、上海、天津、沈阳、广州、武汉、重庆、西安、哈尔滨、南京等，围绕这些中心城市，逐步形成了典型的"核心－边缘"结构。交通基础设施在促进城市群形成过程中主要发挥了两方面作用。一是决定了城市群的形态和空间边界，二是决定了空间分异和相互依存关系的强弱。

（二）从轴线结构到轴—辐网络

百年交通基础设施的建设，其所营造的空间交通优势作用于经济社会发展，在空间发展形态上呈现出从轴线结构到轴－辐网络结构的演进特征。铁路的建设和我国沿江、沿河的交通基础，不但在运输上起动脉作用，而且共同构筑了 20 世纪我国的"带状"经济格局，形成了一系列点－轴形态结构。主要轴线包括沿海、长江、哈大、京沪、京广、胶济、宝成－川黔、陇海－兰新、浙赣－湘黔等，这些轴线由具有全国意义的运输走廊做支撑，逐步形成了具有全国意义的经济发展带，控制着全国的主要经济中心和交通枢纽。

随着交通基础设施网络的完善，其所营造的空间优势呈现从线状向面状转化的特征，在宏观区域层面逐渐呈现均势特征，在城市群地区呈现空间强弱分异特征。上述特征作用于经济社会发展，使得经济空间结构形成明显的轴－辐网络特征，即在长江三角洲地区、珠江三角洲地区、京津冀地区、中原地区、长江中游地区围绕上海、广州、北京、郑州、武汉等主要中心城市形成了紧密联系的城市群体，形态上类似于自行车轮子的空间结构。这种形态可以认为是在交通运输因素作用下以联系和作用为主要标志的最高级的空间形态。其有稳定和明显的特征结构，明确的空间边界或范畴，并且在宏观地区空间内存在复制现象。图 8-5 是在交通基础设施网络支撑下我国的轴－辐网络空间结构。

（三）内陆式的空间扩展模式

西方学者总结了发展中国家以港口（海岸）为基点的交通网络与空间经济发展的演进模式，并归纳了六个发展阶段（Taaffe, 1963）。分析我国百年交通网络扩展与空间经济结构的耦合关系，虽然在局部地区也遵循上述发展规律，但具

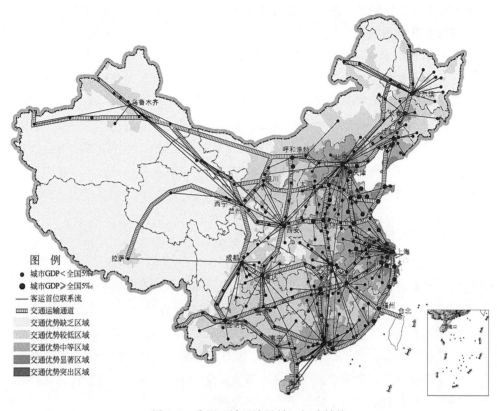

图 8-5　我国区域经济的轴－辐式结构

有明显的独特性（图8-6）。

第一，交通网初期的扩展动力既来自于港口与内地联系的需求，也来自最高行政中心与各个行政辖区联系的需求，后者的动力远远大于前者。以铁路为例，其建设初期沟通政治中心北京与地方的联系是主要目的。所以，20世纪前半叶海洋外向型经济对我国交通网络扩展与延伸的推动力比较薄弱，直到20世纪末才显著增强。第二，围绕核心区域扩展是我国交通网发展的空间特征，如百年来我国铁路始终以一个整体路网模式扩张，即使在初期，局部独立的路网存在的时间也非常短暂，只有云南局部区域例外。这一发展历程与一般发展模式存在明显差异，体现出我国交通基础设施建设的独特性和高度的政治原则，内陆城市而非港口城市得到了较快发展。第三，内陆式扩展是路网扩展的空间轨迹。一是大部分交通线路的建设以连接内陆地区为主，沟通已经具有基础的内陆经济中心或地区行政中心。二是诸多交通线是内陆向港口的连接，而不是港口向内陆的延伸。

基础设施与经济社会空间组织

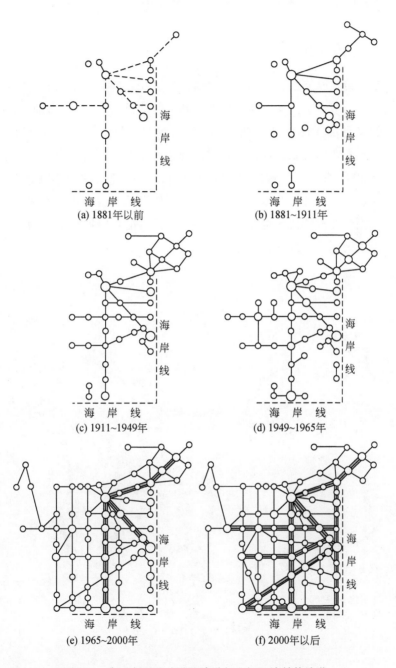

海
岸
线

海 岸 线
(a) 1881年以前

海
岸
线

海 岸 线
(b) 1881~1911年

海
岸
线

海 岸 线
(c) 1911~1949年

海
岸
线

海 岸 线
(d) 1949~1965年

海
岸
线

海 岸 线
(e) 1965~2000年

海
岸
线

海 岸 线
(f) 2000年以后

图 8-6　我国交通基础设施建设与空间经济结构演化

二、交通路网扩展与经济社会布局

(一)城镇布局

交通基础设施网络的建设与扩展对城镇形成与发展产生了重大影响，也改变了我国的空间经济形态。从百年尺度看，路网的建设与完善，有力地推动了我国大中城市的发展。在 1985 年以前，我国城市的形成与发展多与当时的铁路建设和水运条件有密切的关系。铁路在促进内地城市的形成与增长中发挥了举足轻重的作用。近 20 年来，由于铁路网的完善与升级，高速公路与沿海港口的建设，内河水运的发展，以及工业布局的快速扩张，使我国的城市化进程加快，城市规模快速扩大，城市数量快速增加；更为主要的是，沿着以铁路干线为轴线的城市带和城镇密集区逐步形成（图 8-7）。

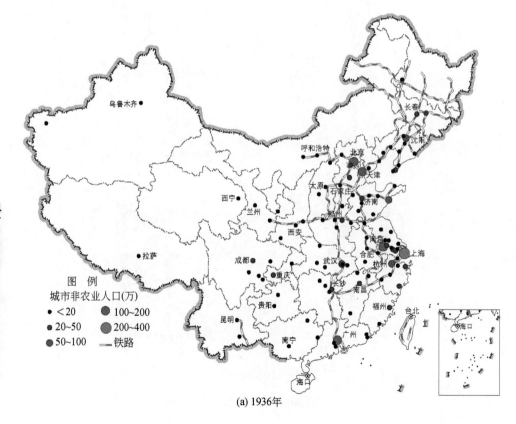

(a) 1936年

基础设施与经济社会空间组织

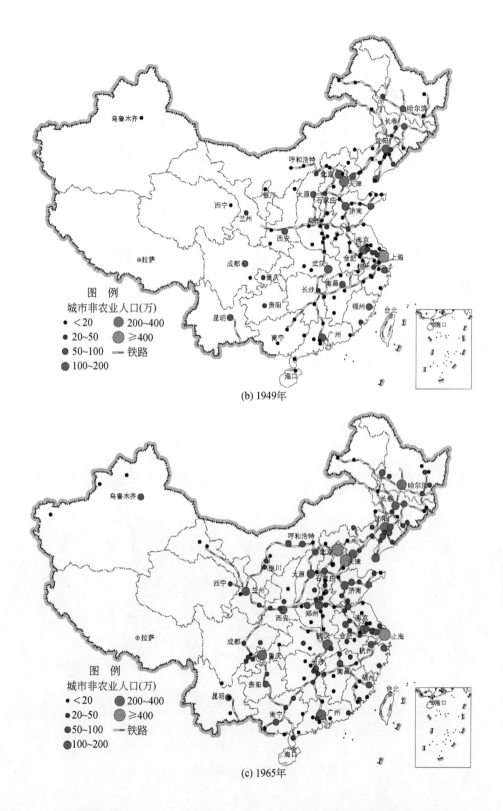

图 例

城市非农业人口(万)

- · <20
- • 20~50
- ● 50~100
- ● 100~200
- ● 200~400
- ● ≥400
- —— 铁路

(b) 1949年

图 例

城市非农业人口(万)

- · <20
- • 20~50
- ● 50~100
- ● 100~200
- ● 200~400
- ● ≥400
- —— 铁路

(c) 1965年

第八章 我国交通网络的空间效应

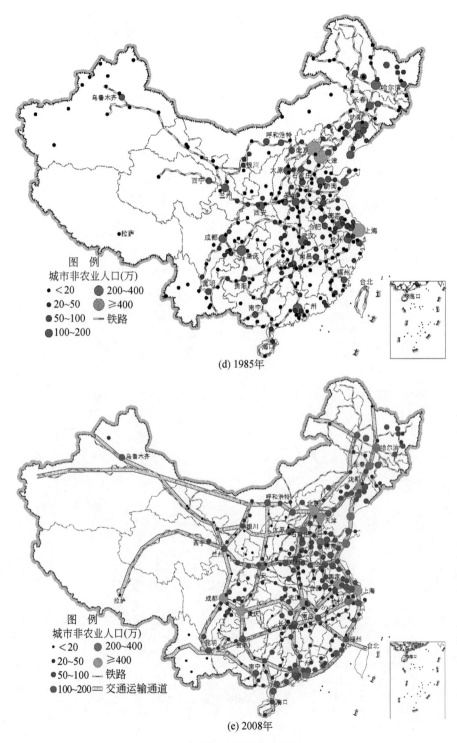

基础设施与经济社会空间组织

(d) 1985年

图 例
城市非农业人口(万)
· <20   ● 200~400
● 20~50   ● ≥400
● 50~100 —— 铁路
● 100~200

(e) 2008年

图 例
城市非农业人口(万)
· <20   ● 200~400
● 20~50   ● ≥400
● 50~100 —— 铁路
● 100~200 ▤ 交通运输通道

图 8-7 交通网络扩展与城市分布

（1）城市带的增长。交通基础设施对城市发展的作用之一体现在促进中心城市的增长、城市带发育和城市群的发展。交通基础设施建设对我国城市的发展和布局也具有同样的作用。在交通基础设施的支撑下，以及其他条件的共同作用下，到20世纪30年代，我国长江三角洲地区沿长江和沪宁铁路已经形成城市带雏形；到20世纪60年代，除这一城市带逐渐成长外，哈大铁路沿线也逐步形成了城市带；到20世纪80年代，已经形成哈大、京沪、京广等主要城市集聚带，同时沿海、胶济铁路沿线也逐渐形成城市集聚带雏形。到目前，从全国层面看，我国已经形成了"一带（沿海）六轴（长江、京广、陇海－兰新、哈大、京昆、沪昆）"的城市集聚带（住房与城乡建设部城乡规划司等，2010）。

（2）城市群的形成与发展。作为支撑体系，交通基础设施的建设同样对我国城市群的形成与发展发挥了重要作用。城市群形成、发展与区域交通运输体系建设是互动关系。改革开放以前，从交通联系、经济合作与交流等方面衡量，我国具有城市群雏形的地域只有辽中地区、沪宁杭地区和京津唐地区，这与这些地域交通基础设施建设早、相对完善有密切的关系，城市间的分工也是依据交通运输的保障构建的。改革开放以来，在交通基础设施建设、工业化等因素的共同推动下，我国的城市群不断形成并快速成长壮大。根据住建部的研究，我国目前形成了3个都市连绵区和12个城市群。前者分别是京津冀、长江三角洲和珠江三角洲大都市连绵区；后者包括山东半岛、海峡西岸、江汉平原（武汉）、中原地区（郑州）、湘中地区（长株潭）、成渝地区、兰西地区（兰州－西宁）、关中、辽中南、滇中、天山北坡、哈大齐城镇群。这些城市群的发展，交通基础设施和运输服务体系的长期作用是其发展的关键因素（图8-8）。从交通支撑体系的发展看，成渝地区、辽中南地区、武汉地区和山东半岛有发展成为我国大都市连绵区的趋势；吉中地区（长春－吉林）、呼包银（呼和浩特、包头、鄂尔多斯、银川地区）等有发展成为主要城镇群的趋势。

（二）经济布局

交通基础设施的建设在引导产业布局方面除遵循上述核心－边缘规律外，最主要的是促进了产业发展轴和产业集聚区的形成与发展。尤其是干线的形成与经济社会空间结构演化是互为动力的，促进了经济轴线的形成与发展。交通干线的建设进程和综合技术水平的提升，直接影响了发展轴线的形成与作用的发挥。

（1）发展轴线。交通基础设施网络的发展和运输通道的逐步形成，其形成的空间集聚和扩散效应促进了我国经济发展轴线的形成与发展，其长期发展与完善推动了我国"功效空间结构"体系的形成——即空间层级有序、功能与作用

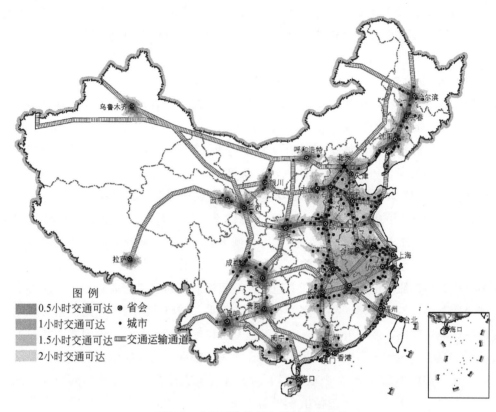

图 8-8　交通网络格局与城镇群可达性

明确、效率高低有别、以轴带为主要形态的空间经济网络体系。从全国层面看，在交通基础设施网络的支撑下，长江、沿海、京广、京沪、哈大、陇海－兰新是我国的核心发展轴线。这些发展轴线的形成与发展决定了我国国土开发的进程和空间格局。20 世纪 80 年代提出的以沿海和长江为主轴的"T"字形结构就是依托交通基础设施构建发展轴的典型例证。图 8-9 是不同时期交通基础设施网络扩展与经济分布的情况，城市的工业生产规模以工业总产值占全国总量的千分比重来衡量。可以看出，我国经济发展轴线的阶段性特征是非常显著的。

　　（2）产业集聚区。从实证研究结果发现，交通基础设施对我国产业空间布局产生了持久的集聚动力，在空间形态上形成了两类区域，即围绕运输通道形成的带状产业集聚区（交通经济带）和以核心城市为枢纽的网络性区域。从空间作用的动力机制分析，某一交通运输通道的两翼影响范围在 15～30 公里，与其他条件配合，会形成沿通道 300～500 公里的优势发展区域，长期作用的结果会形成内部联系密切的产业、城市、人口集聚带，即交通经济带。按照上述标准，20 世纪前半叶，只有哈大经济带和胶济经济带初步形成了典型的交通经济带特征。

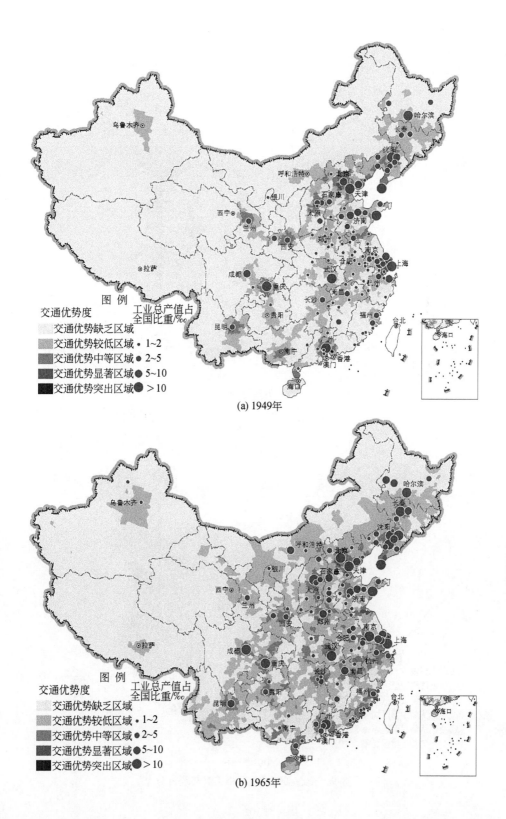

图 例

交通优势度　　工业总产值占
　　　　　　全国比重/‰

交通优势缺乏区域
交通优势较低区域　· 1~2
交通优势中等区域　● 2~5
交通优势显著区域　● 5~10
交通优势突出区域　● >10

(a) 1949年

图 例

交通优势度　　工业总产值占
　　　　　　全国比重/‰

交通优势缺乏区域
交通优势较低区域　· 1~2
交通优势中等区域　● 2~5
交通优势显著区域　● 5~10
交通优势突出区域　● >10

(b) 1965年

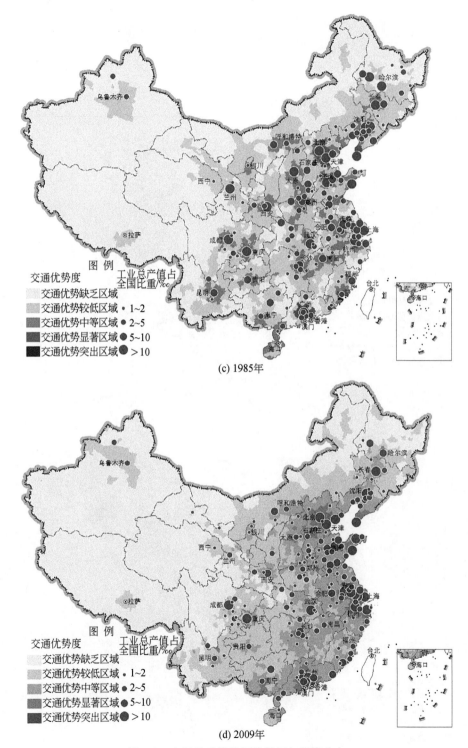

图 8-9　交通基础设施网络扩展与经济分布

改革开放以来，绵（阳）—成（都）—乐（山），沪宁（上海—南京，沿长江和沪宁铁路）、福（州）—厦（门）是典型的交通经济带发展特征。图 8-10 是哈大交通经济带的发展模式。交通促进了以核心城市为枢纽的网络式发展模式，代表性的案例是辽中产业基地。

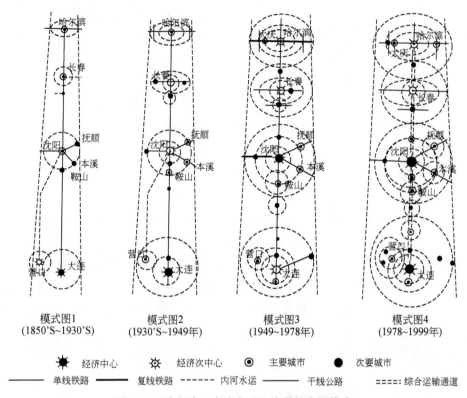

模式图1　　　　模式图2　　　　模式图3　　　　模式图4
(1850'S~1930'S)　(1930'S~1949年)　(1949~1978年)　(1978~1999年)

✹ 经济中心　　✵ 经济次中心　　◉ 主要城市　　● 次要城市

—— 单线铁路　　—— 复线铁路　　----- 内河水运　　—— 干线公路　　==== 综合运输通道

图 8-10　哈尔滨 – 大连交通经济带的发展模式

资料来源：张文尝等，2002

第四节　支撑全面小康社会建设的交通环境

一、基础设施与服务网络成熟化

（一）现代综合交通运输体系建设方向

　　未来 5～10 年是我国经济社会发展的关键时期，将呈现新的阶段性特征，其特征之一就是发展的转型。交通作为国民经济发展的基础支撑，其建设与发展的转型直接关系到国家的发展效率和质量。《中华人民共和国国民经济和社会发展第十二个五年规划纲要》明确提出了构建综合交通运输体系的设想，即"按照适度超前原则，统筹各种运输方式发展，基本建成国家快速铁路网和高速公路网，初步形成网络设施配套衔接、技术装备先进适用、运输服务安全高效的综合交通运输体系。"第一，构建综合运输系统将成为重要的指导原则，实现交通基础设施的战略性转变。即从设施建设向构建系统转变，从单一方式发展向各方式协同发展转变，从强调规模扩张向适度发展转变，从追求单方式效率向整体效率转变。第二，区际交通网络、城际快速网络、城市公共交通、运输服务水平提升将是未来建设的重点，第三，强调运输衔接与效率。铁路、公路、港口、机场、城市公共交通的有机衔接和综合交通枢纽建设将是重点。第四，绿色交通运输体系的发展将是抓手。未来将以节能减排为重点，加快形成资源节约、环境友好的交通发展方式和消费模式，构建绿色交通运输体系，实现交通运输发展与资源环境的和谐统一。

综合各种交通方式的发展趋势，到2020年左右，我国的公路总里程将达500万公里以上（含乡村公路），高速公路将达12万公里并覆盖20万人以上城镇的比例将达90%以上；铁路总里程将达14万公里，高速铁路将达1.6万公里以上；机场数量将达240个以上。可以预见，到2020年左右，我国的交通基础设施网络，无论从规模看，还是从服务水平与能力看，或是从技术质量和等级体系看，都将趋于成熟化，形成比较稳定的体系。这一体系，将有力支撑我国全面小康社会的建设和社会需求。

（二）轴－辐网络效应

可以预见，以现代技术标准为标志的基础设施网络所形成的效应将对我国经济社会发展的空间结构产生持续影响。具体而言，轴－辐网络效应将进一步强化。趋于成熟的交通基础设施网络将通过"费用－空间收敛"效应、"时间－空间收敛"效应、"成本收敛－流量扩张"效应和"匹配－空间协同"效应营造空间发展优势，推动国土空间开发结构走向成熟。以北京、上海、广州、武汉、沈阳、成都、郑州、兰州为例，这8个城市分别位于中国区域版图的不同区位，1995年、2004年和2011年这八大城市之间最快的平均旅行时间分别为8.28小时、20.31小时和16.07小时，下降了7.97小时和4.24小时；从1995~2011年平均旅行时间下降幅度达到12.21小时，2011年的平均旅行时间仅为1995年的56.8%（表8-8）。随着交通网络的进一步完善，时空收敛将进一步强化，将持续发挥引导空间经济社会活动的主要作用。

表 8-8　主要城市之间铁路运行时间变化（1995～2011 年）

城市	上海	北京	武昌	沈阳	广州	成都	郑州	兰州
上海	0	9.9	4.33	14.78	15.95	15.50	6.73	20.77
北京	17.3	0	8.78	3.98	20.53	15.48	4.88	16.8
武昌	30.1	15.65	0	18.23	3.13	10.75	3.65	18.53
沈阳	34.5	10.08	25.73	0	28.03	42.57	12.05	19.98
广州	31	32	16.9	42.08	0	30.9	14.97	33.83
成都	50	32	32.37	42.08	48.9	0	20.72	20.77
郑州	14.67	8.23	8	18.31	23.7	23.22	0	13.47
兰州	35.83	34.28	16.67	44.36	52.42	29.33	22	0

注：右上角为 2011 年的旅行时间，左下角为 1995 年旅行时间

（三）结构序化的导向效应

随着我国交通基础设施网络的成熟化，围绕"功能"与"效率"两个轴向，将推动我国经济社会的空间结构向稳定的级序结构演进，逐步趋向成熟——剧烈消长变化的态势被一种相对稳定均衡的状态所代替。第一，以主要干线形成的廊道效应将推动我国国土开发的轴带结构趋于成熟。近期看，宏观空间层面的轴带结构将进一步强化，突出的是沿海、京沪、京广、长江轴线的地位将进一步加强，中西部一系列空间增长极或点-轴形态系统、经济区位优化系统及轴-辐网络组织系统将逐步壮大，然后其功能和效率将逐步稳定。第二，地域群体，包括交通经济带和城市群，以及大都市连绵区，在空间规模和形态上，受基础设施网络引致的空间集聚动力和空间扩散动力约束，将逐步趋于稳定，空间边界将由快速扩张被相对稳定所代替。第三，具有稳定边界的功效空间内部的相互依赖性和稳定性将增强。如北京-天津城际高铁开通后，北京至天津之间列车运行速度达到 350 公里/小时，旅行时间在 30 分钟以内，而列车频率为每天往返 83 对列车，将引致京津冀都市圈内部依赖性的增强，长江三角洲和珠江三角洲等也会呈现同样的态势。而且，这种依赖性将保持长期的稳定性。

二、和谐发展环境营造与空间均衡

营造出多样的城市、繁荣的经济、丰富的生活和宜居的环境是全面建设小康社会的基本目标，交通基础设施建设将进一步优化发展环境，推动空间层级有序、功能与作用明确、效率高低有别、以轴带和城市群为主要形态的空间经济网

络体系的逐步形成。

（一） 紧凑 – 效率型发展环境的形成

结合我国经济社会发展所处的阶段和交通基础设施已经形成的基础，未来基础设施将对国土开发发挥服务与引导功能，实现国土开发格局的逐步优化和空间发展效率的提升。从发展态势看，将逐步形成"以基础设施建设引导空间发展区位、以土地资源供给调控经济社会的发展规模和功能、以环境管理规范经济社会发展的方式与行为"的基本理念，引导我国国土走集约、节约、高效的开发发展模式。即以"紧凑效率型"的空间发展模式，构建紧凑而有效率的经济社会空间，减少国土空间资源的占用，实现社会财富的持续快速增长，并减缓由于发展导致的社会 – 自然关系紧张的矛盾。重点是：通过重大交通、能源等基础设施的建设，保障各类物质、能量和人员在大区际的合理交流；通过基础设施体系的建设与完善，提高主要集聚区域、大都市经济区、人口 – 经济密集区域的承载能力、保障水平和发展环境；通过交通、水利、能源、环境等领域基础设施的建设，引导区域和城乡统筹发展，缩小区域差距，体现"以人为本"的发展主题。

（二） 紧凑效率型城市发展模式

城市化已经是我国社会发展不可逆转的态势，从地理科学和历史学的视角观察，其实质是空间秩序再安排、物质环境再建构和空间相互作用关系再调整的过程；如何构建有效率的城市空间是全面建设小康社会的关键。随着交通运输体系的完善和运输效率的提高，其所营造的发展环境与条件，将推动城市从功能空间扩张向紧凑功效空间营造的转变，使物质、能量、时间、空间、财富有效地整合在一起，为复兴构造坚实的载体。

（三） 空间均衡秩序

从交通基础设施的作用看，未来将推动国土开发空间均衡秩序的形成。一是全国经济社会发展空间结构的逐步形成。二是城市群间和城市群内部以效率为核心的空间均衡。无论是沿海，还是内地，无论是发展时间长短，未来 20 年，我国城市群发展将在效率这一核心动力推动下，走向分异、协作和空间均衡。三是交通经济带和城市群的空间形态趋于稳定。以建设用地快速增长的空间扩张发展模式将受到约束。

基础设施与经济社会空间组织

（四） 交通圈的形成

在现代化交通基础设施体系的支撑下和高效运输服务网络的保障基础上，按照综合成本最优的基本原则，未来我国将形成各种层级的交通圈，满足居民的职住通勤的需求，满足地域间经济活动分异与合作的需求，满足要素及时有效流动的需求。形成有序的空间秩序。

参 考 文 献

赫特纳 A. 1983. 地理学：它的历史、性质和方法. 王兰生译. 北京：商务印书馆.

陈航，等. 2007. 中国交通运输地理. 北京：科学出版社.

顾朝林. 1992. 中国城镇体系：历史现状展望. 北京：商务印书馆.

哈特向 R. 1983. 地理学性质的透视. 黎樵译. 北京：商务印书馆.

金凤君. 2008. 中国交通区域交通优势度的甄别方法及应用分析. 地理学报，63（8）：293-302.

金凤君，王姣娥. 2004. 20 世纪我国铁路网络扩展及其空间连通性研究. 地理学报，59（2）：293-302.

陆大道. 1988. 区位论及区域研究方法. 北京：科学出版社.

陆大道. 1995. 区域发展及其空间结构. 北京：科学出版社.

陆大道. 2001. 论区域的最佳结构与最佳发展，地理学报，56（2）：127-135.

陆大道，等. 2003. 中国区域发展的理论与实践. 北京：科学出版社.

孙中山. 1919. 建国方略.

王姣娥，金凤君. 2005. 中国铁路客运网络组织与空间服务系统优化. 地理学报，60（3）：371-380.

维尔逊 A G. 1997. 地理学与环境 – 系统分析方法. 蔡云龙译. 北京：商务印书馆.

张文尝，金凤君，樊杰，等. 2002. 交通经济带. 北京：科学出版社.

住房与城乡建设部城乡规划司，中国城市规划设计研究院. 2010. 全国城镇体系规划研究（2006—2020）. 北京：商务印书馆.

Taaffe E J, Morrill R L, Gould P R. 1963. Transport expansion in underdeveloped countries：a comparative analysis. The Geographical Review, 53（4）：503-529.

第八章　我国交通网络的空间效应

第九章

我国交通枢纽的空间组织

交通枢纽是构建高效综合运输体系的重要组成部分之一，也是构建功效空间体系和空间网络的基础。交通枢纽的布局优化问题历来是交通运输工程学和交通地理学领域的一个研究热点。然而，当前有关交通枢纽布局的研究多局限于同一种交通运输方式，存在条块分割、重复建设乃至互相矛盾的问题。本章以区域综合交通枢纽为对象，系统总结了其形成的条件和空间演化规律；利用定量方法，评价了我国国土空间范围内构建综合交通枢纽的区位条件和特点；利用最大化覆盖模型，在80公里、120公里、160公里和200公里四组服务半径约束下模拟了我国综合交通枢纽的最佳布局数量及其空间分布，结合最优性和现实性，优选出了适合我国国情的综合交通枢纽体系，并进行了空间效应的评估。

第一节　交通枢纽的功能与作用

一、交通枢纽的基本内涵

（一）交通枢纽的定义

交通枢纽，是一种或多种运输方式在交通干线的交叉与衔接之处，共同办理旅客与货物中转、发送、到达的多种交通设施的综合体（张文尝，1990），是综合运输网中提高客货运输效率的关键环节，一般由车站、港口、机场和各类运输线路、库场以及运输工具的装卸、到发、中转、联运、编解、维修、保养、安全、导航和物资供应等多项设施组成。

按交通方式构成的不同，交通枢纽可以分为单式交通枢纽和综合交通枢纽。由同种运输方式、两条以上干线组成的枢纽为单式交通枢纽，如铁路枢纽、公路枢纽、航空枢纽、水运枢纽等；由两种以上运输方式的干线组成的枢纽为综合交通枢纽，如铁路－公路－河海枢纽（纽约、汉堡、上海、天津等）、铁路－公路-内河枢纽（莫斯科、法兰克福、南京、武汉等）、铁路-公路-航空枢纽（东京、巴黎、北京等）、内河-公路枢纽（多为中小城市）等。其中综合交通枢纽集中了交通运输系统的多种运输方式，具有运输组织和管理、中转换乘及换装、装卸存储、多式联运、信息流通和辅助服务等六大功能（贾倩，2006），其核心是为旅客（或货物）提供到达或出发的某种运输方式，在同一运输方式内或在不同运输方式之间完成换乘（或换装）的服务。

（二）交通枢纽的基本功能

交通枢纽是国家综合交通运输体系的主要组成部分，在客、货运输全过程中起着关键性作用，大宗客、货的中转换乘与集散作业大都集中于枢纽范围内，从交通枢纽在运输全过程中所承担的主要作业任务来看，其基本功能是保证完成四种主流作业：直通作业、中转作业、枢纽地方作业以及城市对外联系的相关作业等（沈志云等，2003）。

（1）交通枢纽是干线客货流的集散地。交通枢纽是同一种交通运输方式多条干线的衔接点，是对交通运输工具进行技术作业和调度的重要场所，不但能够提供运输组织、信息交流及各种辅助服务，而且还能为交通干线提供客货源和疏散客货流，实现向干线的汇聚和向支线的疏散。

（2）交通枢纽是多种运输方式衔接和联运的主要基地。交通枢纽往往是多种运输方式的交汇点，是大宗客货流中转、换乘（换装）与集散的地点，能为客货在不同运输方式之间、不同运输线路之间的中转集散提供必要的服务，从而确保客货安全、快速、方便地完成中转换乘（换装）作业，实现快速出行。

（3）交通枢纽是办理地方运输作业的重要场站。交通枢纽能够提供满足多样化需求的各种运输服务和增值服务，包括为旅客提供舒适的候车（船、机）环境，为货物提供方便的堆放和存储场所，办理各种运输服务等。同时还具备开展流通加工等各种地方物流业务的功能。

（4）交通枢纽是城市实现内外联系的桥梁和纽带。交通枢纽大都依托于某个城市，对城市的形成和发展有着重要影响。交通枢纽通过有效组织城市内外交通，区分城市过境和市内交通，充分发挥交通枢纽的"截流"作用，有效改善内外交通由于运输组织方式差异造成的"瓶颈"现象，强化城市内外交通的衔接，是城市对外联系的"窗口"。

交通枢纽除具备直通、中转、枢纽地方作业以及城市对外联系的相关作业等自身基本功能之外，合理的交通枢纽布局对提高交通运输网络的整体运营效率也发挥着重要影响，对促进地区经济发展、巩固国防等也都起着非常重要的作用。

二、交通枢纽与运输网络组织

（一）交通枢纽与综合运输系统的关系

综合运输系统是在五种运输方式的基础上构建起来的，是各种运输方式在社会化的运输范围内和统一的运输过程中，按其技术经济特点组成分工协作、有机组合、连接贯通、布局合理的交通运输综合体（沈志云等，2003）。按构成可将综合运输系统划分为运输设备、运输线路、运输枢纽和运输组织管理等四个大系统，基本关系如图9-1。

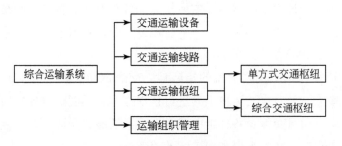

图9-1　综合运输系统的基本构成

交通枢纽作为综合运输系统的主要组成部分，对交通运输系统的形成乃至发展具有重要的作用。在综合运输系统发展的前期，交通枢纽主要为单方式交通枢纽，在促进综合运输系统发展的同时自身也在不断完善壮大，此时二者表现为一种寄生关系；随着综合运输系统的逐步完善成熟，交通枢纽渐趋发展成综合交通枢纽，其对综合运输系统的作用以促进发展为主，此时二者表现为一种共生关系。从发展的历程来看，两者是一种相互促进，共荣共生的关系，不同的是，综合运输系统的发展只会日趋完善，而交通枢纽则有一定的生命周期，或因生长条件的改变，交通枢纽也会走向衰退。

（二）交通枢纽与运输网络的关系

运输网络是在一定空间范围内由几种运输方式的线路和枢纽组成的综合体，其中交通线路构成运输网络的边，而交通枢纽构成运输网络的节点。交通枢纽多形成于运输网络中多条线路的交汇处，随着交通线路的不断加密和延伸，交通枢纽的规模和数量都会有显著提高，并逐渐由单方式枢纽向综合枢纽发展。交通枢纽的发展有助于运输网络的完善，在一定程度上决定了其复杂性。

根据交通运输网络的空间层次,可将交通运输网络划分为国家级、区域级、省级和地县级四个层级;同理,按照交通枢纽的规模,将交通枢纽划分为全国性、区域性和地方性三个级别,各层级交通运输网络之间分别对应有不同级别的交通枢纽为其服务(图9-2)。从发展的过程来看,交通运输网络和交通枢纽一样也具有一定的生命周期,二者相伴相生,当交通枢纽衰退时,运输网络也会随之走向衰退。

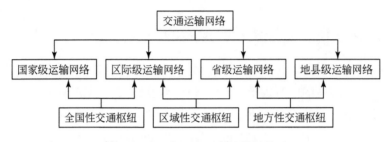

图9-2　交通枢纽与运输网络的关系

(三) 交通枢纽对运输网络组织的影响

　　交通枢纽是运输网络的重要组成部分,交通枢纽对运输网络的空间组织产生重要影响,其影响主要表现在以下几个方面。

　　(1) 交通枢纽的发展水平反映了运输网络的总体水平。交通基础设施是区域经济社会发展的有力支撑,随着区域经济社会的发展,对交通运输网络的要求也越来越高,交通运输网络日趋完善,主要表现在交通线路的增加、多种运输方式的参与等等。在这一过程中,交通枢纽从产生到成熟,与交通运输线路和交通运输方式的发展密切相关。交通枢纽越完善,说明本地区的运输线路和交通方式就越发达,意味着交通运输网络的发展水平也就越高。

　　(2) 交通枢纽的空间布局决定了交通运输网络的空间结构。交通枢纽多形成于地理区位比较优越的地区,整个交通运输网络的形态就是通过四通八达的交通线路将各交通枢纽联结起来,在空间上表现为由线串点,进而成网。因此,交通枢纽在空间上的总体布局决定了交通运输网络的整体空间结构形态。交通枢纽在空间上并非一成不变,也具有一定的生命周期,受地区自然条件以及各历史时期区域发展战略等因素的影响,交通枢纽在国家战略发展中的定位和历史使命会有较大变化。交通枢纽空间布局和规模的变化同样会引起交通运输网络空间结构的变化。

　　(3) 交通枢纽的稳定性决定了交通运输网络的可靠性。交通枢纽在运输网络中发挥着重要的作用,为确保运输网络整体流通的顺畅性,需保证网络节点的可靠性，这一可靠性不但体现在节点自身的稳定性方面，还体现在节点与线路级别上的对应性。因此，交通枢纽对交通运输网络的连通性具有重要意义，由于交通枢纽多形成于密集线路的交汇处，某一交通枢纽的失效会导致局部路网的瘫痪，故交通枢纽的稳定性对整个运输网络的可靠性具有重要的影响。

三、交通枢纽与经济社会空间组织

（一）交通枢纽与经济社会发展的关系

交通枢纽与区域经济社会是一种互相作用、互相促进的关系，交通枢纽在促进区域经济社会发展的同时也受益于经济社会发展对其产生的影响。

（1）交通枢纽具有促进区域经济社会发展之功效。交通枢纽所在地多为地理区位优越、人口密集、经济繁荣的地区，从当前我国枢纽地区与非枢纽地区的对比来看，交通枢纽对人口聚集和经济繁荣具有明显的催化作用。首先，交通枢纽促进了交通运输业自身的发展。交通枢纽和交通运输网络的发展是相辅相成、互相促进的，交通枢纽作用的加强能够为交通运输业带来更大的发展机遇。其次，交通枢纽加速了车流、人流、物流和资金流的流动速度，能够全方位地促进区域经济的发展。随着交通枢纽作用的加强，车流速度不断加快，地区间距离相对缩短，促进了区域间的物资交流，进而带动区域经济社会的全面发展。此外，交通枢纽还能带动现代服务业的发展，促进劳动力就业。随着交通枢纽的发展，其功能也在不断拓展，从最初的中转集散到后期的物流及辅助服务等，大大增加了对人力资源的需求。

（2）区域经济社会发展是支撑交通枢纽规模扩张的基础。区域经济社会的发展导致交通运输需求的增加，进而对交通基础设施提出更高的要求，不但要求有多交通方式组成的交通路网，而且还需要发达的交通枢纽系统。正是这种需求推动了交通枢纽的演进与发展，从初期的单方式交通枢纽演变为综合交通枢纽，功能逐渐完善，规模不断壮大。此外，地区经济社会发展水平的提高为交通枢纽的升级提供了经济支持，经济较为发达的地区更有能力建设规模较大的交通枢纽。从空间布局来看，若不考虑自然条件因素，现代化的交通枢纽往往形成于经济相对发达的地区。

（二）交通枢纽对区域经济社会空间组织的影响

交通枢纽是区域经济社会发展的有力支撑，其在空间上的布局对区域经济社会的空间组织具有强有力的影响，而这一影响是多方面的，具体表现在以下几点。

（1）交通枢纽对区域经济社会的空间布局具有引导作用。1984 年，陆大道院士提出的"点－轴系统"理论认为生产力地域组织的开发模式是"点－轴渐进式扩散"，在一定区域范围内，首先选择具有良好发展条件及前景的以长大交通干线为主的线状基础设施束作为一定区域的主要发展轴线，重点优先开发该轴线及沿线地带内若干高等级优势区位点或点域及周围地区。而交通枢纽多形成于发达交通干线的交汇地，这一地区往往是发展轴线和点域的交汇地，因此根据"点－轴系统"理论，交通枢纽地区是区域重点开发的地区，其经济社会的发展明显优于其他地区。因此，交通枢纽及主要交通干线在空间上的布局深刻影响着区域经济社会的发展方向。

（2）交通枢纽对区域经济社会的空间发展具有集散效应。交通区位论认为，产生交通运输需求的所有客货流分布在距离上与需求中心形成一种环状结构形态，所有客货流产生点都受到同一集聚引力的作用，都期望聚集到交通运输枢纽中集中组织生产，即选择运距长但快速的干线运输而非运距短却低速的经济线路，从而产生经济社会在交通枢纽地区的集聚效应（张文尝等，2002）。交通枢纽越发达，对区域经济社会的集聚效应也越明显，但是随着交通枢纽的更进一步发展，其所承受的经济社会集聚压力过大，容易引发交通堵塞、组织成本提高等问题，导致经济效益下降，从而使得交通枢纽地区对经济社会的引力逐渐外移，对区域经济社会的集聚效应转化为扩散效应。正是受交通枢纽对区域经济社会发展的这种集聚与扩散效应的影响，才形成了产业集聚区、城市、城市群、区域经济网络等空间形态，区域经济社会在空间上得以快速发展。

（3）交通枢纽对区域经济社会的空间结构具有再塑作用。交通枢纽对区域发展的重要影响之一就是提高地区的可达性，使其经济地理位置，尤其是交通地理位置发生变化，从而改变区域或地点的区位优势，通过集散效应促进区域发展。具有良好枢纽条件的地区往往能够凭借区位优势条件得到优先快速发展，在落后地区尤其如此。可见，交通枢纽在空间上的布局能够深刻影响各经济活动在区域内的空间分布状态以及空间组织形式。这种影响更多的是在原有基础上的强化或削弱，表现为一种再塑作用。随着交通枢纽自身的演变，区域交通区位优势会发生改变，区域经济社会的空间结构也将随之发生明显变化。受交通枢纽条件的影响，区域经济社会在空间的组织上呈现出不同的形态。

第二节　交通枢纽的形成与发展

一、交通枢纽的形成基础与成长阶段

（一）交通枢纽的形成条件

交通枢纽经历了从无到有、从简单到复杂、从低级到高级的形成发展过程。交通枢纽的形成与发展是多种条件与因素长期作用的结果，任何交通枢纽的形成必须具备一定的基本条件。而且，随着其形成条件与因素的变化及其相互作用，空间节点的枢纽地位和重要程度也将随之变化。总结我国各类交通枢纽的形成过程及发展特征，可以归纳出其基本形成条件主要包括如下方面。

（1）自然条件。交通枢纽的形成和发展须具备一定的自然条件，包括地理位置、地形和水文等。陆路交通枢纽或以陆路为主的交通枢纽，多形成于平原、高原、盆地的中心区位，与人类主要聚集地域的政治、经济中心相共生，或连接山脉两侧广大地域的重要垭口山前平原处、并有利于交通干线汇聚的地点。水运枢纽一般形成于通航主干江河或沿海有利于建港、又便于与陆上交通干线相衔接的地点，包括陆上交通干道通过江河的要津渡口和水陆交通衔接的地点，重要的通航支流汇入干流的地点。

（2）交通条件。交通枢纽作为交通运输网的中枢点，须具备交通网的基础与发展条件。重大交通干线的通过数量、途径方向、交叉交汇及衔接、换载转乘、中转水平等直接决定了交通枢纽的发展程度与等级地位。交通干线的数量意味着交通运输能力的高低，交通枢纽多形成于交通走廊的中心，尤其是在连接相邻区域的走廊地带，因多条干线交汇而往往成为枢纽。交通线的交汇及方向则意味着客货集散能力和中转能力。

（3）经济社会条件。交通枢纽与城市及经济区域相共生，并在相互促进中不断发展，这表现为经济总量、经济联系和人口规模及流动方向。经济总量和人口规模的大小表征城市及区域腹地的客货生成能力，经济总量和人口总量规模大往往会生成大量的客流和货流，进而培育大型交通枢纽。经济联系和人口流动反映了城市及经济区域对外交流的主要方向，经济联系在某一方向的相对集中往往会形成综合运输走廊，进而在适合地点形成大型交通枢纽。

（二）交通枢纽的空间演变

交通枢纽的空间演变是区域经济社会发展水平的直观体现，是社会发展对交通发展需求的直接反映。从最初的单运输方式交通枢纽到多方式综合交通枢纽，再到交通枢纽网络，发展经历了漫长的演变过程（丰伟，2010）。从交通枢纽的布局演变形态来看，其形成和发展可以划分为四个阶段。

（1）交通枢纽据点培育阶段。交通枢纽的形成主要依托于城市的发展，在自然条件和交通区位优越的地点，率先出现经济增长极，对周围产生巨大的集聚力，吸引大量的人流、物流和资金流，这些地点逐渐发展成为地区经济中心，成为交通枢纽形成的基础。从我国经济社会的时空格局来看，鸦片战争以后，被迫对外开放，上海、青岛、天津、大连、广州等沿海港口城市相继开始发展轻纺工业，因而逐步发展成为区域经济中心；新中国成立后，我国的工业技术主要从原苏联引进，新的工业建设都集中布局在内地铁路和内河的交通便利地点以及传统的物资集散地或矿产资源集散地，一大批工业企业在这些地点得以建立，使它们逐渐成为新的经济增长极，如沈阳、哈尔滨、长春、西安、洛阳、郑州、武汉等（张文尝等，2002）。所有这些地区的经济发展为交通枢纽的形成奠定了基础，从区域开发角度看，这一阶段属于据点培育阶段。

（2）单式交通枢纽形成与发展阶段。在经济社会发展较好的区域，由增长极带动，经济沿着主要交通线路向外扩散，经济中心成为交通线路的主要交汇处，逐渐形成为交通枢纽的雏形。在这过程中，一方面经济中心的交通枢纽规模迅速提升，另一方面远离经济中心的边远城镇的交通枢纽也得以形成，在空间上的发展突破地域限制，等级层次性逐渐显现。但是，这一时期城市的数量少、规模小，大部分临近江河、海洋，交通运输方式比较单一，不同交通运输方式之间并无交叉（贾倩，2006）。因此，早期形成的交通枢纽主要是各单种交通方式的枢纽，不同交通方式的枢纽之间各自运营，彼此之间并无过多关联，其在空间上的分布是一种离散的状态。

（3）综合交通枢纽形成与发展阶段。随着城市规模的迅速扩大，交通线路继续完善，主要交通轴线发展成为复合式的运输通道，多种交通运输方式在空间上的并存发展为综合交通枢纽的形成创造了条件。当区域经济社会发展到一定阶段，对交通运输需求渐趋多元化，某单一运输方式再也难以满足经济社会发展的需求，而不同交通方式的运输优势为客货换乘提供了可能。在原经济中心形成的单方式交通枢纽就会逐渐成为不同交通方式运输线路的交汇处，枢纽的规模进一步扩展，功能朝着综合性方向发展。但初期形成的综合交通枢纽各交通方式间的协调性较差，衔接不紧密。此时，单方式交通枢纽和综合交通枢纽在空间上并存，部分具备条件的单方式交通枢纽日渐向综合交通枢纽转变。

（4）交通枢纽系统化阶段。在全球经济一体化以及网络经济不断发展的背景下，综合交通枢纽的功能突破了单一的为旅客或货物集散服务，成为为客货运输提供全程服务的中心和物流后勤基地，是物流、资金流和信息流的集散基地，其建设也渐呈立体化和综合化。交通枢纽的系统化不但体现在枢纽内部功能的多元化，还体现在枢纽区域等级结构的有序化。交通网络的进一步发展，为产业向远距离扩散创造了条件。经济带沿着交通干线进一步扩散，各大经济区域呈现出互相衔接、归并、融合的趋势。交通枢纽依托所在城市和交通干线向外辐射的能力大大增强，各枢纽之间服务的范围开始重叠，系统化趋势日趋明显。受市场的影响，交通枢纽的空间布局逐步走向合理，等级体系逐渐完善和有序。不同等级交通枢纽在服务空间和功能上互为补充，逐渐形成为"轴－辐"发展模式（图9-3）。

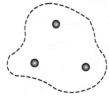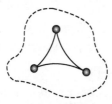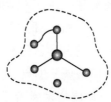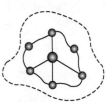

| 交通枢纽据点培育阶段 | 单式交通枢纽形成与发展阶段 | 综合交通枢纽形成与发展阶段 | 交通枢纽系统化阶段 |

图9-3　交通枢纽体系的空间演变

交通枢纽作为社会产业的一个子系统，其演化过程同样遵循一般产业的生命周期模式（陈方红，2009）。分析交通枢纽的时空演化阶段，交通枢纽从形成至消亡大致经历了启动期、雏形期、快速发展期、成熟扩展期、消融衰落期等五个时期。其中启动期对应交通枢纽发展的第一阶段，雏形期对应第二阶段，快速发展期对应第三阶段，成熟扩展期对应第四阶段，而消融衰落期则对应交通枢纽系统化的后发展阶段。

如图9-4所示，曲线 D 代表交通枢纽的完整演进过程。曲线 A 表示在交通枢纽形成的初期，受政策等外力作用的影响提前进入衰退期；曲线 B 表示规划条件的改变导致交通枢纽功能的弱化和地位的下降；曲线 C 表示因自然条件的变化或受灾害的影响（如地震等）导致交通枢纽突发性衰退。

基础设施与经济社会空间组织

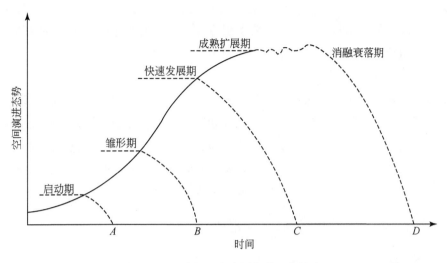

图 9-4　交通枢纽生命周期的基本轨迹

二、区域性交通枢纽的发展机理与形态

（一）交通枢纽的发展模式

在不同的区域和发展阶段，交通枢纽既表现出一定的共性，也存在差异，呈现出各种发展模式，其在空间上的布局虽具有历史的继承性，但并非一成不变，交通枢纽是一个不断发展变化的地理空间实体（王宁，2003）。分析国内外主要交通枢纽的发展过程，可以总结出交通枢纽主要有以下发展模式。

（1）传统发展型。交通枢纽最早主要形成于经济中心，依托城市而发展。在各历史时期，经济发展最迅速的地区也往往存在交通枢纽率先形成与发展的地点，这些地点较之其他地点更具备交通枢纽形成与发展的条件，因此，传统上的交通枢纽多与经济中心相伴相生。以传统模式发展起来的交通枢纽多为大型综合性的交通枢纽，在空间布局中占有相当大的比例。

（2）交通方式引导型。当交通运输方式发生变化、新的运输出现的时候，特别是新出现的交通运输方式较原来传统的方式更为重要的时候，如某地在原有水路运输的基础上，增加了高等级公路运输、铁路运输或航空运输中的一种或多种，可能形成新的交通枢纽。以交通方式引导发展起来的交通枢纽，在空间上多形成于沿江、沿海和主要铁路干线交汇之地。

（3）运输干线等级引导型。这类交通枢纽是在原有线路节点的基础上发展起来的。当干线交通的等级发生重大提升时，或各种线路汇集时，使原来的干线和支线交通通行量大为增加，以前某些不太重要的节点在区域交通中的地位迅速提升，形成新的交通枢纽。以干线等级引导发展起来的交通枢纽具有一定的发展基础，类似节点在我国道路网络中占有相当大的比重。

（4）经济发展引导型。同传统发展型类似，这类交通枢纽的形成与区域经济发展密切相关。由于区域经济发展不平衡会出现新的经济增长极或经济中心，或由于某种原因，如新的矿产资源的发现和矿产开发，导致区域内新的经济中心出现，形成了新的经济流向和交通运输方向，从而形成新的交通枢纽。由经济引导发展起来的交通枢纽多形成于自然资源丰富的地区，或具有某些优惠政策的地区对于扩大枢纽服务范围，消除枢纽服务盲区具有重要作用。

（二）交通枢纽的空间布局形态

因形成演变过程以及发展模式的不同，交通枢纽具有不同的等级。不同级别的交通枢纽在空间中互相联系，随着历史的演进，其布局从离散逐渐走向有序，其空间形态大致可以分为以下四种。

（1）单中心布局形态。在某一地域范围内拥有一个高等级的综合交通枢纽中心（主枢纽），该中心对周边的吸附能力较强，各低等级交通枢纽（子枢纽）同主枢纽联系密切，依附主枢纽而存在，而子枢纽之间的联系相对较弱。子枢纽从主枢纽汲取生存的"养料"，在空间上形成"众星拱月"的形态。这一布局形态的交通枢纽主要存在于欠发达地区，主枢纽通常为省会城市，而子枢纽多为同省会城市有密切经济联系和发达交通线路的地级城市，如以西安为中心的关中地区枢纽布局具有类似特征。

（2）双核结构形态。与单中心布局形态不同，区域上存在两个高等级的综合交通枢纽中心（主枢纽）和众多为枢纽中心服务的低等级交通枢纽（子枢纽），其中两个主枢纽的等级相当，而且两者之间有极其发达的交通进行联系，同时每个主枢纽各自存在多个子枢纽与其保持密切联系。这一布局形态的交通枢纽主要形成于区域范围内有两个强经济中心的地区，例如成渝地区。

（3）簇群发展形态。交通枢纽之间没有主次之分，在空间上呈均匀分布格局。主要有两种存在类型，其一是各交通枢纽规模相当，在空间上各有自己的优势服务区域，表现在经济和交通条件类似的城市枢纽之间；其二是各交通枢纽功能有所区别，在空间上各有自己的优势服务对象，表现在不同交通运输方式枢纽之间。这一布局形态的交通枢纽主要形成于发展条件类似的连片地区，或者集中存在于多种交通方式的地区，例如我国的东北地区。

（4）轴–辐结构形态。主要存在于发达地区，是交通枢纽空间布局的高级

基础设施与经济社会空间组织

形态。同单中心布局形态相似，轴-辐结构形态存在一个大型的、高等级的综合交通枢纽中心，围绕该枢纽中心，均匀分布着不同层级的低级交通枢纽，各枢纽不但同中心枢纽有发达的交通联系，而且各枢纽之间交通联系也较为便捷。这一布局形态的交通枢纽层级分明，各枢纽之间联系密切，低层级交通枢纽围绕高层级交通枢纽发展，在空间布局上呈现"蛛网"状发展的"轴-辐"结构形态。该布局形态的枢纽主要存在于经济和交通基础设施均较为发达的地区，例如以北京为中心的京津冀地区、以上海为中心的长江三角洲地区以及以广州为中心的珠江三角洲地区（图9-5）。

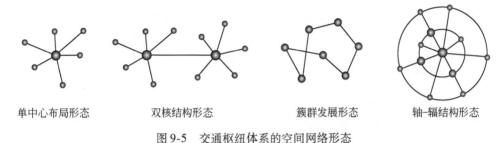

单中心布局形态　　　　双核结构形态　　　　簇群发展形态　　　　轴-辐结构形态

图9-5　交通枢纽体系的空间网络形态

第三节　我国交通枢纽的布局与问题

一、相关部门规划的交通枢纽概况

（一）铁路枢纽

我国铁路枢纽多为全国或者省区的政治、经济、文化中心或工业基地和水陆联运中心等。我国最初规划的铁路主枢纽包括北京、上海、广州、郑州、武汉、西安、重庆、成都等，随后的调整规划又提出建设六大铁路枢纽，包括北京、上海、广州、武汉、西安、成都。

根据《中长期铁路网规划》等相关规划，未来我国拟规划建设路网性客运中心、区域性客运中心16个，其中路网性客运中心6个，区域性客运中心10个；规划建设路网性编组站、区域性编组站32个，其中路网性编组站15个，区域性编组站17个；此外，还规划建设集装箱中心站18个（表9-1）。

表 9-1 我国规划的主要铁路枢纽

分类		枢纽名称	数量
客运中心	路网性客运中心	北京、上海、广州、武汉、西安、成都	6
	区域性客运中心	哈尔滨、沈阳、济南、郑州、南昌、福州、昆明、南宁、兰州、乌鲁木齐	10
编组站	路网性编组站	郑州北、丰西、徐州北、阜阳北、鹰潭、沈阳西、苏家屯、山海关、哈尔滨南、南翔、济南西、石家庄、株洲北、南京东、襄樊北	15
	区域性编组站	南仓、江村、四平、贵阳南、江岸西、武昌南、兰州西、重庆西、哈尔滨、三间房、大同、西安东、宝鸡东、向塘西、衡阳北、柳州南、成都东	17
集装箱中心站		上海、昆明、哈尔滨、广州、兰州、乌鲁木齐、天津、青岛、北京、沈阳、成都、重庆、西安、郑州、武汉、大连、宁波、深圳	18

注：根据《中长期铁路网规划》整理

（二）公路枢纽

公路枢纽是指在公路运输网络中两条或者两条以上交通干线的交汇的场所，具有运输组织与管理、中转换乘与换装、装卸存储、多式联运、信息交流和辅助服务六大功能的综合性设施，作为交通运输的生产组织基地和公路运输网络中客货集散、转运及过境的场所，有若干专用汽车客、货车站和连接这些车站的公路及技术设备等所构成的集合体。

交通部在 1992 年根据《全国公路主枢纽布局规划》确定了全国 45 个公路主枢纽，其所在城市分别为北京、天津、石家庄、唐山、太原、呼和浩特、沈阳、大连、长春、哈尔滨、上海、南京、徐州、连云港、杭州、宁波、温州、合肥、福州、厦门、南昌、济南、青岛、烟台、郑州、武汉、长沙、衡阳、广州、深圳、汕头、湛江、南宁、柳州、海口、成都、重庆、贵阳、昆明、拉萨、西安、兰州、西宁、银川、乌鲁木齐。

2007 年交通部公布的《国家公路运输枢纽布局规划》，在原 45 个公路主枢纽的基础上，共确定 179 个国家公路运输枢纽（表 9-2）。

基础设施与经济社会空间组织

表 9-2　国家规划的公路运输枢纽方案

地区	城市	数量
东部	北京 [1]；上海 [1]；天津 [1]；河北 [7]：石家庄、唐山、邯郸、秦皇岛、保定、张家口、承德；辽宁 [6]：*沈（阳）抚（顺）铁（岭）、大连、锦州、鞍山、营口、丹东；江苏 [7]：南京、*苏（州）锡（无锡）常（州）、徐州、连云港、南通、镇江、淮安；浙江 [9]：杭州、*宁（波）舟（山）、温州、湖州、嘉兴、金华、台州、绍兴、衢州；福建 [5]：福州、*厦（门）漳（州）泉（州）、龙岩、三明、南平；山东 [12]：*济（南）泰（安）、青岛、淄博、*烟（台）威（海）、济宁、潍坊、临沂、菏泽、德州、聊城、滨州、日照；广东 [10]：*广（州）佛（山）、*深（圳）莞（东莞）、汕头、湛江、珠海、江门、茂名、梅州、韶关、肇庆；海南 [2]：海口、三亚	61
中部	山西 [5]：太原、大同、临汾、长治、吕梁；吉林 [6]：长春、吉林、延吉、四平、通化、松原；黑龙江 [8]：哈尔滨、齐齐哈尔、佳木斯、牡丹江、绥芬河、大庆、黑河、绥化；安徽 [7]：合肥、芜湖、蚌埠、安庆、阜阳、六安、黄山；江西 [6]：南昌、鹰潭、赣州、宜春、九江、吉安；河南 [9]：郑州、洛阳、新乡、南阳、商丘、信阳、开封、漯河、周口；湖北 [7]：武汉、襄阳、宜昌、荆州、黄石、十堰、恩施；湖南 [8]：*长（沙）株（洲）潭（湘潭）、衡阳、岳阳、常德、邵阳、郴州、吉首、怀化	56
西部	内蒙古 [9]：呼和浩特、包头、赤峰、通辽、呼伦贝尔、满洲里、巴彦淖尔、二连浩特、鄂尔多斯；广西 [7]：南宁、柳州、桂林、梧州、*北（海）钦（州）防（城港）、百色、凭祥（友谊关）；重庆 [2]：重庆、万州；四川 [10]：成都、宜宾、内江、南充、绵阳、泸州、达州、广元、攀枝花、雅安；贵州 [5]：贵阳、遵义、六盘水、都匀、毕节；云南 [6]：昆明、曲靖、大理、景洪、河口、瑞丽；西藏 [2]：拉萨、昌都；陕西 [5]：*西（安）咸（阳）、宝鸡、榆林、汉中、延安；甘肃 [4]：兰州、*酒（泉）嘉（峪关）、天水、张掖；青海 [2]：西宁、格尔木；宁夏 [9]：银川、固原、石嘴山；新疆（兵团）[7]：乌鲁木齐、哈密、库尔勒、喀什、石河子、奎屯、伊宁（霍尔果斯）	62

*为组合枢纽

（三）航空枢纽

根据民航总局《全国民用机场布局规划》，到 2020 年，我国民航运输机场总数将达到 244 个，新增机场 97 个（以 2006 年为基数），形成北方、华东、中南、西南、西北五大区域机场群。2008 年初，民航局制定的《关于加强国家公共航空运输体系建设的若干意见》，提出"3812"国家航线设想，即：①3 大门户复合枢纽：北京、上海和广州；②8 大区域枢纽：昆明、成都、西安、重庆、乌鲁木齐、郑州、沈阳、武汉；③12 个干线枢纽：深圳、杭州、大连、厦门、青岛、南京、呼和浩特、长沙、南昌、哈尔滨、兰州、南宁。

（四）港口枢纽

交通部于 1993 年年底完成的《全国港口主枢纽总体布局规划》确定了我国 43 个港口主枢纽，其中在沿海建设布局 20 个主枢纽港，即大连、营口、秦皇岛、天津、烟台、青岛、日照、连云港、上海、宁波、温州、福州、厦门、汕头、深圳、广州、珠海、湛江、防城港、海口；全国内河建设 23 个主枢纽港口，即：宜宾、重庆、宜昌、城陵矶、武汉、九江、芜湖、南京、镇江、南通、襄阳、长沙、南昌、济宁、徐州、无锡、杭州、南宁、贵港、梧州、肇庆、哈尔滨、佳木斯等港口。

2006 年 11 月国务院公布的《全国沿海港口布局规划》，明确提出要打造环渤海、长江三角洲、东南沿海、珠江三角洲和西南沿海 5 个港口群。各港口群内的主要港口见表 9-3。

表 9-3　我国沿海港口群的主要港口

港口群	港口	数量
环渤海港口群	丹东、锦州、大连、营口、唐山、黄骅、秦皇岛、天津、青岛、烟台、日照、威海	12
长三角港口群	上海、宁波、连云港、舟山、温州、南京、镇江、南通、苏州、嘉兴、台州	11
东南沿海港口群	厦门、福州、泉州、莆田、漳州、宁德	6
珠三角港口群	广州、深圳、珠海、汕头、汕尾、惠州、虎门、茂名、阳江、中山	10
西南沿海港口群	湛江、防城港、海口、北海、钦州、洋浦、八所、三亚	8

2007 年，国务院公布了《全国内河航道与港口布局规划》，提出到 2020 年形成 28 个主要内河港口布局，包括泸州、重庆、宜昌、荆州、武汉、黄石、长沙、岳阳、南昌、九江、芜湖、安庆、马鞍山、合肥、湖州、嘉兴、济宁、徐州、无锡、杭州、蚌埠、南宁、贵港、梧州、肇庆、佛山、哈尔滨、佳木斯等。

二、规划枢纽的布局特征与问题

（一）空间集成特征

截至目前，我国有关部门做的枢纽规划多是单一交通方式的专业规划，各交通方式规划对交通枢纽的界定存在很大的差异。按国家的相关规划，大致可以确定各交通方式的交通枢纽分布情况，其中铁路主要枢纽在30多个左右，航空主要枢纽在20多个左右，港口枢纽（包括沿海和内河）在40多个左右，而公路枢纽为170多个，约占我国地级市总量的一半还多。各类型交通枢纽在空间上的分布情况如图9-6所示。

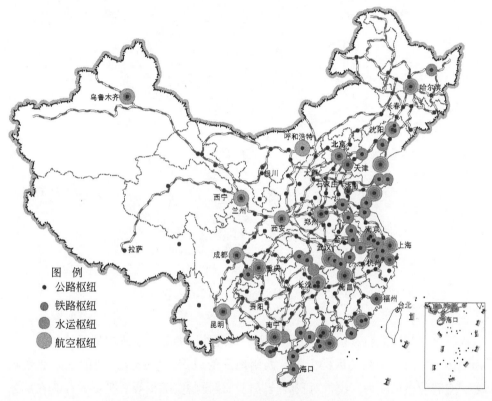

图9-6　我国规划的各类交通枢纽布局状况

通过审视国家规划所确定的各类交通枢纽，可以看出这些交通枢纽在空间上的叠加格局。如果将国家各类专业交通规划所确定的交通枢纽进行空间集成，仅保留规划为含有两种或两种以上交通方式的枢纽，则我国规划集成的综合交通枢纽布局情况如图9-7所示。

对照图9-6和图9-7，可以解读出当前我国交通枢纽规划布局的主要特征如下：①从空间格局来看，交通枢纽尤其是高层级的综合性交通枢纽主要分布在东部沿海省市区，而远西部地区的交通枢纽较少；②交通枢纽大都分布在各种运输方式干线相衔接的网络结点上，例如京广线、哈大线等；③各区域分别具有自己

第九章　我国交通枢纽的空间组织

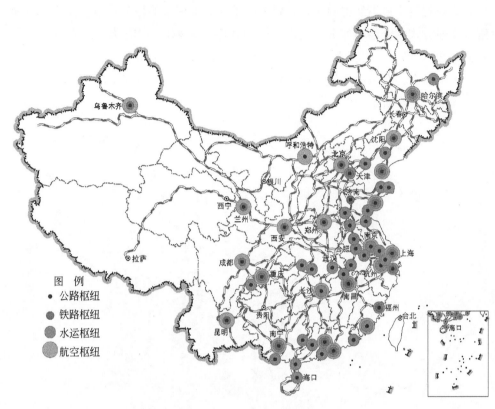

图 9-7　我国规划交通枢纽的集成布局特征

的大型综合交通枢纽，东北地区的沈阳、华北地区的北京、华中地区的武汉、华南地区的广州、华东地区的上海、西南地区的成都；④公路枢纽的规划数量较多，空间分布也较为广泛，对我国公路枢纽建设的实际指导意义不大；⑤在部分经济区，综合交通枢纽的职能被"肢解"到 2～3 个城市，尚未形成具有综合枢纽职能的城市；⑥全国各类枢纽规划中设有交通枢纽的城市共计 192 个，但是叠加后为两种或两种以上运输方式的综合交通枢纽却仅有 54 个。

（二）存在的主要问题

长期以来，我国交通建设"重线轻点"，交通枢纽与运输站场的建设一度被忽视，致使形成了各种运输问题。随着国家对交通枢纽和运输站场建设的重视，各地展开了对交通枢纽的争夺。然而我国现有的交通枢纽规划模式仍按照公路主枢纽、港口主枢纽、铁路枢纽和航空枢纽的形式分别进行专门规划，在每一类规划中适当考虑其他交通方式的影响。这种各自为政的规划模式带来的主要问题之一就是造成不同交通方式枢纽规划和建设缺乏统一的部署，导致条块分割、重复建设乃至互相矛盾，极不利于整个综合交通系统的发展（袁虹等，2001）。目前，我国交通枢纽的布局和建设主要存在以下几个方面的突出问题。

（1）地区之间过度竞争，存在资源浪费。交通枢纽能够为地区发展带来巨大的经济效益和社会效益，出于对利益的追逐或效应的渴望，各地区或各城市争相抢占交通枢纽的地位或加速交通枢纽建设。另外，一个重要的驱动因素就是大规模的圈地，其中包括大面积的耕地资源占用，造成土地资源的严重浪费。为了在区域竞争中获取优势地位，各地区纷纷提高了交通枢纽的建设规模或建设标准，交通枢纽规划建设过大已成为目前交通建设的突出问题。过大的建设造成交通设施供给远高于实际需求，致使大量交通设施闲置，利用率很低，资源形成严重浪费，缺乏枢纽内部的协同效率和区域层面的级序效率。此外，许多地方政府将交通建设工程作为政绩的考核内容，以致形成了大量的形象工程，造成土地资源的大规模占用，甚至部分建设存在重复建设现象，但交通枢纽的利用效率却极其低下。

（2）枢纽规划缺少协调，重复建设严重。当前我国的交通枢纽规划多是单一交通方式的专门规划，由于各方式分别从自身的利益角度出发，规划建设自身交通枢纽，未能从区域角度尤其是结合其他交通方式的枢纽建设进行统筹考虑，造成各成体系的交通枢纽系统，不同交通方式枢纽规划和建设缺乏统一部署，重复建设乃至互相矛盾，最终导致某些交通枢纽的规划布局不合理，不利于综合交通枢纽的建设和整个综合交通系统的发展。交通枢纽的协调除体现在规划建设方面外，还体现在功能目标方面。由于交通枢纽在规划建设上各自为政，缺乏功能和目标的统一性，严重影响了交通枢纽的综合效率。

（3）枢纽布局不合理，地区分布不平衡。从当前我国既有和规划的各类交通枢纽布局来看，交通枢纽的发展在空间上呈现出明显的不平衡。交通枢纽的布局除受自然条件的制约之外，还同经济发展水平密切相关。与我国经济发展不平衡相对应，在经济发展水平较高、市场条件较好、发展理念较先进的东部地区，交通枢纽在布局数量和建设进展方面均明显快于中部地区，而中部地区又明显优于西部地区。另外，即使在交通枢纽发展较快的东部地区，由于体制、认识等方面的原因，地区间也存在明显的差异，导致各交通方式枢纽之间没能实现横向联网，存在服务盲区。

（4）各交通方式衔接不够紧密，分离运作日趋严重。长期以来，各交通运输方式只重视自身交通枢纽的建设，对综合运输网络的统筹规划和建设不够重视，不同运输方式之间未能很好地进行信息和资源共享。随着各交通部门规划的分别编制，交通枢纽的功能逐渐为各部门所肢解，不同交通方式分别建立自己的枢纽，这在公路、航空、铁路三个部门之间尤为明显。尤其是随着新一轮的交通设施建设，高速铁路客运站建设加强了这一分离运作的趋势。在新一轮铁路网建设中，客运专线自成体系，大型客运站被移出城外成为一个相当普遍的趋势，即将运营的京沪高速铁路，其沿线车站几乎都设置在远离城市中心的位置，与其他交通方式严重脱节。

上述交通枢纽的诸多问题，归根结底是由于缺少对交通枢纽宏观布局的科学指导，尤其是对综合交通枢纽的考虑不足，因此研究综合交通枢纽在空间上的合理布局尤为重要。

第四节　交通枢纽的空间布局方法

一、交通枢纽布局的基本要求

（一）统筹综合运输系统的要求

交通枢纽是综合交通运输系统的重要组成部分，交通枢纽的布局应首先从国家综合运输系统的形成与发展来统筹考虑。综合运输系统是一个复杂的巨系统，其在空间上的分布深刻影响着国土空间的开发和经济社会的发展，而交通枢纽是综合运输系统的重要联系节点，其布局决定了综合运输系统在空间上的整体结构，从而也就在一定程度上决定了国土开发的空间格局和经济社会的空间结构。交通枢纽的布局正是通过影响综合运输系统进而影响整个国土的开发和经济社会的发展。在促进国民经济发展的过程中，国家往往从总体战略角度出发对全国综合运输系统做出总体规划，交通枢纽的空间布局应充分体现国家层面的战略部署，其布局应有利于综合运输系统的形成和发展。

此外，交通枢纽的布局应服从综合交通运输网络的总体规划，处理好交通枢纽在交通运输网络中的作用。交通枢纽是综合交通运输网络中连接各运输线路的重要结点，其布局影响着综合运输网络的连通性。根据复杂网络的研究，当网络在遭受到攻击时，节点数去除到一定程度，网络会散落成互不相连的部分，且当网络中"度"大的节点被去除时，尤其当网络中心节点被去除时，连通网络众多其他节点的路径会消失，交通运输网络的抗毁性将会变得相当脆弱（楚杨杰等，2010）。因此，交通枢纽在综合交通运输网络中的布局对整个网络的抗毁性具有重要的意义。

（二）促进经济社会发展的要求

交通基础设施是区域经济社会发展的有力支撑，基础设施建设应以促进经济社会发展为前提。交通枢纽作为基础设施的重要组成部分，与区域经济社会发展互相影响、互相促进，其空间布局对满足经济社会发展产生的运输需求具有重要影响。交通枢纽对培育地区经济增长极具有重大作用，深刻影响着经济社会的空间结构。枢纽地区的交通可达性往往优于其他地区，其空间布局在一定程度上决定了经济社会的空间布局，这种布局在空间上形成一种位序有致、层级有序的形态，是引导产业布局、加快城市建设的重要因素。交通枢纽的各项设施在所处城市中均占有重要位置，是城市系统的有机组成部分，对城市结构的形成与发展有着重大影响，应在空间上紧密地与城市其他设施有机结合。

（三）协调交通方式发展的要求

综合交通枢纽是未来枢纽发展的主要趋势，各种交通方式在交通枢纽汇集，如何确保不同交通方式的协调发展成为交通枢纽布局考虑的重要因素。不同交通运输方式具有其自身的优缺点，在经济社会发展中生存的法则之一就是优胜劣汰，选择何种交通运输方式出行所考虑的主要因素就是取其优点、舍弃缺点。因此，各交通运输方式应积极寻求发展机会，加强同其他方式的配合。交通枢纽的主要作用之一就是强化运输方式之间的配合，集散交通流，其布局应能最大限度地集结不同运输方式，最大化各运输方式的优点，兼顾各运输方式的发展，避免偏颇。

交通枢纽的布局还需确保不同运输方式之间的换乘顺畅。在考虑与相邻枢纽合理分工的前提下，交通枢纽的布局不应因功能重复或不足而影响运输通畅，并应保证主要客流、货流在枢纽内经路顺直、便捷（王宁，2003）。为确保运输效率，综合交通枢纽作为各种交通运输方式的主要衔接点，必须充分保证各种交通方式的相互协调，联系顺畅。

（四）体现层级性的要求

因地理位置、承担业务性质、运输方式构成、所在城市特征以及空间形态等不同，交通枢纽具有不同的等级，不同等级的交通枢纽所服务的对象和空间范围具有较大差异。交通枢纽在空间上的布局应充分体现其层级性，避免相同功能和等级的枢纽布局过分集中，造成重复建设和资源的浪费。

一般而言，高等级交通枢纽主要依托大城市，其功能齐全，服务的范围较广；而低等级枢纽多布局于中小城市，其功能较为单一，服务的范围也较小，是高等级交通枢纽的重要补充。科学合理的交通枢纽布局应是高等级与低等级交通枢纽在空间上构成"轴－幅"发展模式，低等级枢纽在数量上明显多于高等级枢纽，而在功能和服务范围上是高等级枢纽的有效补充。

根据发展的需要，交通枢纽可以划分为多个等级，这些不同等级枢纽在空间上布局有序，而且每一个独立区域都应至少有一个高等级枢纽和多个低等级枢纽，不同等级枢纽在数量上呈现"金字塔"的发展趋势，而在空间上形成"众星拱月"的发展格局。

（五）兼顾公平与效益的要求

交通枢纽建设的基本要求就是促进区域经济社会发展，因此效益是交通枢纽布局的首要目标。在经济发展条件越好的地区，交通枢纽的布局潜力也越大，其对地区经济社会的促进作用也越显著。这些地区的交通枢纽布局效益往往优于其他地区，从枢纽布局的基本要求来讲，这些地区最具有布局交通枢纽的潜力。

但是，交通枢纽并不能完全按照效益的要求进行布局，还应兼顾公平目标。在部分布局条件较差的连片地区，视发展的需要应考虑布局适当数量的交通枢纽，以此带动本地区的经济社会发展。最终的目标是在全国范围内以最少的交通枢纽布局成本服务最大的经济区域，在追求布局效益的同时最大限度地体现交通枢纽布局的均衡性。

二、交通枢纽布局的基本方法

（一）布局方法概述

就当前的研究现状来看，国外对交通枢纽布局的研究以机场枢纽布局的研究居多，主要研究机场的布局规划理论（Fleming et al.，1994；Bryan et al.，1999；Horner et al.，2001）。国内研究交通枢纽布局的学者主要集中于交通工程领域和地理学领域。其中交通工程领域主要研究的是城市内部交通枢纽布局的优化问题（李铭等，2006；吕慎等，2007；蒋丽丰，2009），多局限于单一交通方式的枢纽布局（杨英宝等，2004；徐瑞华等，2005；张华等，2007），对区域交通枢纽布局尤其是区域综合交通枢纽布局研究的相对较少（贾倩，2006）。而地理学对交通枢纽布局的已有研究更侧重于分析交通枢纽的空间格局、时空演变规律及与经济

基础设施与经济社会空间组织

社会发展的关系（张文尝，1990；金凤君等，2004；王姣娥等，2006；王成金，2007）。总体而言，国内对交通枢纽布局的研究以城市内部交通居多，区域层面上则以单种交通方式的枢纽布局为主，而对全国范围内综合交通枢纽布局的关注不够，定量研究相对薄弱。

总结国内外对各类交通枢纽布局方法的既有研究，现行的布局方法可归结为三类：①单纯的数学物理模型，例如解析重心法、微分法、交通运输效益成本分析法等。这类方法简单易行，在枢纽布局的研究初期得到广泛应用，但由于该类方法是用简化抽象的数学模型模拟枢纽运行机制，在实际应用中难以反应实际情况。②最优化方法，例如线性规划、混合整数规划等。这类方法建立在对现实路网高度抽象和简化的基础之上，计算结果缺乏与实际交通网络的动态反馈，且不能区分不同的交通运输方式。③不断涌现的新方法，例如交通规划四阶段理论、物流学的物流网点选址模型及运筹学等。枢纽的布局除受运输特性、适应范围的影响外，还受所在城市自然地理条件、城市性质和格局的约束，因此难以将几种交通枢纽的规划完全放在一个模型中进行权衡。

（二）空间布局优化模型

空间布局优化模型是区域规划中应用非常广泛的一种模型，它的主要用途是从一批候选位置（或区域）中按照某种准则选取一定的位置进行资源的空间布局。其中最经典的布局模型有 P 中心模型（Rahman et al.，2000）和覆盖模型（Murray et al.，2008），后者又可以分为区位设定覆盖模型和最大化覆盖模型（Church et al.，1974）。上述两个模型没有考虑诸如布局投入预算等现实约束问题，在发展中国家资源不充分的条件下运用这两个模型进行布局决策有一定的局限性。而最大化覆盖模型在解决空间最优布局及最优利用问题上具有独特的优势，其在城市防灾和卫生医疗等方面的成熟运用为求解交通枢纽布局问题提供了一种新思路（Holland et al.，1998；Murray et al.，2002；Daskin et al.，2003；Murray et al.，2008）。

最大化覆盖模型的基本思想是在资源有限的情况下，基础设施如何布局使得尽可能多的人群落在基础设施的有效服务半径之内，即以有限的资源投入实现最大限度地覆盖服务目标人群，或者是以最小的设施布局获得最大的总效益。其基本的数学模型为

$$\max Z = \sum_{j=1}^{n} s_j y_j \tag{9-1}$$

$$\text{s. t.}\begin{cases} \sum_{i=1}^{m} a_{ij}x_i - y_j \geqslant 0 \quad i = 1, 2, \cdots, n, \quad j = 1, 2, \cdots, m & (9\text{-}2) \\ \sum_{i=1}^{m} x_i = p & (9\text{-}3) \\ x_i, y_j \in (0, 1) \quad i = 1, 2, \cdots, n, \quad j = 1, 2, \cdots, m & (9\text{-}4) \end{cases}$$

其中，x_i、y_j 是决策变量，如果 $x_i = 1$，则交通枢纽设置在需求点 i，否则 $x_i = 0$；如果 $y_j = 1$，则需求点 j 被覆盖在某交通枢纽的有效服务半径之内，否则 $y_j = 0$；s_j 是需求点 i 的交通枢纽综合布局系数；a_{ij} 为二元值系数，当需求点 i 到交通枢纽 j 的距离 d_{ij} 在交通枢纽的有效服务半径 r（根据技术经济标准确定）之内时，$a_{ij} = 1$，否则 $a_{ij} = 0$；p 为指定的交通枢纽布局数量。约束式（9-2）是为了防止某一需求点未被服务半径 r 有效覆盖而 y_j 取值为 1 的情况；约束式（9-3）是在预算约束下的最大交通枢纽布局数量；约束式（9-4）表示 x_i、y_j 是二元值决策变量。目标函数式（9-1）使被交通枢纽覆盖的需求点的效益总和最大。

三、交通枢纽布局的潜力评价

（一）枢纽布局系数

根据交通枢纽的形成条件，对我国交通枢纽布局及有效利用的因素进行回归和主成分分析，确定影响交通枢纽布局的指标共计 3 大类 20 项。具体包括：①交通网络指标：该指标反映交通枢纽的交通条件与交通网络的优劣程度，主要包括复线铁路数量、单线铁路数量、高速公路数量、国道数量、航线数量、路网密度、交通可达性［交通可达性的计算可采用 Allen 在 1995 年提出的模型（Allen et al.，1993）］等；②客货运量指标：该指标主要反映交通枢纽的客货运输能力，主要包括铁路客运量、铁路货运量、公路客运量、公路货运量、航空客运量、港口货物吞吐量、港口旅客吞吐量等；③经济社会指标：该指标主要反映交通枢纽的客货生成能力，包括 GDP、工业产值、人口总量、非农人口总量等。

由于各指标单位不同，为使各指标可以比较或汇总，应先对所有指标进行标准化处理。表达式为

$$M_i = \frac{D_i - \min(D_i)}{\max(D_i) - \min(D_i)} \tag{9-5}$$

M_i 为第 i 个指标的标准化数值，D_i 为第 i 个指标的原始数值，$\max(D_i)$ 为第 i 个指标中的最大者，$\min(D_i)$ 为第 i 个指标中的最小值。

根据各指标在枢纽发展中的作用程度，构建判断矩阵，运用层次分析法（徐建华，2002）计算各指标的权重 W_i（表9-4）。

表9-4　交通枢纽评价指标体系及权重

指标类	指标项	单位	权重 W_i
交通网络指标	复线铁路数量	公里	0.057
	单线铁路数量	公里	0.026
	高速公路数量	公里	0.057
	国道数量	公里	0.026
	航线数量	条	0.031
	路网密度	公里/平方公里	0.068
	交通可达性	—	0.068
客货运量指标	总客运量	万人	0.107
	总货运量	万吨	0.107
	铁路客运量	万人	0.064
	铁路货运量	万吨	0.043
	公路客运量	万人	0.064
	公路货运量	万吨	0.043
	航空客运量	万人	0.064
	港口货物吞吐量	万吨	0.043
	港口旅客吞吐量	万人	0.021
经济社会指标	GDP	万元	0.035
	工业产值	万元	0.028
	人口总量	万人	0.021
	非农人口总量	万人	0.028

经过标准化和权重赋值后，可以计算各地区的交通枢纽综合布局系数，综合布局系数反映了布局交通枢纽的潜力大小，是多种交通枢纽评价指标的集成。其表达式为

$$s_j = \sum_{i=1}^{17} M_i \times W_i \qquad (9\text{-}6)$$

其中，S_j 是第 j 个地区的综合布局系数得分（即枢纽布局潜力）。

（二）布局潜力评价

对我国337个地级行政单元（4个直辖市按地区级区域对待）的枢纽布局潜

力进行评价，所用数据根据指标体系主要分为两类。第一类是交通建设与运行数据，其中交通建设数据主要包括铁路、公路等交通方式的营运里程数；交通运行数据主要为交通客货运量，包括铁路、公路、水运、航空等交通方式的客货运量数据，数据源于 2008 年《中国交通年鉴》。第二类是经济数据，包括 GDP、工业产值、人口总数、非农业人口总数等，其相关数据源于 2008 年《中国统计年鉴》。

由综合布局系数表达式 (9-6)，计算各个地域的综合得分，分数越高表明其交通枢纽布局的潜力或优势越突出。对全国 337 个地级行政单元进行评价，可以得出各个地级行政单元布局潜力的大小和差距（图 9-8）。根据评价结果，可以解读出我国各地区交通枢纽布局潜力具有以下特征。

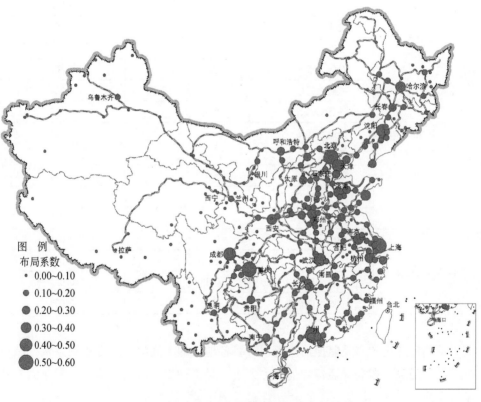

图 9-8 地级行政单元交通枢纽布局潜力评价

（1）我国各地级行政单元的交通枢纽布局潜力形成了明显的等级差异，这符合交通枢纽的布局条件。枢纽布局潜力较高的城市主要有北京、上海和广州，其综合布局系数均高于 0.50，其次是重庆、成都、天津、沈阳、武汉等城市，其综合布局系数均高于 0.40，再次是南京、杭州、青岛、西安、哈尔滨、济南、郑州等

基础设施与经济社会空间组织

城市，其综合布局系数均高于 0.30，所有这些城市以省会城市和副省级城市为主。

（2）交通枢纽布局潜力在空间分布上具有不均衡性，枢纽布局潜力较高的城市主要分布在东部沿海地区，并形成了几个密集区，具体包括华北地区、长江三角洲、珠江三角洲、成渝地区等。

（3）部分地区形成两个城市均具备较高枢纽布局系数的双核空间格局，如京津冀城市群形成北京与天津并存的格局，成渝城市群形成成都和重庆并存的格局，长江三角洲城市群形成上海和南京并存的格局，珠江三角洲城市群形成广州和深圳并存的格局。

枢纽综合布局系数仅表明各地级行政单元布局交通枢纽的潜力大小，交通枢纽的空间布局并不能完全依据综合布局系数来确定，从交通枢纽综合布局系数的空间分布情况来看，布局系数高的城市多分布在东部地区且比较集中，如果完全按布局系数的排名确定综合交通枢纽的数量和布局，会造成地区间的不平衡，还会导致重复建设。事实上，按综合布局系数大小来确定枢纽依据的是个体最大化原则，而空间最大化覆盖模型则以全局最优为目标，能在一定程度上弥补依据综合布局系数划分枢纽的不足。

第五节　交通枢纽的布局优化与效应模拟

一、空间识别与优化的基本准则

（一）空间识别

由空间最大化覆盖模型知交通枢纽的布局应由综合布局系数、二元值系数 a_{ij} 以及交通枢纽布局数量 p 共同决定。其中，全国 337 个地级行政单元的综合布局系数已由（9-6）式计算求出，而二元值系数和枢纽布局数量都同需求点与枢纽布局点间的距离以及枢纽服务半径相关。枢纽服务半径大，所需的枢纽布局数量就会减少，但是会因枢纽同需求点间距离太远而导致整体效率低下；枢纽服务半径小，为增加枢纽的覆盖面积所需的枢纽布局数量就会增多，从而导致资源投入的增加。

由交通枢纽的形成条件可知，交通枢纽多布局在地理条件优越、交通网络发达的地区，因此交通枢纽的服务半径既可以用距离也可以用时间来衡量。综合考虑各种因素，分别取距离枢纽交通时间 1 小时（80 公里）、1.5 小时（120 公里）、2 小时（160 公里）和 2.5 小时（200 公里）为有效服务半径，建立不同布局方案的最大化覆盖模型，求得不同约束条件下的目标值（Z）分布情况如图9-9所示。

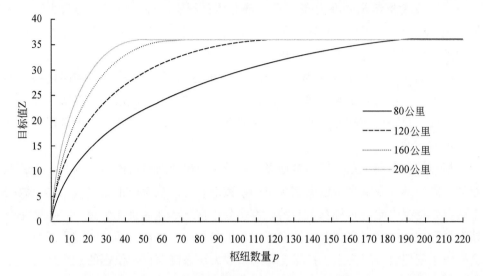

图9-9　不同约束条件下的目标值分布情况

　　运算结果表明，当所有地级行政单元均被枢纽覆盖时，目标函数的最大Z值为36.154，当枢纽服务半径分别为1小时（80公里）、1.5小时（120公里）、2小时（160公里）和2.5小时（200公里），使模型目标函数达到最大值的枢纽最优布局数量分别为218、142、83和69个。从不同约束条件下Z值分布曲线可以看出，随着枢纽数量的增加，目标函数值Z增加的幅度逐渐趋缓，即增加枢纽数量带来的布局效益呈递减趋势。分析四组服务半径目标值随枢纽数量的变化情况，结果表明，无论半径取多大，当目标函数值达到最大值的80%（即28.923）后，布局效益增加的幅度都不再明显，因此，以目标值达到最大值的80%时的枢纽布局数量作为最经济布局数量。计算求得各服务半径条件下枢纽最经济布局数量如表9-5，借助ArcGIS对各枢纽进行多边形空间分析，其空间分布情况如图9-10～图9-13所示。

表9-5　不同服务半径下交通枢纽的布局数量（单位：个）

服务半径	枢纽最优布局数量	枢纽最经济布局数量
1小时（80公里）	218	94
1.5小时（120公里）	142	47
2小时（160公里）	83	27
2.5小时（200公里）	69	19

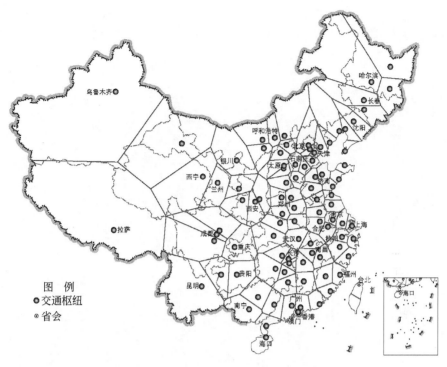

图 9-10 　80 公里服务半径的最经济空间分布

图 9-11 　120 公里服务半径的最经济空间分布

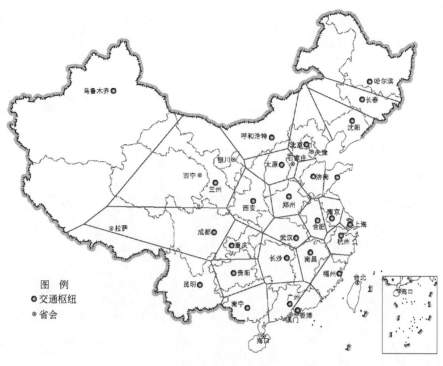

图例
● 交通枢纽
⊙ 省会

图 9-12　160 公里服务半径的最经济空间分布

基础设施与经济社会空间组织

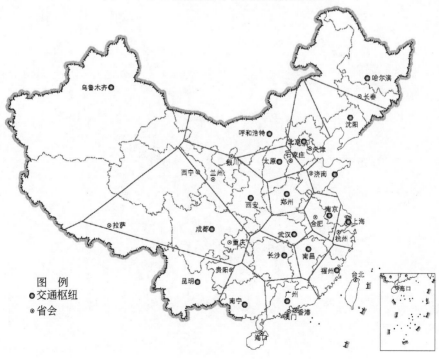

图例
● 交通枢纽
⊙ 省会

图 9-13　200 公里服务半径的最经济空间分布

（二）空间布局优化

最大化覆盖模型的目标是通过枢纽的合理布局获取最大的总效益，求得的枢纽分布没有考虑空间的差异性。事实上由于各地市的自然条件、交通设施基础、经济发展水平等方面存在很大差异，由最大化覆盖模型求解的枢纽所在城市并非都适合布局交通枢纽，综合交通枢纽的遴选还应考虑以下条件。

（1）综合枢纽数量不宜太多，过多的枢纽布局会造成枢纽布局不经济。由于枢纽的服务半径究竟取多大合适？国内外研究尚无定论，因此最终枢纽布局数量的确定是根据上述四组服务半径综合考虑的，如果将各服务半径下函数的目标值 Z 进行叠加，考察不同枢纽数量约束下 Z 值增长情况（图9-14），发现随着枢纽数量的增加，目标值 Z 的增长速率迅速下降。当枢纽数量为40时，增长率已下降到5%，此时对应的目标函数值（115.239）恰为最大值（144.616）的80%。这表明综合考虑四组服务半径，全国最经济的交通枢纽布局数量为40个左右，若继续增加枢纽数量，单位枢纽布局带来的目标值增长空间非常有限。由于120公里服务半径约束下枢纽的布局数量（47个）最接近于全国最经济的交通枢纽布局数量（40个），以下在枢纽的遴选上将以120公里服务半径约束下枢纽的空间分布情况为依据。

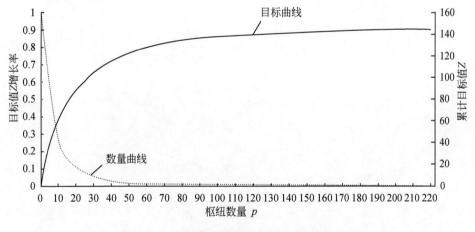

图9-14　不同枢纽数量的目标值及其增长率演变

（2）综合布局系数不能太小，综合布局系数小于0.1的城市无论是交通网络指标、交通客货运量指标还是经济社会发展指标均不能满足布局交通枢纽的条件，因此，仅对综合布局系数大于0.1的147个城市进行分析（拉萨仅为0.04，但从国家战略角度考虑，仍将拉萨纳入国家枢纽范围）。

（3）各单项评价指标排名不能太靠后，交通枢纽所在城市须具备较好的自然条件、一定的经济社会发展条件和交通网络条件。

综合考虑以上条件，结合120公里服务半径约束条件下最经济的交通枢纽布局以及各个地级行政单元布局潜力的大小，从中遴选出适合布局交通枢纽的城市，最终确定我国综合交通枢纽42个，其中东部20个，中部10个，西部12个，布局情况如图9-15所示。从综合布局系数来看，拉萨并不满足全国交通枢纽的布局条件，但是从地理区位和国家战略角度考虑宜将其纳为全国综合交通枢纽行列。从空间布局模型的计算结果来看，无论取多大的服务半径，齐齐哈尔均未能入选，但考虑到东北地区的地形地貌条件将齐齐哈尔纳为综合交通枢纽，服务大兴安岭地区。若按枢纽分布格局可将我国划分为7个地域群体，则上述42个遴选枢纽在各地域群体中的布局情况如表9-6所示。从枢纽布局情况可以看出以下特征：第一，交通枢纽空间布局存在明显差异，主要分布在我国东部沿海地区，尤其是华东地区，枢纽数量超过总数量的25%；第二，交通枢纽主要分布

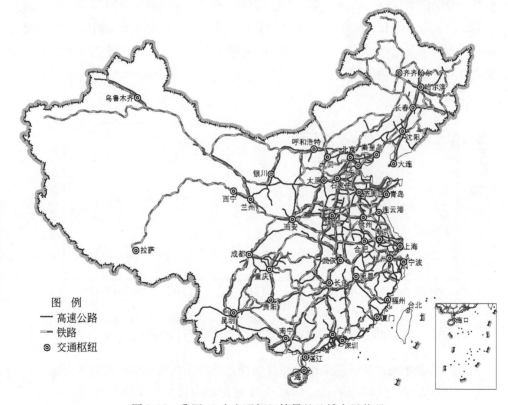

图9-15　我国42个交通枢纽情景的地域布局状况

基础设施与经济社会空间组织

在我国交通重要干线沿线和相交处，其中京广线交通枢纽6个、京沪线交通枢纽6个、陇海—兰新线交通枢纽6个、哈大线交通枢纽4个、沪昆线交通枢纽6个。

表9-6　42个交通枢纽的地域分布格局

地域群体	省份	枢纽数量	枢纽布局
东北	黑龙江、吉林、辽宁	5	哈尔滨、长春、沈阳、大连、齐齐哈尔
华北	北京、天津、河北、山西、内蒙古	7	北京、天津、石家庄、秦皇岛、太原、大同、呼和浩特
华南	广东、广西、海南	5	广州、深圳、湛江、海口、南宁
华东	山东、江苏、安徽、浙江、福建、上海	11	济南、青岛、南京、徐州、连云港、合肥、上海、杭州、宁波、福州、厦门
华中	湖北、湖南、河南、江西	4	武汉、长沙、郑州、南昌
西南	四川、云南、贵州、西藏、重庆	5	成都、重庆、贵阳、昆明、拉萨
西北	宁夏、新疆、青海、陕西、甘肃	5	银川、乌鲁木齐、西宁、兰州、西安

二、交通枢纽的等级结构

综合考虑自然地理条件、经济社会要素、交通网络、客货运发展情况及外向度等因素，以形成布局合理、层次鲜明、结构完善、功能互补的综合交通枢纽体系为宗旨，依据所在城市的特征、主要业务性质、运输方式构成及主要服务对象等功能因素，将我国交通枢纽划分为国际性综合枢纽、全国性综合枢纽、区域性综合枢纽和地方性综合枢纽四个级别。国际性综合枢纽所在地为国际大都市，是面向国际的门户型城市，城市规模大，外向度高，办理国际业务量占很大比重，交通网络发达。全国性综合枢纽所在地为大区域经济中心，工商业发达，直接吸引客货流范围大，多为主干交通线路的起讫点或交叉点，交通设备规模大，由多种互有分工的专业化港站组成，对区际运输起重大作用。区域性综合枢纽所在城市为省区级经济中心，主干线与其他干线的衔接处，吸引范围较小，路网意义小而地方意义大，为地区间交流服务，各站港间有一定专业分工。地方性综合枢纽所在城市规模不大，为地方性经济中心，多为一般干线的起讫点或交叉点，或主干线路上服务于地方客货集散与中转的地点，运输方式以某种运输方式为主，其他方式为辅，站港设施规模较小，且多为客货综合服务设施（表9-7）。

表 9-7　分等级交通枢纽的功能定位

名称	所在城市特征	主要业务性质	运输方式组成	主要服务对象
国际性综合枢纽	国际大都市	中转、地方作业	多式联运	全国
全国性综合枢纽	大区域经济中心	直通、中转、地方作业	三种以上运输方式	大区域、城市群
区域性综合枢纽	省区级经济中心	直通、中转、地方作业	两种以上运输方式	省域
地方性综合枢纽	地方性经济中心	直通、地方作业	两种以上运输方式	省内或省际次区域

　　按照上述各类型枢纽的功能定位，将确定的 42 个交通枢纽进行分类，确定我国国际性综合枢纽 3 个，分别是北京、上海、广州；全国性综合枢纽 7 个，区域性综合枢纽 15 个，地方性综合枢纽 17 个，布局如表 9-8 所示。

表 9-8　构建的交通枢纽等级体系

类型	数量	枢纽
国际性综合枢纽	3	北京、上海、广州
全国性综合枢纽	7	武汉、郑州、成都、沈阳、西安、昆明、乌鲁木齐
区域性综合枢纽	15	天津、重庆、南京、杭州、哈尔滨、长春、长沙、兰州、济南、南昌、南宁、深圳、青岛、大连、连云港
地方性综合枢纽	17	石家庄、太原、福州、合肥、海口、宁波、呼和浩特、银川、西宁、厦门、贵阳、拉萨、秦皇岛、徐州、湛江、大同、齐齐哈尔

　　值得说明的是，上述交通枢纽等级体系的划分是基于全国层面的综合布局效益来考虑的，交通枢纽尤其是高等级综合枢纽（包括国际性综合枢纽和全国性综合枢纽）的布局应考虑空间分布上的均衡性，单个城市的枢纽布局条件并不足以决定该城市交通枢纽在全国枢纽中的等级地位。例如，天津作为直辖市，无论从交通条件还是经济发展水平来讲都具备发展成全国性综合交通枢纽的条件，但是其紧邻北京这一国际性综合枢纽，除海运优势外很多业务功能均被北京所覆盖，因此，北京在一定程度上限制了天津的枢纽地位，从全国空间的布局上天津更宜作为区域性综合枢纽，但这不否定某一功能的全国性或国际性作用。

　　此外，为避免交通枢纽的恶性竞争，区域内交通枢纽还应充分考虑等级差异性。如成都和重庆，单从综合布局系数来看，重庆要略高于成都，主要是因为重庆的水运优势，而成都在航空、铁路以及广大的腹地等方面的优势则要明显优于重庆，因此成都更宜作为西南地区的全国性综合枢纽，而将重庆列为区域性综合枢纽，作为成都的有益补充，既避免了重复建设和恶性竞争，又能体现等级差异性，优化布局结构。

基础设施与经济社会空间组织

三、交通枢纽布局的空间效应

(一) 空间服务范围分析

运用最短距离法求得各枢纽的空间服务范围，以各枢纽所在的县级市行政中心所在地代表枢纽所在位置，县级地域行政单元作为分析枢纽服务范围的基本地域单元，枢纽与地域单元的距离由枢纽到该地域单元行政中心的自然距离确定。如果某地域单元同时在多个枢纽的服务范围，其隶属关系由该单元与各邻近枢纽距离中的最小值决定。经过 GIS 软件自动搜寻与比较，最后可以确定枢纽与地域单元的对应关系。

按以上方法分别计算高等级综合枢纽（包括国际性综合枢纽和全国性综合枢纽）和 42 个综合交通枢纽的空间服务范围，如图 9-16、图 9-17 所示。通过分析可以发现以下特征。

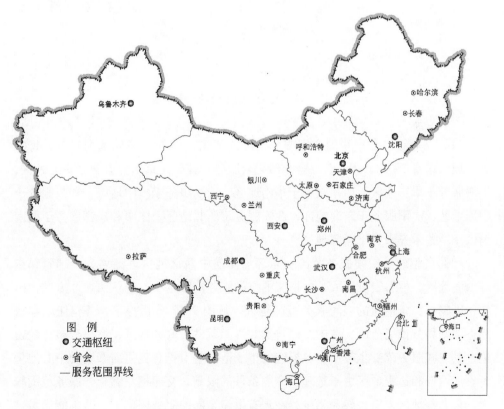

图 9-16　高等级综合交通枢纽的服务范围

图9-17　42个综合交通枢纽的服务范围

（1）高等级综合枢纽的空间服务范围同我国区域经济格局基本对应，每个大区域内均有1~2个高等级综合枢纽为其服务。其中北京主要服务于华北地区，上海服务于华东地区，广州服务于华南地区，武汉服务于华中地区，郑州服务于中原地区，沈阳服务于东北地区，西安服务于西北地区，昆明和成都服务于西南地区，乌鲁木齐服务于新疆地区。

（2）各枢纽的空间服务范围从东部沿海向中西部地区逐渐增大，越紧邻东部沿海地区，枢纽密度越大，各枢纽的空间服务范围越小；越往西往北方向，枢纽密度越小，各枢纽的空间服务范围越大。从图9-17分析得出，各枢纽基本按就近原则划分市场范围，在中东部自然和资源条件较好的地区，枢纽分布比较密集，其空间服务范围也较小，各枢纽的市场范围基本符合克里斯泰勒的中心地理论。而西部和边疆地区由于地理和交通条件的限制，交通枢纽稀疏，服务范围较大，但西部地区人口也较为稀少，在现有枢纽布局的服务空间下，基本能满足这些地区对交通枢纽的需求。

（3）地域群体内不同等级的交通枢纽间具有互补关系，比较图 9-16 和图 9-17 两个等级层面的枢纽服务范围可以发现高等级枢纽（主枢纽）覆盖的低等级枢纽（子枢纽）的数量区域间具有显著差异。其中北京主枢纽服务范围内含有 8 个子枢纽，上海和广州各有 5 个子枢纽，而中西部地区主枢纽服务范围内的子枢纽则较少。子枢纽的多寡在一定程度上决定了主枢纽的可培育程度，从各主枢纽服务范围内子枢纽的数量可以看出北京、上海和广州较其他枢纽更具有发展优势，这也表明了这三个枢纽作为国际性综合枢纽的合理性（表 9-9）。

表 9-9　分区域交通枢纽体系的内部级序关系

主枢纽	覆盖的子枢纽	数量
北京	天津、石家庄、秦皇岛、太原、大同、济南、青岛、呼和浩特	8
上海	南京、合肥、杭州、宁波、福州	5
广州	深圳、湛江、厦门、海口、南宁	5
沈阳	哈尔滨、长春、大连、齐齐哈尔	4
郑州	徐州、连云港	2
武汉	长沙、南昌	2
成都	重庆、拉萨	2
西安	兰州、西宁、银川	3
昆明	贵阳	1
乌鲁木齐		—

（二）经济社会要素服务分析

对各地域 80 公里、120 公里、160 公里和 200 公里服务范围内的枢纽所覆盖的国土面积、GDP 和人口进行统计分析，汇总成表 9-10。由表 9-10 可见看出，当枢纽服务半径分别为 80 公里、120 公里、160 公里和 200 公里时，全国分别有 65.0%、80.9%、90.7% 和 96.4% 的国民能享受到枢纽的服务；优选出的 42 个交通枢纽所能服务的国土面积分别占全国总国土面积的 36.5%、56.9%、68.3% 和 75.8%，但从经济指标看，却分别聚集了全国 GDP 总量的 77.9%、89.0%、95.4% 和 97.8%。从全国七大地域群体来看，枢纽服务的人口和 GDP 的比重次序大致是华东 > 华北 > 华南 > 东北 > 西南 > 华中 > 西北，整体从东南向西北依次降低，大致呈现边缘高、中部低的"凹形"格局。从各地域群体枢纽服务的人口和 GDP 的比重情况来看，中国枢纽空间布局为经济服务的倾向比较明显，枢纽服务范围的空间格局与中国当前人口、经济的空间分布以及地形特征基本吻合。

表 9-10　相应服务半径下枢纽服务的经济社会状况（单位：%）

地域	80 公里			120 公里		
	国土面积	GDP	人口	国土面积	GDP	人口
东北	43.4	80.6	70.6	53.5	88.1	81.3
华北	65.7	84.5	74.3	73.8	89.9	82.8
华南	53.7	82.0	57.6	85.3	92.4	83.7
华东	77.8	84.8	80.0	91.0	96.4	95.0
华中	40.8	60.4	51.8	59.6	78.8	72.2
西南	26.1	71.7	61.0	59.0	83.2	75.7
西北	16.1	52.3	50.6	35.8	63.4	61.9
全国	36.5	77.9	65.0	56.9	89.0	80.9

地域	160 公里			200 公里		
	国土面积	GDP	人口	国土面积	GDP	人口
东北	58.3	90.9	84.7	79.4	95.3	92.1
华北	86.7	99.4	99.3	1.0	1.0	1.0
华南	86.9	94.8	87.4	93.9	98.0	96.3
华东	1.0	1.0	1.0	1.0	1.0	1.0
华中	75.4	89.9	86.1	93.7	96.9	96.9
西南	71.7	91.7	86.4	77.9	97.0	95.9
西北	48.1	81.9	80.4	49.0	82.7	83.3
全国	68.3	95.4	90.7	75.8	97.8	96.4

　　目前，我国规划的各类交通枢纽共计有 192 个，但是规划为两种及两种以上交通枢纽的城市仅有 54 个，将优选出的 42 个枢纽与我国规划集成的 54 个枢纽进行对比（表 9-11），发现尽管国家规划集成的枢纽数量多于优选的枢纽，但是优选出的枢纽无论在不同服务半径其服务的国土面积均明显高于规划集成枢纽的国土服务面积；从服务的人口和 GDP 来看，随着服务半径的增大，优选枢纽服务的人群和服务的 GDP 均高于规划集成枢纽。这说明规划集成枢纽分布过于集中，彼此之间缺乏统筹，导致服务范围的空间重叠较多。而经优化遴选的枢纽彼此之间分工明确，等级有序，是使整体效益最大化的最优布局。

表 9-11　规划集成枢纽与优选枢纽服务能力对比（单位：%）

内容	80 公里		120 公里		160 公里		200 公里	
	集成	优选	集成	优选	集成	优选	集成	优选
国土面积	28.4	36.4	40.6	56.7	56.3	68.0	63.2	75.8
人口	67.8	64.6	78.5	80.3	89.7	90.0	94.3	95.6
GDP	80.1	77.5	86.6	88.4	93.4	94.7	96.0	97.1

（三）地区交通枢纽度分析

交通枢纽是国家综合交通运输体系的主要组成部分，它在国家综合交通体系中占有重要地位，能极大地促进地区经济发展，为衡量各地区接受交通枢纽的服务程度，需要对各地区的交通枢纽优势度进行评价。定义交通枢纽优势度的概念为某地区与全国或区域交通枢纽的位置关系及联系的便捷程度，以物理距离和时间距离等指标进行刻画。该指标反映了各区域接受交通枢纽的辐射机会与发展潜力的相对程度，具体测算可采用最短路径、最短时间等模型分析。依据各等级交通枢纽的职能和服务范围，确定各等级交通枢纽不同覆盖半径的枢纽优势度权重值如表9-12所示。

表9-12　相应服务半径下枢纽优势度权重值

覆盖半径（公里）	<80	80~120	120~160	160~200	>200
国际性综合枢纽	1	0.8	0.6	0.4	0.2
全国性综合枢纽	0.8	0.6	0.4	0.2	0.1
区域性综合枢纽	0.6	0.4	0.2	0.1	0
地方性综合枢纽	0.4	0.2	0.1	0	0

根据上述各等级枢纽不同覆盖半径的枢纽优势度权重赋值，对全国各地级行政区的枢纽优势度进行评价，并绘制成图9-18。根据全国各地区的枢纽优势度的空间分布格局，可解读出以下主要空间特征。①全国各地的枢纽优势度具有明显的空间差异，呈现由沿海向内陆依次递减的宏观态势；东部沿海地区的枢纽优势度较高，中部地区次之，西部尤其是远西地区的枢纽优势度较低。②全国形成京津冀、长江三角洲与珠江三角洲地区三个枢纽优势度明显的集聚区，这三个地区有着很高的枢纽优势度，连接成面且覆盖地域广，内部基本均质化。③在全国范围内，枢纽优势度较高的地区在全国形成镶嵌式的空间布局，围绕区域性中心城市，枢纽优势度呈现向四周地区逐步降低的距离衰减现象。④部分地区具有相对明显的枢纽优势度，其中辽中南城市群、中原城市群、成渝城市群、武汉城市群、长株潭城市群、关中城市群等地区具有较高的枢纽优势度，但同京津冀、长江三角洲和珠江三角洲相比，无论枢纽优势度水平还是覆盖范围，都相差甚远。⑤在各枢纽优势度较高地区之间形成部分"塌陷区"，例如中原城市群、关中城市群、成渝城市群、武汉城市群和长株潭城市群围合区域的中间地带，这些地区的基础条件较差，道路网络也不够发达，枢纽优势度普遍偏低（图9-18）。可以

看出，在优选的 42 个交通枢纽的布局情况下，各枢纽服务范围分工明确、等级有序，全国各地形成不同的枢纽优势度，既有枢纽优势度高的地区（例如京津冀、长江三角洲与珠江三角洲地区），也有枢纽优势度较差的地区（多为西部基础条件差的地带和边疆地区），还有枢纽优势度被边缘化的"塌陷区"。

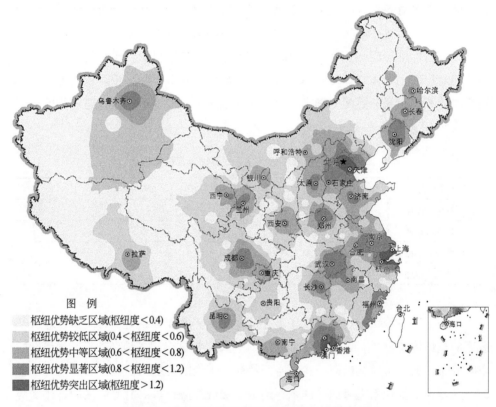

图 9-18　我国国土空间范围内的交通枢纽优势格局

值得一提的是，优选出的 42 个交通枢纽是在我国各地级行政单元现有条件基础上达到全国最大总收益的最优布局。这种布局使得全国的总收益最大化，但是尚不能完全解决地区间的布局差异问题，由此导致了部分交通枢纽的服务盲区，这些地区现阶段交通枢纽的综合布局系数较低，当前尚不利于综合交通枢纽的布局，导致接受交通枢纽服务的机会大大降低，应该成为未来交通枢纽布局重点关注的地区。另一个问题是某些枢纽等级、地位的偏低，存在人为的主观判断，需深入论证。

参 考 文 献

陈方红. 2009. 城市对外交通综合换乘枢纽布局规划与设计理论研究. 成都：西南交通大学博
　　士学位论文.

楚杨杰，程文龙，罗熹，等. 2010. 交通网络抗毁性实证研究. 计算机工程与应用，46（2）：
　　203-205.

丰伟. 2010. 城市对外交通综合换乘枢纽系统关键问题理论研究. 成都：西南交通大学博士学
　　位论文.

贾倩. 2006. 综合交通枢纽布局规划研究. 西安：长安大学硕士学位论文.

蒋丽丰. 2009. 城市空间发展与公路客运枢纽布局的研究. 成都：西南交通大学硕士学位论文.

金凤君，王姣娥. 2004. 20 世纪中国铁路网扩展及其空间通达性. 地理学报，59（2）：
　　293-302.

李铭，李旭宏，吕慎. 2006. 基于城市 TOD 发展模式的客运换乘枢纽布局规划研究. 公路交通
　　科技，23（11）：100-104.

吕慎，田锋，李旭宏. 2007. 组团式大城市客运综合换乘枢纽布局规划方法. 交通运输工程学
　　报，（4）：98-103.

沈志云，邓学钧. 2003. 交通运输工程学. 北京：人民交通出版社.

王成金. 2007. 中国港口分布格局的演化与发展机理. 地理学报，62（8）：809-820.

王姣娥，金凤君，孙炜，等. 2006. 中国机场体系的空间格局及其服务水平. 地理学报，（8）：
　　829-838.

王宁. 2003. 渝东南立体交通枢纽布局及骨架公路网络建设研究. 成都：西南师范大学硕士学
　　位论文.

徐建华. 2002. 现代地理学中的数学方法. 北京：高等教育出版社.

徐瑞华，杜世敏，陈百磊. 2005. 城市铁路枢纽布局的调整优化研究. 同济大学学报（自然科
　　学版），33（5）：631-635.

杨英宝，钟山. 2004. 中国民航运输机场分类问题的初步探讨. 中国民用航空，（11）：39-42.

袁虹，陆化普. 2001. 综合交通枢纽布局规划模型与方法研究. 公路交通科技，（3）：101-105.

张华，何波，刘耕. 2007. 基于模糊熵和多目标规划的公路货运交通枢纽布局模型. 物流技术，
　　（7）：46-47.

张文尝，金凤君，樊杰. 2002. 交通经济带. 北京：科学出版社.

张文尝. 1990. 中国交通枢纽布局及其地域群体. 经济地理，10（4）：55-62.

Allen W B, Liu D, Singer S. 1993. Accesibility measures of us metropolitan areas. Transportation Re-
　　search Part B: Methodological, 27（6）：439-449.

Bryan D L, O'Kelly M E. 1999. Hub-and-spoke networks in air transportation：an analytical review.
　　Journal of Regional Science, 39（2）：275-295.

Church R, Velle C R. 1974. The maximal covering location problem. Papers in Regional Science,

32 （1）：101-118.

Daskin M, Owen S. 2003. Location models in transportation. Handbook of Transportation Science, 56 （4）：321-370.

Fleming D K, Hayuth Y. 1994. Spatial characteristics of transportation hubs: centrality and intermediacy. Journal of Transport Geography, 2 （1）：3-18.

Holland G L, Ast M, Fischer R, et al. 1998. A geographer's analysis of hub-and-spoke networks. Journal of Transport Geography, 6 （3）：171-186.

Horner M W, O'Kelly M E. 2001. Embedding economies of scale concepts for hub network design. Journal of Transport Geography, 9 （4）：255-265.

Murray A T, O'Kelly M E, Church R L. 2008. Regional service coverage modeling. Computers & Operations Research, 35 （2）：339-355.

Murray A T, O'Kelly M E. 2002. Assessing representation error in point- based coverage modeling. Journal of Geographical Systems, 4 （2）：171-191.

Rahman S, Smith D K. 2000. Use of location- allocation models in health service development planning in developing nations. European Journal of Operational Research, 123 （3）：437-452.

基础设施与经济社会空间组织

第十章

我国交通基础设施建设转型

　　建设符合国情的交通运输体系，支撑经济社会的可持续发展是关系到我国全面建设小康社会、实现中等发达国家目标的关键战略性问题。作为经济社会发展最基础的支撑，交通基础设施建设的"过"和"不及"都会造成社会财富的巨大浪费，科学的建设才能促进国家经济社会的健康发展。

　　新中国成立以来，尤其是改革开放 30 多年来，我国交通运输发展取得了巨大成就，设施规模迅速扩大，水平显著提升，形成了能力强大的交通运输体系。从对经济社会发展的保障能力方面看，交通基础设施建设经历了 20 世纪的滞后发展阶段与近十年的基本适应阶段，解决了供给能力方面的"不及"问题。多方面的数据显示，目前我国的交通基础设施建设开始进入超前发展和质量提升的阶段，快速发展的势头非常强劲。但是这种趋势有脱离我国基本国情的过度发展倾向，如果不加强引导，会产生影响经济社会健康发展的隐患。因此，未来五到十年，应在推进我国经济社会发展模式战略转型、促进经济增长方式转变的大前提下，重点预防交通基础设施建设过度超前、方式间过度竞争、空间上过度发展，目标上过度奢侈等倾向，促进我国交通运输体系的科学发展，实现全社会物质文明与生态文明建设的有机统一。

　　同时，还必须清醒地认识到，我国是世界上人多地少、资源环境压力最大的典型国家，将长期面临土地、能源和环境三大"瓶颈"的约束，这也要求我们必须坚定不移地落实科学发展观，走资源节约、空间集约的科学发展之路。在全面建设小康社会的进程中，交通运输体系的发展必须承担提升经济社会发展效率和建立资源节约型国民经济体系的双重任务，二者不能偏废，如此才能实现增长方式转变、经济社会长期可持续发展的愿景。

第一节　交通基础设施建设水平评价

　　我国已经建立了各种方式各展所长、支撑构建现代化综合运输体系的交通基础设施网络，初步形成了人行其便、货畅其流的与经济社会相适应的交通运输能力，基本保证了居民的基本出行需求和商品交流的要求。

一、交通基础设施规模结构

我国交通基础设施建设已经解决了滞后问题，开始进入各种运输方式全面发展和全面建设现代综合交通运输体系的新阶段。自新中国建立到实施改革开放政策的 20 世纪 70 年代末，我国交通基础设施建设一直落后于需求，是制约经济社会发展的"瓶颈"。改革开放后，我国交通基础设施建设速度加快，但直到 20 世纪 90 年代末基本上仍属于滞后型发展。20 世纪末起，我国为了应对亚洲金融危机的影响，采取了大规模投资基础设施建设的策略，目的是拉动内需，促进经济的稳定增长。在大规模投资的支撑下，我国的交通基础设施建设保持了十多年的高速发展，规模、水平和运输组织优化等方面发生了巨大变化，保障经济社会发展的能力大大提高，相对于国民经济的发展需求而言，逐渐从滞后型转向适应型以及超前型建设时期。图 10-1 是我国交通基础设施网络的基本框架（2010 年）。

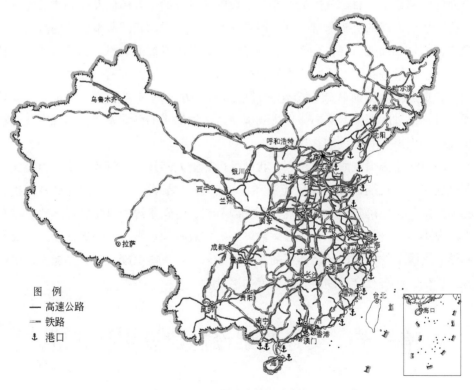

图 例
— 高速公路
— 铁路
⚓ 港口

图 10-1　我国交通基础设施网络基本框架（2010 年）

（一）交通基础设施规模与结构

近十年来，各种交通运输方式均保持了快速发展的态势，全面建设现代综合交通运输体系的发展格局正在形成，综合规模、技术水平、服务能力和范围均已经基本达到或已经达到与经济社会需求相适应的状态。至 2009 年年底，我国交通运输线路总里程达 413.9 万公里（不含民航航线和海上运输线路），其中铁路营业里程 8.55 万公里，高速公路 6.51 万公里（表 10-1）。这一网络承担的全社会客运量和旅客周转量分别达到 297.7 亿人、24 834.9 亿人公里；承担的全社会货运量和货物周转量分别达到 282.5 亿吨和 122 133.3 亿吨公里。

表 10-1　我国交通线路里程增长状况（1950~2009 年）

年度	铁路 （万公里）	公路 （万公里）	内河 （万公里）	民航航线 （万公里）	油气管道 （万公里）
1950	2.22	9.96	7.36	1.13	—
1952	2.29	12.67	9.50	1.31	—
1978	5.17	89.02	13.60	14.89	0.83
1995	5.97	115.7	11.06	112.9	1.72
2000	6.87	140.27	11.93	150.29	2.47
2008	7.97	373.02	12.28	246.18	5.83
2009	8.55	386.08	12.37	234.51	6.91
增长（%）					
1950~1978	233	894	185	1 318	—
1978~2009	165	434	-6	1 575	833
年均增加里程（公里）					
1950~1978	339	28 236	2 229	4 914	—
1978~2009	1 090	95 825	-223	70 845	1 961

"—"为无数据

注：2009 年公路数据包括农村公路

交通运输里程规模总量已位居世界前列。2009 年我国内河通航航道里程位居全球首位。铁路营业里程位居亚洲第一、全球第三，仅次于美国和俄罗斯（表 10-2），复线率和电气化率均位居亚洲第一；公路里程仅次于美国居全球第二；高速公路位列全球第二，总里程与欧盟 27 国相当。航运大国的地位得到确立，六大港口跻身于全球集装箱吞吐量前十位。航空运输量居全球第二，跻身世界航空大国行列。管道里程也步入全球前五的行列。

第十章　我国交通基础设施建设转型

表 10-2　我国交通网络发展的国际比较（2006 年）（单位：1000 公里）

项目	欧盟 27 国	美国	日本	俄罗斯	中国	中国 *
公路网	5000	6430	1197	755	3457	3860
高速公路网	63.4	102.2 [1]	7.4 [2]	29	45.3	65.1
铁路网	215.9	229 [3]	27.6	85.5	77.1	85.5

注：（1）2007 年数据；（2）国道；（3）2005 年数据；＊2009 年数据

（二）人均水平增长

从人均拥有水平看，1978 年我国每万人铁路通车里程为 0.54 公里，公路通车里程为 9.2 公里/万人，内河航道里程为 1.4 公里/万人；2009 年铁路通车里程为 0.64 公里/万人，比 1978 年增长 19.3%，而公路通车里程为 28.9 公里/万人，比 1978 年增长 2 倍，高速公路里程为 48.8 公里/百万人。但内河航道的人均水平呈现持续的递减趋势，虽然在世纪之交有所提升，但总体趋势变化不大，并趋于稳定，目前为 0.93 公里/万人，比 1978 年降低 1/3（表 10-3）。

表 10-3　我国人均交通设施水平增长变化（1978～2009 年）

交通设施类型	1978 年		2009 年		增长水平（%）	
	规模（万公里）	人均水平（公里/万人）	规模（万公里）	人均水平（公里/万人）	规模	人均
铁路	5.17	0.54	8.55	0.64	65.38	18.5
公路	89.02	9.25	386.08	28.93	433.71	312.76
高速公路	—	—	6.51	0.49	—	—
内河航道	13.6	1.413	12.37	0.93	-9.04	-34.04

"—"为无数据

（三）设施网络密度

从路网密度看，1978 年我国铁路网密度为 5.4 公里/百平方公里，2009 年为 8.9 公里/百平方公里，期间增长了 65%；公路网密度 1978 年为 9 公里/百平方公里，2000 年以来呈现加速增长态势，2009 年为 40.2 公里/百平方公里（期间存在统计口径变化）；高速公路网密度呈现快速增长态势，2009 年为 6.8 公里/百平方公里。总体看，与世界发达国家还存在一定差距，但在高速公路密度等指标方面已经接近发达国家的水平。

基础设施与经济社会空间组织

二、交通基础设施技术水平

经过新中国成立以来 60 多年的建设，尤其是改革开放以来的快速发展，我国交通基础设施与运输技术水平不断提高，已经到达相当水平，与发达国家的差距迅速缩小，促进了经济社会发展效率的提升。

（一）铁路运输技术优化升级

新中国成立以来，随着我国科技创新能力的提高，铁路的线路技术水平、设备的技术水平和运营管理的技术水平均取得了长足进步。1949～2008 年，我国铁路机车拥有量增长了 3.52 倍，客车拥有量增长了 10.31 倍，货车拥有量增长了 11.73 倍，内燃、电力机车比重达到 99.4%；复线率、电气化率和自动闭塞率分别达到 36.2%、34.6% 和 35.3%。表 10-4 是我国铁路线路技术水平变化的情况。

表 10-4　我国国家铁路网络技术水平的变化

项目	1950 年	1978 年	1995 年	2009 年
营业里程（公里）	22 161	48 618	54 616	85 518
复线里程（公里）	1 148	7 630	16 909	33 195
占营业里程比重（%）	5.2	15.7	31	38.8
电气化线路里程（公里）	—	1 030	9 703	35 653
占营业里程比重（%）	—	2.1	17.8	41.6
自动闭塞里程（公里）	—	5 981	12 910	31 619
占营业里程比重（%）	—	12.3	23.6	37.0

"—" 为无数据

注：根据历年中国统计年鉴整理

1997～2007 年，我国先后进行了 6 次铁路大提速，覆盖总里程超过 1.6 万公里，惠及全国主要大中城市和大部分地区，实现了主要干线城市间铁路旅行 1000 公里左右范围内"夕发朝至"，2000 公里左右范围内"一日到达"，省会城市之间以及大的中心城市之间列车运行时间比 1997 年以前缩短了 1/4～1/2，大幅度提高了铁路网的整体运输能力。2008 年 8 月，我国建设的第一条高速铁路——京津城际铁路投入运营，列车时速达到 350 公里/小时，是目前世界上运营速度最快的铁路。截至 2009 年年底，合宁、胶济、合武、石太、武广客运专线均已运营。目前的高速度、高标准、大运量的铁路干线网建设，将促进我国铁路发展的重大转变，实现铁路主干线"客货运输分离"已经成为铁路现代化发展的主要方向之一。

（二）高等级公路网络建设

高速公路的快速发展及网络的迅速扩张是近十年来我国交通运输发展的首要事件。1984 年我国开始建设沈大高速公路，1988 年我国大陆第一条高速公路——沪嘉高速（上海浦桃工业区–嘉定县）建成通车，实现了大陆高速公路零的突破；随后沈大和京津塘高速公路相继完工通车，标志着我国高速公路建设进入了新的时代。为了集中力量、突出重点，1992 年交通部制定了"五纵七横"国道主干线规划并付诸实施，为我国高速公路的持续、快速、健康发展奠定了基础。自 1996 以来，我国高速公路以年均近 4000 公里的速度增长，并迅速跃居世界第二位。高速公路网络的扩展缩短了省际、重要城市间的交通时间，加快了人员、商品、技术、信息的流动，促进了资源的优化配置，在经济发展和社会进步中发挥了重要作用。同时，也改变了我国公路网的结构（表 10-5）。

表 10-5　我国公路等级构成的变化情况

年份		等级路合计	其中			等外路
			高速	一级	二级	
1988	里程（万公里）	69.79	0.015	0.17	3.29	30.23
	占总里程比重（%）	69.76	0.01	0.17	3.30	30.24
1995	里程（万公里）	91.08	0.21	0.96	8.49	24.63
	占总里程比重（%）	78.72	0.19	0.83	7.34	21.28
2000	里程（万公里）	121.60	1.63	2.01	15.23	18.67
	占总里程比重（%）	86.69	1.16	1.43	10.88	13.31
2009	里程（万公里）	305.63	6.51	5.95	30.06	80.45
	占总里程比重（%）	79.2	1.7	1.5	7.8	20.4

注：2009 年包括农村公路数据；根据历年中国交通年鉴资料整理

（三）航空网络体系

截至 2009 年年底，我国已经有民用航空机场 166 个，形成了覆盖全国主要城市的航空网络，运输能力已经跻身世界航空大国之列。4D 以上高等级机场达到 77 个，比 1990 年增加 42 个，其中可起降 B747、A340 等大型飞机的 4E 及以上机场数量达到了 34 个，是 1990 年的 4 倍多（表 10-6）。北京首都机场、上海浦东机场和广州白云机场为可起降 A380 的 4F 机场。同时，航空网络形成了以

基础设施与经济社会空间组织

"北京－上海－广州（深圳）"为枢纽的网络体系。

表 10-6　我国机场数量增长变化的基本情况（分等级）

年份	4E 及以上	4D	4C	3C 及以下	合计
1990	7	22	31	50	110
2000	23	34	43	39	139
2005	25	35	55	31	146
2009	33	38	77	18	166

（四）现代化集装箱运输体系

改革开放 30 多年来港口建设突飞猛进，取得了历史性的巨大成就，建成了现代化的港口体系和集装箱运输体系，基本保障了我国对外贸易和国内运输的需求。到 2009 年底，已形成包括干线港、支线港和地方港相互协调的港口运输体系。在长江三角洲、珠江三角洲、环渤海、东南沿海、西南沿海五大区域形成了规模庞大并相对集中的港口群。港口货物吞吐量连续 6 年居全球第一，上海港连续 4 年成为世界第一大港，年吞吐量达到 5 亿吨。亿吨大港达到 16 个，7 个大陆港口进入世界港口货物吞吐量排名前十位。

我国集装箱运输从 1950 年代开始试办，20 世纪 70 年代正式起步，1980 年代进入夯实阶段，1990 年代起适箱货大量生成，集装箱运量迅速增长。1980 年我国集装箱运量仅 6.43 万标箱（TEU），2009 年增长到 12 240 万标箱，是 1980 年的 1900 多倍，年均递增 30%（表 10-7）。目前，我国有 16 个港口进入全球前 100 强，其中，上海港和深圳港超过 2000 万标箱；广州港、宁波－舟山港、青岛港超过 1000 万标箱、天津港和厦门港超过 500 万标箱，此外超过 100 万标箱的有大连港、连云港、苏州港、营口港、烟台港、南京港、泉州港、福州港和中山港；航线覆盖全球五大洲，现代化集装箱运输体系已经形成。

表 10-7　我国沿海港口货物与集装箱吞吐量增长概况

项目	1980 年	1990 年	1995 年	2000 年	2005 年	2009 年
货物吞吐量（万吨）	21 731	48 321	80 166	125 603	292 777	475 481
集装箱吞吐量（万标箱）	6.43	156	664	2 263	7 580	12 240

注：根据中国统计年鉴 2009 年卷、中国交通年鉴－历年卷整理

三、交通基础设施空间服务概况

经过多年建设，覆盖全国的交通网络骨架已经建立，已经形成了可为80%以上的人口和产业提供1小时抵达相应设施、站场的服务能力。这一基础设施网络，随着其进一步扩展和壮大，将有力地支撑我国经济社会的可持续发展。

（一）交通网络的连通性

从连通性看，我国所有省会均实现了快速交通的联通，除拉萨尚未通高速公路外，其他所有省会均实现铁路、高速公路和航空三种交通方式的共同服务。地级以上城市铁路通达率达到80%以上，人口50万以上的城市通达率达到90%以上（表10-8）。在县级行政单元中（对全国某些县区进行了合并），有近60%被高速公路连通。

表10-8　我国内地主要交通方式的通达性概况（2009年）

区域级别	交通方式	通达数量（个）	比重（%）
省级政区（31）	铁路	31	100.0
	高速公路	30	96.8
	机场	31	100.0
地级政区（332）	铁路	301	90.7
	高速公路	292	88.0
	机场	150	44.5
县级单元（2322）	铁路	1369	59.0
	高速公路	1305	56.2

（二）空间服务水平

按照交通干线和机场依靠地面交通1小时可达服务的空间范围统计，到"十五"末期，铁路、高速公路和航空三种交通方式的服务人口比重已经分别达到85%、80%和40%，此空间范围内集聚的经济总量比重，铁路为98%，高速公路为97%，航空为75%。由于我国人口分布集中在黑河－腾冲线（胡焕庸线）以东地区，而交通设施网络也偏集于东部地区，所以二者在空间上的供给与需求基本上是匹配的。虽然近几年经济增长有了比较大的变化，但基本空间格局变化不大（表10-9和图10-2）。

表 10-9　我国主要交通方式的空间服务能力（2008 年）（单位:%）

类型	项目	铁路		高速公路		航空	
		30 分钟	1 小时	30 分钟	1 小时	30 分钟	1 小时
国土	国土面积	47.45	62.09	33.46	45.85	15.72	35.19
	省会城市	100	100	96.77	96.77	100	100
	地级市	80	81.82	78.18	80	29.82	49.45
	县级市	95.28	97.38	84.78	92.13	24.41	62.99
	县	65.74	85.91	62.64	80.74	14.03	46.11
	合计	72.7	87.48	68.41	82.73	18.73	49.98
人口	总人口	83.87	95.63	83.55	93.82	28.15	60.25
	非农业人口	89.75	97.18	88.49	94.92	43.89	69.13
产业	生产总值	91.11	97.66	92.73	97	49.65	75.89
	一产产值	83.52	95.71	83.97	93.98	24.8	58.6
	二产产值	92.41	97.98	94.61	97.65	50.97	77.36
	工业产值	92.56	98.1	95.06	97.79	51	77.72

注："县"包括县、自治县、旗、自治旗、特区、林区等行政单元。表中数据为占全国的比例

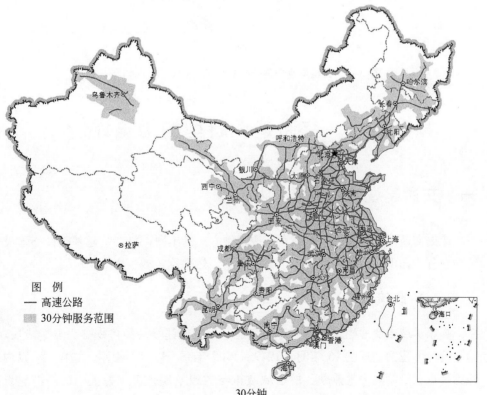

图 例
—— 高速公路
▨ 30分钟服务范围

30分钟

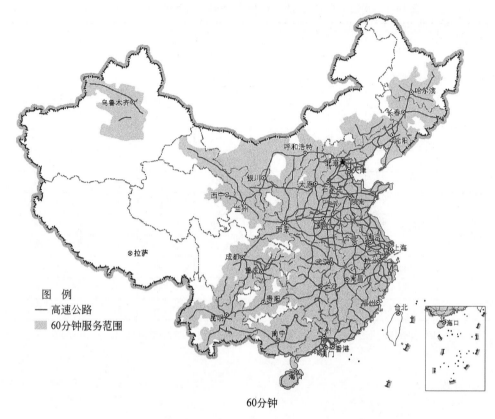

图 10-2　我国高速公路网络的空间服务水平（2008 年）

第二节　交通建设转型的历史评价

一、交通建设转型的基本标志

依据交通建设转型的影响因素，按转型方式的不同，可将交通基础设施建设转型划分为四类：政策性转型、结构性转型、效率性转型、技术性转型。

（一）政策变化

国家区域或交通建设政策引导的交通基础设施建设转型可划分为五个阶段。第一阶段为建国初期的 16 年间（1949~1965 年），这一时期国家实施了"以内地为重点，沿海与内地兼顾"的区域政策与"以发展重工业为主"的经济建设方针，对交通建设和布局产生了巨大影响，交通建设以铁路为重点，布局重点在内地，其中西部铁路里程占全国的比重从 1949 年的 5.7% 提高到 1965 年的 21.5%，西部公路里程占全国的比重从 28.6% 提高到 33.1%。第二阶段为以三线建设为主的时期（1965 ~ 1973 年），该时期国家经济建设以"三线"建设为主，为了加强战备，国家把工业建设和铁路重点高度集中在"三线"地区，大大改善了我国腹心地区的交通条件，京广线以西地区的铁路里程从 1949 年的 3900 公里提高到 1975 年的 2 万公里。第三阶段为国家战略布局东移时期（1973 ~ 1980 年），我国区域发展重点开始从"三线"向东部转移，交通建设方针和投资结构发生重大变化，开始加强港口和管道建设，20 世纪 70 年代后半期水运投资比前期增长了 12.8 倍，管道投资增长了 23 倍。第四阶段为沿海地区快速发展时期（1980 ~ 1992 年），国家实施沿海地区对外开放战略，交通建设重点全面东移，沿海港口、铁路和国道公路建设成为重点。第五阶段为地区经济协调发展时期（1992 ~ ），该时期国家实施了全方位的对外开放政策，国家区域发展政策从重点发展沿海转向区域协调发展，在交通建设方面大力加强区际大通道的建设（如京九线、南昆线等），交通建设基本摆脱滞后局面，开始适度超前发展。

（二）结构转型

从交通线路总里程长度变化特点及运输结构的演变格局来看，我国交通基础设施建设大致经历了两次结构性转型。1949 ~ 1978 年为结构渐变阶段。该阶段交通建设以铁路为主，投资比重占交通运输总投资的 61%，铁路运输占客运总周转量在 60% 以上，占货运总周转量在 70% 以上；公路运输在这 20 多年的时间里发展迅速，但是承担的客货运量较少；水运虽然所占投资比重低，但是水运货运周转量所占比重却有大幅提升；这一时期航空和管道受重视程度不足，无论在运量还是投资上所占比重均较少。1978 ~ 1997 年为结构协调阶段。这一阶段随着我国经济的发展，交通结构发生了明显的变化，其中铁路客、货周转量的比重不断下降，到 1997 年分别降至 35.7% 和 34.6%；公路完成的运输量所占比重不断提高，客运周转量占总客运周转量比重超过 50%；水运方面，沿海港口成为建设重点；此外，航空和管道运输也均有较大幅度的增长，运输结构渐趋协调。1997 年以后为结构优化阶段。这一阶段，随着我国各种运输方式的发展，逐渐形成趋于合理的运输结构，铁路客、货运量继续下降，水运客运量也呈下降趋势，而公路、航空和管道的运输量则呈增长态势，我国的交通运输在解决了长期滞后的基础上开始向结构优化方向发展。

（三）效率转型

效率性转型主要是由于交通投资对经济发展的作用强度引发的转型，通过对交通基本建设投资和 GDP 增长进行自回归分析，得出我国交通发展的效率性转型的三个阶段。1949 ~ 1978 年，是我国计划经济时期，也是我国交通建设的重要阶段，该时期交通建设投资对 GDP 的长期弹性仅为 0.098，表明这一时期交通投资对经济的带动作用比较微弱，交通投资的效率不高，这一时期交通建设相对于经济发展属于滞后发展期。1978 ~ 1991 年，是中国改革开放初期阶段，社会经济的快速发展开始起步，交通基本建设投资对 GDP 的长期弹性升至 0.231，交通投资对经济的带动作用开始显现，交通建设相对于经济发展逐渐步入适应期。1991 至今，我国改革开放深入发展，经济社会迈入快速发展的轨道，我国交通建设的投资规模迅速提高，对经济增长的拉动作用愈发明显，该时期交通建设投资对 GDP 的长期弹性系数高达 0.353，相对于经济发展，我国交通建设开始由适应期转向适度超前发展。

（四）技术转型

新中国成立以来，我国交通运输共发生了两次技术性转型。1949 ~ 1985 年为交通运输技术的发展阶段，这一时期国家贯彻自主开发和引进先进技术相结合的方针，重点加快了交通装备的技术改造，交通运输设施的技术装备水平有了显著改善，铁路的复线率、电气化率和自动闭塞里程大幅提高，空中交通管制及通信导航设施也有了较大改善，并建成了一批具有较高机械化和自动化水平的港口专用泊位（李瑞坤，1996）。1985 ~ 2000 年为交通运输技术的快速发展阶段，在信息化技术的促进下，我国的交通运输技术得到了空前发展，其中以智能交通技术和低碳交通技术的发展最为代表，我国的交通运输进入信息化和可持续发展阶段。2000 年以后我国交通运输技术进入交通设施高级化和高速化阶段，这一时期我国的交通高速化技术得到快速发展，由高速公路、铁路提速技术改造以及准高速铁路和高速铁路、航空网络及空港等构成的高速交通网络初步形成，大大优化了运输条件和地区经济环境。图 10-3 是我国交通建设主要因素的变化情况。

二、交通建设转型的阶段性

交通基础设施综合发展转型是上述各类转型的集成，基于前述交通建设转型的影响因素与转型类型分析，考虑不同历史时期影响交通建设转型的主导因素的

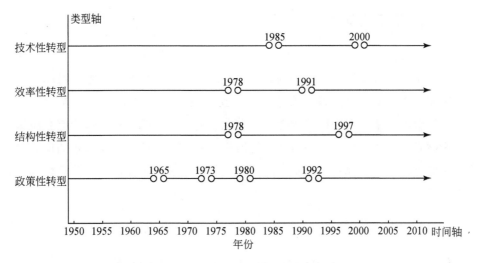

图 10-3　影响交通建设转型的主要标志

差异，将自新中国成立以来的交通基础设施建设演进划分为五个阶段，共历经四次建设转型。

（一）第一次转型

第一次转型发生在20世纪60年代中期，主要表现在交通地区结构的变化，该时期国家交通建设的重点从内地向"三线"地区集中，改变了交通建设的地区结构。而交通投资结构并无实质性变化，国家依然把投资的重点放在铁路建设上，但是投资的效率较之建国初期却有所降低，主要是因为"三线"建设时期主干铁路大都按照"靠山、隐蔽"的方针选线，桥梁和隧道比重过大，单位造价过高（陆大道，2003）。此外，交通运输在技术发展上依旧侧重交通装备的技术改造，交通的技术创新并没有实质转型。

（二）第二次转型

第二次转型发生在20世纪70年代末期，交通建设的地区结构发生第二次变化，国家交通建设的重点开始从"三线"地区向东部沿海转移。该时期交通运输结构发生了重大变化，20世纪80年代国家开始贯彻建设综合运输体系的方针，铁路在客货运输中的主导地位大为下降，公路的地位大幅上升，沿海水运和远洋运输的作用进一步加强。此外，交通建设投资的效率也发生实质性突破，交通基本建设投资对GDP的长期弹性较前期提高了136%。这一时期的交通运输技术基本还属于传统技术的延伸发展，仍然没有发生实质转型。

（三）第三次转型

第三次转型发生在20世纪90年代初期，交通建设的地区结构发生第三次变化，国家实施地区交通协调建设的方针，地区间交通服务水平的差异在缩小。该时期国家加大了对交通建设的投资力度，交通投资占GDP的比重大幅提高，交通建设投资的效率也迎来第二次提升，在此影响下，我国交通运输线路总里程的增加速度发生显著变化，交通运输总规模步入一个新台阶，交通紧张的局面得以缓解。此外，我国交通运输技术发展开创了新局面，由传统技术向信息化和低碳技术转变。

（四）第四次转型

第四次转型发生在新旧世纪之交，我国交通建设在摆脱滞后发展的同时开始步入适度超前发展期。该时期我国交通的运输结构发生了第二次转变，公路和水运得到较快发展，运输结构渐趋合理，并朝着优化和综合协调的方向发展。同时，交通投资的规模保持较高的增长速度，投资的效率继续延续较高的水平。这一时期交通运输技术也迎来了第二次创新，交通高速技术得到迅速发展，高速公路、高速铁路和航空等高速交通建设迅速，我国交通运输体系建设已步入了高速化时代。

从我国交通建设转型的轨迹来看，我国早期的交通建设转型主要受政策性因素的影响，以后则主要受结构因素和效率因素的影响，近年来受技术因素的影响比较大（表10-10）。由此表明，随着时间的推移，政策性因素对交通建设转型的影响逐渐减弱，而技术性因素对交通建设转型的影响却越来越强。此外，我国交通建设转型的时间在缩短，从初次转型的16年缩短为8年，在一定程度上说明了技术因素对交通建设转型的贡献程度要强于其他因素。

表 10-10　我国交通建设转型期的主要转型方式

交通建设转型期	政策性转型	结构性转型	效率性转型	技术性转型
第一次转型	√			
第二次转型	√	√	√	
第三次转型	√		√	√
第四次转型		√		√

第三节　交通基础设施建设指引

　　未来应根据我国的基本国情和发展阶段的需求，按照科学发展的基本规律，逐步调整以扩展路网和里程规模为主导的发展路径，向建立协调、可持续的综合运输体系转变。重点是促进高速公路建设转型，优化沿海港口建设，预防高速交通运输过度竞争，合理调控高铁建设规模，预防交通枢纽的盲目规划与建设。

一、高速公路建设转型

　　我国高速公路建设起步于 20 世纪 80 年代，1998 年起进入快速发展期，至今的十多年中年均新增通车里程超过 5000 公里。2002 年通车里程突破 2.5 万公里，跃居世界第二位。2007 年"五纵七横"国道主干线全部建成，高速公路网主骨架基本形成。近年来，为了应对金融危机，高速公路发展速度进一步加快（图10-4），局部呈现非理性和无序发展的倾向，已将高速公路发展带入了一个危险期。过度建设引起的高速公路系统的长期可持续发展前景堪忧，存在将优良社会资产变为不良社会资产的风险，其诱发的奢侈需求将严重冲击我国耕地和资源环境的底线，并影响国家的能源安全和金融安全。因此，必须对上述风险引起高度关注，加大力度对高速公路规划与建设规模、结构和布局的控制。

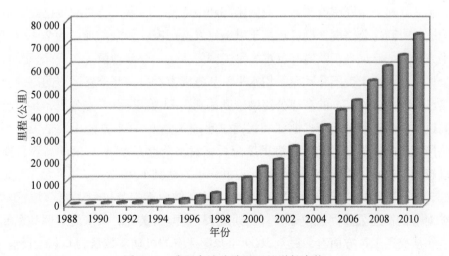

图 10-4　我国高速公路里程的增长态势

（一）高速公路的服务水平与能力

无论从规模总量还是结构等级上看，我国的高速公路网已经完全能满足我国发展阶段的基本需求。虽然无法用精确的计量标准判断我国高速公路网络与经济社会发展阶段的适应程度，但国际比较可以为我们提供一系列的借鉴。目前我国高速公路网的整体规模与欧盟 27 国（6.34 万公里）总量相当，是日本的 8 倍多。我国高速公路里程第一大省河南省，国土面积仅 16 万平方公里，高速公路里程高达 4841 公里，已经高于英国高速公路里程 1000 多公里（英国国土面积 24万平方公里）。此外，山东、广东、江苏三省的高速公路里程也较英国高。从路网结构来看，我国高速公路网占公路总里程的 1.62%，高于欧盟和美国，仅略低于德国。其中，东部地区的高速公路比例高达 2.4%，西部也已达到 1.16%（表10-11）。

表 10-11　中外公路网规模与结构比较

项目	欧盟	英国	德国	法国	美国	印度	日本	中国	东部	中部	东北	西部
公路（万公里）	500	42.3	64.45	102.9	643	331.6	119.7	373.01	94.9	102.1	33.9	142.1
高速公路（万公里）	6.34	0.37	1.25	1.08	10.2	—	0.74	6.03	2.28	1.63	0.47	1.65
比重（%）	1.27	0.87	1.94	1.05	1.59	—	0.62	1.62	2.40	1.60	1.39	1.16

"—"为无数据

①从高速公路网密度来看，我国东部和中部地区的高速公路网也已经发展的较为成熟，高速公路网密度已远高于欧美等发达国家。如东部地区为 2.49 公里/百平方公里，已远高于欧盟和日本，是美国的 2 倍；中部地区为 1.59 公里/百平方公里，也已高于美国和欧盟平均水平。从省区市看，大部分省区市的高速公路网络已经形成。如江苏的高速公路网密度达到 3.73 公里/百平方公里，接近于美国高速公路网密度的 3 倍；浙江和河南也超过 3 公里/百平方公里，是美国高速公路网密度的 2 倍多。②从经济密度分析，我国单位 GDP 所对应的高速公路网规模较大，远高于欧美等发达国家对应的水平，达到 1.40 公里/万美元，约是欧盟的 3 倍、美国的 2 倍以及日本的 8 倍。从区域内部差异来看，西部地区单位GDP 对应的高速公路网规模最大，达到 1.93 公里/万美元，其次为中部和东北地区。③从交通工具方面看，截至 2009 年我国拥有的机动车数量为 6280 万辆，而本世纪初美国和欧盟的汽车保有量都在 2 亿辆以上。所以，从路网与交通工具间

基础设施与经济社会空间组织

的关系看，我国已经远远超出了发达国家的水平。

因此，如果上述发达国家发展提供的规模、结构、密度、经济与路网、交通工具与路网的数据具有借鉴意义的话，我们完全可以得出结论：对应于当前的经济发展水平和发展阶段，我国的高速公路网规模已能满足当前经济发展的需求，在西部和中部地区，其高速公路网规模已大大超前于其对应的经济发展水平。

上述分析判断最可能受质疑的是：忽略了人均！如果按人均水平比较，我们确实远远低于发达国家，还有发展的空间，还必须快速建设！但对于我国人口稠密的国土而言，如果按着这一思路指导高速公路建设，更是危险的。

（二）高速公路规划与建设盲目扩张倾向

2004 年国务院审议并通过了《国家高速公路网规划》，我国高速公路发展进入了新的历史时期。规划确定国家高速公路网主要由 7 条首都放射线、9 条南北纵向线和 18 条东西横向线组成（简称为 "7918 网"），总规模约 8.5 万公里，建设时序为 30 年到 50 年。这是一个符合我国基本国情的规划，适时有限调整也是必要的，其有序发展可以大大缩短区域间、省际、重要城市间的时空距离，加快人员、物资交流速度，有效降低生产运输成本，保障我国经济社会和城市化的快速发展。近年来发展的实际效果看，高速公路在促进区域经济增长、城镇化发展中确实发挥了重要的作用，成为在更大空间上有效配置资源的重要手段，创造了巨大的社会和经济效益。

2008 年国际金融危机以来，国家为保证经济的平稳较快增长，继续采取了大规模投资建设基础设施的策略，高速公路又面临重要的发展机遇。但在突破2004 年《国家高速公路网规划》的原则与时序目标中，也忽视了我国是人地关系极其紧张和能源安全极其脆弱的客观现实，采取了 "粗放性" 扩展的思路，对高速公路的规划缺乏科学论证，加之部分地方畸形的发展理念，盲目与过度扩张倾向已成为现实，脱离了我国的基本国情和发展的阶段性。据不完全统计，全国有 22 个省份规划高速公路里程达到 5000 公里以上，其中贵州、青海、甘肃高达 6581 公里、6630 公里、7950 公里；而内蒙古、四川、广东、陕西甚至达到了8000 到 9000 公里，集合各地设想的全国的高速公路规划总规模更是达到惊人的17 万公里左右（表 10-12）。贵州、陕西、重庆等一些西部省份还提出了 "县县通高速" 的目标，对需求和经济基础考虑的比较少。

第十章　我国交通基础设施建设转型

表 10-12　我国省区市期望建设的高速公路规模（单位：公里）

省份	规划总量	国高里程	地高里程	2009 年	拓展系数
北京	1135	726	409	884	0.56
天津	1200	452	748	885	1.65
河北	5880	2053	3827	3303	1.86
山西	6160	4160	2000	1965	0.48
内蒙古	9200	6000	3200	2176	0.53
辽宁	5000	3432	1568	2833	0.46
吉林	5000	2850	2150	1035	0.75
黑龙江	4300	2300	2000	1219	0.87
上海	940	400	540	768	1.35
江苏	5250	2820	2430	3755	0.86
浙江	5000	2714	2286	3298	0.84
安徽	5500	2801	2699	2810	0.96
福建	6100	3180	2920	1961	0.92
江西	4650	3286	1364	2401	0.42
山东	6260	3925	2335	4285	0.59
河南	6840	3057	3783	4861	1.24
湖北	6000	2292	3708	3283	1.62
湖南	8318	3422	4896	2226	1.43
广东	8800	4500	4300	4035	0.96
广西	7500	3430	4070	2395	1.19
海南	1080	612	468	660	0.76
重庆	3888	1800	2088	1577	1.16
四川	8600	3320	5280	2240	1.59
贵州	6851	2251	4600	1189	2.04
云南	6000	3900	2100	2512	0.54
西藏	3330	542	2788		5.14
陕西	8080	3500	4580	2779	1.31
甘肃	7950	3753	4197	1644	1.12
青海	6630	2049	4581	217	2.24
宁夏	1600	1100	500	1022	0.45
新疆	5453	4394	1059	838	0.24

注：作者根据相关资料收集整理

高速公路的上述规划和目标正在加快实施中，发展态势十分强劲。如果前节

基础设施与经济社会空间组织

的分析判断是正确的话，我们得出肯定的结论：即我国的高速公路规划与建设存在过度扩张的倾向，脱离了我国的基本国情和发展阶段，有些欠发达地区更是远离了基本省情和区情。

（三）高速公路无序扩张的原因

"政策逐利"、"政绩工程"、标准失范是导致高速公路过度扩张的根本原因。从宏观政策背景看，在燃油税费改革后，政府还贷二级公路逐步取消收费，地方建设二级公路的积极性受到打击；而高速公路投资由于有长期的通行费收入作保证，偿债能力较好，招商引资容易，地方建设积极性较大。从经济角度看，与普通干线公路相比，高速公路建设投资效益有保障。多年来普通干线投融资渠道不畅，建设资金不足，一级公路造价较高，一直以来偿债能力较差，各地建设热情不高。另外，金融危机以来，随着国家首轮4万亿刺激经济发展计划的实施，交通运输部门为应对发展需要，酝酿了一个未来3~5年内投资5万亿元的计划，这迅速引发了高速公路投资的"政策趋利"热潮——各省级地方政府都在全力以赴将各自的地方高速公路项目列入国家高速网规划系统，以期分得最大的发展利益，从而导致规划和项目建设规范的严肃性和准则受到冲击。

从体制原因看，地方在高速公路规划和建设上拥有较大权限。地方高速公路网规划由各省区市交通部门编制，并由省级政府审批；部分省份将高速公路建设权限下放到地市，地方招商引资积极性高，在促进高速公路快速发展的同时，也带来了不少负面问题；不申请中央投资补助的地方高速公路项目，报国家或省级发改委核准后即可建设。因此，"一年一个台阶、三年大变样"，以实现"县县通高速"作为"政绩"具体目标的高速公路规划几乎覆盖了全部的东、中部及近西部地区。从发展理念看，一些地方对高速公路发展存在误区：认为"高速公路投资大，对地方经济拉动作用大"，短期投资效益的逐利意识突出，对当地所处经济发展水平和路线交通需求认识不够，忽视了中长期的风险。近来高速铁路和客运专线的建设也存在上述倾向。

标准失去规范作用也是导致高速公路过度扩张的主要原因。从对各地调研的情况分析看，地方政府将大量预规划在"十二五"甚至更远期实施的项目提前到近期开展工作。为适应当前中央政府亟须落实的经济社会发展目标，国家交通运输主管部门简化了高速公路项目审批的部分程序；在政绩、逐利等因素驱使下，"投机"引发了交通项目申报中的违规操作。有些项目单位通过人为组织"虚假"交通流，影响勘察设计部门的运量调查数据，致使线路预期运量明显偏高。"需求虚拟型"项目普遍存在，尤其未能在综合运输体系下考虑运量分配。

第十章 我国交通基础设施建设转型

这将进一步影响未来交通运输发展的可持续性。

（四）高速公路过度扩张的风险

高速公路的过度扩张存在社会资产保值、能源安全、耕地安全和金融安全风险，影响我国经济社会的可持续发展。脱离我国发展阶段的高速公路的过度扩张，必将导致整体供大于需的局面，引起交通能力供给与社会基本需求的失衡，形成过度的资本投入和沉淀，造成社会财富的浪费。将高速公路投资作为拉动地方GDP增长的意识更是危险的。这些倾向会导致我国经过近20年建立起来的能够支撑经济社会快速健康发展的高速公路网络优良资产，变为利用率低下的不良资产。目前我国每年各种汽车的生产能力为1000万辆左右，即使全部在国内销售，要达到全社会汽车拥有量1.5亿辆以上的水平，也需要到2020年左右。高速公路建设的需求前景可见一斑，过度超前是显而易见的。

忽视我国基本国情的高速公路的过度建设必将造成资源、土地的浪费，增大我国耕地安全、能源安全和环境控制的压力和难度。对于耕地人均仅1.4亩且不足世界平均水平的40%、人均能源不足世界平均水平的50%、人口密度高于世界平均水平3倍以上、2020单位经济产出环境减排40%~45%的客观现实看，高速公路的过度扩张以及诱发的其他需求，使我们的粮食、能源和环境安全在何处？发展空间在何方？这必须引起深思！

短时间内的大规模基础设施建设在金融上存在投资风险抵御能力降低的问题。在运输需求不足的前景下，高速公路的还贷能力存在问题，尤其是那些缺乏论证的高速公路的建设项目，以及经济相对落后、偿还能力比较低的地方，金融风险是不容忽视的。要预防多个局部地区金融风险同时转化为金融危机而冲击国家金融安全的风险！另一方面，从高速公路使用周期看，短期内大规模建设会导致未来维护、维修期的集中出现，造成未来全社会投资结构的剧烈变化，形成投资结构的不稳定。2003年以来，我国总共建设了近4万公里的高速公路，累计投资已达2万亿元以上，未来还贷的压力增大，2015年以后将进入维护的高峰期。

（五）促进高速公路建设转型

高速公路规模与一个国家或地区的土地面积、人口、经济发展水平和趋势等因素密切相关，同时还要考虑国土均衡开发、缩小区域差别、巩固国防、加强民族团结等政治与社会多方面因素。我国高速公路的合理规模，应坚持"立足当前、着眼长远"的原则，把当前实际需求和长远发展结合起来，合理确定我国高速公路建设规模。根据连通度法、类比法等研究得出，我国高速公路合理规模宜控制在 12 万～14 万公里。

应以新的视角科学分析基础设施投入拉动内需的短期效果和长期效应，从条件、时序、方向、结构、规模、布局等方面进行综合判断，根据我国整体和地方发展的需要，须采取"急断急行、慎断慎行、稳断稳行、缓断缓行"的近中期结合的策略，将高速公路建设的规模控制在每年 3000 公里以下。加强一般公路和农村公路的建设，形成等级结构合理、管理完善的公路网络。

在中央层面统筹考虑各省高速公路规划与建设，遏制地方高速公路规划无序扩展的倾向。应深入分析地方高速公路路线的必要性、合理性，适当选取重要的地方高速路线，纳入到国家高速公路网中；未纳入国家高速公路规划的地方高速公路，国家必须通过财政、投资、土地等一系列措施，推迟或不批复建设；严肃国家的政令与法规，加大违规的处罚力度。

在我国不同地区，高速公路规划目标应有所不同，建议按照以下原则，对东、中、西部地区的路网进行优化。东部地区高速公路控制规模、优化网络，长江三角洲、珠江三角洲、环渤海地区注重城际通道建设，满足城际交通需求；中部地区形成若干条"横穿东西、纵贯南北"大通道，注重保障路线的可靠性，适当增加冗余；西部地区侧重连通重要节点，适当扩大高速公路服务范围。城市群地区应遵循"保障、引导、优化、提高"的发展方针，注重综合运输体系建设。

二、优化沿海港口建设

我国沿海地区是经济发展最活跃、海洋运输最繁忙、世界经济核心城市分布最密集的地区之一，港口的大规模建设加快了沿海地区经济的繁荣，为保障工业的原材料与能源供应、对外贸易的需求、区域经济发展与中心城市建设提供了强大的基础性支撑。但是，近年来发展速度比较快，对前景的判断过于乐观，存在一定程度的风险。应有效调控规模过度扩张与港口间的过度竞争，优化沿海港口建设。

（一）沿海港口与对外贸易

沿海港口是我国对外贸易与经济发展的基础性支撑。新中国成立 60 年来，特别是改革开放 30 年来我国沿海港口实现了跨越式发展。新中国成立初期，全国沿海港口只有 6 个，泊位 133 个，没有万吨级泊位，总吞吐能力约为 1000 万吨；到 1978 年，全国沿海港口增加到 20 个，其中深水泊位 133 个，总吞吐能力超过 1 亿吨；至 2008 年年底，全国沿海港口达 150 多个，泊位 5119 个，其中万吨级泊位达 1157 个，总吞吐能力为 50 亿吨左右，专业化泊位比重超过 50%。基本建成了布局合理、层次分明、功能齐全、河海兼顾、优势互补，配套设施完善的现代化港口体系，形成了环渤海、长江三角洲、东南沿海、珠江三角洲和西南沿海五个港口群，构建了油、煤、矿、箱、粮等五大专业化港口运输系统，具备了靠泊装卸 30 万吨级散货船、44 万吨油轮和 1 万标准箱集装箱船的能力。

据统计，我国 90% 以上的外贸进出口货物是通过港口实现的。沿海 200 公里范围内 62 个地级以上城市的地区 GDP 之和占全国的 42%，长江沿岸 35 个城市的 GDP 之和占全国的 27%。每 100 万吨吞吐量约创造人民币 1 亿元以上的 GDP 以及约 2000 人的就业机会。

(二) 沿海港口快速发展的动因

我国处于城市化、工业化和经济全球化快速发展阶段，货物吞吐量、集装箱吞吐量多年来一直保持高速增长。1980 年全国沿海港口吞吐量仅为 2.17 亿吨，2008 年则增长为 44 亿吨，28 年间增长了 20 倍，尤其是近十年来，年均增长率高达 38%；而美国、日本、英国吞吐量增幅较小，28 年时间仅分别增长了 42%、51%、37%。

在过去的一个世纪里，由于运输集装箱化和船舶大型化，世界发达国家早年兴建的老港几乎都无一例外地经历了成长、繁荣、衰退、改造的起伏过程。进入 20 世纪 70 年代，各国对老港区的发展战略开始由适应船舶变化和满足专业化要求的技术改造，转为利用港区的土地和岸线资源进行城市化改造。相比较而言，我国正处于逐步形成港口群的时期，老港改造仍停留在重建扩建阶段，但可以预见在未来的 10 年内，我国的老港改造之路也将与发达国家的一样，将以城市化改造为其主要内容。

我国单位 GDP 生成运输量远远高于世界发达国家。改革开放以来我国经济发展进入快车道，保持着年均 9.5% 的经济增长速度，2009 年经济总量已经达到 34.35 万亿元；伴随着我国加入 WTO，国际贸易迅速增长，国际贸易额已经由 2000 年的 4743 亿美元，增至 2009 年的 22 075 亿美元。我国 90% 以上的进出口货物依赖海上运输，国民经济发展对港口有比较大的依赖性。世界发达国家港口已经处于稳定发展时期，经济发展对港口吞吐量贡献率较小，而且呈逐年下降趋势。1980~2008 年 28 年间，美国、英国单位 GDP (万吨/亿美元) 货物吞吐量分别从 6.5 下降至 1.9、7.8 下降至 2；而我国 GDP 产出比从 7 上升至 11。

（三）沿海港口建设态势

遭受金融危机冲击之后，为了拉动内需，沿海地区各级政府将港口建设列入重点投资领域。在未来一个时期，我国的港口业仍处于大建设、大发展阶段，重点建设集装箱、煤炭、进口油气和铁矿石中转的运输系统，扩大港口吞吐能力。

依据上海、大连、广州、深圳等17个沿海大型港口2006～2009年相继形成的规划，进行分析发现，至2010年全国将新增吞吐能力20.07亿吨，总吞吐能力达到54.45亿吨；2020年全国沿海吞吐能力将达到93.31亿吨。根据《全国港口布局规划》和1996～2006年我国沿海港口增长趋势简单外推预测，2010年我国沿海海上货运需求约为45亿～50亿吨，2020年海上货运需求约为65亿吨。

（1）从我国产业发展情况看，产业货物生成能力和消化能力的增长速度将放慢。多年来，我国坚持的是一种高投入、高消耗的粗放式经济增长方式，有些行业重复建设、盲目扩张，如2008年我国粗钢产能6.6亿吨，需求仅5亿吨左右；电解铝产能1800万吨，占全球42.9%，产能利用率仅为73.2%；水泥产能18.7亿吨，在建及已核准的产能8.3亿吨，合计27亿吨，市场需求仅为16亿吨。在全面实施科学发展观的大背景下，调整宏观产业政策、转变发展方式是必然趋势。产能过剩的现实既给港口建设规模调控敲响了警钟，也预示着与之相关的海上货运生成量增长速度将放慢。通过对美国、韩国、日本的GDP与海上货运量关系的实证研究，GDP与海上货运量之间不是线性相关的，随着产业结构的调整，经济发展到一定阶段后，海上货运量增长速度放慢甚至呈减少趋势。

（2）高新技术产业、服务业国际转移加快，产业转移对我国沿海港口吞吐量的贡献率将会下降。集装箱吞吐量和外贸额呈现较为明显的线性关系，世界制造业梯度转移所导致的对外贸易直接推动了我国集装箱吞吐量的高速增长。2009年沿海港口完成货物吞吐量48.73亿吨，其中外贸吞吐量19.93亿吨，外贸货物比例为40.9%。传统的国际产业转移采取梯度方式，主要着眼于劳动力、资源和区位优势。我国大多数地区，特别是东部一些地区的土地、原材料、劳动力成本、资源等生产要素的价格都在上升，致使外国投资成本不断攀升，已逐渐失去了成本优势，不少劳动密集型的投资项目已经或正在酝酿向中西部地区和周边国家转移。据世界银行统计的资料显示，技术、知识和资本密集型产业成为新一轮产业转移的主要对象，服务业投资成为国际产业转移中的新热点。2005年我国制造业实际使用外资金额424.52亿美元，首次出现负增长，同比下降1.3%；2006年400.77亿美元，同比下降5.6%，所占比重下降6.78个百分点；2007年408.64亿美元，所占比重下降8.94个百分点。传统国际产业转移中我国已失去承接优势，新一轮国际产业向我国的转移已经向高技术含量、高附加值的加工工业和服务业方向发展了，由此可以预见产业转移对我国沿海港口吞吐量的贡献率将会下降。

（3）港口腹地的划分不尽合理，腹地货运重复计算。综合分析各个港口制定的规划，可以看出，众多港口腹地的计算都存在严重交叉重叠。例如，在深圳港规划中将广东省18万平方公里都作为其直接腹地，显然忽视了广州、中山、惠州、珠海等本地港口的竞争；间接腹地达200万平方公里，覆盖华南、华中和西南等泛珠三角大部地区，其划分也缺少充分的依据；长江三角洲的镇江、南通、宁波–舟山、上海、温州等港口都将上海、浙江、江苏、安徽、江西、湖南、湖北、重庆、四川等长江沿线地区作为其腹地，并依据以上地区的经济发展对港口吞吐量进行预测。由于腹地划分依据不充分，定量分析并没有与定性分析有机结合，致使港口吞吐量的预测偏大。

（4）金融危机将对我国港口业产生沉重且长远的影响。金融危机导致亚洲制造业过剩、全球贸易放缓。作为世界经济和贸易派生市场，次贷危机已经通过贸易扩散至航运市场，引起海运需求下降，市场供求失衡，市场运量及运价明显下滑。2008年港口货物吞吐量增速达11.5%，其中外贸货物吞吐量增速为7%，集装箱吞吐量增长12%。2009年，沿海港口货物吞吐量略有增长，但集装箱吞吐量仍有下降，同比下降约6%。

金融危机的影响和我国自身贸易的发展，货源的增长空间有限。由于我国与其他发展中国家贸易结构的相似性，使得彼此在（特别是与其他新兴亚洲国家）国际市场上呈竞争关系，当众多具有比较优势的发展中国家也实行贸易自由化并积极参与国际分工、大量出口工业制成品时，劳动密集型产品的竞争也日益激烈，贸易条件就更难改善，"中国生产、美国消费"的模式难以维持。

随着我国外贸发展战略及贸易结构的调整，我国港口业在长期之内将面临严峻的形势。需求放缓，原有规划建设相对超前倾向突出。在当前的经济环境下，码头作业需求低迷，如果港口建设进度不出现明显放缓，那么沿海港口产能适应度将出现较大下滑。

（四）沿海港口建设面临的挑战

（1）造成自然资源及码头配套设施的浪费。根据统计资料分析，我国码头每增加一延长米，需要直接投资40万～50万元。每增加1亿吨吞吐量，港口设施要占用10公里以上深水岸线；航道和锚地等港口用海约50～100平方公里，需要配套的疏港公路及铁路、吊运设备、物流园区等设施投资约50亿元以上。

运力过剩 10 亿吨，就意味着 400~500 亿元的直接港口投资及 500 亿元的间接投资不能及时发挥效益；同时意味着约 100 公里的深水岸线及 500~1000 平方公里海域资源的浪费。以厦门港为例，截至 2008 年已投入使用的大小集装箱泊位共有 20 多个，既有的泊位产能早已超过 1000 万标箱。而 2008 年厦门港的集装箱吞吐量仅有 500 万标箱左右，产能利用率不到 50%，3 年内至少还将有多个深水专用泊位建设投产，至少形成 1800 万箱的生产能力。产能规模的超前扩大与货量增长缓慢的不协调发展必将造成港口资源的严重浪费。

（2）加剧区域港口的恶性竞争。目前各地实施的港口发展规划，基本上都是从本地区的发展需要出发的，客观上存在视野狭窄、结构雷同、整体欠优的隐患，无论是临港产业的定位还是港口城市的发展方向，基本上都是着眼于当地单一港口的发展。就目前来说，各地在港口建设方面的各自为政和过度竞争，削弱了港口的合理空间服务范围，这就容易出现各地各自为政、过度竞争的局面。在有限的腹地范围内，港口的货源分流压力与日俱增，港口综合产能过剩更会加速相互间的同质化竞争，过度竞争的后果必然导致俱败俱伤。

（3）带来众多生态环境问题。据初步统计，2005 年全国 48 个主要港口的码头岸线为 340 公里、港口用海面积 2500 平方公里以上；2008 年全国 11 个港口（不包括厦门、天津、上海、青岛、大连等大型港口）的码头岸线为 361 公里，港口用海 2715 平方公里以上，港口建设及其派生影响加剧了近岸海域环境的压力。第一，宜建港口的海湾也多是海水养殖或滨海旅游的适宜水域，建设港口后，海域的水质将降为污染严重的四类海域；第二，港口码头、临港工业区和物流园区等用地需求使围海造地规模急剧增加，曹妃甸港、天津滨海新区、大洋山港、连云港等大规模围海造地项目无一不与港口建设相关。据不完全统计，2002 年围海造地面积为 20 平方公里、2003 年为 21 平方公里、2004 年为 53 平方公里、2005 年为 100 平方公里以上。已经形成的曹妃甸港区、天津东疆港区和黄骅港区分别向海域推进 30 公里以上，人为地将渤海湾割裂三个海湾，将对海域的水动力环境等产生深刻影响；第三，由于港口建设，必然带动火电、石化、冶金等临港工业区的建设，从而成为新的污染源。

（五）沿海港口建设调控

（1）搞好港口总体布局规划，严格深水岸线资源的使用审批。《港口法》明确规定"交通部负责编制全国港口布局规划，并会同省级人民政府审批主要港口的总体规划，不得违反规划建设任何港口设施"，"使用港口深水岸线的必须由交通部批准"。《港口法》和港口建设管理的现状都要求我们根据国民经济的总体布局尽快明确、完善全国港口的布局规划；进一步突出港口总体布局规划实施和深水岸线资源使用审批的严肃性；根据"严格控制其他投资主体占用港口岸线建设码头，提倡和促使货主的货运需求由现有港口企业来实现"的规划原则，积极引导愿意参与港口投资的各种经济成分，与现有港口企业联合开发建设和经营管理严格准入标准，确保岸线资源的集约开发；积极探索岸线资源的有偿使用制度对热点岸线的开发利用宜采取市场运作办法运用经济手段调控，优化岸线资源配置，努力使黄金岸线发挥最佳效益。

（2）注重岸线的内涵式开发布局，发挥规模优势。我国港口单位岸线的产出率差异很大，上海港高达 2 万吨/米，而有些港口仅为 0.5 万吨/米。如果我国港口单位岸线的产出达到 0.8 万吨/米，现有的港口生产泊位岸线就可满足需要。另外，随着技术的进步以及港口大型化的发展，根据经济学的规模效应原理，岸线的单位产出将越来越高，这将会迫使加大港口的改造，提高码头的利用效率，以增强自己的竞争力。

（3）集约开发建设港口，控制港口建设节奏。随着技术的进步，港口建设能力加强，港口建设周期缩短，因而应科学估算港口需求，控制港口建设节奏，科学投资。建议在"十二五"期间严格控制新建港口的审批，重点是消化已经形成的过剩吞吐能力。政府主管部门应当密切关注国内外经济贸易形势发展，预测并及时公布市场需求变化和可能存在的投资风险，引导地方政府和港口企业主动调整供给规模，把港口建设发展思路从加快步伐向合理把握节奏转变。

三、预防高速交通运输过度竞争

在我国进入各种运输方式全面发展和全面建设现代综合交通运输体系新阶段的过程中，突出的标志是高速公路网络、民用机场体系和铁路客运专线骨架的快速形成。相应地，各自将提供能力巨大的运输网络，形成相应的市场，服务居民的出行和商品的交流。但是，根据我国经济社会的地理分布特征，三大服务网络所服务的市场基本上集中在我国国土的东中部，即地理上所说的黑河—腾冲线以东区域，在空间上是叠合的。在超前建设、供给大于需求的大环境下，必然存在激烈的市场竞争。虽然竞争可以提高各自的市场服务水平，但过度的竞争同样会造成社会财富的浪费。必须加强政策研究和情景分析，提供前瞻性的政策环境，预防高速公路、高速铁路和航空市场的过度竞争。

（一）高速交通网络建设态势

根据我国交通基础设施建设的进程，到"十二五"中期，我国将建成联系主要城市、重要经济集聚区的高速交通基础设施网络，以此为支撑的快速运输服务网络也将形成。

（1）1.6万公里的快速客运专线网络将在2013年左右建成。1997年以来，我国对铁路进行了持续的技术改造，6次铁路大提速，形成了以动车组为代表的铁路快速运输系统。根据《铁路中长期发展规划》，我国将建设"四纵四横"的高速铁路客运通道，环渤海、长江三角洲、珠江三角洲等城镇密集区将建设城际快速客运轨道，快速客运专线达1.6万公里以上，时速达250公里以上，形成连接全国主要大中城市的快速客运网络。这些线路已于2005年陆续开工，原计划于2020年左右建成。但随着国家拉动内需政策的出台，加快了高速铁路的建设步伐，预计将于2013年左右基本完成目标。届时，我国主要特大城市间旅行1000公里范围内实现"半日往返"，2000公里范围内实现"一日往返"。

（2）接近10万公里的高速公路网络将在"十二五"时期建成。根据我国高速公路建设的基本态势，到2010年年底，总里程已达7.4万公里。再经过3到5年的建设，我国的高速公路总里程将接近10万公里。这一网络将连接绝大部分城市，并在重要的城市化地区形成高密度的区域网络。

（3）以近200个机场为支撑的航空网络将在"十二五"时期建成。进入新世纪以来，我国机场建设步伐加快，航空运输网络快速拓展，已经形成了覆盖我国主要的大中城市航空运输网络。按照我国建设民航强国的战略，机场数量和网络规模将进一步拓展，预计在未来5年，我国的机场数量将达到200多个，这些机场在100公里服务范围内将集聚我国80%以上的人口和90%以上经济。

（二）高速交通空间服务格局

我国是一个区域差异明显的国家，而且区域发展也极其不平衡。黑河－腾冲线以东地区集中了我国主要的人口、产业和城市，而以西地区人口比重低，产业规模小，城市数量少，尤其是我国的城镇密集区主要集中在东中部地区。这种地理分布差异决定了我国居民的出行和商品的交流主要集中在东中部。目前，我国全力推动的高速铁路网、高速公路网及航空网络的服务区域也主要集中在东中部地区，相互间的服务区域存在空间重叠，无论是城镇密集区间、特大城市间的中远程客货运输，还是城镇密集区内部的短途运输，都形成了不同交通方式在我国东中部地区的竞争态势，如果缺乏统筹和协调，将难免造成各种交通方式间的竞争和交通资源的浪费。

（1）高速铁路与航空网络在城镇密集区之间和特大城市之间存在服务市场的空间叠合。从宏观地理格局来看，京津冀、长江三角洲、珠江三角洲、成渝地区、辽中南、长江中游、山东半岛、关中、中原等城镇密集区是我国主要中远程客货流产生的地区，相互间的客货流主导着我国的综合运输结构。在建的高速铁路主要集中在我国东部和中部地区，覆盖经济最发达、人口最密集的中心城市，将在环渤海、长江三角洲、珠江三角洲及与其他重点城市间组织高密度时速200公里及以上旅客列车，使城市群间可以实现"一日往返"。而这一区域也恰恰是我国机场分布最多、航线网络最集中、民航业务最繁忙的地区。从高速铁路和机场布局来看，"四纵四横"高速铁路所经过的城市中有49个已布局机场，未来更将有61个城市拥有机场。从铁路和航空的客流分布来看，这些城市也是我国主要的客源地，尤其是高速铁路运行的北京－上海、北京－广州、北京－武汉、北京－深圳、上海－昆明、上海－成都、北京－成都等特大城市之间均是我国航空运输最繁忙航段，约占我国民航客运市场的30%左右，而高速铁路途经城市之间的航空客流量约占全国航空客流总量的70%～80%，这说明我国高速铁路与航空网络存在客运市场的空间高度叠合。

（2）城际快速客运系统与高速公路在我国城镇密集区内部存在服务市场的空间叠合。长期以来的经济社会发展决定了城镇密集区集中了我国主要的人口和产业，尤其是京津冀都市圈、长江三角洲和珠江三角洲集中了我国21.8%的人口和44.0%的GDP，这些城镇密集区成为我国客货流短程运输的主要集中区域。铁路和高速公路规划分别提出在我国主要的城镇密集区建设区域性交通运输网络，将服务对象均集中在城镇密集区的居民出行和商品交流方面。其中，《国家高速公路网规划》提出建设辽中环线、成渝环线、珠江三角洲环线、杭州湾环线，覆盖辽中南城市群、成渝城市群、珠江三角洲城市群、长江三角洲城市群，而铁路中长期规划提出建设环渤海、长江三角洲、珠江三角洲城际快速客运系统。无论是区域性的高速公路网还是城际快速客运系统，均将服务范围覆盖于这些城镇密集区。

以上分析表明，未来我国高速铁路和航空网络、城际快速客运系统和高速公路的服务对象在空间上是叠合的。在超前建设、供给大于需求的大环境下，必然存在激烈的市场竞争。

（三）城市间的运输市场竞争态势

（1）铁路与民航在市场竞争中已经呈现端倪。第一，折扣竞争。自动车组推出以来，航空票价就受到影响，形成"动车组开到哪里，机票价格就降到哪里"，高速铁路的运营更促使"天地竞争"。2009 年 12 月 26 日武广客运专线开始运营，各大航空公司在武汉至广州、长沙至广州等航线推出 5 折机票，武汉至广州的机票最低仅 260 元。合武高速铁路开通后，上海至武汉航线接连曝出低价，最低 160 元，比动车组的二等座还低 100 余元。石太高速铁路开通后，机票出现了 2 折的价格。第二，航线停运。高速铁路的开通迫使航空公司撤销航线或减少航班。在石太客运专线开通前，太原飞北京的航班每日往返超过 20 多班次，客座率保持在 70% 以上，但石太高铁开通后，该航线的早晚航班被迫取消，仅保留中间时段的航班，航班降至 16 班，出港旅客人数下降明显，客座率下降 10% 以上，部分航班客座率不足 50%（表 10-13）。合武高铁开通后，春秋航空公司关闭了上海至郑州、上海至武汉的航线。武汉至上海客座率下降 5.5%，武汉至南京航线减少两班，客座率下降了 11.9%。由于重庆至成都快速铁路客运的开通，2009 年 11 月 16 日，运行了近 20 年的西南黄金航线—成渝航线停运。第三，"以快制快"。面对高速铁路的竞争态势，各航空公司加快推出"空中快线"，试图"以快制快"。东航和上航开设了上海至北京、西安的空中快线，南航推出了广州－长沙的空中快线，并在武广高速铁路开通前 10 天开通武广空中快线；国航以北京为枢纽，上海为门户，成都为区域枢纽，开通北京－上海、北京－杭州、北京－广州、北京－深圳、北京－成都、北京－重庆及北京－香港空中快线，以此缩短旅客旅行时间，加强与高速铁路的抗争能力。

表 10-13　太原－北京航班出港运输统计（2009 年 3~5 月）

月份	进出港	旅客数	航班数	客座率（%）
3 月	出港	41 971	364	77.60
	进港	41 456	366	75.90
4 月	出港	28 385	283	69.50
	进港	30 569	292	73.20
5 月	出港	24 581	265	66.70
	进港	26 740	259	72.70

　（2）城镇密集区高速公路与城际快速客运系统正在形成竞争态势。目前，我国城镇密集区已覆盖起密集的高速公路网，1 小时、2 小时和 3 小时交通圈已形成，成为这些地区人们出行、货物流通的主要交通方式。自铁路大提速以来，铁路已经开始对城镇密集区的高速公路网客运产生影响，迫使高速公路客运积极采取措施抢占客源，公铁之间的"公铁较量"已显现。如南京—上海间的高速

公路客运，采用"大中小车"三种形式配套经营，时速达120公里，设立豪华中转站派小车将旅客送到市区。2005年开通的沪甬城际列车运行时间为3个半小时，硬座票价只需54元，而宁波至上海的公路客运票价为96元，运行时间4个小时，高速公路优势荡然无存。石太高速铁路开通后，太原至北京的高速公路客运运量下降60%~70%，票价降了50%。未来，环渤海、长江三角洲、珠江三角洲快速客运系统建设，将使这些城镇密集区形成1~2小时交通圈，实行公交化运行，时速达250~300公里，其运营时间和票价都将远低于高速公路。如此，对高速公路的冲击可谓巨大。

（四）促进城际运输市场健康发展

目前，我国各种运输方式的对接还处在初级阶段，运行优势向实际优势转化也需要一个过程。尤其是在高速铁路和航空网络、高速公路与城际客运系统的竞争尚未进入白热化阶段之前，迫切需要政府本着大交通和综合运输体系建设的概念，在宏观层面科学制定引导政策，规范并促进运输市场的健康发展。

（1）必须根据各种交通方式的技术经济特征，科学确定各种交通方式的最佳适用范围。不同交通方式具有不同的技术特征和成本优势，这种技术经济特征决定了各种交通方式分别有其最佳的适用范围。长期研究表明，公路适用于0~100公里的短途运输，铁路客运适用于100~600公里的运输距离，铁路货运适用于600~900公里，而航空客流适用于900公里以上的距离范围，而高速铁路适用于600~900公里内的运输。对公路、铁路、民航三种交通方式的适用范围必须坚持"短途运输以公路为主，中长距离运输以铁路为主，远程和超远程运输以民航为主"这一基本原则，在此基础上构建大交通格局，合理配置交通资源，发挥其各自的优势，避免重复建设与资源浪费，促进各种交通方式的协调发展。

（2）协调各交通部门分别制定的中长期规划，适度调整部分规划建设项目，尽量规避潜在的竞争风险。尽管各交通部门制定中长期规划时均考虑其他交通部门的规划，但交通分行业管理的长期弊病仍促使各部门主要是基于自身的长远利益制定其中长期规划。这需要政府协调各类交通规划，在考虑长远利益和综合利益的基础上，适度调整部分交通规划的建设项目，以此规避潜在的竞争风险与交通资源浪费。例如，充分考虑我国高速铁路干线的空间布局，在其途经城市和沿线地区适度减少支线机场的布局。

（3）加强区域性运输组织的规划和政策引导，通过市场运作，积极推动各种交通方式的相互联运，实现互惠共赢。强强竞争并非长久之计，强强联手才是共赢之道。针对高速铁路与航空网络、城际快速客运系统与高速公路的竞争态势，政府应通过市场机制积极引导各种交通方式间的联运。对大型枢纽机场（如北京、上海、广州、深圳等），加强航空与高速铁路的无缝衔接，积极发展空地联运模式，扭转"空地大战"为"空陆联网"，目前已启动的"长三角空铁联运系统"的试点可提供前期经验，而高速铁路与航空的空铁联运模式在欧洲早已得到了成功应用，目前全球大概有120座机场建立了空铁联运的模式。

（4）加强城镇密集区的综合交通体系规划。建议国家成立大都市经济区规划委员会，负责制定总体规划和各类专项规划。在充分研究都市经济区发展机制的基础上，合理规划轨道交通网络。这一规划必须由交通、城市、区域规划方面的专家和部门共同研究制定，不能仅从交通领域出发进行规划。城镇密集区是支撑我国未来经济社会可持续发展的载体，高速公路、城际轨道交通和都市化地区的轨道交通逐渐成为建设的热点，但规划和建设上存在盲目性。建议国家在组织机制上和规划建设上加强规范，协调好各类规划和建设，促进我国国土空间的高效开发和利用，建立资源节约型、综合高效型的现代化运输体系。以此支撑我国走节约、集约和高效的发展模式，实现经济社会的可持续发展。

四、预防交通枢纽盲目建设

长期以来，我国交通建设"重线轻点"，交通枢纽与运输站场的建设一度被忽视，尤其对大型综合交通枢纽建设未能给予足够关注，缺乏系统的科学规划，致使形成了各种运输瓶颈问题。随着交通路线的增多与逐步成网，大型交通枢纽和物流设施开始进入地方政府的建设计划之中。交通枢纽的建设竞争在各交通领域开始不断涌现，尤其是在地方政府的极力推动之下，这种竞争逐步上演到城市层面的竞争。因此，必须科学审视各城市对综合交通枢纽的盲目竞争，规避对区域发展的不利影响。

（一）综合交通枢纽态势

（1）各类大型交通枢纽的争夺。能否成为交通枢纽，意味着能否带来巨大的人流、物流和机遇，以及由此产生的各种经济效益和社会效益。尽管我国各主管部门早已制订了交通枢纽建设规划，但部分地方基于自身利益考虑，竞相制订规划，暗自争抢挤进该行列，这在铁路、航空和港口等领域均有所反映。第一，铁道部虽早已明确了6个全国枢纽性客运中心和10个区域性客运枢纽，但部分城市间仍形成了竞争，突出表现在郑州和武汉竞争中部枢纽、成都和重庆竞争西南枢纽、兰州与西安竞争西北枢纽以及哈尔滨与沈阳竞争东北铁路枢纽。第二，上海作为国际航运中心的国家战略早已被中央政府所明确，但深圳、宁波、青岛、天津、大连、厦门均有行动参与该竞争，力图与香港、高雄、釜山、神户等港口竞争。长江三角洲深水港虽落户洋山港，但枢纽港之争并未因此而有所减缓，上海港要发展成为国际枢纽港，而宁波港进入世界5大港口之列的目标也很明确，2000年以来共投入50亿元，超过前50年的总和。同时，深圳港与香港的竞争也成为区域发展的突出现象，一定程度上影响了香港的区域地位和发展趋势；而大中小型码头的纷纷上马也使珠江三角洲形成港口能力过剩的态势。第三，在北京、上海和广州国际门户枢纽港明确的前提下，许多城市为成为区域性航空枢纽而竞争，突出表现是成都和重庆的西部枢纽争夺。重庆规划4跑道，年吞吐量能力5000万人，打造西部最大的机场；成都则打造第四航空枢纽，建设第二跑道和新航站楼，并要建第二机场，5跑道，年吞吐能力8000万人。

（2）各类物流设施的竞争。20世纪90年代中期以来，现代物流的理念传入我国，大中城市掀起了现代物流业发展规划的编制热潮，物流设施也出现了规划建设的"竞赛"局面，并为此大兴土木。这些物流设施主要包括物流园区、物流中心和配送中心等各类形式。省级行政区中，辽宁、河北、安徽、云南、上海、江苏、吉林、江西、四川、贵州、陕西、重庆、上海、北京、湖北、山东、山西、福建、浙江等均编制了现代物流业发展规划或出台了现代物流业发展的指导意见。地级政区中，大连、沈阳、成都、武汉、阜新、信阳、泉州、赣州、盐城、德州、南通、中山、安庆、南昌、呼伦贝尔、无锡、娄底、兰州、贵阳、汕头、洛阳、南宁、青岛、郑州、榆林、怀化、扬州、达州、泰安、济南等先后制定了现代物流业发展规划。部分城市建设多层次、辐射范围广的物流网络，形成了庞大的物流建设计划，典型的有北京、武汉、沈阳、大连、南京、上海等（表10-14）。

表10-14　我国部分城市建设或规划的物流园区（中心）

地区	物流规划名称	物流园区	物流中心
汕头	汕头市现代物流发展规划	北站、港前、西郊、广澳、澄海、潮阳	—
天津	天津市现代物流发展纲要	保税区、天津港和空港、开发区	—
北京	北京城市物流系统规划	西南、东南和南部	沙河、石景山、丰台、南郊、十八里店、马驹桥、航空货运、中关村
上海	上海现代物流产业发展规划	保税区、空港、西北、西南、海港新城	—

地区	物流规划名称	物流园区	物流中心
武汉	华中物流总体规划及试方案	舵落口、阳逻、关山	冷库区、升官渡、配送中心
苏州	—	国际货运枢纽型、内贸枢纽型、时效性区域运送型和城市配送型	—
青岛	—	前湾港、开发区、老港、航空和公路主枢纽、高新园区	—
沈阳	沈阳现代物流产业发展规划	苏家屯	铁西、张士、沈海、孤家子、北站、桃仙、浑南、小韩屯
广州	广州现代物流发展实施纲要	南沙、黄埔和广州空港、芳村、白云、增城、番禺和花都	—
无锡	无锡市现代物流业发展规划	无锡综合和江阴长江港口	无锡口岸
大连	大连市现代物流发展规划	大孤山、甘井子、老港区、金州、羊头洼	大连湾、北粮港、大窑湾、周水子、黑嘴子

（3）枢纽竞争的行为体现。近年来，许多地方政府为了争夺综合交通枢纽的地位，先后采取了一系列的重大行动与举措。第一，各种规划相继编制。各地区纷纷编制了各种交通枢纽建设规划或现代物流业发展规划，以此确定交通枢纽建设和物流园区、物流中心、配送中心的建设时序与法律地位。第二，竞相出台各种优惠政策。为了吸引企业或资金，各地方政府竞相出台各种优惠政策，包括宽松的土地、税收和投资等政策。第三，争先开工建设项目。随着地方与中央的权利博弈，地方开始掌握更多的主动权，"先斩后奏"式的交通建设渐现苗头，将部分地方规划的交通项目提前开工，造成实质性的交通建设。第四，地方政府对中央政府及主管部门的攻关。将相关建设项目纳入国家规划，地方政府不断地"跑"中央主管部门，进行"劝说攻关"，意图将某些地方倾向的建设项目纳入国家交通规划或将国家规划中已确定项目的建设时序提前。这种政府攻关或政治攻关对中央主管部门制定的专业交通规划产生了巨大影响。第五，媒体网络炒作。通过媒体网络的炒作，吸引公众、政府和企业的关注，使交通建设冠以"公共参与"，实现相关项目建设的"顺理成章"，并且可以吸引高层政府的干预以实现相关项目的争先开工或规划编制并运作审批。

319

第十章 我国交通基础设施建设转型

（二）枢纽建设与城市发展

综合交通枢纽是不同交通方式有限衔接的空间节点，也是城市发展的重要部分。目前，我国许多城市在交通枢纽建设中，形成了以下突出的问题。

（1）各种交通方式的分离运作日趋严重。随着各交通部门规划的分别编制，交通枢纽的功能逐渐为各部门所肢解，不同交通方式分别建立自己的枢纽，这在公路、航空、铁路三个部门之间特别明显。尤其是，随着新一轮的交通设施建设，高速铁路客运站建设加强了这一分离运作的趋势。在这一轮铁路网建设中，客运专线自成体系，大型客运站被移出城外成为一个相当普遍的现象，已建成的京沪高速铁路，其沿线车站几乎都设置在远离城市中心的位置，与其他交通方式严重脱节。

（2）过于强调速度而忽视了沿线地区的连接。目前，我国客运专线的设计和建设都尽可能采用300公里以上时速的标准，提高速度成了最重要的目标，但忽视了沿线城市的连接。如，京津城际铁路甚至没有经过廊坊市，忽视了最重要的连接性问题，失去了服务于沿线地区的功能和吸引沿途客流的优势。事实上，优先连接比速度更为重要。超音速协和客机最后黯然退出的事实说明，交通运输领域的高速技术并不能决定一切，服务于居民的便捷出行才是交通建设的根本。

（3）枢纽建设过于强调自身的运营效率，而忽视了与城市发展的关系。国内外长期以来的城市发展经验证明，交通枢纽与城市化过程的关系非常密切，枢纽的选择不能只考虑本身的运行效率。目前，我国高速铁路的建设自成体系，过分重视自身的效率，忽视了城市的系统效率；大型客运站规划几乎都布局在城市外部，远离城市10多公里之外，广深港高铁的广州总站设在远离广州市中心区的石壁，而京广高铁广州北站设在广州北40～50公里的花都区，距离花都火车站也有10公里，上海京沪高铁车站与市中心的距离比虹桥机场还远。铁路与城市的关系开始由"据守中心"走向"远离城区"，高铁旅客进入市区必须依靠其他交通方式进行接驳，再到市区后与公共交通进行衔接。发展经验表明，远离城市的车站并不能解决城市交通问题，反而会引发新的矛盾和冲突，增大其他方面的建设代价。法国高速铁路的建设，车站都设立在市中心，甚至在市中心布局几个高铁车站，而台湾地区高铁失败的教训之一就是车站远离人群，乘客出行不便。火车站、汽车站等这些惠及全民的公共设施，必须以"便于服务居民出行"为首要目标。

（4）有效衔接越来越难。各种交通方式在枢纽内部的衔接是综合交通枢纽建设的主要任务，目前我国多数的枢纽建设却无法实现各种交通方式的无缝衔

基础设施与经济社会空间组织

接。第一，各种交通方式的旅客和货物运输自成系统，"一城多站"且互不连通。第二，同一种交通方式的车站也出现"一城多站"，不同线路和不同级别列车之间不共站。第三，区域交通网络与城市交通网络的衔接不够，突出表现是高速铁路客运站远离城市交通网络、铁路火车站与城市轨道交通未能实现零距离中转，换乘量增加。第四，城市交通网络间的衔接不够，重要表现是不同方向上城市轨道交通线之间中转繁琐。

（三）交通枢纽规划建设的问题

（1）围绕交通枢纽建设，渐显新一轮的圈地运动。各地或各城市争夺交通枢纽的地位或建设交通枢纽或建设物流枢纽，主要驱动之一是为了大规模圈地，其中包括大面积的耕地资源占用，造成土地资源的严重浪费。第一，我国交通枢纽规划或物流规划对相关基础设施的认识存在偏差，多从枢纽所在地或所属行业的意愿出发进行设计，对土地资源的整合力度不够和综合协调性较差。目前，交通枢纽、物流园区等基础设施建设对土地的需求量较大，多数交通枢纽或物流园区的规划或建设，都占用大量的土地资源。许多新建的大型交通设施动辄占地数千亩，如广州新站规划占地面积1140万平方米，相当于近30个天安门广场，是北京南站的5倍。再如，物流园区的占地面积在200亩到28平方公里之间。其中，规模较小的如武汉商贸物流基地（占地250亩），规模较大者如丹徒港口物流园区（占地28平方公里）和上海洋山深水港物流园区（13平方公里），说明建设依据缺乏统一的理论支撑。第二，由于物流园区签约率较低，在荒废时间长、经营困难的情况下，许多地方政府放宽行业限制，使部分交通枢纽或物流园区转向大搞房地产项目，有的项目从建设开始就是打着物流旗号实则大搞房地产，部分企业低价圈地。在此过程中，企业进行实质性的物流设施建设和运营很难获取利益，而规划范围的土地却不断升值，在土地升值利益的驱动下，部分企业存在"炒买炒卖"地皮现象。第三，物流基地往往要承担部分社会职能，地方政府会出台很多优惠政策，可以低价拿好地。国家对经营性用地的控制越来越紧，而物流业是新兴产业，又是地方政府力推的项目，拿地相对容易。

（2）交通设施或物流设施资源闲置。由于各地区分别从自身的利益角度出发，规划建设交通枢纽和物流园区，未能从区域角度尤其是结合其他地区的交通建设与物流规划进行考虑，造成各成体系的交通设施或物流设施体系，这造成了设施的过度建设和供给。同时，为了在区域竞争中获取优势地位，各地区纷纷提高了交通枢纽的建设规模或建设标准，交通枢纽规划建设过大已成为目前交通建设的突出问题。过大的建设造成交通设施供给或物流设施供给远高于实际需求，造成大量交通设施或物流设施闲置，利用率很低，使得土地资源和资本形成严重浪费。

（3）奢华与效率形成反差。目前，许多地方政府将交通建设工程作为政绩的考核内容，以致形成了大量的形象工程。过高的建设规模、高豪华的技术标准是这种形象工程的重要特征，上海虹桥、北京南站、南京南站和广州新站均号称"世界最大火车站"，全力打造世界级的火车站。这种政绩工程往往有着很高的建设标准，如大容量、高标准和豪华，部分火车站的建设豪华堪比顶级夜总会、形象广场，这种形象工程造成土地资源的大规模占用，甚至部分建设存在重复建设现象，但交通设施的利用效率则极其低下。

（4）存在潜在的金融风险。通过贷款获取交通枢纽或物流园区建设的主要资金，已成为目前交通建设的主要融资渠道。大量项目的投资动辄百亿元，广州新站的总投资高达130亿元，而武昌火车站则投资17.9亿元。不否认商业贷款对交通建设的积极作用，但必须高度重视交通建设商业贷款的风险性。

（四）科学调控交通综合枢纽建设

针对目前我国综合交通枢纽建设出现的若干问题，政府需要科学引导各城市的交通枢纽建设。按照科学规划、客观定位、统筹布局、合理建设的原则，应重点加强下列几方面工作，规范、引导全国交通枢纽的建设。

（1）科学编制全国综合交通枢纽的空间布局规划。针对目前各交通部门分别编制规划的特点，国家应组织并编制全国综合交通枢纽的布局规划，明确各城市的地位和枢纽职能，严禁各城市间的交通枢纽竞争；同时大型交通枢纽布局应强调功能综合性和等级性，在积极建设具有全国意义的大型综合交通枢纽的同时，高度重视区域性的交通枢纽建设。

（2）严格审核大型枢纽工程的建设标准。针对部分地区将交通枢纽作为"城市形象"或"城市地标"的倾向，从而导致部分交通枢纽工程超豪华、高奢侈、高容量、大规模的过度超前建设问题，国家应严格审核大型枢纽工程的建设标准，枢纽建设必须强调"功能型"、"经济型"和"实用性"，坚决杜绝"大车站"、"大广场"的交通枢纽设计。

（3）综合枢纽建设要强调各种交通方式间的无缝衔接。综合交通枢纽必须关注铁路、公路、航空、水运等各种交通方式的有效衔接，同时强调区域运输系统、城市近远郊交通系统和城市内部交通系统三种空间尺度的衔接，实现货物和旅客的零距离中转。

五、调控高速铁路建设规模与布局

建设高速铁路网，对于全面提高铁路运输能力，促进国民经济持续快速协调健康发展，推动城镇化进程，适应全面建设小康社会的要求具有重要意义。2008年以来，高速铁路和客运专线的建设存在盘子过大，布局缺乏科学有效论证的倾向，有导致国家重大基础设施长期效益不佳、负担过重的风险。应在符合国情和发展规律的前提下，科学调控高速铁路和客运专线的建设规模和布局。

（一）高速铁路的规划与建设

1994年，我国第一条准高速铁路（广州 - 深圳）建成并投入运营，其旅客列车速度为 160～200 公里/小时。2003 年，我国第一条快速客运专线（秦皇岛 - 沈阳）建成并投入运营。与国际上其他国家相比，我国高速铁路建设正处在城镇化率加速上升、国民经济快速发展的阶段，未来经济的快速发展可为高铁客流提供巨大的潜力。

2004年，国务院审议通过《中长期铁路网规划》，提出 2020 年我国铁路营业里程达到 10 万公里，其中建设客运专线 1.2 万公里以上，客车速度目标值达到每小时 200 公里及以上。具体包括"四纵"客运专线：①北京 - 上海客运专线，贯通京津至长江三角洲东部沿海经济发达地区；②北京 - 武汉 - 广州 - 深圳客运专线，连接华北和华南地区；③北京 - 沈阳 - 哈尔滨/大连客运专线，连接东北和关内地区；④杭州 - 宁波 - 福州 - 深圳客运专线，连接长江、珠江三角洲和东南沿海地区。"四横"客运专线：①徐州 - 郑州 - 兰州客运专线，连接西北和华东地区；②杭州 - 南昌 - 长沙客运专线，连接华中和华东地区；③青岛 - 石家庄 - 太原客运专线，连接华北和华东地区；④南京 - 武汉 - 重庆 - 成都客运专线，连接西南和华东地区。三个城际客运系统：环渤海地区、长江三角洲地区、珠江三角洲地区城际客运系统，覆盖区域内主要城镇。"四纵四横"客运专线的规划，能够实现繁忙铁路干线的客货分离，减轻我国铁路运输的压力，同时，"四纵四横"的规划奠定了我国高速铁路网发展的雏形。

从我国经济社会发展的趋势与地域格局看，这一规划是合理的，建设时序上的安排也符合我国经济社会发展的阶段性。其建设必将对我国交通基础设施水平的提升和区域协调发展产生深远的积极影响。依据交通圈的理念，我国高铁站点 1 小时范围内可服务全国国土面积的 5.46%、人口的 53.9% 和经济总量的 69.9%。同时，其服务范围内 200 万人口以上的城市达到 18 个，占总量的

85.7%，100 万~200 万人口的城市 12 个，达到总量的 41.38%。"四纵四横"全部建成后，其 1 小时范围内客运服务的国土面积、人口和经济总量的比重（依现有情况计算）可分别占到全国的 13.6%、84.5% 和 90.6%。同时，其服务范围内 200 万人口以上的城市达到 20 个，占总量的 95.24%，100 万~200 万人口的城市 26 个，达到总量的 89.7%。由此可见，该规划基本覆盖了我国绝大部分的经济产出和 200 万以上人口的城市。根据高铁的建设现状，在东部沿海地区，尤其是京津冀、长江三角洲和珠江三角洲地区，高铁的 1 小时服务范围逐渐在空间上形成连续的景观，覆盖了所有的大城市密集区。

（二）近年来的建设倾向

为应对 2008 年全球金融危机的影响，包括高速铁路在内的我国交通基础设施建设速度空前，建设进度普遍提前。截至 2010 年底，我国铁路营业里程达到 9.1 万公里，跃居世界第二位。其中高速铁路运营里程达到 8358 公里，位居世界第一。这一发展态势，存在如下值得注意的倾向。

第一，长期建设目标在短期内达到，导致基础设施建设在时间上的失衡，存在经济效益和社会效益不能实现的隐忧。作为高投入的基础设施，高速铁路的建设必须以实现最佳的经济和社会效益为目标，如果不能实现这一目标，则建设就是对社会财富的浪费。从整体性看，我国高速铁路近年来的建设在一定程度上就存在这一倾向。

第二，系统匹配的不完善。高速铁路的建设与运营是一个复杂的系统工程，需要多方面的配套，包括产业基础、设备制造技术、信息控制、运营管理等技术，以及人才队伍的保障。虽然近年来我国在上述各方面的发展取得了长足进步，但面对短期内形成的巨大需求，既有基础无法形成有效的配套保障能力。

第三，区域布局上可行性论证的不足。由于应对金融危机是主要政策方向，有些项目的布局存在可行性论证不足的问题，也存在标准失去规范作用的问题。使某些项目的建设存在区域效应不佳的隐患。

第四，运营效益与债务负担的不平衡。目前在建和规划中的铁路有 3 万公里，其中高铁 1.3 万公里。"十一五"期间，全国铁路基本建设投资达 1.98 万亿元，是"十五"期间投资的 6.3 倍。集中建设可以使我国的高速铁路在短期内形成规模，但运营收益的不乐观也存在一定的债务危机。高速铁路的债务危机已经成为社会议论的一个热点问题。

基础设施与经济社会空间组织

(三）加强调控与建设引导

针对上述情况，我国政府已经在逐步调整高速铁路的建设策略。笔者认为，第一，控制高速铁路的建设规模。由于"高铁"在我国才刚刚开始，安全性、经济效益以及与民航、高速公路之间的协调等，还缺乏充分的实践经验，与城市的协调方面，也值得深入研究。应根据我国区域经济发展的总体战略和基本国情，并结合基础设施建设所固有的本身规律，将高速铁路建设规模控制在合理规模内。近期内应以《中长期铁路网规划》的规模为基本框架进行建设，加强时序上的调控。重视重点城市群间高速铁路的建设和京津冀、长江三角洲和珠江三角洲等城市群城际轨道交通体系的建设。第二，加强需求前景不明的高速铁路项目的论证。尤其是经济发展基础弱、支撑能力有限的项目的建设。第三，加强普通铁路、高速铁路和高速公路的综合统筹，建设符合区域经济发展的交通基础设施支撑体系。

第四节　促进交通建设转型的方向与政策

未来 10～20 年是我国全面建设小康社会、逐步达到世界中等发达国家水平的关键时期。同时，这一时期也是促进经济社会发展转型的关键时期。交通运输的发展必须转变增长方式，走集约、内涵式发展道路，建立起符合我国国情的资源节约型、环境友好型的现代综合交通运输体系。

一、综合运输体系建设

目前，我国各种运输方式各自发展，运输系统的有效衔接不足，整体运输效率和协调服务水平较低，影响了交通资源的利用效率。国家应该从运输系统的整体性出发，积极推进统一协调的交通管理体制，根据各种运输方式的技术经济特点，充分发挥各种运输方式的优势，按照节约型社会发展及我国交通运输发展战略要求，优化运输资源配置，实现各种运输方式的协调发展，有效地提高运输效率，减少资源消耗。

（一）交通管理体制

加快推进统一协调的交通管理体制的形成。建立综合运输体系的最重要的制约因素之一就是交通管理体制。我国迫切需要加快交通管理体制改革，建立有利于节约型交通运输的交通管理体制。目前的管理体制难以使各种运输方式把建立综合交通运输体系作为其发展的首要目标，也不可能在可持续发展理念下充分发挥各种运输方式的特点和优势，不利于我国综合运输体系的建设。根据国内外交通发展的实际情况看，统一管理的交通管理体制更有利于综合运输体系的建设，更有利于促进交通运输整体效益的提高和组合优势的发挥。

（二）资源节约型综合交通运输体系建设

加强统筹规划，建立资源节约型的综合交通运输体系。一是加强综合运输大通道、枢纽的建设。须遵循"效率国土"的发展理念，引导我国国土走集约、节约、高效的开发发展模式。即以"紧凑型"的空间发展理念，构建紧凑而有效率的经济社会空间，以尽量少的国土空间资源，换取社会财富的持续快速增长，并减缓由于发展导致的社会与自然的关系紧张的矛盾。重点是：通过重大交通、能源等基础设施的建设，保障各类物质、能量和人员在大区际的合理交流；通过基础设施体系的建设与完善，提高主要集聚区域、大都市经济区、人口 - 经济密集区域的承载能力、保障水平和发展环境；通过交通、水利、能源、环境等领域基础设施的建设，引导区域和城乡统筹发展，缩小区域差距，体现"以人为本"的发展主题。二是要加强交通运输各方式间的统一规划，把增长方式转变贯彻于交通发展规划中，按照各种运输方式的特点，充分发挥其各自的优势，形成较为有机合理的综合运输体系，提高各方式和综合运输的效率和服务水平。

（三）交通基础设施结构优化

以轨道交通为基础优化运输结构，促进交通运输的可持续发展。铁路、水运与其他运输方式相比，在占用土地、能源消耗、运输安全、环境保护等都有十分明显的优势，发展铁路、水运对建立节约型交通体系有着十分重要的作用。近年来，我国公路特别是高速公路快速发展，市场份额快速增长，而相比较而言，铁路、水运发展滞后，铁路运输能力十分紧张，不能满足经济社会发展的需要，许多本应铁路运输的客货运量不得不由公路承担，使得我国运输结构失衡。应加大对铁路和水运的投入力度，引导社会资金投向铁路、水运等基础设施，加快他们的发展，优化运输结构。但是，近两年高速铁路建设也存在一定程度的盲目建设和非理性发展倾向，应引起高度重视。应按照科学规范的标准，合理调控高速铁路的建设规模和空间布局。

(四）交通运输技术创新

强化技术创新，提高运输效率和管理水平。积极采用先进的现代信息技术、通讯技术，加快交通智能系统的开发和研究，提高运输的效率和水平；另一方面要发展高速、重载技术，集装箱多式联运技术和现代物流技术，提高运输效率、降低资源损耗。加强信息技术与现代运输技术、物流技术的集成创新，建立有效的物流体系和空间网络，减少经济社会活动过程中的物流成本和运输成本。

二、交通建设与经济社会发展相协调

持续的大规模投资是促进我国交通快速发展的最主要手段。转变交通增长方式，促进现代综合交通运输体系建设，就必须从投资政策和结构上进行调整，促进交通行业内部、交通行业与其他部门的协调发展。

（一）交通投资规模与结构调整

逐步调整交通投资规模，促进交通运输与其他行业的协调。20 世纪 90 年代以前，我国交通投资规模占 GDP 的比重在 3% 以下，交通建设滞后，不能满足经济社会发展的需求。20 世纪 90 年代中期以来，交通投资都保持了两位数的增长速度，占 GDP 比重不断提高，近年来占 GDP 的比重基本维持在 5%～6% 的水平（图 10-5），占全社会固定资产投资的比重维持在 10% 以上（表 10-15），促进了

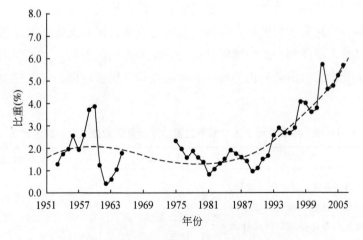

图 10-5　我国交通投资占 GDP 比重的变化轨迹

交通基础设施的快速扩张和技术水平的迅速提高。

表 10-15　交通投资在全社会固定资产投资中的平均比重

时期	"六五"	"七五"	"八五"	"九五"	"十五"
交通投资总量（亿元）	652.5	1 477.8	6 819.7	20 179.6	34 310.4
平均比重（%）	7.90	7.25	10.16	14.35	11.97

但在交通基础设施快速扩展，已经基本适应经济社会总体需求的情景下，其他基础设施建设由于投入少、基础薄弱，还没有达到与经济社会需求和社会发展阶段相适应的程度。所以，从宏观经济发展看，调整交通投入的规模，促进与其他部门协调应是未来的主要政策取向。另一方面，靠增加交通基础设施投入拉动GDP增长的思路也需要调整。根据交通基础设施已经达到的水平和我国经济社会发展的基本态势，在"十二五"及更长远看，应将交通投资规模占GDP的比重控制在4%~5%的水平，占全社会固定资产投资的比重应控制在10%以下。

（二）交通投资方向调整

逐步调整交通投资的方向，促进区域协调发展。从发展进程看，我国沿海地区经过长期的大规模交通投资，现代化的交通运输网络已经形成，未来的发展重点应向提升系统整体能力、质量和服务水平方面转变，有序调控基础设施规模的扩张，尤其是高速公路和港口的扩张。加强投入，促进农村交通基础设施的质量和服务水平的提升。我国的中西部地区，在有序发展高速公路、铁路的同时，应以改善生产和生活环境为着力点，重视农村公路的建设。此外，应将交通投资作为公共资源，将落后和贫困地区作为重点配置区域，使其发挥调节作用，使欠发达地区居民首先享受到一定标准的社会公共服务。在此基础上，逐步促进各地居民享受基本社会公共服务的机会均等、标准均等、质量均衡，实现社会公平目标（表 10-16）。

表 10-16　全面建设小康社会下欠发达地区基础设施建设的配置建议

项目	重点内容	重点区域	次重点区域
物质基础设施	加强铁路、公路、信息网络建设，强化供水、供电、燃气、城市绿化、垃圾无害化处理、污水处理厂、城市环卫等市政基础设施建设	西藏、贵州、广西、青海、宁夏、新疆、四川、云南、甘肃、河北	内蒙古、河南、重庆、陕西、安徽、湖北、山西、江西、吉林、黑龙江、海南

项目	重点内容	重点区域	次重点区域
教育基础设施	学龄儿童入学率达100%，小学毕业升学率达98%；积极发展高等教育和高等职业技术教育；保障教育经费不低于GDP的2%	海南、贵州、广西、甘肃、青海、云南、新疆、西藏、内蒙古、宁夏、四川	山西、江西、吉林、湖南、安徽、河北、河南、黑龙江
卫生设施	万人拥有医生25名以上和医院病床30张以上；建立基本覆盖城乡人口的医疗保险和合作医疗保障网络；人均卫生事业费达到一定标准以上	安徽、宁夏、黑龙江、广西、贵州、河北、湖南、四川、云南、西藏、青海、新疆、甘肃、内蒙古	陕西、山西、重庆、江西、湖北、海南、河南
文化设施	加强各类文化设施建设，完善省、市、县图书馆、文化馆网络；扩展广播、电视覆盖网络，力争使两网有效覆盖率达到95%；人均文化事业费达一定标准以上	西藏、江西、湖南、河南、安徽、新疆、青海、广西、四海、云南、贵州、内蒙古	湖北、吉林、甘肃、山西、宁夏、陕西、福建、重庆、黑龙江、河北

（三）交通系统内部投资结构调整

逐步调整交通系统内部的投资结构，促进交通系统的协调发展。近十年来，我国非常重视高速公路、铁路客运专线、港口等基础设施的建设，形成以高速为特征的骨架网络，为现代化综合交通体系建设奠定了基础。表10-17是不同时期各种交通运输方式投资比例结构的变化。为了进一步促进我国交通基础设施的建设发展，并适应全面建设小康社会的要求，交通投资应做适应性转变。第一，"十二五"时期，应从投资建设交通基础设施向基础设施与运营维护并重转变，要特别保证运营与维护的投入，保障运输系统的正常运转。第二，加强农村公路和地方铁路的建设，提高普遍服务能力。

表10-17 交通方式投资比重关系的演变

时期	比重关系	比例
1981~1987年	铁路＞水运＞公路＞航空	51:27:16:6
1988~1992年	铁路＞公路＞水运＞航空	40:31:21:8
1993~1995年	铁路＞公路＞航空＞水运	48:31:13:8
1996~2002年	公路＞铁路＞航空＞水运	54:33:10:3
2003~2008年	公路＞铁路＞水运＞航空	67:20:9:4

三、大都市经济区综合交通设施优化配置

大都市经济区是今后 20 年我国产业和城市重点发展的集聚区，是带动我国经济增长的主要引擎，也是我国参与国际化经济的重点地区。这些区域交通设施的建设，直接关系到我国国土开发的效率、国土的承载能力和国土的环境容量。因此，建设现代化的交通设施体系，提高发展的支撑能力和保障能力，是这些地区的重要任务。交通基础设施体系的建设应侧重在下列几方面（表 10-18）。

表 10-18　我国重点都市经济区交通基础设施建设方向

地区	交通设施发展战略	地区	交通设施发展战略
长江三角洲	构建现代化基础设施体系，促进空间整合和优势重组，引导和产业布局	山东半岛	加强青岛的辐射带动作用，进一步激活区域发展活力，引导产业向内陆地区扩散
珠江三角洲	提高区域发展的支撑能力，引导产业转移，加强城市联系	关中地区	加强西安与周边的联系，促进产业和人口进一步集聚
京津地区	构建现代化基础设施体系，缓解中心城市交通压力，引导人口和产业转移，统筹城镇和区域发展	中原地区	促进中部崛起，强化郑州对全国交通网络保障和调控能力
辽中南地区	强化城市与城际间的联系，为东北振兴和东北亚国际合作提供战略支撑	武汉地区	构建现代化基础设施体系，保障产业和人口集聚，加强城镇联系，引导产业向武汉周边转移
成渝地区	加强成渝间联系，提高成渝对西部开发的带动作用，促进沿江经济发展		

（一）空间规划统筹

空间上统筹规划、布局与建设。结合这些区域的主要发展轴线，应采取"集束"和紧凑型的空间布局模式，将可能建设的普通铁路、铁路客运专线、城际轨道、高速公路、能源线路和信息干线有机地布局在适当的廊道内，形成高效的基础设施走廊，尽量减少对空间的分割，提高空间的利用效率，并为其他人类活动提供广阔的发展空间。我国是人均资源如土地资源极其稀少的国家，集约利用空间资源应是长期的战略。从发展趋势看，应重点加强京津冀都市圈、长江三角洲城市群、珠江三角洲城市群、成渝经济区、辽中南地区、山东半岛、武汉都市圈等的空间统筹规划。

（二）交通圈建设

围绕核心城市，利用交通圈、通勤圈的理念，建设一体化便捷的交通体系和组织模式，满足城际、城郊、城乡客货交流和分工合作的需求，促进产业结构的空间调整和土地资源的利用效率。交通圈的建设必须以职住通勤便捷、经济分工协调两个重要原则进行建设，前者以1小时通勤圈建设为主，后者以2小时经济圈建设为主。

（三）重大基础设施共享

利用市场经济的原则，通过政策的合理引导，建设区域共享型的重大基础设施，如区域物流基地设施、机场、港口等。积极建设大都市地区宜居地－工作地之间通勤的共同交通系统，应以大运量的轨道交通作为主要的通勤方式。

（四）高效运营与管理系统建设

统筹规划建设城市—区域的交通系统，形成有机联系的系统。一是形成有机联系、高效协调的物质网络，支撑空间的高效利用和空间结构的调整与重构；二是建设高效的管理系统，保证运营系统效能的发挥；三是建立有效的协调机制，形成完善的机制保障。

参 考 文 献

曹小曙，薛德升，阎小培 . 2005. 中国干线公路网络联结的城市通达性 . 地理学报，60（6）：903-910.

曹有挥，曹卫东 . 2003. 中国沿海集装箱港口体系形成演化机理 . 地理学报，58（3）：424-432.

陈航，张文尝，金凤君，等 . 2006. 中国交通地理（重印版）. 北京：科学出版社 .

国家统计局 . 2001. 中国统计年鉴 . 北京：中国统计出版社 .

国家统计局 . 2009. 中国统计年鉴 . 北京：中国统计出版社 .

国家统计局网站 . 2009. 系列报告之七－基础产业和基础设施建设取得辉煌成就 . http：//www. stats. gov. cn ［2011-3-21］.

国家统计局网站 . 2009. 系列报告之十四－多种方式的综合运输网络基本形成 . http：//www. stats. gov. cn ［2011-3-21］.

韩增林，安筱鹏，王利，等 . 2002. 中国国际集装箱运输网络的布局与优化 . 地理学报，57（4）：479-488.

交通年鉴社 . 2008. 中国交通年鉴 2008 年 . 北京：中国交通年鉴社 .

交通运输部网站 . 2009. 交通运输部运输司司长访谈录 60 年交通 . http：//www. moc. gov. cn

［2011-3-21］.

金凤君，王辑宪.1998.中国交通通信基础设施的区域发展类型研究.地理科学，18（4）：335-341.

金凤君.2003.铁路客运提速的空间经济效果分析.铁道学报，25（6）：1-7.

金凤君，王成金，李秀伟，等.2008.中国区域交通优势的甄别方法及应用分析.地理学报，63（8）：787-798.

金凤君，王姣娥.2004.20世纪中国铁路网扩展及其空间通达性.地理学报，59（2）：293-302.

李瑞坤.1996.中国交通发展的回顾与展望.铁道学报，A00：16-19.

陆大道，2003.中国区域发展的理论与实践.北京：科学出版社.

荣朝和，等.2009.综合交通运输的体制与研究方法解决问题.北京：经济科学出版社.

荣朝和，等.2010.综合交通运输的体制与研究方法.北京：经济科学出版社.

王成金.2006.路网的发展演化及区域效应研究.地理科学进展，25（6）：126-137.

王成金.2007.中国港口分布格局的演化与发展机理.地理学报，62（8）：809-820.

王姣娥，金凤君，孙炜，等.2006.中国机场体系的空间格局及其服务水平.地理学报，61（8）：829-838.

王姣娥，金凤君.2005.中国铁路客运网络组织与空间服务系统优化.地理学报，60（3）：371-380.

吴传钧.2006.中国经济地理（重印版）.北京：科学出版社.

张文尝，金凤君，樊杰，等.2002.交通经济带.北京：科学出版社.

张文尝，王姣娥.2008.改革开放以来中国交通运输布局的重大变化.经济地理，28（5）：705-710.

赵坚，陈宇.2005.关于运输需求理论与建设节约型交通的思考.综合运输，（11）：11-16.

赵坚.2009.引入空间维度的经济学分析及我国铁路问题研究.北京：中国经济出版社.

基础设施与经济社会空间组织

后 记

我信奉天道酬勤。"天行健，君子以自强不息"，"不息"的前提是勤与奋。自工作以来，始终本着"善学者尽其理，善行者究其难，君子立志如穷"的古训，在所从事的工作上孜孜以求，不敢有丝毫的懈怠，期望"锲而不舍，金石可镂"的光环套在头上。

世物繁复，玄机神妙，经纶博雅之才是国之栋梁，学界领袖，令人敬之仰之。本人所从事的科研领域在浩瀚的学科体系中如沧海一粟，所专之能也非普适。但能守一职，也当无愧耳。正是这一理念，确立了本人专攻的方向，所撰之书充分反映了这一点。

本书在撰写过程中得到了同事、朋友和本人指导学生的帮助和支持。王成金副教授和王姣娥博士在与我合作的过程中，为本书部分数据分析、成果表达和观点形成提供了许多帮助；张兵博士和丁金学博士分别帮助完善了第五章和第七章的部分内容，丁金学博士合作撰写了第九章，第十章部分地引用了栾维新教授和王成金副教授的相关研究报告，胡浩博士与焦敬娟硕士做了大量数据分析工作，书中插图由我的多年合作者钱金凯教授统筹绘制，我的同事王志辉女士在文字处理上提供了许多帮助；在此一并衷心感谢！

进入知天命之年，能完成此书，小结自己的所观、所感、所思、所悟，算是对自己没有虚度年华的一种宽慰。

从心底里感激我的夫人戴秀丽教授，她二十多年如一日，始终是我的好参谋和鞭策者；我的女儿金依然总能精炼总结我的特点，精准理解我词不达意表述的真实内涵，使我感到快乐和后生可畏。她们的关爱使我幸福生活、快乐科研，心态豁达坦荡地从事我热衷的事业。

金凤君

2011 年 10 月